UNE HISTOIRE
DE LA RELIGION DES MAYAS

Bibliothèque Albin Michel
Histoire

Claude-François Baudez

UNE HISTOIRE DE LA RELIGION DES MAYAS

Du panthéisme au panthéon

Ouvrage publié avec le concours
du Centre national du Livre

Albin Michel

22, rue Huyghens, 75014 Paris
www.albin-michel.fr

ISBN : 2-226-12669-4
ISSN : 1158-6443

Je tiens à remercier très vivement Patrick Menget sans les encouragements duquel ce travail n'aurait pas vu le jour. Mes collègues, Dominique Michelet et Pierre Becquelin, ont considérablement amélioré le manuscrit de leurs critiques et suggestions. Isabelle Bonzom a été une lectrice très attentive et a, par ses dessins, contribué à l'illustration. Je suis également très reconnaissant à Jean-Pierre Courau pour ses photos. J'exprime enfin ma gratitude envers tous les auteurs et éditeurs qui ont généreusement permis la reproduction des nombreuses illustrations que comporte cet ouvrage.

Avant-propos

Cela fait maintenant plus d'un siècle que les Mayas préhispaniques sont l'objet d'études scientifiques. Archéologues, anthropologues, historiens d'art, linguistes, toujours plus nombreux, se penchent sur les ruines, les objets, les images, les textes que nous a laissés cette étonnante civilisation. Des congrès, séminaires et autres colloques leur sont régulièrement consacrés. Les expositions sont à la fois plus fréquentes et plus fréquentées. La bibliographie mayaniste est devenue considérable : à côté des monographies de fouilles archéologiques, des dizaines d'articles sont publiés chaque année dans les revues spécialisées, les manuels prennent du poids à chaque nouvelle édition, et les beaux livres s'empilent sur les tables basses.

Cette activité est surtout sensible aux États-Unis et dans les pays d'Amérique moyenne où la civilisation maya s'est développée. Cependant l'Europe et aujourd'hui l'Asie occupent une place non négligeable dans la recherche mayaniste, bien que disposant de moins de chercheurs et de moyens.

On peut regretter que les non-spécialistes aient si peu accès au savoir scientifique accumulé au cours de ce siècle. Les ouvrages accessibles à un public francophone sont rares et très généraux. Au mieux, ils traitent des Mayas en général, au pis sont-ils consacrés aux civilisations ou aux arts de l'Amérique précolombienne.

Cet ostracisme – involontaire mais qui témoigne d'une certaine paresse intellectuelle face à l'inconnu – n'est plus de mise aujourd'hui. L'histoire des religions, en particulier, ne peut plus ignorer les religions du Nouveau Monde, et notamment celles, bien documentées, de la Méso-Amérique. De toutes les religions américaines, la religion aztèque est la moins méconnue du public grâce aux témoignages des conquérants et missionnaires espagnols du XVIe siècle. Si, au moment de la Conquête, la civilisation aztèque avait seulement un peu plus d'un siècle d'existence, la civilisation maya était alors vieille de plus de douze siècles ; ainsi, les récits des premiers Européens sur les Mayas ne concernent que la fin d'un long parcours mouvementé. Est-ce à cause de l'exemple aztèque que les mayanistes ont pris l'habitude d'utiliser les témoignages du XVIe siècle pour expliquer ou comprendre les données – souvent beaucoup plus anciennes – fournies par l'archéologie ? Cet amalgame, excusable il y a cinquante ans, est impardonnable aujourd'hui étant donné les progrès spectaculaires qui ont été faits dans le domaine de l'archéologie et de ses disciplines connexes.

Ce livre est né du refus de postuler la continuité et l'homogénéité de la civilisation et de la religion des anciens Mayas des Basses Terres et, par voie de conséquence, d'utiliser ensemble des données de périodes et de lieux différents. Il ne suffit pas que certaines croyances ou certaines pratiques soient attestées au moment de la Conquête pour qu'elles aient eu cours à la période classique.

Je suis convaincu que si l'on ne cherche pas à mettre en évidence le changement, on s'interdit toute possibilité de le découvrir. La religion classique doit être décrite à l'aide de l'archéologie correspondant à cette période, sans faire appel aux codex ni au *Popol Vuh*. Ce n'est que pour les derniers siècles précédant la Conquête que nous pouvons utiliser des documents postérieurs à celle-ci ; il s'agit alors d'une véritable opération de restitution d'un passé (proche, il est vrai) préhispanique à partir de données posthispaniques.

Ce travail se propose donc de traiter de la religion des anciens Mayas dans une perspective historique, en cherchant à dégager les changements pour retracer son évolution. Entre le classique et le postclassique, les croyances n'étaient probablement pas les mêmes, ne serait-ce que parce que le culte était différent.

J'aurais souhaité présenter la religion des Mayas depuis les tout débuts de leur civilisation (situés maintenant au préclassique moyen) et jusqu'à la conquête espagnole en 1525. La disparité de notre information m'empêche malheureusement de consacrer un chapitre à chacune des périodes de leur histoire. Comme les sites, dans leur grande majorité, ont été abandonnés entre 800 et 900 de notre ère dans la zone centrale et quelque cent cinquante ans plus tard dans la zone nord, les ruines visibles datent le plus souvent des périodes classiques, récente et terminale, et recouvrent les vestiges antérieurs. Les informations sur le préclassique et le classique ancien proviennent donc de sites qui n'ont été que peu ou pas occupés après le VIIe siècle (comme Cerros ou Rio Azul) ou qui ont été, comme Tikal ou Uaxactún, intensivement fouillés.

L'analyse donnera une large place aux périodes les mieux connues, à savoir le classique et le postclassique, en comparant leurs religions respectives. Pour la première, je tenterai, chaque fois qu'il sera possible, de distinguer les données propres à ses divisions « ancienne » et « récente » ; en outre, je signalerai les antécédents préclassiques de faits religieux classiques. Bien que très mal connue, la période postclassique ancienne est une période importante de transition qui sera traitée à part. Le postclassique récent est mieux documenté grâce aux efforts conjugués de l'archéologie et de l'ethnohistoire.

J'arrêterai cette étude à la conquête espagnole, laissant à d'autres plus compétents que moi le soin de décrire et d'analyser la religion maya au cours des périodes coloniale, post-Indépendance et moderne. L'irruption du christianisme et de la civilisation occidentale a bouleversé considérablement les religions indigènes d'Amérique centrale. Il incombe aux ethnohistoriens et ethnologues de prendre à leur charge le dernier et douloureux chapitre de leur longue histoire.

Beaucoup de mes analyses et interprétations diffèrent de celles de mes collègues. D'abord à cause de la perspective historique que j'ai adoptée, mais aussi parce que certaines alternatives aux explications traditionnelles me paraissent plus aptes à mieux rendre compte des faits. Je me propose de présenter une autre « lecture » de la religion maya, plus à l'affût des ruptures que des continuités. Je reconnais que d'autres approches sont possibles, et ce n'est pas à *l'*histoire, mais à *une* histoire de la religion maya que je convie le lecteur.

Introduction

La civilisation maya et la Méso-Amérique

Pour l'historien des religions, le continent américain a comme intérêt principal d'être resté à l'écart de l'Ancien Monde depuis les débuts de son peuplement il y a douze ou quarante mille ans[1]. Il apparaît donc comme un second champ d'expériences humaines où l'étude des civilisations indigènes peut révéler des formes originales de croyances ou de rites. De toutes celles qui se sont développées sur son sol avant le contact avec les Européens, la civilisation maya est une des plus avancées et des plus complexes ; particulièrement brillante sur les plans intellectuel et artistique, elle est la seule à avoir créé et maîtrisé une véritable écriture.

Elle ne peut être comprise isolée de son contexte, la Méso-Amérique, grande aire culturelle qui s'étend du centre du Mexique au Costa Rica *(figure 1)* ; à partir de 2000 av. J.-C., ses populations sont sédentaires, condition essentielle à l'apparition de sociétés suffisamment complexes à être appelées civilisations. Malgré de grandes divergences entre elles, toutes ont des traits communs qui donnent à l'aire son unité, tant dans le domaine économique que dans les sphères intellectuelle ou artistique. Ainsi, dans l'ensemble des reli-

---

1. « À une école conservatrice qui refuse d'accorder à ce peuplement [de l'Amérique] une antiquité supérieure à douze ou treize mille ans s'opposent… les partisans, qui se qualifient eux-mêmes de "radicaux", d'un homme américain beaucoup plus ancien, arrivé il y a environ quarante mille ans, sinon davantage, en tout cas il y a plus de vingt mille ans » (Lavallée, 1995, p. 48). [Pour les références complètes, voir la Bibliographie en fin de volume.]

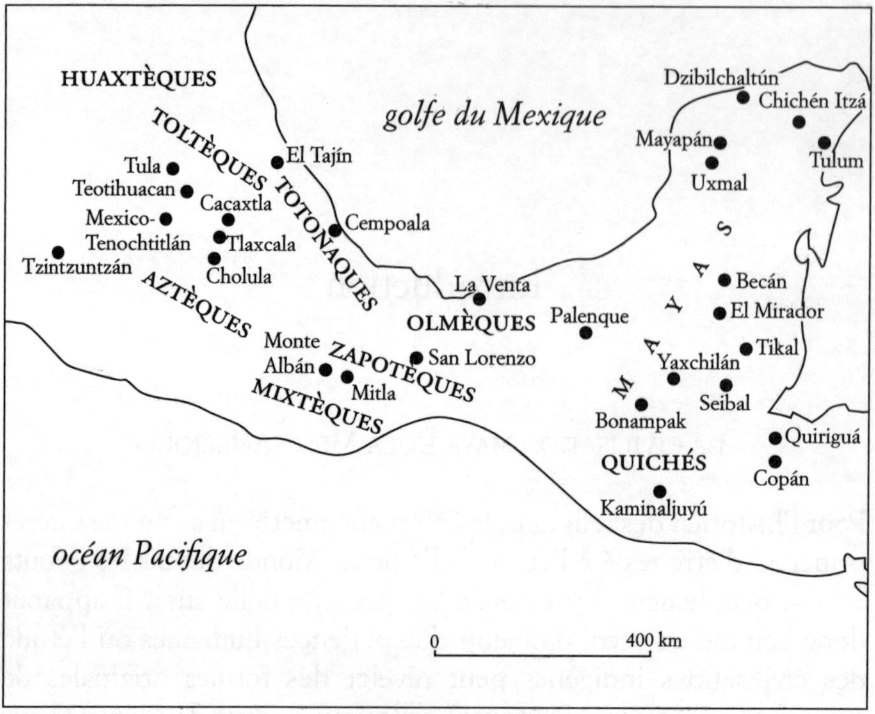

1. La Méso-Amérique

gions méso-américaines, les cérémonies, le culte, la divination dépendent étroitement du calendrier qui combine un cycle solaire approximatif de 365 jours et un cycle cérémoniel de 260 jours ; les lieux de culte sont souvent installés sur des soubassements pyramidaux à degrés ; on sacrifie des êtres humains, et l'autosacrifice a une place exceptionnelle, inégalée ailleurs ; les offrandes d'encens jouent un rôle primordial ; les Méso-Américains jouent à la balle, rite plus que sport ou jeu, etc.

L'aire maya qui occupe la plus grande partie de l'est de la Méso-Amérique, est définie à la fois par la distribution des langues de cette famille au moment de la conquête espagnole en 1525, et par celle des ruines laissées par cette civilisation *(figure 2)*. Ce territoire de 342 000 km² comprend l'ensemble de la péninsule du Yucatán, le Guatemala, le Belize, ainsi que l'ouest du Salvador et du Honduras. À l'heure actuelle, deux millions et demi de personnes parlent l'une des vingt-huit langues mayas. Les sous-groupes de cette famille (dont

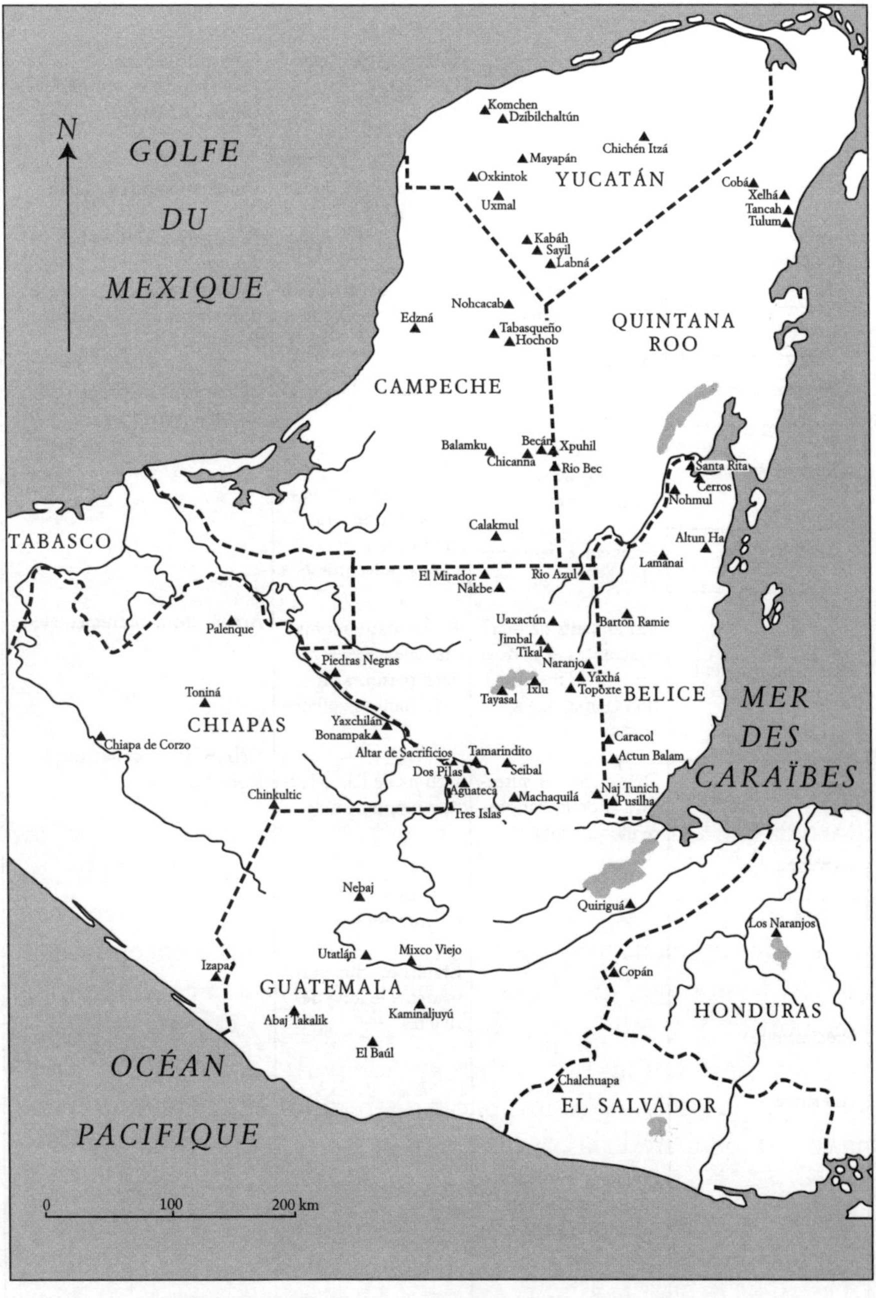

2. *Carte archéologique de l'aire maya : zones culturelles et sites*

	Périodes	Côte Pacifique et Hautes Terres	Basses Terres du Sud et du Centre	Basses Terres du Nord
1800	Coloniale		Conquête des Itzas de Tayasal	Conquête espagnole Petits royaumes yucatèques Chute de Mayapán
1600 1400	Postclassique récente	Conquête espagnole		
1200	Postclassique ancienne	Royaumes quiché, cakchiquel, etc.	Réoccupation du lac Petén Itzá	Domination de Mayapán Domination de Chichén Itzá Apogée
1000	Classique terminale	Style de sculpture Cotzumalhuapa	Déclin et abandon de nombreux centres	Croissance démographique et développement des centres Puuc
800	Classique récente	Déclin	Apogée Croissance démographique	Monuments de pierre sculptés avec inscriptions
600 400	Classique ancienne	Apogée de Kaminaljuyú Relations avec les Basses Terres	Monuments de pierre sculptés porteurs d'inscription, édifices voûtés, céramique polychrome	
200	Proto-classique	Croissance démographique		
------ 200	Préclassique récente	Monuments de pierre sculptés et parfois porteurs d'inscription (Lapa, maya ancien)	Architecture monumentale avec escaliers, masques en stuc, tombes voûtées	Architecture monumentale
400 600	Préclassique Moyenne	Débuts de l'architecture et de la sculpture monumentale	Débuts de l'architecture monumentale	Débuts de l'architecture monumentale
800 1000 1200 1400 1600 1800 2000	Préclassique Ancienne	Premiers établissements permanents sur la côte Pacifique	Extension de la sédentarisation Établissements permanents le long des rivières	

3. Évolution culturelle des Mayas (d'après Sharer, 1994).

les principaux sont le huastèque, le yucatèque et le maya méridional) sont devenus distincts au cours du préclassique entre 2000 avant et 100 ap. J.-C. Les langues de la famille mixe-zoque (dont l'une était sans doute parlée par les Olmèques) ont fortement influencé les langues mayas. Au classique, dans les Basses Terres méridionales, à Palenque, Dos Pilas, Aguateca, Copán, on parlait des langues du sous-groupe chol ; à Piedras Negras, Yaxchilán, Seibal et Naranjo, ainsi que dans l'ensemble de la péninsule, on parlait yucatèque [1].

Les grands traits de l'histoire de la civilisation maya

L'archéologie nous apprend qu'il y avait des différences culturelles considérables entre les sociétés qui parlaient le maya à l'intérieur de ce territoire, et cela du début à la fin de cette civilisation. Pour rendre compte de ces variations culturelles, on distingue au moins trois grandes zones, chacune caractérisée par des formes spécifiques et une trajectoire historique particulière : Côte Pacifique et Hautes Terres du Guatemala et du Salvador ; Basses Terres centrales et méridionales ; Basses Terres du Nord.

En outre, l'histoire de la civilisation maya a été divisée en grandes périodes appelées préclassique, classique et postclassique, chacune d'elles divisée en ancien, moyen et récent avec parfois des subdivisions supplémentaires comme protoclassique, classique terminal ou protohistorique.

Préclassique (2000 av.- 100 ap. J.-C.) et protoclassique (100-250)

La civilisation maya s'est développée sur les ruines de la civilisation olmèque. Sur la côte du golfe du Mexique, le site de San Lorenzo est olmèque dès 1250, La Venta vers 1100 avant notre ère. Ce sont des centres très planifiés, où d'importants travaux de terrassement qui remodèlent le paysage tiennent lieu d'architecture et où la sculpture monumentale, en ronde-bosse notamment, joue un rôle

1. Fox, 1978.

fondamental. La richesse de certaines tombes en offrandes de bijoux, de figurines, d'objets rituels (lancette et aiguillon de raie pour l'autosacrifice, miroir de magnétite), de lames polies de jade et serpentine, indique une société très hiérarchisée, un artisanat développé et un commerce actif au réseau très vaste, en particulier avec l'Oaxaca. Les figurines de jade, les dessins gravés sur les vases reprennent des thèmes traités dans la sculpture dans un style très particulier, facilement reconnaissable. Des œuvres exécutées dans ce style ont été largement distribuées dans la Méso-Amérique du Ier millénaire avant notre ère, bien au-delà de la zone de civilisation dite olmèque. Les origines de cet art, comme de cette civilisation, sont obscures car les premières réalisations témoignent d'une grande maturité, sans les balbutiements de l'enfance. L'art olmèque a laissé des traces dans le Mexique central mais aussi et surtout le long de la côte Pacifique : on interprète la distribution de sculptures monumentales depuis l'isthme de Tehuantepec jusqu'au Salvador (Padre Piedra, Abaj Takalik, Chalchuapa), comme les restes d'une série de colonies olmèques. Les objets facilement transportables, comme les céramiques et les jades, sont allés beaucoup plus loin, jusqu'au Honduras (Copán, Los Naranjos) et au Costa Rica.

Les Mayas sont célèbres pour avoir possédé l'écriture la plus élaborée de toute l'Amérique et pour avoir été les seuls à mesurer le passage du temps en « Compte Long » (c'est-à-dire calculé à partir d'un point de départ imaginaire qui correspond dans notre comput à 3114 av. J.-C.). Paradoxalement, ils ne semblent avoir inventé ni l'une ni l'autre, mais ont hérité de systèmes déjà complexes construits par les successeurs des Olmèques sur la côte du Golfe et en Oaxaca. Là on a identifié, datés de 600 à 450 av. J.-C., des glyphes calendériques notamment, ainsi que des chiffres rendus par des barres et des points. Sur la côte du Golfe, la stèle C de Tres Zapotes présente une date qui utilise les mêmes chiffres mais sans les accompagner de glyphes de périodes, et qui correspond à 31 av. J.-C. La date inscrite sur la stèle 2 de Chiapa de Corzo (Chiapas) est plus ancienne de cinq ans. Sur le versant Pacifique, les sites d'El Baúl et Abaj Takalik ont donné des dates des Ier et IIe siècles de notre ère ; dans le dernier site, il est clair que des monuments en style maya succèdent, au préclassique récent (400 av.-100 ap. J.-C.), à des sculptures de style « colonial » olmèque de la période précédente (préclassique moyen 800-400 av. J.-C.). Le site le plus important de la côte Pacifique est Izapa, si l'on en juge par le grand nombre de monuments sculptés qu'il possède ; ses stèles présentent des scènes à contenu plus religieux que politique, qui illustrent des mythes et des rites. Dans les Hautes Terres, le très important centre préclassique de Kaminaljuyú est aujourd'hui recouvert par la banlieue de la ville de Guatemala ; des tombes spectaculaires y avaient été fouillées dans les années trente. On y a aussi trouvé de beaux monuments sculptés avec de longues inscriptions glyphiques, parfois non calendériques (stèle 10).

Ainsi au préclassique récent, la côte Pacifique et les Hautes Terres font montre de précocité dans le domaine du calendrier (Compte Long) et de l'écriture en développant l'héritage olmèque transmis par les sociétés de la côte du Golfe et d'Oaxaca. Si les styles de sculpture Izapa et Kaminaljuyú sont considérés traditionnellement comme faisant la transition entre l'art olmèque et l'art maya du classique ancien, on peut supposer qu'ont eu lieu aussi des contacts plus directs entre Olmèques et Mayas dans d'autres domaines. On retrouve en effet chez ces derniers des traits qui auraient pu être transmis sans intermédiaires ; par exemple, la division politique en cités-États, la stèle montrant le chef ou le roi armé et entouré de ses ancêtres (La Venta, stèle 2 et Copán, stèle B), le roi émergeant de la gueule du Monstre terrestre (La Venta, autel 4 et Quiriguá, monument 15), les aiguillons de raie comme instruments d'autosacrifice, l'importance des lames de hache en jade considérées comme pierres de foudre, etc.

En outre, on sait depuis peu que les premiers Mayas des Basses Terres centrales ont été contemporains des derniers Olmèques, et qu'ainsi des échanges furent possibles. Au nord de Tikal, les grandes plates-formes de Nakbé (jusqu'à 45 m de hauteur) ont été construites pour la plupart au préclassique moyen, entre 1000 et 450 av. J.-C. À treize kilomètres de là, les premières constructions d'El Mirador datent de cette période, même si les principales pyramides du site sont de la période suivante. C'est curieusement au début de leur histoire que les Mayas ont donné dans le gigantisme : le groupe de La Danta à El Mirador atteint 70 m de hauteur, la pyramide 43 de Lamanai 33 m, celle de Cerros 22 m, celle du Mundo Perdido de Tikal a plus de 20 m de hauteur et 80 m à sa base, etc. Dans presque tous les cas, de grands masques en stuc (le plus souvent de jaguar) flanquent les escaliers qui gravissent les pyramides. À Tikal, des tombes sont ornées de peintures dans le style du préclassique récent des Hautes Terres. Les rares stèles que l'on connaisse sont cependant dépourvues de glyphes.

Malgré des conditions défavorables à l'agriculture, des centres importants se développent au préclassique moyen et récent dans les Basses Terres du Nord, sans doute grâce au commerce du sel et peut-être du coton. Ainsi, Komchen, au nord-ouest de Dzibilchaltún, semble avoir été, avec Cerros (un site côtier du nord du Belize), un des relais dans le commerce maritime autour de la péninsule de Yucatán. Malgré la réalisation d'ouvrages importants (plates-formes pyramidales, chaussées), nous sommes cependant loin de la monumentalité des sites contemporains des Basses Terres centrales. Le développement de celles-ci à l'avènement de la période classique a sans doute été à l'origine du rapide déclin de Komchen et de Cerros.

Classique (250-950)

Le début de cette période est marqué par l'apparition simultanée des traits suivants : fausse voûte en encorbellement (dite « maya ») en architecture, stèles, écriture hiéroglyphique et comput du temps en Compte Long. On peut ajouter à ces traits spécifiques l'établissement de règles de succession dynastique et la manifestation du pouvoir royal dans l'art. Ces conditions sont réunies dans les Basses Terres centrales à la fin du IIIe siècle. La civilisation classique est l'aboutissement d'une longue évolution commencée depuis au moins le VIe ou le Ve siècle avant notre ère ; les sociétés complexes qui ont construit des sites comme Nakbé et El Mirador ont fini par adopter puis développer le calendrier et l'écriture qui leur sont venus de l'Ouest et du Sud ; quant à la voûte, il s'agit d'une invention locale, puisque les Hautes Terres ne l'ont jamais utilisée. Les premières stèles de Tikal et de Uaxactún qui montrent l'image du roi accompagnée d'un texte donnant, entre autres, son nom, sa date d'accession et le nom de sa ville témoignent de l'émergence de l'État comme système d'organisation sociale et politique, et de la naissance d'États rivaux qui vont se partager le pays maya. La société est divisée en classes, et comprend des spécialistes à plein temps comme certains artisans et marchands ; elle est soumise à l'autorité d'un gouvernement centralisé qui règne sur un territoire aux limites définies ; l'autorité politique avec à sa tête la personne du roi, représentant de sa communauté, dispose d'une armée comme d'une administration. Les glyphes-emblèmes désignent, semble-t-il, plus l'État que la ville, c'est ce qui expliquerait pourquoi plusieurs villes peuvent utiliser le même emblème [1]. La carte politique du pays maya à la période classique est une mosaïque perpétuellement changeante : les États acquièrent puis perdent le contrôle de centres secondaires qui passent dans d'autres mains. La civilisation maya classique est urbaine ; en effet, sans avoir l'aspect de nos villes, les centres mayas en ont les fonctions, et sont responsables des grandes réalisations artistiques et intellectuelles. On distingue le classique ancien (250-600 ap. J.-C.) du classique récent (600-800) et du classique terminal (800-950).

Classique ancien (250-600)

Cette sous-période n'est bien illustrée que dans les Basses Terres centrales. Au sud en effet, les Hautes Terres, en passant sous la domination de Teotihuacán, prennent une voie originale caractérisée par un syncrétisme d'éléments mayas locaux et de traits du Mexique central. Quand la grande cité s'effondre sous les coups des barbares du Nord, ses comptoirs et ses colonies auront du mal à s'en remettre : Kaminaljuyú et sa région vont connaître une période de déclin malgré des contacts commerciaux ininterrompus avec les Basses Terres. Le classique ancien reste mal connu dans les Basses Terres du Nord ; les inscriptions comme les dates de cette époque y sont rares : linteau 1 de Oxkintok (475 ap. J.-C.), stèle 1 de Tulum (564).

Les premiers monuments sculptés sur pierre témoignent de l'existence de royaumes rivaux qui ont le souci de glorifier leur souverain de façon permanente en fixant son image pour la postérité ; le déve-

1. Stuart et Houston, 1994, pp. 3-7.

loppement de l'écriture et du calendrier correspond à celui d'une conscience historique, qui inscrit la succession dynastique dans la durée et la relie aux cycles des corps célestes. La stèle 29 de Tikal, qui porte la plus ancienne date connue sur un monument maya (correspondant à 292 de notre ère), nous présente le portrait d'un roi appelé Patte de Jaguar[1] ainsi que le glyphe-emblème de l'État dont Tikal est la capitale. À Uaxactún, on érige huit monuments entre 328 et 416. La présence et l'autorité de Teotihuacán se font sentir sur la stèle 4 de Tikal ; Kaminaljuyú, devenue colonie ou comptoir de la cité-empire du Mexique central, joue alors le rôle de relais entre cette métropole et les Basses Terres. L'érection de stèles en fin de période est attestée pour la première fois à Tikal, avec la célébration de la fin du dix-septième *katun*[2] du huitième *baktun* (8.17.0.0.0 1 *ahau* 8 *chen*, c'est-à-dire le 19 octobre 376). Le glyphe-emblème de Yaxchilán apparaît en 514 sur la stèle 27 de ce site. La stèle 35 de Copán qui nous montre deux personnages semblables dos à dos, non accompagnés de glyphes, est dans le style du début du Ve siècle. Le monument 26, le plus ancien de Quiriguá est daté de 493.

La fin du classique ancien est marquée par une période de déclin qui se manifeste dans plusieurs régions par un appauvrissement du mobilier des tombes et par un arrêt de la coutume d'ériger périodiquement des stèles. Cette période, que l'on appelle l'hiatus, s'étend

1. Les épigraphistes utilisent divers systèmes, dont aucun n'est satisfaisant, pour désigner les rois mayas ; parfois une lettre indique leur rang dans la séquence dynastique (ainsi les rois ou les dirigeants A, B, C,...), mais quelle solution adopter quand on découvre l'existence d'un nouveau souverain dont le règne se situe entre A et B ? On peut aussi nommer les rois par un descriptif des éléments glyphiques qui forment leur nom : ainsi le roi de Copán appelé New Sun at the Horizon en anglais, ou Madrugada (« aurore ») en espagnol, ou Soleil Levant en français ; ainsi le roi Cauac Sky de Quiriguá dont le bloc glyphique comprend le signe T561 (ciel) surmonté de T528 *(cauac)*. Mais de plus en plus les épigraphistes produisent la transcription phonétique du bloc glyphique se référant au nom d'un souverain : ainsi celui du roi Pacal (« bouclier ») de Palenque comprend trois éléments phonétiques lus *pa-ca-l(a)*; le même New Sun at the Horizon de Copán est aussi appelé Yax Pac ou Yax Pas. Sauf de très rares exceptions (comme le nom de Pacal, dont la lecture est confirmée par une variante logographique de son nom, c'est-à-dire l'image d'un bouclier), beaucoup de ces lectures phonétiques sont hasardeuses, pour ne pas dire fantaisistes et varient parfois d'un auteur à l'autre. Dans ce travail, je me suis tenu dans chaque cas à l'usage le plus général.

2. Sur la stèle 39. Le *katun* est la période de 20 *tuns* de 360 jours ; le *baktun* vaut vingt *katuns*.

de 9.5.0.0.0 à 9.8.0.0.0 (534 à 593), et à Tikal se prolonge jusqu'en 9.13.0.0.0 (ou 692). Faute de meilleures explications, on suppose que l'effondrement de Teotihuacán et de son empire a provoqué une crise grave dans les dynasties mayas. Le retour à la normale avec la reprise de l'érection des stèles marque le début du classique récent.

Classique récent (600-800)

C'est de cette période que datent les plus imposants ensembles architecturaux de Tikal, la grand-place avec les temples 1 et 2, les temples 3 à 5, les ensembles à pyramides jumelles, les grandes chaussées, etc. C'est également l'apogée de Palenque, cité qui n'acquiert son importance qu'au VIIe siècle avec le roi Pacal et qui décline dès 800. La grandeur de Yaxchilán commence vers 630 avec Oiseau-Jaguar II. Copán, dont la vallée est occupée sans interruption depuis le préclassique moyen, est la cité la plus importante de la frontière orientale du pays maya, et cela depuis les débuts de la dynastie établie par Yax K'uk' Mo' au Ve siècle. Quiriguá, fondée peu après, est dominée par sa grande voisine et rivale jusqu'en 737, date à laquelle elle capture et met à mort Dix-Huit Lapin, le puissant roi de Copán. C'est aussi la période d'apogée pour les cités des zones Rio Bec et Chenes, comme Becán, Xpuhil ou Chicanna.

Classique terminal (800-950)

La fin du dix-huitième *katun* (9.18.0.0.0, soit 790 ap. J.-C.) a été célébrée par le plus grand nombre de stèles dans le plus grand nombre de cités ; à cette date la démographie atteint un très haut niveau dans les Basses Terres centrales. Celles du nord vont bientôt faire parler d'elles ; sauf exceptions comme Dzibilchaltún, dont la prospérité est due sans doute à sa proximité de la côte et à son contrôle du commerce du sel, le nord du Yucatán reste peu peuplé et sans villes importantes. La situation va changer au cours du IXe siècle avec la naissance et le développement des cités Puuc, comme Uxmal, Labná, Sayil, Kabah, etc. sous l'action conjuguée de groupes « mexicanisés » de la côte du Tabasco, et des centres Chenes et Rio Bec, leurs voisins méridionaux. À Copán, pendant le demi-siècle qui précède l'abandon de la cité (750-800), on voit se manifester un grand nombre de formes architecturales et de motifs, caractéristiques du Yucatán ; dans la mesure où ces traits (dont certains, comme le serpent à plumes, ont le Mexique central pour origine) sont inconnus dans la zone centrale des Basses Terres, il faut conclure qu'ils sont parvenus à Copán par voie maritime et par l'intermédiaire de la vallée de l'Ulúa. On sait qu'au XVIe siècle le commerce entre le Yucatán et la terre de l'Ulúa était extrêmement actif[1], et il faut supposer qu'il en était de même dès le VIIIe siècle. Au Yucatán, l'infiltration de traits « mexicains » pendant les périodes classique récente et terminale, qui culminera avec le Chichén Itzá « toltèque », est sans doute le fait de commerçants mexicains ou mexicanisés installés au Tabasco[2].

Au moment où le Yucatán voit son apogée, les Basses Terres centrales connaissent leur déclin, marqué par la cessation de l'érection des stèles et de l'activité architecturale, qui signifie la désorganisation du pouvoir politique et religieux traditionnel. La population n'a pas pour autant disparu avec les stèles et aussi rapidement qu'elles, mais elle est considérablement réduite à la période suivante. Des centres comme Copán et Palenque ne fonctionnent plus comme tels après 800. À Tikal, après 830, seul le dixième de la ville est occupé. C'est à Toniná que l'on a trouvé la stèle portant la date 10.4.0.0.0 (909), la plus récente sculptée dans les Basses Terres centrales. Seibal, dans cette débâcle, fait spectaculairement exception en vivant ses heures de gloire entre 830 et 930. Le style de ses stèles, d'origine étrangère, est sans doute dû à un groupe mexicanisé qui, depuis la côte du Tabasco ou le nord du Yucatán, aurait pénétré jusqu'au rio de la Pasión en remontant l'Usumacinta. Le nord du Belize, représenté par des sites comme San José, Lamanai ou Nohmul, échappe à la décadence générale et entreprend de grands projets architecturaux.

1. Tozzer, 1941, p. 39 et p. 94, note 415, et Roys, 1965, p. 670.
2. Bien que les arguments présentés par Thompson (1970) pour établir l'existence au Tabasco d'une colonie Putun-Chontal reposent sur des bases très fragiles (Kremer, 1994), l'intervention de marchands mexicains ou mexicanisés reste jusqu'à présent l'hypothèse la plus plausible pour rendre compte de l'introduction progressive au Yucatán, et au-delà, de traits d'abord non classiques (Proskouriakoff, 1951) puis « toltèques ».

L'effondrement de la culture classique n'a cessé, depuis le XIXe siècle, d'enfiévrer l'imagination du public. La soudaine et catastrophique disparition de toute une civilisation rappelait le mythe de l'Atlantide, qui continue à travers les siècles à faire couler beaucoup d'encre. On sait maintenant qu'il s'agit plus d'un déclin culturel étalé sur un siècle que d'un effondrement ou d'une disparition brutale ; on sait aussi qu'il ne faut pas en rechercher la cause dans une seule catastrophe comme un tremblement de terre, une épidémie ou un typhon, et que le phénomène ne peut être compris que par une pluralité de facteurs. La fragilité des sols tropicaux, qui demandent souvent de longues jachères pour se reconstituer, face à l'explosion démographique de la fin du classique ont pu entraîner des désastres écologiques. À cause de l'épuisement des sols, de la destruction des forêts, de l'érosion, de la diminution spectaculaire des rendements, le pays maya était à la merci de graves famines après une succession de « mauvaises années » de sécheresse. Le morcellement politique en cités-États de toutes tailles était non seulement une source permanente de conflits, mais une incitation en temps de paix à rivaliser en somptuosité avec ses voisins ; pour démontrer sa puissance, le roi devait faire toujours plus grand, plus haut, plus riche et les dépenses somptuaires ruinaient la cité en élargissant le fossé entre l'élite et la masse paysanne. L'échec de la civilisation maya montre à quel point ses bases étaient fragiles et combien ses facultés d'adaptation étaient limitées. Les premiers désastres ont amené des réactions en chaîne sous forme d'interruption de réseaux commerciaux, de révoltes, de guerres et d'invasions par les voisins, accélérant le processus de décomposition.

Sur la côte Pacifique, on croit déceler, là encore, l'influence de groupes mayas mexicanisés (c'est-à-dire ayant adopté des traits culturels en provenance du Mexique central) dans le nouveau style de sculpture monumentale, appelé Cotzumalhuapa, qui combine éléments mayas et centre-mexicains (glyphiques, notamment). Dans les Hautes Terres, on note au début du IXe siècle de profonds bouleversements dans l'occupation des sites, dus aux infiltrations mexicaines par la haute vallée de l'Usumacinta.

Postclassique ancien (950-1250)

Chichén Itzá, qui au classique terminal était une petite cité de style Puuc, devient à partir du Xe siècle un site majeur qui va occuper le devant de la scène des Basses Terres [1]. Il est alors caractérisé par le développement d'un ensemble de traits nouveaux urbanistiques, architecturaux, iconographiques, d'origine mexicaine. Certains de ces éléments [2] avaient déjà fait leur apparition en pays Puuc ; d'autres semblent provenir directement de Tula, la capitale toltèque du postclassique ancien du bassin de Mexico. C'est pour cette raison que le Chichén Itzá postclassique est qualifié de maya-toltèque. Un des mystères majeurs de l'archéologie méso-américaine est la relation, apparemment exclusive, entre Tula et Chichén Itzá.

Certains chercheurs ont récemment proposé que le Chichén Itzá Puuc et le Chichén Itzá toltèque, étaient non pas successifs, mais contemporains, en totalité ou en partie [3]. Les différences entre l'un et l'autre ne seraient pas chronologiques mais fonctionnelles. Si tentante qu'elle puisse paraître, cette thèse se heurte à de multiples difficultés : si Chichén Itzá est une ville du classique terminal, que s'est-il passé pendant le postclassique ancien, avant l'avènement de Mayapán au postclassique récent ? Comment expliquer l'importation indéniable de traits toltèques bien datés du XIe siècle ? On ne peut nier l'existence d'un Chichén Puuc avec écriture maya, et d'un Chichén maya-toltèque (faute d'un meilleur terme) sans écriture, mais avec orfèvrerie et usage de la turquoise [4]. À l'exception de

---

1. La date de 950 que j'ai retenue pour le début du postclassique ancien est un compromis. En effet, certains font commencer cette période en 900, d'autres en 1000. Un complément d'information sur Chichén Itzá permettra seul de trancher le débat.

2. Proskouriakoff, 1951.

3. Lincoln, *in* Sabloff et Andrews, 1986.

4. Les traits exogènes observables dans l'architecture, la sculpture et l'iconographie se sont apparemment introduits progressivement et sans violence : le Chichén Puuc n'a été ni détruit ni incendié. Dans ces conditions, il n'y a pas lieu de s'étonner du fréquent mélange de la céramique Cehpech (classique terminal) et Sotuta (postclassique ancien). Dans l'architecture, des traits mayas comme le masque de monstre terrestre (dit « masque de chac »), ont continué à être utilisés non seulement par les Mayas-toltèques de Chichén (temple des Guerriers), mais aussi par les gens de Mayapán à la période suivante. L'histoire du Yucatán reste correctement résumée par

Chichén Itzá, les sites de quelque importance au nord sont très rares au postclassique ancien. Dans la zone centrale du pays maya, certains sites classiques sont occupés sporadiquement au postclassique par des groupes de « squatters » qui vivent dans les ruines sans rien construire d'important. Il n'en va pas de même cependant dans le nord du Belize, où des sites comme Lamanai, Nohmul, Cerros ou Altun Há connaissent une véritable activité dans le domaine architectural ; quelques sites côtiers constituent d'autres exceptions et suggèrent l'existence d'un commerce maritime circum-yucatèque.

Les bouleversements perçus dans les Hautes Terres à la fin du classique se confirment à la période suivante ; les sites de plaine sont abandonnés au profit de lieux faciles à défendre, comme des sommets de collines ou des plateaux entourés de ravins. Ce changement dans l'habitat est attribué à une nouvelle vague d'influences extérieures qui, empruntant les voies de l'Usumacinta et du Motagua, correspond à la domination du Yucatán par Chichén Itzá.

Postclassique récent (1250-1525)

Mayapán va bientôt prendre la place prédominante de Chichén Itzá, après la chute de celle-ci. Cette fois encore l'objet d'influences mexicaines, la nouvelle capitale diffère considérablement de la précédente comme de toutes les cités classiques de l'aire maya. Les quelque dix mille habitants de cette ville, entourée d'une muraille, se pressent autour d'un centre politique et cérémoniel. Un appareil grossier de pierres sèches remplace la belle maçonnerie des sites Puuc et de Chichén Itzá, et les plans des maisons ont changé. Le culte, lui aussi, n'est plus le même : on construit des oratoires domestiques et des sanctuaires, on modèle en terre cuite de grands encensoirs qui représentent des dieux. Mayapán sera à la tête d'une alliance qui dominera le Yucatán jusqu'à la moitié du XVe siècle. Le peuplement semble avoir été plus important alors qu'au postclassique ancien : la côte orientale de la péninsule notamment, avec les sites de Xelhá, Cozumel, Tulum, Santa Rita, est le lieu d'échanges

les noms Florescent et Modified Florescent de ses périodes qui correspondent au classique terminal et au postclassique ancien des Basses Terres centrales.

maritimes. On connaît aussi des sites tardifs dans la région du lac Petén Itzá (Topoxte). Après la chute de Mayapán, le nord du Yucatán connaît à nouveau le morcellement politique en une série de petits « royaumes combattants ».

Les Hautes Terres voient le développement de quelques petits centres en puissantes capitales régionales rivales, comme Jilotepeque, Zaculeu, Iximche et Q'umarkaj (Utatlán). Capitale des Quichés, dont l'histoire nous est contée dans le *Popol Vuh*, elle avait étendu considérablement son territoire au détriment de ses voisins de l'Ouest et du Sud jusque vers la fin du XVe siècle quand leur roi Vahxaqui-Caam fut vaincu par les Cakchiquels.

La Conquête

On sait qu'elle a commencé par la colonisation de Cuba et d'Hispaniola (que se partagent aujourd'hui les États de Haïti et de Saint-Domingue) et qu'elle s'est poursuivie par des expéditions de découverte lancées à partir de ces îles. En 1517, Fernández de Córdoba part à la recherche d'esclaves, d'or et de nouvelles terres. Il découvre, près de Cozumel, l'île des Femmes (ainsi nommée parce que les Espagnols y avaient observé des figurines féminines), puis longe la péninsule de Yucatán jusqu'à Champotón, où les Mayas infligent de lourdes pertes aux navigateurs. L'expédition suivante est celle de Juan de Grijalva qui, pendant cinq mois, fait le tour de la péninsule et continue jusqu'au rio Panuco, pour refaire le trajet en sens inverse jusqu'à Cuba. Hernán Cortés, enfin, appareille le 18 février 1519 avec 11 vaisseaux, 508 hommes et 16 chevaux. Après un premier arrêt à Cozumel, Cortés longe la péninsule, double le golfe du Mexique et débarque à Veracruz où il brûle ses vaisseaux et s'enfonce à la conquête de l'empire aztèque qu'il mettra à genoux en un an. Les distances, le fractionnement politique du pays maya, le petit nombre des conquérants expliquent pourquoi il faudra en revanche vingt ans aux Espagnols pour conquérir le Yucatán.

Ils obtiennent de petits groupes, l'un après l'autre, l'allégeance à la couronne d'Espagne en profitant des rivalités locales. La conquête du pays maya prend un tour décisif avec la soumission et la conversion de Tutul Xiu, le puissant chef de la province de Maní, la plus importante unité politique du nord du Yucatán. Les premiers religieux, des franciscains, débarquent en 1535. La conquête spirituelle – qui implique l'élimination de la religion, des réjouissances, des activités intellectuelles et artistiques indigènes soupçonnées d'être inspirées par le Démon – parachève et justifie l'œuvre des conquistadores.

Parti étouffer au Honduras les velléités d'indépendance d'un de ses lieutenants, Cortés traverse le sud du pays maya pour la première fois en 1525. Tayasal, la capitale des Itzas, établie sur la plus grande île du lac Petén Itzá, est une de ses étapes. Des missionnaires visitent la ville une seconde fois près d'un siècle plus tard sans rien obtenir de son chef ; une nouvelle expédition échoue lamentablement en 1622. Il faudra attendre 1696 pour que la ville tombe sous les coups des troupes menées par Martín de Ursúa, le gouverneur du Yucatán. Plus de deux siècles après la découverte du continent par Christophe Colomb, la conquête du pays maya était achevée.

Limites géographiques du présent travail

Bien que les peuples de la zone que constituent les Hautes Terres et la côte Pacifique du Guatemala et du Salvador aient parlé des langues de la famille maya tout au cours de leur histoire et qu'à ce titre cette zone soit traditionnellement incluse dans l'aire maya, sa civilisation, dès les débuts de la période classique, s'est progressivement écartée de celle des Basses Terres au point de former une zone d'une grande autonomie culturelle. Les Hautes Terres, en effet, sous la domination de Teotihuacán, ont combiné des éléments mayas locaux et des traits du Mexique central, et abandonné l'écriture, l'architecture de pierre et la grande sculpture de la période précédente. Après la chute de la métropole, les Hautes Terres connaissent une époque de déclin qui contraste avec l'apogée des Basses Terres. Au classique terminal, le style Cotzumalhuapa de la côte Pacifique est un autre exemple de syncrétisme maya-mexicain alors que dans les Hautes Terres, on note de profonds changements dus à des vagues d'influences mexicaines, notamment dans l'habitat, qui se poursuivront à la période suivante. Au postclassique récent, les Hautes

Terres échappent complètement à l'hégémonie de Mayapán et développent indépendamment de puissantes capitales régionales rivales.

L'originalité de la zone par rapport aux Basses Terres, due essentiellement à une plus grande perméabilité aux influences mexicaines, nous empêche de l'inclure dans notre champ de recherche. En revanche, malgré des différences sensibles dans leur développement respectif, les Basses Terres centrales et le Yucatán peuvent faire l'objet d'une même analyse : les deux zones ont parlé des langues voisines, partagé la même écriture et le même calendrier, et fondamentalement participé, nous le verrons, à la même religion.

Sources et méthodes d'analyse

Périodes classique et postclassique ancienne

L'archéologie et ses disciplines annexes, l'iconographie et l'épigraphie, constituent notre principale source d'informations.

Sur la religion officielle, l'art monumental est intarissable. Autant sinon plus que leurs caractéristiques architecturales, ce sont les sculptures et les peintures associées aux édifices qui permettent de proposer des hypothèses quant à leur nature et leur destination. Mais il est souhaitable d'aller plus loin en cherchant à déterminer la signification de ces images en elles-mêmes. L'analyse des marqueurs du jeu de balle A-IIb de Copán non seulement confirme (par le costume et les attitudes des personnages, la présence de la balle) que l'ensemble architectural est un terrain de jeu de balle, mais nous informe aussi sur la signification même du jeu. Les temples dynastiques sont identifiés comme tels parce que l'image du roi y est prédominante, mais c'est l'étude du personnage représenté et des contextes dans lesquels il apparaît qui permet de déclarer qu'il s'agit d'un souverain et d'obtenir des informations sur l'institution de la royauté et du culte dynastique. Il ne suffit pas de proposer que les temples à porte en forme de gueule et couverts de masques représentent des monstres terrestres, il faut en chercher la raison.

Art monumental

Par rapport à l'art mobilier, le plus souvent provenant de pillages et donc de contexte inconnu, l'art monumental est, en règle générale, mieux documenté : par exemple on sait le plus souvent de quel site provient telle ou telle stèle et l'on peut même parfois décrire son environnement culturel ; on sait fréquemment son âge, soit par le texte qui accompagne l'image, soit par le style, soit encore par le contexte. Outre un meilleur contrôle des variables espace et temps, l'art monumental présente une cohérence interne, due à son caractère officiel et de propagande, qui limite le nombre de thèmes développés.

À côté de son unité due à sa destination, il présente une remarquable diversité d'une région ou d'une cité à l'autre, qui s'exprime dans le choix des matériaux, des supports, des sujets et des motifs, comme des techniques et des styles. Ainsi Copán a orné ses édifices de sculptures de pierre en haut relief, après les avoir longtemps décorés seulement de reliefs modelés en stuc. Palenque dans ses images a utilisé le stuc à profusion, à l'exception de grands panneaux en pierre sculptés en bas relief ; c'est aussi l'un des rares grands sites mayas à n'avoir pas érigé de stèles [1]. D'une façon générale, les sculpteurs mayas ont préféré le bas-relief, sauf à Copán et à Toniná où le haut-relief des monuments est proche de la ronde-bosse.

Des villes mayas se sont exprimées dans certains thèmes, plus souvent et mieux que d'autres : ainsi la capture et le sacrifice sont bien développés à Toniná ; c'est à Yaxchilán que l'autosacrifice est le plus souvent traité ; Copán est particulièrement riche en descriptions cosmologiques, etc. Ces préférences dépendent parfois de l'échantillon dont nous disposons, mais résultent surtout des accidents de l'histoire ou de choix délibérés ; il serait cependant imprudent de conclure de ce qui précède que Toniná a été plus guerrière

1. La sculpture en haut relief désignée comme « stèle 1 », n'est pas une stèle ; avec une autre semblable, elle constituait – selon Waldeck – une paire adossée à un mur ou à des piliers et ornant une sorte de sanctuaire précédant le temple de la Croix. Voir Baudez, 1993, fig. 19.

que Yaxchilán et moins portée qu'elle sur l'autosacrifice ; ou que Copán a consacré plus de temps que ses contemporaines à philosopher. Il y a aussi des motifs que certaines villes n'ont pas utilisés ; ainsi à Copán, aucune sculpture ne montre le « sceptre-figurine » (image de la foudre) dans les mains du souverain, alors que la tête de la même créature apparaît à plusieurs reprises aux extrémités des barres cérémonielles. Là encore, il faut interpréter restrictivement cette « lacune » et ne pas en déduire que les Copanèques attribuaient moins d'importance à la foudre et à son symbolisme. L'accession au trône conçue comme un lever de soleil est un thème qui, au classique récent, est limité à la zone sud-est de l'aire maya, ce qui ne veut pas dire que cette métaphore ait été inconnue ailleurs ; elle n'a simplement pas été illustrée.

La sculpture associée à l'architecture prend des formes diverses suivant les sites. Yaxchilán est célèbre pour ses linteaux de pierre sculptée qui ont l'avantage d'être mieux préservés parce que mieux protégés de l'érosion, et de constituer une série à l'intérieur d'un même édifice, décrivant le plus souvent un rituel dynastique. À Tikal, les linteaux en bois sculptés des grands temples I à IV sont au nombre de deux par temple. Des panneaux en bas relief peuvent décorer l'extérieur comme l'intérieur (à Palenque) des édifices. Dans ce même site, le stuc modelé sur des murs intérieurs ou des piliers extérieurs, sur des crêtes faîtières et sur les façades complète la décoration.

La sculpture maya, cependant, est mieux connue et plus accessible par ses stèles, dont on connaît aussi des exemples en surface de sites non fouillés. Ce sont des monolithes dressés verticalement et sculptés généralement à la fois de textes et d'images. On érigeait une stèle à la fin des périodes de cinq, dix, quinze ou vingt ans ; les inscriptions donnent, de façon plus ou moins précise, la date d'inauguration du monument et la relient à d'autres dates historiques ou mythiques. La stèle est presque toujours couplée avec un autel en pierre, sculpté ou non, le plus souvent en forme de cylindre bas, qui servait à présenter des offrandes et à exécuter des sacrifices. Cette dernière vocation est bien illustrée à Tikal où le sommet de l'autel est parfois sculpté d'un captif entravé. Après avoir été longtemps prismatiques, les autels de Copán sont composites et affectent la forme d'un monstre terrestre, ce qui confirme leur fonction sacrificielle : en effet, dans les scènes de sacrifice peintes sur céramique, la victime est couchée sur un masque terrestre *(figure 11, p. 50)*. C'est toujours le roi qui est le personnage principal des stèles et l'analyse de son attitude, de ses gestes, de son costume et des objets qu'il présente nous informe sur la personne royale et ses fonctions. En outre, la description graphique de son entourage peut considérablement enrichir nos connaissances : entourage humain avec la présence d'un membre de sa famille, d'un capitaine ou d'un assistant, de captifs, etc. et/ou cosmique avec le monstre terrestre sous les pieds, le ciel au-dessus de sa tête et parfois ses habitants : créatures surnaturelles et ancêtres. C'est à Copán, cette fois encore, que la sculpture des stèles est plus riche iconographiquement, plus informative, plus redondante aussi, et cela dès les premières stèles du classique récent. Le relief des monuments, en augmentant au cours de la période, permet à de nouveaux détails de trouver place ; le spectateur est alors invité à reconnaître toute une cosmologie dans un espace restreint, et ce foisonnement n'est pas sans poser parfois quelques problèmes au regard occidental…

C'est dans des sites à la riche iconographie et relativement bien connus par la fouille et l'épigraphie, comme Copán, Palenque, Tikal, ou Yaxchilán, que l'analyse structurale a le plus de chances d'être productive, comme quelques exemples permettent de l'illustrer. Copán est le site maya où le thème du monstre bicéphale est le plus souvent traité : aux deux extrémités d'un même corps se trouvent les têtes, généralement contrastées, de cette créature cosmique *(figure 4)*. Elles s'opposent trait à trait (mâchoires, yeux, nez, ornements d'oreilles et de nez) ; l'une est antérieure, vivante, et tient dans sa gueule une créature terrestre ; l'autre est postérieure, décharnée, et contient une créature solaire. Tout indique que le sculpteur a délibérément cherché à décrire un ensemble d'oppositions significatives par des images contrastées, et qu'il ne s'agit pas ici de variantes ayant le même sens. On découvre que chaque terme n'acquiert son sens que par opposition à un autre, et l'on peut alors rechercher des substitutions qui mettent en lumière des termes apparentés et des équivalences : ainsi, le sens de « mort » des bandes croisées dans l'emblème tripartite[1] est obtenue par les divers cas où *cimi* « mort » se substitue à elles ; les tubes de jade qui sont issus des narines de la tête « vivante » et absents de la tête « morte », ont à voir avec la vie et sont sans doute une expression du souffle vital. Le *bacab* (un être mythologique au visage de vieillard) et le crapaud se trouvent toujours du côté « vivant » ; les deux créatures font donc partie du même monde, ce qui était déjà indiqué par des traits communs comme l'ornement d'oreille et le nénuphar noué sur le front.

L'analyse structurale procède par comparaisons, et celles-ci ne peuvent être fructueuses que si les deux ensembles à comparer sont à la fois suffisament semblables et suffisamment différents. Le problème majeur posé à l'analyste est la distinction entre les variantes et les oppositions. Les frises qui se trouvent sous les scènes illustrées

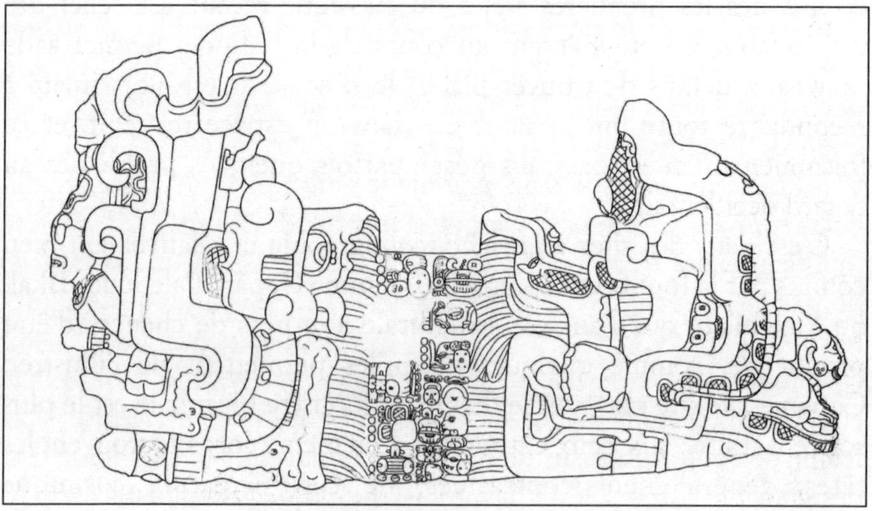

4. Copán, CPN 13 (« autel » G1) : monstre bicéphale à plumes. Le côté droit est vivant, le gauche est décharné. Des mâchoires de la tête droite émerge un bacab, *une créature âgée associée à la terre et à la fertilité ; l'œil est marqué du signe de l'étoile ; les mâchoires portent les taches du serpent ; une longue langue bifide pend de la gueule. Un masque grotesque est dessiné sur la mâchoire supérieure. Une coquille remplace l'oreille ; elle est prolongée d'un nénuphar. Un bracelet entoure l'avant-bras. À gauche, la gueule contient une créature solaire. L'œil est noirci et le bout de la mâchoire supérieure est décharné, ainsi que la mandibule. Une feuille de nénuphar attachée à une volute est à la place de l'oreille, et un collier d'yeux entoure le cou. Le bras est lui aussi décharné.*

1. Cet emblème est composé de trois éléments : des bandes croisées en cartouche, un instrument d'autosacrifice et une coquille. On le trouve associé au glyphe du soleil *(kin)* pour qualifier l'astre nocturne, souterrain et mort (voir p. 175).

sur les piliers de la maison D de Palenque ont assez d'éléments communs pour être toutes considérées comme des illustrations du même milieu aquatique *(figures 1.34 et 1.35, voir pp. 148-149)* ; en conséquence, on peut considérer que l'ensemble des scènes décrites sur ces piliers fait référence au même environnement, indiqué précisément par ce qui est communément appelé « frise aquatique ». En revanche, le bas de chacun des panneaux principaux des temples du groupe de la Croix est chaque fois différent *(figures 1.20 C, 1.21 C, 1.22 C, voir pp. 125-127)* : une bande céleste sous les pieds des protagonistes de la Croix ; en bas du panneau du Soleil, une frise présentant en alternance une tête solaire et le glyphe *caban*, « terre » ; enfin, une frise aquatique sur le panneau de la Croix Feuillue. L'artiste a ici cherché à contraster des environnements différents.

Des images de structure semblable sont supposées avoir la même signification à condition que les différences observables dans leur contenu puissent être considérées comme des variantes et non comme des oppositions. Personne ne conteste que les stèles 6, 11, 14 et 25 de Piedras Negras traitent du même thème *(figure 1.39, voir p. 158)*. Le roi est assis dans une niche entourée d'un cadre rectangulaire ouvert vers le bas et formé d'une bande céleste avec une tête reptilienne aux deux bouts : d'un côté la tête est vivante et dans le bon sens ; de l'autre, la tête est inversée et squelettique (on aura reconnu l'opposition décrite plus haut des deux têtes du monstre cosmique). La bande céleste désigne le monstre cosmique bicéphale et céleste grâce aux signes astronomiques qui la composent et à sa forme de voûte au-dessus du roi. L'oiseau quetzal qui la domine doit désigner un corps céleste, et représente plus vraisemblablement le soleil : il est unique et dans une position zénithale [1]. Le dos de la stèle I de Quiriguá présente la même structure et un contenu très semblable *(figure 1.41, voir p. 160)* : un ancêtre royal dans une niche entourée d'une bande céleste surmontée du quetzal. La seule différence notable est que les deux têtes contrastées aux bouts de la bande sont ici remplacées par deux têtes semblables d'un oiseau, sans doute un hibou, qui expriment une variante de représentation

1. Le quetzal peut être ailleurs remplacé par l'ara, oiseau qui représente le soleil dans les textes du XVIe siècle (K'inich' Kak' Mo').

du ciel. Une autre variante nous est proposée sur le linteau 3 du temple IV de Tikal *(figure 1.40, voir p. 159)* : le monstre aux têtes contrastées qui fait voûte au-dessus du roi, et au-dessus duquel est perché le quetzal, a ici un corps de serpent au lieu de la bande céleste ; le monstre cependant désigne toujours le ciel, ce que confirment d'autres exemples comme la porte intérieure du temple 22 de Copán, où c'est un monstre bicéphale au corps de serpent que soutiennent les *bacabs* et qui forme voûte au-dessus de l'entrée *(figure 1.5, voir p. 86)*. Ces exemples peuvent être à leur tour comparés au cosmogramme sculpté sur le couvercle du sarcophage de la tombe du temple des Inscriptions *(figure 1.42, voir p. 161)*, et sur le panneau du temple de la Croix de Palenque *(figure 1.20 C, voir p. 125)* ; le serpent bicéphale en U renversé doit, par analogie, ici encore représenter le ciel, et le quetzal au sommet de l'arbre cosmique doit représenter le soleil, et pour les mêmes raisons. Si l'on prend chacune de ces images isolément, les interprétations peuvent varier ici et là ; ce n'est qu'en les considérant dans leur ensemble qu'elles prennent sens en se confortant l'une l'autre.

Le poids de la tradition peut aussi renforcer une interprétation. Le médaillon quadrilobé complété de quatre végétaux paraît représenter la terre, et plus spécialement la gueule du monstre terrestre vue du dessus, chez les Mayas du classique récent ; on trouve en effet ce motif sur les monuments encadrant des scènes de l'inframonde, ou figurant sous les pieds du roi *(figure 1.3 d, p. 81)*. Cette interprétation est renforcée par des exemples olmèques qui, de La Venta à Chalcatzingo, montrent que le même motif, également accompagné de végétaux, représente aussi la gueule du monstre terrestre et cela plus de quinze siècles auparavant *(figure 1.3 b, c ; p. 81)*.

L'iconographie joue donc dans ce livre un rôle essentiel ; je suis personnellement convaincu qu'elle doit être traitée à part entière et non comme la servante de l'épigraphie ; trop souvent en effet on se contente de « déchiffrer » un texte qui accompagne une image, de postuler un lien logique entre les deux, et d'interpréter l'image en fonction du texte. Il arrive en effet que ce dernier fasse effectivement allusion à l'image, ou même parfois la commente, mais le contraire est également vrai : à Copán notamment, les longs textes historiques sculptés sur les édifices 11 et 12 n'ont rien à voir avec la signification religieuse de ces édifices, que nous indiquent l'architecture et la sculpture.

Même si image et texte ont une frange d'interférence, ils ont chacun leur domaine propre dans lequel ils livrent le message le plus complet de la façon la plus économique. Ainsi, le texte, dont la première caractéristique est d'être linéaire, est bien adapté à communiquer l'événementiel, le chronologique, l'historique ; en revanche, l'image à deux ou trois dimensions est particulièrement à l'aise pour décrire des états aux relations nombreuses et complexes, comme une description cosmologique. Ainsi, dans le domaine religieux, les images risquent d'être plus fécondes d'informations sur le monde surnaturel et le rituel que les textes. On a déchiffré les glyphes se rapportant à l'autosacrifice, mais ce que nous savons de ce rituel (acteurs, instruments, destination, etc.) vient de notre « lecture » des images. En l'état actuel de nos connaissances, l'information obtenue des images est généralement plus fiable que ce qui peut être interprété de la lecture des hiéroglyphes parce que, même si les images sont conventionnelles, elles n'ont pas le même degré d'arbitraire que l'écriture.

L'épigraphiste est amené au cours de sa démarche à faire une succession de choix. Sachant que l'écriture maya est mixte, c'est-à-dire qu'elle utilise à la fois des logogrammes et des phonogrammes, le premier écueil qui se présente à l'épigraphiste est de déterminer de quelle nature est le signe qu'il analyse : syllabe, morphème, particule grammaticale ? Le glyphe-emblème de Copán est une tête de chauve-souris avec des éléments du glyphe *cauac*[1]. On peut soit traiter ce glyphe comme un logogramme et y voir l'emblème d'une créature infernale analogue à d'autres utilisés comme emblèmes de cités faisant appel à des images de mort, d'inframonde, de sacrifice, etc., soit chercher une lecture phonétique en considérant le glyphe comme un composé d'éléments phonétiques qui sera lu comme *xukpi*, que l'on traduira comme le « lieu des motmots » (oiseaux à longue queue)[2].

1. Cf. p. 85.
2. Looper, 1991.

Si le signe s'avère être un phonogramme, il a en général une valeur syllabique, à qui il faut trouver sens. Les racines des langues mayas sont le plus souvent monosyllabiques ou du modèle consonne-voyelle-consonne (CVC), et chacune a fréquemment une pluralité de sens ; l'épigraphiste a donc le choix entre plusieurs sens différents pour un morphème d'une même langue, et ces sens seront plus nombreux encore s'il considère différentes langues à la fois (si le yucatèque et le chol ne suffisent pas, il est tentant de faire appel au cakchiquel ou au quiché). Mais quel état de la langue choisir ? Celui transcrit au XVIe siècle, ou le proto-yucatèque ou le proto-chol reconstruits par les linguistes ? Est-on sûr que telle syllabe n'a pas changé ? Dans certains cas, le nombre des interprétations possibles pour une lecture ou une étymologie semble illimité. Par exemple, du mot Itzamna, qui désigne une divinité attestée au XVIe siècle, Thompson retient d'abord la syllabe *its* qui, d'après le dictionnaire de Motul, se réfère aux liquides qui gouttent, comme le lait, les larmes, la sueur, le sperme, la résine ou la gomme suintant de certains végétaux ; cette étymologie lui permet d'identifier Itzamna comme le monstre céleste qui donne de l'eau [1]. Plus tard, en 1950 puis en 1970, il lit *Itzam* = iguane + *Na* = maison, c'est-à-dire maison des Iguanes ; Barrera Vasquez interprète *itsam* comme *its-a'-am* = mage des eaux, celui qui possède et exerce des pouvoirs occultes sur l'eau. Pour Taube, une des composantes du mot *itzam* serait emprunté au nahuatl (ou aztèque) *iztli* = obsidienne, matière utilisée dans les miroirs, lesquels sont utilisés dans la divination, discipline dans laquelle *Itzam Na* était le patron, etc. [2].

Il faut ensuite que la traduction retenue fasse sens dans son contexte immédiat dans toutes les phrases où il apparaît. Il faut enfin que l'interprétation du signe, sa valeur sémantique, soit compatible avec la réalité culturelle maya de l'époque. Certaines « découvertes » récentes des épigraphistes apparaissent peu probables dans le

1. « *The identification of Itzámna with the sky monster can hardly be acceptable unless water can be shown to be associated with the latter, as confirmation of the linguistic and mythological connections of the former with rain or dew* » (Thompson, 1939, p. 154).

2. Barrera Vasquez *et al.*, 1980, et Taube, 1992.

contexte d'une civilisation archaïque ; aussi, avant de s'émerveiller, que les monuments aient eu un nom propre ou que les artistes (jusqu'à sept pour une seule stèle !) aient signé leurs œuvres, il faudrait peut-être, devant l'invraisemblable de la chose, s'y reprendre à deux fois dans la « lecture » desdits textes, examiner et proposer des alternatives, rechercher confirmation de l'hypothèse dans d'autres domaines que celui de l'épigraphie. Tout en restant convaincu du caractère mixte de l'écriture maya, je ne peux m'empêcher d'exprimer mon scepticisme à l'égard de nombreuses lectures des « phonétistes » de ces dernières années, à cause de l'absence de rigueur de la méthode, du refus de considérer les alternatives (en particulier l'hypothèse logographique) et de l'inadéquation fréquente du concept « déchiffré » à la réalité culturelle maya. Il faut bien avouer que jusqu'à présent les lectures des « logographistes » comme Thompson, Berlin et Proskouriakoff, obtenues par l'étude des contextes et des séries parallèles, par la mise en regard des images et des glyphes, etc., ont donné des résultats moins aléatoires et plus fiables.

Il ne faudrait pas non plus tomber dans l'excès inverse en donnant tout le mérite à l'iconographie aux dépens de l'épigraphie. Rappelons que c'est grâce aux déchiffrements de Berlin et de Proskouriakoff que la nature historique des stèles mayas a été démontrée. De plus, il y a des domaines où la compréhension du texte est indispensable à celle de l'image, par exemple quand il s'agit de déterminer le temps ou la périodicité d'un rituel ; c'est grâce à l'écriture que l'on sait que le rite, sans doute divinatoire, de la « main qui sème » est exécuté en fin de période. Le texte distribué sur les trois panneaux centraux du groupe de la Croix de Palenque nous apprend que la carrière du souverain était marquée par trois cérémonies : la première avait lieu dans son enfance, la deuxième était son accession au trône, la troisième prenait place dans son âge mûr, quand il avait passé la cinquantaine. Même si l'on est pour l'instant incapable de dire en quoi consistaient le premier et le troisième rituels, il est important de savoir que l'iconographie du groupe faisait sans doute allusion à ces événements qui rythmaient la vie du roi.

Les images des vases et leur interprétation

En dépit de leur abondance dans les collections publiques et privées, en dépit de la richesse et de la variété de leur iconographie, tant peinte que gravée, les vases mayas ont déçu l'attente des chercheurs qui espéraient obtenir de l'analyse du décor de la céramique une moisson d'informations sur la religion maya. Cette déception est surtout due au fait que l'immense majorité des vases accessibles aux mayanistes, directement ou par publication interposée, provient du pillage et n'est donc pas documentée. L'absence de contexte, autant spatial et chronologique que culturel, limite singulièrement les comparaisons et l'étude d'ensembles. On a cherché à remédier à cette situation en constituant des groupements fondés sur le style ou l'analyse physico-chimique (par activation neutronique) de la pâte, en supposant que des poteries de même style ou de même composition étaient sensiblement contemporaines et de même provenance[1]. Si utiles que soient ces analyses, elles ne peuvent remplacer l'information obtenue par la fouille. Le développement de l'archéologie maya, ces trente dernières années, accroît peu à peu le corpus documenté de la céramique décorée dont l'analyse fournira à l'avenir les résultats espérés.

La peinture polychrome sur céramique commence au début du classique ou peu avant (protoclassique). Contrastant avec la variété remarquable de la poterie décorée de la période suivante, la céramique du classique ancien fait preuve d'une grande homogénéité thématique en étant presque entièrement consacrée à la fertilité, illustrée par l'évocation du milieu des marais :

1. La surface des eaux est indiquée par des bandes horizontales, tantôt droites, tantôt ondulées, ou en ligne brisée, agrémentée de petits cercles et d'une ligne pointillée, auxquels s'ajoutent des coquilles de diverses formes et des volutes *(figures 5 A* et *6 A)*.

2. Le monstre qui personnifie ce milieu aquatique terrestre ou souterrain (« inframonde humide ») est serpentiforme ; variante du monstre terrestre, il a un museau allongé et des pupilles en crochet

1. Reents-Budet, 1994.

(figure 6). Il est rarement montré en entier ; le plus souvent sa tête, qui peut être répétée quatre fois pour chacune des directions de l'espace, figure seule *(figure 5 A : C, F, J)*. Des éléments souples, sans doute végétaux, se dressent parfois en rang serré au sommet du crâne ; y poussent aussi des nénuphars aux longues tiges ondulantes, aux fleurs ouvertes ou en bouton et aux feuilles rondes au bord dentelé et à la surface hachurée. Le monstre porte parfois ce que Hellmuth appelle le *waterlily pad headdress*[1] qui consiste en une feuille de nénuphar fixée sur le front par la tige nouée de la même plante, dont la fleur est souvent mordillée par un poisson *(figure 6 : B)*.

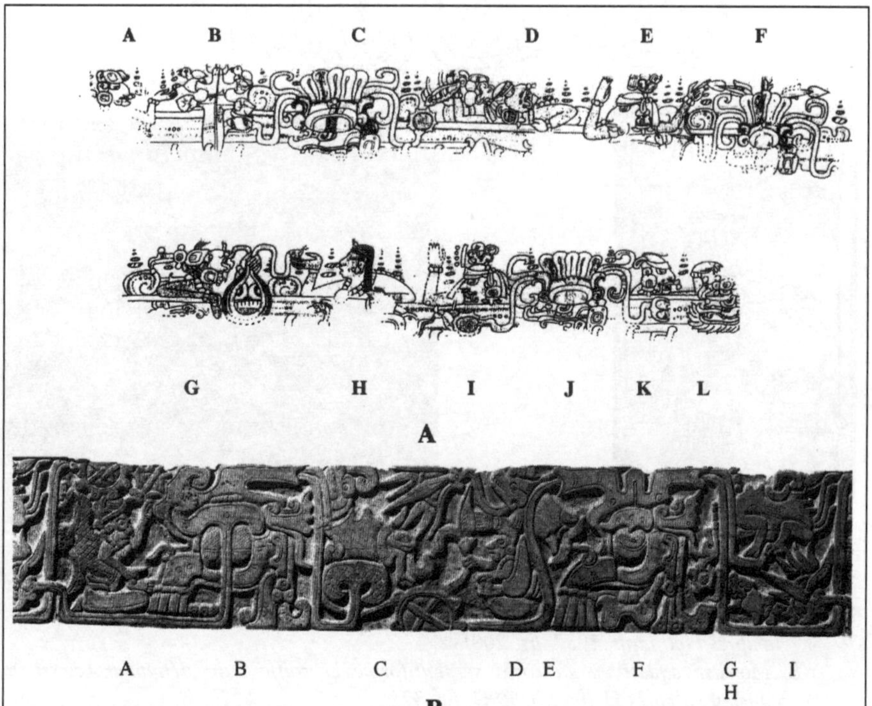

5. A : frise polychrome sur stuc d'un bol en bois de la tombe 160 (classique ancien) de Tikal (d'après Hellmuth, 1987).

B : frise en bas relief sur un vase classique récent (d'après Kerr, File n° 4705 © Kerr, 1990). A = bacab *à carapace de tortue ; B, F = monstre aquatique de forme squelettique ; C = tortue ; D =* bacab *sortant d'un coquillage ; E = poisson ; G = iguane ? ; H = poisson ; I = échassier.*

1. Hellmuth, 1987, p. 160.

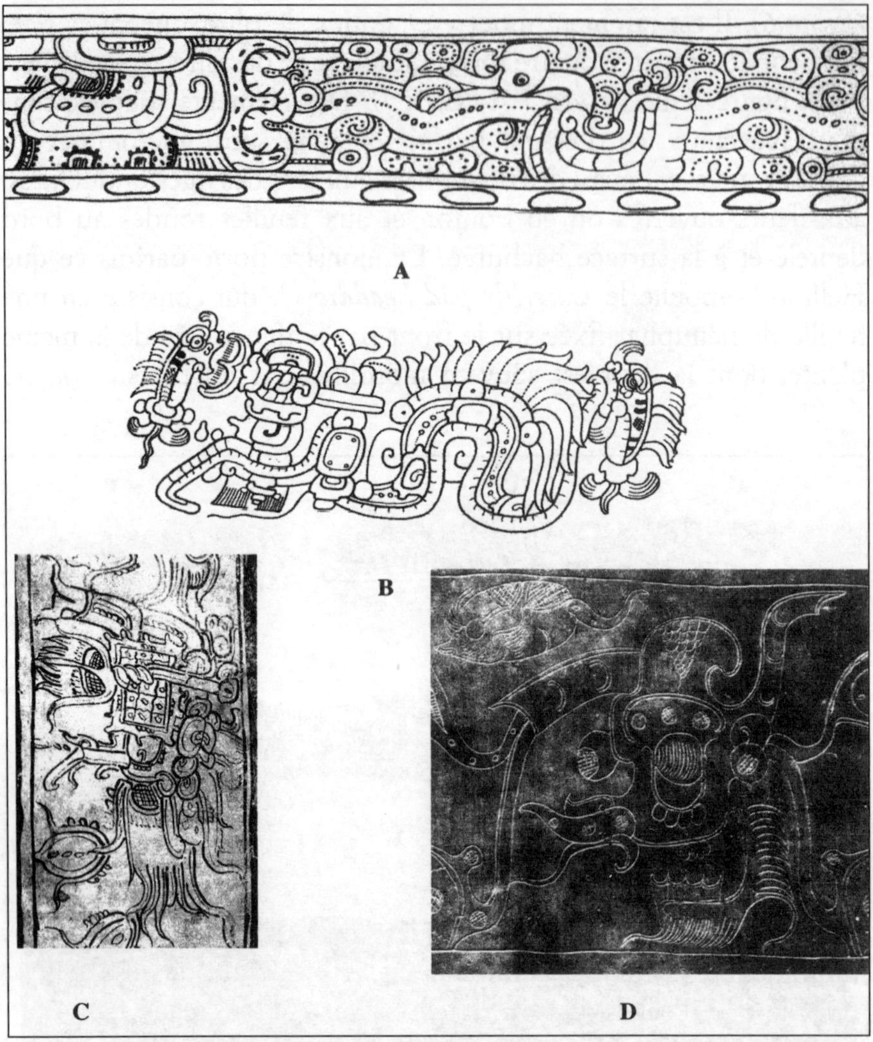

6. A. *Frise aquatique avec oiseau sur un bol polychrome à rebord basal (classique ancien ; d'après Hellmuth, 1987, fig. 200).*

B. *Monstre aquatique au corps serpentiforme et coiffé d'un nénuphar (classique ancien ; d'après Hellmuth, 1987, fig. 321).*

C. *Monstre aquatique coiffé d'un nénuphar prolongé d'une bande oblique (classique récent ; d'après Kerr, File n° K5628. © Kerr, 1992).*

D. *Monstre aquatique à élément* cauac *(classique récent ; d'après Kerr, File n° 3134. © Kerr, 1986).*

3. Une tête stylisée de monstre au long museau, présentée de profil, apparaît fréquemment, peinte ou gravée, dans des médaillons circulaires. Elle semble représenter la même créature.

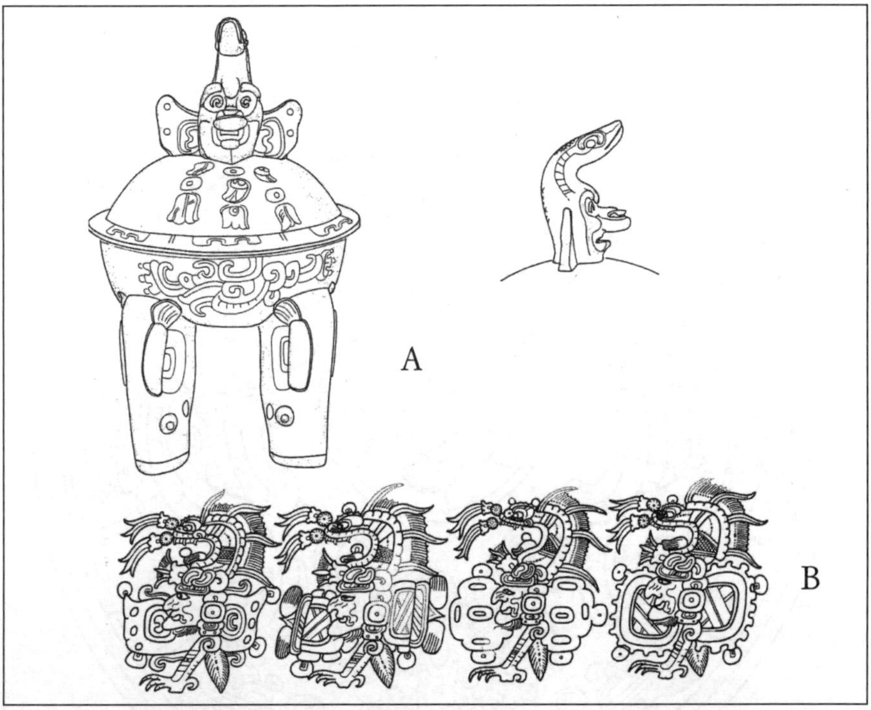

7. Le dragon aux ailes de coquille sur la céramique classique ancienne. Ce motif qui combine des attributs terrestres, aquatiques et aériens, est populaire pendant toute la période classique. La présence fréquente d'un visage humain ou grotesque sur le corps du monstre – ici le visage ridé semble faire référence au bacab *– n'est pas comprise (d'après Hellmut, 1987).*

4. La faune des frises aquatiques consiste en poissons qui soit mordillent les fleurs de nénuphar *(figure 5 A : D)*, soit se débattent dans le bec d'échassiers ou de cormorans ; en animaux amphibies comme les crapauds, crocodiles ou tortues *(figure 5 : B)*.

5. Des éléments de cette faune peuvent figurer seuls, comme partie pour le tout, pour évoquer ce même milieu. Les oiseaux aquatiques, qui jouent un rôle très important dans l'iconographie, se transforment parfois en créatures composites avec des ailes en coquillage, un corps fait d'une tête de *bacab*, un cou de serpent, etc. *(figure 7 : B)*. La tête d'un *bacab* à son tour peut être encadrée de coquilles et prolongée par un serpent *(figure 7 : A)*[1].

1. Hellmuth, 1987, fig. 344, 345, 358.

8. Un oiseau est étalé sur le couvercle d'un bol à rebord basal. Un petit personnage en haut relief constitue le bouton du couvercle. La tête de face de l'oiseau est au premier plan, et la queue est à l'opposé ; les deux ailes sur les côtés sont faites d'une tête de serpent qui constitue l'armature des plumes. C'est l'oiseau aux ailes en serpent, un motif très courant en iconographie maya qui combine des qualités célestes et terrestres. La tête de serpent à gauche a le signe kin *(soleil) sur l'œil, alors que l'autre porte le signe* akbal *(obscurité) associant une fois encore des qualités opposites et complémentaires (d'après Hellmut, 1987).*

Les figurations qui n'appartiennent pas au complexe aquatique sont rares sinon exceptionnelles sur la céramique peinte et gravée du classique ancien ; on connaît plusieurs vases qui ont pour motif principal l'oiseau qui représente le soleil diurne et qui, dans la littérature, est appelé *« Principal Bird Deity »* [1] *(figure 8).* Certaines tombes de Tikal, et en particulier la tombe 10, renfermaient des vases à couvercle porteurs d'une iconographie et d'un style originaires du

1. Bardawil, 1976.

Mexique central, sans doute via Kaminaljuyú. On y reconnaît Tlaloc accompagné du « Signe de l'Année », une divinité proche de Xipe, des guerriers armés du propulseur, des têtes de morts dégoulinantes de sang ; mais de telles figurations sont exceptionnelles en dehors de Tikal. Le sont encore plus les compositions complexes de nature cosmologique ou mythologique[1].

Dès les débuts du classique récent, la céramique peinte ou gravée connaît un développement extraordinaire, qui se traduit surtout par la diversité des images. La forme cylindrique adoptée pour les plus beaux vases libère le peintre et le graveur des contraintes imposées par la forme du bol et permet de représenter des scènes complexes et continues où les humains prennent une place croissante. À côté d'une destination funéraire, beaucoup de vases décorés jouaient le rôle d'objets de luxe et de prestige qui circulaient entre les élites de régions parfois lointaines, comme présents ou objets d'échanges célébrant des alliances ou des anniversaires, comme en témoigne la fréquence, dans les sites, de vases manifestement importés. Les images sont de plus en plus souvent accompagnées de textes qui, d'après les épigraphistes, donnent des informations sur la destination du récipient, son possesseur, et même parfois, ce qui me semble beaucoup plus contestable, le nom de l'artiste auteur du décor[2].

À côté d'images à contenu cosmologique ou mythologique, les scènes de cour dites de trône ou de palais sont fréquentes ; on y voit un dignitaire assis sur une plate-forme recevoir l'hommage de ses sujets ou de ses vassaux, accepter la soumission de captifs promis au sacrifice ou accueillir des émissaires de cours étrangères. Il faut cependant avouer que la majorité des images peintes ou gravées nous demeure encore obscure, en partie parce que notre distinction entre sacré et profane n'a généralement pas de sens : ainsi, quand un dignitaire sur son trône est confronté à des anthropomorphes à tête animale, s'agit-il d'une scène où le héros visite d'autres mondes, ou bien d'une scène de cour où le prince reçoit des prêtres, assiste à une danse ou à un rituel, ou encore reçoit des personnages historiques dont le lignage a l'oiseau-mouche ou le jaguar pour emblème ?

---

1. Berjonneau et Sonnery, 1985, fig. 328-329.
2. Coe, 1973 ; Grube, 1991 ; Stuart, 1987, 1989 ; Reents-Budet, 1994.

L'interprétation de l'iconographie de la céramique maya ne progressera qu'après une analyse soigneuse d'ensembles de poteries au décor de même structure, ou traitant manifestement d'un même thème, ou mettant en scène les mêmes personnages dans des contextes analogues ; l'étude interprétative de cas isolés, au « coup par coup », est condamnée à la stérilité [1].

Des animaux emblématiques intervenant seuls ou dans une scène à divers personnages donnent une certaine coloration symbolique au vase qui les porte et donc à la destination et au contenu du récipient. On ne s'étonnera pas de voir figurer sur des vases funéraires des images de vampire ou de jaguar, animaux qui représentent l'inframonde comme domaine des morts et du sacrifice. Les thèmes de la renaissance et plus généralement de la fertilité, à qui la période précédente avait donné préséance, seront illustrés par des animaux aquatiques comme le cormoran et des échassiers, des poissons, des tortues ou des crapauds. Il y a aussi des créatures de personnalité plus complexe comme le singe, le cerf ou le vautour, que nous avons plus de mal à interpréter. De même les créatures dites « grotesques », anthropomorphes à tête animale ou hybride, encore plus communes que les précédentes. Le vase dit des « trente et un dieux » fournit un véritable catalogue de créatures fabuleuses disposées sur quatre registres et comprenant des scribes aux têtes variées, des oiseaux, des batraciens, des chauve-souris, des jaguars, etc. [2], et qui définit sans doute un aspect du monde mythologique.

Les images cosmologiques appartiennent à un ordre supérieur de complexité et traitent de l'inframonde. Les frises aquatiques et le thème mort-et-renaissance (dont l'image favorite est celle d'un crâne sur lequel poussent des plantes, généralement aquatiques) illustrent son aspect humide et fertile. Le royaume des morts, de la guerre et du sacrifice nous est montré à travers certains de ses habitants, présentés comme des animaux emblématiques, des anthropomorphes à tête animale ou des hybrides qui représentent des êtres

1. Robicsek et Hales (1981) ont été les premiers à présenter ensemble des scènes analogues interprétées comme des épisodes de mythes. Certaines associations sont convaincantes ; d'autres le sont moins, surtout parce que de nombreux vases souffrent d'avoir été récemment repeints.

2. Coe, 1973, p. 37.

9. Sur un vase, trois personnages de l'inframonde en procession : un squelette, un homme à tête de mort et un jaguar ; ils sont précédés par une tête humaine coupée (d'après Coe, 1973, p. 46).

surnaturels à la personnalité complexe incarnant certains aspects des forces naturelles. Un vase[2] présente trois personnages des enfers, successivement un squelette, un homme à tête de mort, un jaguar, debout l'un derrière l'autre et précédés d'une tête humaine coupée *(figure 9)*. On trouve aussi sur des bols deux ou trois animaux (chien, jaguar, cerf, crapaud, singe, etc.) auxquels sont associés des restes macabres, tels que têtes humaines coupées, membres détachés, yeux arrachés, ossements, disposés sur des coupes que ces créatures terrifiantes tiennent en main. Le fameux vase dit des « sept dieux » *(figure 10)* nous montre le dieu L, un vieux seigneur des Enfers coiffé d'un oiseau *muan* (un hibou de mauvais augure, habitant des enfers) et pourvu d'oreilles de jaguar, assis sur un trône en forme du même animal, et se trouvant encadré d'images terrestres (crocodiles et monstres *cauac*) indiquant qu'il se trouve dans le monde inférieur. Parmi les six créatures qui lui font face sur deux registres, on en identifie trois avec certitude : le jaguar Uo (patron de ce mois et du chiffre 7), le jaguar Pax, autre créature

1. Coe, 1973, p. 46.

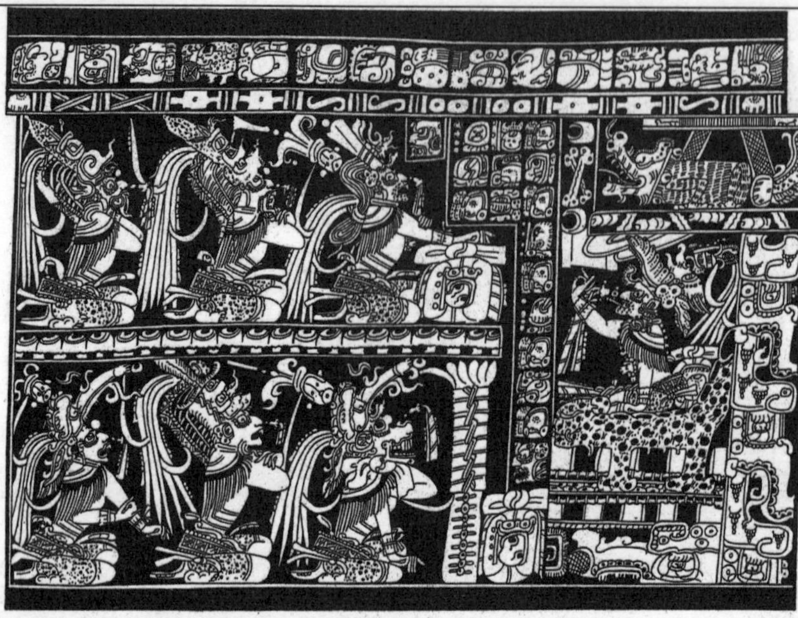

10. « Vase des sept dieux » (d'après Coe, 1973, p. 49).

solaire spécialement associée aux sacrifices sanglants, et GI, l'un des membres de la triade de Palenque ; les autres êtres surnaturels présentent aussi des attributs solaires et de mort. Plusieurs vases illustrent la même scène qui paraît de caractère cosmologique : la jambe-serpent de la foudre personnifiée aboutit à une gueule vomissant un *bacab* (ou dieu N), image qui, peut-être, illustre le rapport entre foudre/pluie céleste et fécondité terrestre [1].

Des hommes jeunes au visage non déformé et des grotesques aux traits simiesques, assis et en train de peindre un manuscrit avec le pinceau dans une main et la coquille-encrier dans l'autre, sont généralement interprétés dans le premier cas comme de véritables scribes et dans l'autre comme leurs patrons [2]. Il arrive souvent que du corps de ces personnages s'échappe une bande peinte d'une succession de chiffres indiqués en barres et points, que l'on a comparée à la bande de papier s'écoulant d'une imprimante. Des oreilles et des ailes frappées du signe *akbal*, l'entourage de serpents fantastiques, la présence

1. Voir la série « The Bearded Dragon », in Robicsek et Hales, 1981.
2. Coe, 1977.

de grands nénuphars semblent indiquer que ces personnages ne font pas partie du monde des hommes. Dans deux cas, les jeunes scribes sont présentés sous une bande céleste[1] et pourraient donc se trouver au ciel. Il s'agirait de créatures mythologiques qui écrivent les destins des hommes, comparables aux Moires de la tradition grecque qui les tissent[2]. Deux arguments sont en faveur de cette hypothèse : l'importance des prédictions dans les manuscrits méso-américains, et mayas en particulier ; l'abondance des représentations dans les codex postclassiques de Madrid et de Dresde de dieux-scribes qui semblent occupés à écrire l'avenir *(figure 3.12 B, voir p. 398).*

Il n'est pas douteux que certaines scènes peintes sur vase représentent des épisodes de mythes ; les identifier est une chose, les interpréter en est une autre. Ainsi le thème, traité à plusieurs reprises, du vieillard à oreilles et ramure de cervidé qui souffle dans une conque en émergeant d'une gueule béante de serpent cosmique, entouré d'allusions claires au sacrifice, illustre certainement un passage mythique[3]. Un épisode rendu célèbre par un des chefs-d'œuvre du Metropolitan Museum de New York est le sacrifice du jaguar[4] *(figure 11).* Le sacrificateur est un personnage souvent vociférant et au long museau, qui porte le *whistongue*[5] sur le bas du visage et dans sa coiffure ; il s'apprête à exécuter à la hache un bébé-jaguar couché sur un autel en forme de masque *cauac.* La mort, sous l'aspect d'un squelette, danse auprès de l'autel et tend les bras vers la victime pour s'en emparer. Il y a enfin plusieurs images montrant un ou plusieurs humains assis en compagnie d'animaux dans un canot dont les pagayeurs sont les créatures solaires surnommés précisément les *paddlers* ; cette scène est interprétée comme le voyage de l'âme du ou des morts dans l'inframonde, hypothèse plausible dans la mesure où une composition analogue a été gravée sur un des os déposés dans la tombe 116 (du souverain A, dit aussi Ah Cacau) de Tikal *(figure 12).*

---

1. Robicsek et Hales, 1981, vessels 60 et 61, p. 55.

2. J'ai déjà proposé cette interprétation pour les scribes qui décorent la maison des Bacabs de Copán ; Baudez, 1989.

3. Voir la série « The Sound of Trumpets », in Robicsek et Hales, 1981.

4. Coe, 1978, n° 4 ; Robicsek et Hales, 1981, vessels 19, 21, 22, 27.

5. Néologisme qui désigne un ornement porté sur le bas du visage par des êtres surnaturels ou le souverain, et qui combine les moustaches du jaguar et sa langue.

11. *Vase du Metropolitan Museum (d'après Coe, 1973, p. 45).*

12. *Tikal, tombe 116 : os gravé.*

Animaux emblématiques, images cosmologiques, épisodes mythologiques s'étalent sur les parois des vases mayas en attendant d'être identifiés et interprétés. Jusqu'à présent il faut bien avouer que les images peintes et gravées sur céramique ont bien peu contribué à notre connaissance du monde surnaturel maya.

Période postclassique récente

Il n'y a pas d'inconvénient à utiliser ensemble pour cette période les données de l'archéologie (essentiellement de Mayapán et de la côte orientale du Yucatán) et celles de l'ethnohistoire, comme les codex, les chroniques indigènes en caractères latins et les témoignages des Espagnols. Bien qu'il soit probable que la religion ait varié entre 1250 et 1525 et d'un bout à l'autre de l'aire maya, elle forme un ensemble cohérent quand on la compare avec celle des périodes précédentes. Cette homogénéité se manifeste dans les représentations des êtres surnaturels, comparables sinon identiques sur les encensoirs de Mayapán, les fresques de Tulum et les codex.

Seuls trois de ces manuscrits précolombiens, conservés respectivement à Dresde, Madrid et Paris, ont survécu [1]. Ils se présentent comme une longue bande de papier d'écorce, pliée en accordéon, et recouverte des deux côtés par une mince et lisse couche de chaux sur laquelle on a peint en plusieurs couleurs des textes glyphiques, ainsi que des personnages, animaux et objets [2]. Le codex de Dresde est un traité de divination et d'astronomie ; le manuscrit conservé à Madrid est également consacré aux horoscopes et almanachs, mais attribue moins de place aux tables astronomiques. Ce qui subsiste du codex de Paris présente d'un côté une séquence de *katuns* et de *tuns* avec ses patrons et ses cérémonies ; de l'autre un « zodiaque » maya, qui reste mal compris. Le codex de Dresde serait, d'après Thompson, originaire du Yucatán central ou oriental, et daterait de la première moitié du XIIIe siècle [3]. Quant aux codex de Madrid et de Paris, le même auteur les date entre 1250 et 1450. Ces manuscrits datent certainement d'avant la Conquête car aucune influence occidentale n'a été décelée dans les glyphes ni dans le style des images. Le bon état des codex de Dresde et de Madrid nous indique cependant que ces exemplaires datent probablement de peu avant la Conquête et qu'ils sont des copies de leurs anciens modèles. On peut supposer que le caractère sacré attaché à ces manuscrits, le poids de la tradition dans le domaine de la divination ont autorisé peu d'innovations et permis la survivance de nombreux archaïsmes. Cependant il est peu probable, comme le prétend Thompson dans le même ouvrage, que l'édition actuelle du codex de Dresde puisse être

---

1. À ces trois codex, on ajoute parfois un fragment d'un autre manuscrit, connu comme le codex Grolier, qui est apparu dans une collection particulière il y a une trentaine d'années. Son texte glyphique reprend les données du calendrier vénusien du codex de Dresde sans les accompagner de prédictions, ce qui n'a pas de sens en Méso-Amérique ; les invraisemblances et les contradictions de l'iconographie m'ont en outre convaincu que ce manuscrit était une fabrication moderne.

2. Le codex de Madrid est long de 6,70 m avec des pages de 23 x 9 cm ; le codex de Dresde a une longueur de 3,50 m et ses pages mesurent 20,4 x 9 cm. Le codex de Paris est un fragment assez abîmé de 1,45 m de long avec des pages de 22 x 12,5 cm.

3. Thompson, 1972, pp. 15-16.

une « copie postclassique d'une édition de période classique »[1] pour la bonne raison que l'on ne trouve pas au classique les équivalents des divinités des codex. En revanche, les similitudes entre les images du codex de Madrid et celles peintes sur les murs des temples de Tulum sont si grandes qu'il n'est pas possible que le manuscrit et les peintures murales n'aient pas été produits à la même époque, c'est-à-dire pendant les deux derniers siècles précédant la Conquête.

Au cours du XVIe siècle, les Mayas écrivent des textes dans leur langue en utilisant l'alphabet latin que les frères espagnols leur avaient appris. Les plus importants de ces écrits sont les *Livres de Chilam Balam* (du mot *chilam*, « devin » et *balam*, « jaguar », un nom personnel et un titre) dont on connaît plusieurs exemplaires qui sont distingués l'un de l'autre par le nom de la ville où ils ont été écrits (*Livres de Chilam Balam* de Mani, de Tizimin, de Chumayel, etc.). Ils ont été rédigés par des Mayas désireux de préserver les traditions de leur peuple et contiennent de nombreux détails sur la religion. Les passages les plus importants de ces livres, sous forme de « comptes des *katuns*», illustrent la croyance en la nature cyclique de l'histoire. Les événements présents qui ont été annoncés par les devins dans le passé servent à prédire des événements analogues dans l'avenir. Le calendrier joue bien entendu ici un rôle essentiel : les prédictions sont liées à un cycle de treize *katuns* désignés par le nom de jour *ahau* précédé d'un chiffre, le terminant. Chaque *katun* a sa personnalité : ainsi le *katun* 8 *ahau* préside à des changements importants. Il y a des ressemblances frappantes entre les almanachs astrologiques et numérologiques des *Livres de Chilam Balam* et les codex, et il ne fait pas de doute que les premiers sont, au moins en partie, des adaptations de sources préhispaniques ; d'un autre côté, on observe nombre d'influences coloniales et les données « historiques » sont souvent déformées dans la direction politique des autorités de la ville dont le livre est originaire. Il faut avouer aussi que les difficultés de traduction, les erreurs des copistes, la complexité du symbolisme

1. Cependant, Thompson admet que sur les cinq dieux représentés dans les tables de Vénus, seuls deux (Lahun Chan et dieu L) sont mayas, les trois autres étant certainement mexicains : « l'un d'eux est probablement Quetzalcóatl, un autre est presque sûrement Itztlacoliuhqui aux yeux bandés, et le troisième peut faire partie du panthéon mexicain à cause de l'*oyoualli* qu'il porte » (1950, p. 220).

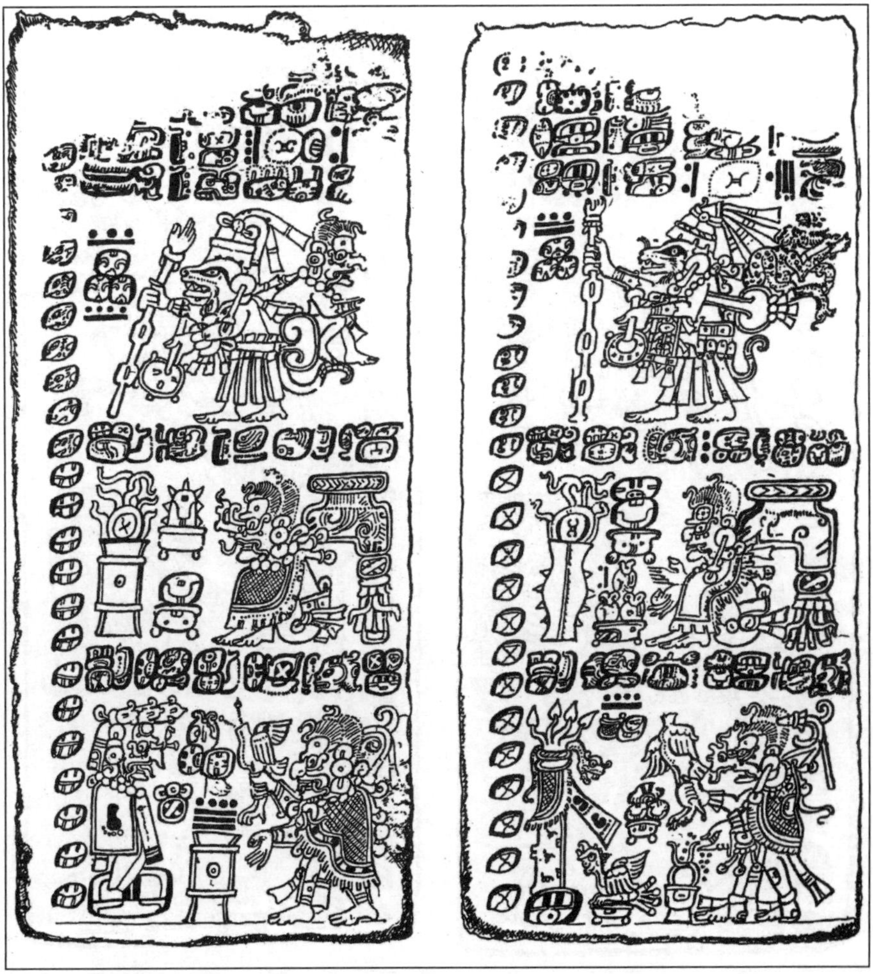

13. Codex de Dresde. Les pages 25-28 traitent des fêtes du nouvel an qui ont lieu pendant les uayebs, *les cinq jours néfastes précédant le début de l'année, et pendant le premier jour de celle-ci. Le tiers supérieur de la page montre l'installation du patron (successivement le dieu B, un jaguar, le dieu du maïs, le dieu de la mort) de l'année nouvelle* (Ben, Edznab, Akbal, Lamat), *porté par un* bacab *déguisé en sarigue. Dans le registre du milieu, la divinité qui préside (successivement le dieu K, le dieu solaire, le dieu D, le dieu de la mort A') est assise dans un édifice. Elle est entourée d'offrandes et d'un encensoir fumant. Le registre du bas montre une divinité (dieu D, dieu K, dieu de la mort, dieu D encore) en train d'offrir un oiseau décapité à la divinité appelée Acantun ou Acante (la première de la série est personnifiée en dieu B). (D'après Thompson, 1972, pp. 89-91.)*

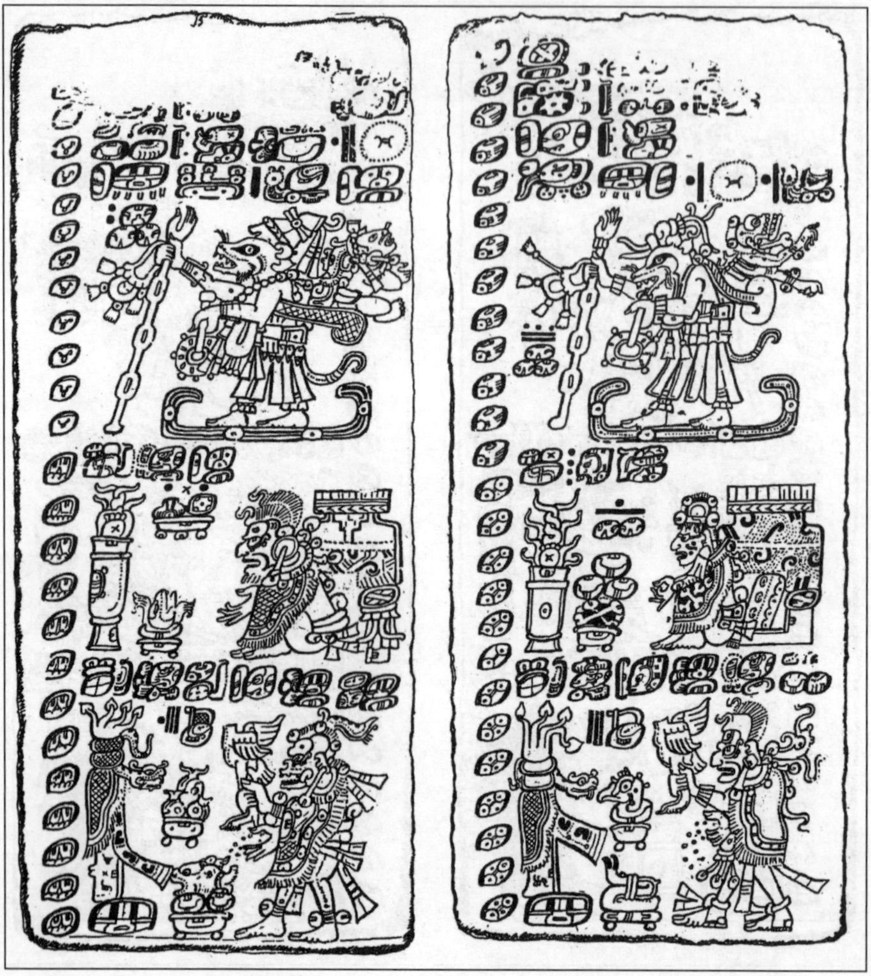

font que de nombreux passages restent obscurs. La contribution essentielle des *Livres de Chilam Balam* est de nous faire mieux comprendre la pensée indigène relative au temps et à ses conséquences sur la divination et les rituels.

Parmi les autres textes indigènes anciens qui sont parvenus jusqu'à nous, il faut citer le *Rituel des Bacabs* qui décrit un ensemble de cures avec l'invocation de puissances surnaturelles et de divinités. On y fait allusion à des plantes, des oiseaux, des insectes dont le symbolisme souvent nous échappe.

Le *Popol Vuh*, littéralement le « Livre de la Natte » (symbole de pouvoir), est traduit généralement par le « Livre du Conseil ». Il fut écrit dans la capitale des Quichés (Q'umarkaj) au milieu du XVIe siècle[1]. Le manuscrit fut découvert à Chichicastenango, copié et traduit au début du XVIIIe siècle ; cette copie, oubliée à son tour, fut retrouvée et publiée en 1857 et 1861[2]. La majeure partie du texte, cosmologique et mythologique, est suivie de l'histoire traditionnelle des Quichés.

La « Bible des Mayas-Quichés », nom donné au *Popol Vuh* par les médias, est aussi une « bible » pour de nombreux archéologues qui travaillent sur la période classique. Comme la majorité des vases mayas polychromes ou gravés de cette période proviennent de tombes, on a supposé que les scènes qu'ils illustrent ont le royaume des morts (l'inframonde) pour cadre. Dans la mesure où les mythes du livre des Quichés se passent souvent dans les enfers, il est tentant de chercher à en reconnaître des scènes ou des personnages sur les vases[3]. Cette démarche a connu un succès considérable et le *Popol Vuh* est devenu ces vingt dernières années la référence indispensable non seulement des iconographes, mais des épigraphistes comme des historiens des religions[4]. Les fameux jumeaux (ou leurs « équivalents classiques », comme on l'écrit parfois) sont « reconnus » sur de nombreux vases ; leurs noms ainsi que ceux d'autres personnages du livre, sans oublier celui du principal décor, l'inframonde ou Xibalba, sont « lus » fréquemment sur les céramiques, et parfois même sur les monuments. On croit identifier Hunahpu et Xbalanque comme deux des membres de la triade de Palenque. Mais c'est dans le domaine de l'iconographie des vases peints que l'on a usé et abusé le plus du *Popol Vuh*[5]. Ainsi, les vases ornés d'une chauve-souris sont une référence à Camazotz' qui a décapité Hunahpu, les singes proviennent du mythe de création, les poissons sont aussi les jumeaux ressuscités dans les eaux de l'inframonde, etc. Ces interprétations, invérifiables, ne sont pas les seules possibles.

1. Tedlock, 1985.
2. Respectivement par Scherzer à Vienne et Brasseur de Bourbourg à Paris.
3. Coe, 1973.
4. Dans la 5e édition de *The Ancient Maya*, le meilleur ouvrage général sur cette civilisation, on peut lire : « *The mythology of the* Popol Vuh *has been used as a key to the interpretation of Classic Maya cosmology* » (Sharer, 1994, p. 596).
5. Voir en particulier Reents-Budet, 1994.

Jusqu'à présent on n'a trouvé aucun épisode tant soit peu complexe du livre des Quichés reproduit sur un vase classique, même si parfois des thèmes sont partagés. Sur une poterie polychrome on a peint, parmi les fruits d'un calebassier, une tête humaine ; on croit voir ici illustré le passage du *Popol Vuh* dans lequel les seigneurs vainqueurs de Xibalba ont accroché la tête de Hun Hunahpu dans un calebassier ; sur le vase, cependant, on trouve à la place de la jeune fille du mythe, dans la main de laquelle la tête devrait cracher, un personnage trônant qui s'entretient avec un cormoran [1]. On croit reconnaître sur un vase la scène où Hunahpu tire à la sarbacane sur Sept Perroquet (Seven Macaw), perché dans un arbre [2]. Il n'y a malheureusement pas de références dans le mythe aux autres acteurs peints sur le vase : un gigantesque scorpion au pied de l'arbre, et, derrière le chasseur, un grand monstre *cauac* auquel s'accroche un serpent. En outre, rien ne dit que l'oiseau en question – qui n'est pas accompagné du chiffre 7 – soit un perroquet. Sur un vase célèbre de style Chama, un homme menace de son couteau un vieillard qu'il extirpe d'une coquille. Cette scène est interprétée comme le tour joué par les jumeaux aux Seigneurs de l'inframonde qui les mettent à mort pour, prétendent-ils, les ressusciter ensuite. Or le vieillard du vase n'est autre que le dieu N ou *bacab*, une créature mythologique associée à la terre et à la fertilité et qui n'a rien à voir avec les seigneurs des Enfers que nous décrit le *Popol Vuh* [3]. La scène de décapitation sur le fameux vase de Princeton est interprétée comme le sacrifice dans les enfers du père des jumeaux ; mais la décapitation chez les Mayas était chose si courante que celle-ci peut se référer à de multiples rites et mythes en dehors d'une illustration du *Popol Vuh* [4].

Il est vrai que – en dehors même de sa valeur littéraire – ce livre est le plus complet et le plus riche recueil mythologique que l'on

---

1. *Ibid.*, vase MS 0827.
2. Tedlock, 1985, pp. 90-91.
3. Reents-Budet, 1994, vase 1392.
4. *Ibid.*, vase 1404. Reents-Budet est à ce point persuadée de la référence au livre quiché, qu'elle écrit à propos de l'autre scène (le dieu et ses femmes) qui figure sur le même vase : « *Its imagery records portions of the* Popol Vuh *that have not survived in the written sixteenth-century version.* »

possède sur les Mayas des débuts de l'ère coloniale. Ce n'est cependant pas une raison suffisante pour en abuser. Il ne faut pas perdre de vue que, bien qu'en langue maya (le quiché), le texte a pour origine les Hautes Terres du Guatemala du XVIe siècle, et qu'il a été écrit après le passage des Mexicains, que l'on appelle ceux-ci Nahuas, Toltèques ou Pipiles ; dans ces conditions il est peu vraisemblable que la mythologie classique soit restée inchangée jusqu'au XVIe siècle. Il n'en reste pas moins que l'on puisse retrouver traités, dans l'iconographie classique comme dans le *Popol Vuh*, de grands thèmes valables pour l'ensemble de la Méso-Amérique, comme celui des créations ou « soleils » successifs, ou celui de l'affrontement des forces de la vie et de celles de la mort dans l'inframonde, qui se termine par la victoire des premières. Parfois, également, certains détails obscurs de nos images peuvent être éclairés par un passage du livre ; ainsi en apprenant que les jumeaux, avant de descendre à Xibalba, attachent leur balle sous le toit de la maison, on comprend mieux l'image d'une balle pendant au bout d'une corde, reproduite sur les marqueurs nord et sud du jeu de balle A-IIb de Copán *(figure 1.29, voir p. 138)*. Le sculpteur a voulu simplement indiquer là que la balle, pendue du toit au moyen d'une corde, était « rangée », avant et après le jeu qui, lui, est montré en action sur le marqueur central[1].

La Relación de las Cosas de Yucatán de Diego de Landa est généralement citée comme la principale source d'informations sur la civilisation maya à la veille de la conquête espagnole. Rédigé en Espagne en 1566 à partir de déclarations d'informateurs recueillies une dizaine d'années auparavant, cet ouvrage, découvert et publié à Paris par Brasseur de Bourbourg en 1864, nous est parvenu incomplet comme l'indiquent des références à des chapitres et à des parties qui n'existent plus. Bien que les informations sur la religion aient été obtenues peu après la Conquête, elles doivent être utilisées avec prudence car, dans nombre de cas, on a affaire à des descriptions d'acculturation. Les parties les plus fiables concernent l'écriture, le calendrier, et les rites de Nouvelle Année. En revanche, les fêtes mensuelles sont décrites à la fois incomplètement et succinctement ; l'accent est mis sur la participation de catégories professionnelles

1. Baudez, 1994, p. 163.

telles que pêcheurs, chasseurs, apiculteurs, agriculteurs et cultivateurs de cacao. Les prêtres sont relativement discrets et les guerriers ne sont concernés qu'une fois (fête de Pax). C'est déjà, semble-t-il, le portrait d'une religion amputée de ses aspects officiels et étatiques, et limitée aux cultes corporatistes et domestiques.

Les informateurs de Landa parlent au moment même où l'on persécute ceux qui pratiquent la religion d'antan. S'ils sont interrogés sur le sacrifice humain, ils n'osent se dérober aux questions de l'évêque du Yucatán, mais, dans leur description des fêtes mensuelles, aucune immolation de victime humaine n'est mentionnée sinon celle de chiens. Quant à l'autosacrifice, ils ne s'y réfèrent que deux fois. L'attitude critique qui est de mise envers des textes ethnohistoriques, doit être renforcée quand les sujets traités sont religieux. Les prêtres espagnols avaient tendance à voir partout des manifestations d'idolâtrie, considérant comme idole toute représentation, qu'elle soit statue, encensoir, figurine, amulette, etc. L'importance que certains auteurs, comme Thompson, ont donné à Itzamna a sans doute pour origine la réponse des Indiens aux questions des missionnaires sur l'équivalent d'un « Notre Père qui êtes aux cieux » ou d'un dieu unique. Il est en effet fort improbable qu'un seul dieu, nommé Hunab Izamana, ait été honoré par les Mayas du Yucatán antérieurement à l'idolâtrie introduite par Kukulcán[1].

L'œuvre capitale de Landa peut être complétée par celle d'autres chroniqueurs religieux comme Las Casas, Lizana ou Cogolludo, ainsi que par les *Relaciones Geográficas de Indias*. Il s'agit là de réponses à un questionnaire adressé en 1577 aux autorités des différentes provinces (dont celles de la Gobernación de Yucatán). Cette enquête, précédée d'autres tentatives nées de l'initiative du gouvernement de Philippe II, répondait au besoin de la Couronne de mieux connaître ses possessions pour mieux les administrer et en tirer le meilleur parti possible. Bien que la majorité des questions soient relatives à la géographie et aux ressources naturelles et humaines des diverses régions, quelques-unes concernent les formes de vie, les coutumes, les croyances et l'organisation politique de l'époque préhispanique. Les réponses concernant la religion sont

1. Thompson, 1970, p. 210.

rarement spontanées et peu informatives, consistant le plus souvent en clichés sur l'idolâtrie et la responsabilité des envahisseurs mexicains menés par Kukulcán. Il arrive même que les réponses de différentes régions soient presque identiques et donc manifestement copiées l'une sur l'autre.

REVUE CRITIQUE DES ÉTUDES SUR LA RELIGION MAYA

À la fin du siècle dernier, plusieurs chercheurs avaient observé que les mêmes personnages, en nombre limité, se trouvaient dessinés d'un codex maya à l'autre. Il y avait donc la possibilité d'en faire l'inventaire, puis le classement, pour aboutir à une présentation du panthéon maya, ce que fit Schellhas dès 1897. Dans l'introduction à la traduction anglaise de son article (1904), le savant allemand note que les figures anthropomorphes, « sans l'ombre d'un doute », doivent être considérées comme des représentations de divinités ; que certaines sont reconnaissables dans les trois manuscrits ; que la typologie fait état d'une quinzaine de personnages anthropomorphes et d'environ la moitié de figures animales ; et que, pour établir cette typologie, il suffit de comparer les images et les glyphes qui leur sont associés, et de suivre la « méthode des sciences naturelles, purement inductive ». Ce travail confirme, selon son auteur, l'homogénéité du contenu mythologique des manuscrits qui constitue l'objet de sa recherche. Prudemment, il désigne chaque divinité par une lettre, suivie d'une appellation se référant soit à sa spécialité (« A. Le dieu de la mort »), soit à son apparence (« B. Le dieu au grand nez et à la langue pendante »), et se refuse à chercher des correspondances entre les divinités des codex et celles décrites ou nommées par les textes datant d'après la Conquête[1].

Eduard Seler, le grand spécialiste de l'archéologie et de l'ethnohistoire du Mexique central à la fin du XIXe siècle, s'est aussi intéressé

1. « *Since, for the most part, the accounts of the Spanish authors regarding the mythology of the Mayas, correspond only slightly or not at all with these figures of gods, and all other conjectures respecting their significance are very dubious, the alphabetic designation of the deities... has been preserved* » (Schellhas, 1904).

aux Mayas et à leur religion à travers leurs manuscrits. Son excellente connaissance du calendrier et de la religion du Mexique central lui permet de comparer les signes de jours dans les manuscrits aztèques et mayas et de montrer le taux élevé de correspondance entre les deux systèmes [1]. Parfois cependant, son désir de retrouver les divinités du codex Borgia ou du codex Borbonicus dans les manuscrits de Dresde et de Madrid le mène trop loin. Ainsi, pour montrer que le dieu B n'est autre que Chac, il s'évertue en vain à comparer, trait pour trait, les visages respectifs de B et de Tlaloc, le « dieu de la pluie des Mexicains ». Malheureusement, les traits les plus distinctifs de ce dernier, comme les anneaux autour des yeux, la bouche arquée, les dents longues, le nez droit, etc., sont parfaitement inconnus du dieu B [2]. Seler est plus convaincant lorsqu'il cherche à identifier les dieux dépeints sur les pages 25-28 du codex de Dresde, qui traitent des cérémonies du Nouvel An décrites en détail par Landa. Dans le même article, il prouve que les mêmes rites correspondent aussi aux images des pages 34-37 du codex de Madrid. Schellhas avait montré que dans les codex on retrouvait les mêmes personnages accompagnés des mêmes glyphes qui devaient les désigner. Seler est allé plus loin en démontrant l'existence de passages parallèles entre les manuscrits de Dresde et de Madrid [3], méthode qui permet de dégager des constantes et des variantes tant dans l'épigraphie que dans l'iconographie.

Dès les années trente, John Eric Thompson a dominé la scène du mayanisme, et cela pendant au moins quarante ans. Son aisance dans les multiples domaines (archéologie, ethnologie, ethnohistoire, épigraphie, iconographie) où il excellait en faisait la personne la mieux préparée à cette époque pour traiter de la religion maya. Malheureusement, dès ses premiers écrits, il se rend coupable de ne tenir aucun compte de la chronologie ni de la géographie. Ainsi, dans un article consacré à la déesse lunaire [4], il passe en revue ce qu'il estime avoir été ses principales attributions (épouse du soleil, patronne du tissage, déesse de la procréation, de la grossesse et de la

1. Seler, 1888.
2. Seler, 1886 ; traduction anglaise, 2e éd., 1993.
3. Seler, 1906.
4. Thompson, 1939.

naissance, etc.) ; ses données, réunies sous le titre « Tradition maya », proviennent essentiellement de l'ethnographie et de sources coloniales. Le concept trompeur de « tradition » implique ici que les données tardives ou post-Conquête découlent de, ou du moins s'inscrivent dans une tradition maya préhispanique. Sous le titre « Tradition mexicaine », Thompson raconte les avatars des déesses lunaires aztèques qui paraissent donner plus de poids aux données de la « Tradition maya ». Or il est théoriquement concevable que cette déesse ait acquis les caractéristiques qui lui sont prêtées par Thompson après la Conquête sous les influences conjuguées de la mythologie aztèque et du folklore espagnol.

De même dans *Maya History and Religion*, paru en 1970, Thompson postule l'homogénéité de la religion maya dans le temps et dans l'espace. Malgré de brillantes intuitions, il ne parvient pas, à cause du mélange de ses données, à nous convaincre[1]. Pour la religion maya on dispose, selon lui, de six sources d'information : l'archéologie des périodes classique et postclassique ; les manuscrits pictographiques indigènes ou codex ; les textes en langue maya datant du début de la colonie et écrits en caractères latins, comme les *Livres de Chilam Balam* ; les chroniques espagnoles et les comptes rendus judiciaires de la période coloniale ; l'ethnographie des groupes mayas actuels ; enfin, la comparaison avec la religion d'autres cultures méso-américaines, en particulier celle des Aztèques, plus abondamment documentée. Ainsi, Thompson n'hésite pas, par exemple, à puiser dans le panthéon aztèque pour combler les lacunes de son information sur les dieux créateurs dans les Basses Terres[2] ; cette démarche repose sur le postulat contestable que les Mayas avaient non seulement des dieux créateurs, mais que ceux-ci étaient analogues aux dieux aztèques.

Thompson est bien conscient que ses sources sont étalées sur deux millénaires et que certains changements ont dû avoir lieu au cours du temps ; il les considère cependant comme négligeables car

1. Son étude du commerce maya préhispanique, présentée dans le même volume, souffre d'un semblable défaut de méthode lorsque, pour décrire les échanges commerciaux entre deux régions, il utilise autant des données classiques que postclassiques.

2. Thompson, 1970, p. 200.

il est convaincu que les dieux de la période classique et ceux du Yucatán du XVIe siècle sont les mêmes [1]. Ensuite, après avoir établi que, au temps de la Conquête, les Mayas possédaient des idoles en très grand nombre, il admet que « la situation dans les Basses Terres avait pu être différente au classique » [2] ; il remarque en effet que plusieurs *Relaciones de Yucatán* déclarent que c'est Kukulcán (l'équivalent maya de Quetzalcóatl) qui a introduit l'idolâtrie, et il cite le témoignage des frères Esguerra et Cipriano sur les Manche Chol qui n'avaient pas d'idoles. Malgré ces réserves, il persiste à croire que les changements survenus entre le classique et le postclassique sont mineurs et surtout d'ordre quantitatif, et que les idoles comme les divinités existaient certainement au classique. La profondeur de sa conviction le conduit au raisonnement circulaire : ainsi, « le linteau célèbre de Yaxchilán sur lequel un individu présente une offrande sanglante à un serpent dont la gueule contient la tête d'un dieu, est une preuve absolue d'idolâtrie [3] ». Et si le personnage qui émerge du serpent n'était pas un dieu mais, comme on le pense maintenant, un ancêtre, un personnage historique ? Ici Thompson « démontre » l'idolâtrie par l'image supposée d'un « dieu ».

Au contraire de Thompson, Morley, en accord avec la tradition évolutionniste du XIXe siècle, insiste sur les changements survenus dans la religion maya au long de son histoire : après le « simple culte de la nature » caractérisant des millénaires de nomadisme, les dieux, nés avec l'agriculture et la sédentarisation, se spécialisent et s'individualisent progressivement pendant le préclassique ; dans le même temps, le clergé devient plus important et le rituel, comme les lieux de culte, plus élaborés. Le classique, considéré par Morley plus comme un stade de l'évolution que comme une période, est caractérisé par une plus grande complexité et une plus grande formalisation ; les croyances résultent de la « fusion de la personnification primitive de la nature et d'une philosophie plus sophistiquée construite autour de la déification de corps célestes et du culte du temps [4] ».

1. *Ibid.*, p. 161.
2. *Ibid.*, p. 187.
3. *Ibid.*, p. 187.
4. Ce passage est extrait de la troisième édition de *The Ancient Maya,* publiée en 1956, c'est-à-dire peu de temps avant que Berlin et Proskouriakoff aient montré que

Les changements les plus importants ont lieu au postclassique, d'après les chroniqueurs espagnols du XVIe siècle qui « affirment que les Mexicains introduisirent l'idolâtrie, qui comprenait probablement aussi le sacrifice humain ». En effet, remarque Morley, ce rite ne devait pas être de grande conséquence au classique, puisqu'il n'a été illustré que deux fois et dans le même site[1]. Le classique fut « la période la plus noble de la religion maya, avant que les croyances et les pratiques n'aient dégénéré en orgies sanglantes[2] ». Morley poursuit son chapitre « La Religion et les dieux » par une description de la cosmologie et des divinités, d'après les données post-Conquête. Il pense que le panthéon maya n'a guère changé du classique au postclassique, mis à part l'arrivée de Kukulcán et l'importance grandissante de Chac (qu'il croit reconnaître sur les masques de façade des édifices Puuc). Quant aux pages consacrées aux cérémonies, elles sont tirées de l'ouvrage de Landa. Les interprétations de Morley doivent être replacées dans le contexte d'une archéologie encore en enfance, d'une épigraphie limitée presque entièrement au calendrier et d'une étude des images qui ne s'occupait encore que de style.

Trente ans plus tard, dans un contexte scientifique incomparablement plus riche, Linda Schele et Mary Miller présentaient dans le catalogue de leur exposition *The Blood of Kings* un résumé de leur reconstitution de l'univers mythique maya de la période classique[3]. Intitulé « Dieux et images mayas » *(Maya Gods and Icons)*, cette présentation était destinée à aider le lecteur comme le spectateur à mieux comprendre le contenu des images souvent complexes présentées par les pièces de l'exposition. Bien que les auteurs n'aient jamais cherché à opposer la religion classique à celle du postclassique, et bien qu'elles aient supposé la continuité d'une période à

---

les Mayas écrivaient leur histoire sur leurs monuments. Voir Morley et Brainerd, 1956, p. 184.

1. Stèles 11 et 14 de Piedras Negras. Morley ne tient absolument pas compte des nombreuses images qui se réfèrent à la décapitation ; sans doute ne les considérait-il pas comme le résultat d'un sacrifice mais comme un simple prélèvement de trophées sur le champ de bataille.
2. Morley et Brainerd, p. 185.
3. Schele et Miller, 1986, pp. 41-55.

l'autre, c'était la première fois que le monde surnaturel maya était présenté à l'aide d'images empruntées pour l'essentiel à l'iconographie classique.

Schele et Miller, après avoir décrit brièvement un univers maya à trois niveaux, nous annoncent que « les dieux du mythe maya appartiennent à l'une de ces quatre catégories : phénomènes naturels, anthropomorphes, zoomorphes et animaux. Un certain dieu peut se manifester dans plusieurs de ces formes [1] ». Dans la première catégorie « qui représente des environnements sacrés », on trouve le monstre céleste, le monstre *cauac*, le monstre aux nénuphars ainsi que leur fameux « serpent de la vision », puis le ciel et la terre, l'eau et le sang. Tous les autres êtres surnaturels sont rassemblés sous la rubrique « Dieux », dans laquelle défilent successivement la triade de Palenque, divers types de jumeaux ou de paires d'oppositions, puis d'autres dieux tels que le « dieu bouffon » *(jester god)*, le dieu du maïs, les dieux de la mort, des « vieux dieux » comme L, N ou D, la déesse lunaire, puis des oiseaux qui ne sont plus appelés des « dieux » mais des « surnaturels ».

Cette présentation a recueilli, lors de sa parution et encore aujourd'hui, l'adhésion d'un grand nombre d'épigraphistes et d'historiens de l'art, qui travaillent dans les mêmes perspectives et avec les mêmes méthodes que les auteurs du catalogue. Bien que reconnaissant les mérites d'une telle tentative, on peut regretter que Schele et Miller n'aient pas tenté de distinguer les diverses catégories de créatures surnaturelles, et qu'elles les aient toutes réduites sous l'appellation de « gods » ; il est évident que dans les représentations du monde mythique classique, on trouve à la fois des emblèmes très proches de composés glyphiques (comme « 7 tête » et « 9 tête »), des créatures symboliques comme le cormoran, des personnages héros de mythes, et peut-être des dieux. L'utilisation du mot « dieu » est parfois manifestement abusive et non fondée (par exemple, « le dieu du chiffre zéro »). On peut également regretter l'atomisation de l'univers mythique en éléments, arbres qui cachent la forêt : pour-

1. *« The gods of Maya myth fall into one of four categories : wordly phenomena, anthropomorphs, zoomorphs and animals. A particular god can be manifested in more than one of these forms »* (*ibid.*, p. 42).

quoi séparer le monstre céleste et la bande céleste, le *water-lily monster* de la frise aquatique, quand ils sont naturellement associés ? J'ai critiqué plus haut en indiquant ses limites la référence constante au *Popol Vuh* pour fournir des modèles d'interprétation aux icones classiques ; on peut aussi déplorer les références aux Aztèques, par exemple qui assimilent GII à Tezcatlipoca (ce qui a conduit à interpréter le cartouche ornant le front de GII comme un miroir, ce qui, dans d'autres contextes, n'a pas de sens). Enfin, beaucoup d'interprétations contestables, sinon aberrantes, eussent été évitées si l'on n'avait pas systématiquement préféré « lire » phonétiquement, plutôt que sémantiquement, des déterminatifs et autres éléments iconiques. Ainsi, au lieu d'interpréter les éléments du glyphe *cauac* comme déterminants d'une qualité « terrestre » – ce que démontre à l'envi l'analyse structurale des monuments – on leur donne systématiquement la valeur phonétique, relativement exceptionnelle, de *tun*, « pierre » ; cette interprétation aboutit à des absurdités, comme celle de faire de l'autel de la stèle M de Copán une simple pierre et non un monstre terrestre, ou de voir dans un empilement de masques *cauac* un mur de pierre. La feuille et les tiges hachurées qui ornent la tête des *bacabs*, que j'identifie comme appartenant au nénuphar (car de nombreux cas les montrent de façon réaliste), sont vus comme un filet *(pauah)* qui, combiné aux *cauac* que les *bacabs* portent sur le corps pour indiquer leur nature terrestre, produit le rébus *pauahtun*, des dieux du vent signalés par Landa. Le sceptre-figurine qui représente GII (dit aussi et abusivement dieu K) figure clairement une hache ; sa lame est enfoncée dans le crâne de la créature dont le corps constitue le manche. Or pour les tenants du phonétisme, la hache n'est qu'un complément phonétique : elle devient une torche *(tah)* qui confirme que la tête-miroir de GII est en obsidienne (qui se dit aussi *tah*).

Dans un livre récent, Karl Taube affirme et cherche à prouver que l'on peut retrouver la présence des dieux des codex postclassiques dès les débuts de l'ère classique[1]. L'existence de dieux, et même

1. « *The gods [...] in the Postclassic Maya codices [...] can be traced to the beginnings of the Classic Maya era* » (Taube, 1992, p. 2). Voir le compte rendu de cet ouvrage dans Baudez, 1994 b.

d'un véritable panthéon, est pour lui non douteuse, qu'il s'agisse du classique ou du postclassique. La position de ceux qui doutent de l'existence d'un véritable panthéon à l'âge classique, à cause du caractère changeant (« protéen ») des représentations surnaturelles, est jugée par Taube à la fois conservatrice et démodée, pour avoir été tenue à une époque où l'on comprenait très mal la religion des Mayas classiques (comme si on la comprenait bien à présent !). Ce qui m'apparaît conservateur, et destiné à devenir bientôt démodé, c'est la solution de facilité qui consiste à nier le changement ; que celui-ci ait eu lieu ou non ne peut être démontré si l'on mélange sans scrupule exemples classiques et exemples postclassiques comme s'il allait de soi que les deux périodes ne faisaient qu'une.

Parmi les chercheurs qui ont exprimé leur scepticisme envers l'existence des dieux postclassiques à la période classique, George Kubler est exemplaire [1]. Il utilise, en l'empruntant à Panovsky [2], le concept de « disjonction », qui désigne les changements au cours du temps des correspondances entre forme et sens. Avec le temps, les systèmes symboliques changent, et les mêmes formes vont acquérir des significations différentes. « On ne peut supposer des continuités de forme ou de sens sans disjonction, quand on a affaire à des durées de l'ordre d'un millier d'années ou plus. Aussi est-il trompeur de supposer sans examen critique que la sculpture maya classique et les manuscrits mayas postclassiques aient appartenu à la même durée culturelle *(cultural duration)*. Ils appartiennent à différents cadres de référence religieux, et l'on ne peut supposer sans d'autres preuves que les continuités formelles d'une période à l'autre impliquent une continuité de sens. » [3]

Non seulement Anders a montré que seules cinq des divinités de Schellhas avaient des homologues identifiables *(recognizable counterparts)* dans la sculpture classique mais, ajoute Kubler : « Dans aucun cas nous ne pouvons être certains qu'ils ont le même sens sur les manuscrits et les monuments [4] ». Si dans les trois codex postclas-

1. Voir notamment Proskouriakoff, 1965 ; Marcus, 1978 ; Kubler, 1969.
2. Panofsky, 1960.
3. Kubler, 1969, pp. 8-9.
4. Anders, 1963 ; Kubler, 1969, p. 2.

siques, on peut reconnaître une trentaine de « divinités », « on ne peut cataloguer ni reconnaître aucun ensemble défini d'images de divinités dans les inscriptions et la sculpture classiques [1] ». En particulier, « les têtes au long nez des images classiques ne sont pas semblables aux images beaucoup plus tardives des Chacs, qui étaient des dieux de la pluie [...] La tête maya classique au long nez et à la mandibule décharnée ne présente pas de relation nécessaire avec la pluie, et n'est pas non plus obligatoirement un dieu [...] Les représentations classiques [...] ne montrent [...] jamais une divinité ou un dieu identifié comme une puissance surnaturelle qui recevrait un culte institué. Le culte maya était utilitaire et pluraliste, et avait pour but de maintenir l'ordre naturel et social plutôt que de satisfaire des pulsions transcendentales, comme dans la religion mexicaine [2] ».

On voit, d'après ce qui précède, que la question cruciale pour les historiens de la religion maya, est celle du changement ou de la continuité des formes et des significations au cours de l'histoire de cette civilisation. Si les changements sont mineurs, on se croit autorisé à utiliser autant les monuments préclassiques que les codex, autant les vases des dépôts du classique ancien que les écrits de Landa, autant les vases polychromes du classique récent que le *Popol Vuh*. En revanche, si la continuité est contestée, on s'attachera à ne pas mélanger les données provenant de différentes époques et régions. À ce problème est étroitement lié celui de la continuité de l'univers mythique maya, tel qu'on peut le saisir à travers les créatures surnaturelles sculptées sur les monuments ou peintes sur les vases de période classique, dessinées sur les codex postclassiques ou décrites dans les chroniques indigènes ou espagnoles datant d'après la Conquête. Les questions que l'on peut se poser dans cette recherche sont multiples : les êtres surnaturels ont-ils changé de

1. Kubler, 1969, p. 31.

2. « *Long-nosed heads in Classic Maya images are not identical with much later Yucatec images of the Chacs, who were rain gods [...] The classic Maya long-nosed head with a skeletal lower jaw carries no necessary connection with rain, nor is it unmistakably a god [...] Classic Maya representations [...] show [...] never a deity or a god as defined by an over-whelming numen receiving institutional worship. The Classic Maya cult was utilitarian and plural, given to maintaining natural and social order rather than to the satisfaction of transcendental drivesas in Mexican religion* », Kubler, 1969, pp. 35-36.

nature (esprits ou dieux), de fonctions, de représentations, de noms, de nombre ? Les réponses doivent nous amener alors à évaluer le changement, son importance et son rythme.

Dans la dernière édition de *The Ancient Maya* (1994), le chapitre XI, à l'origine intitulé par Morley « Religion et Divinités », devient, sous la plume de Robert Sharer « Idéologie et cosmologie ». Ce changement de titre n'est pas une simple question de préférence personnelle, il traduit les nouvelles orientations de la recherche mayaniste. Avant de présenter les « principales divinités anthropomorphes qui figurent dans les codex » (et non plus, comme on disait auparavant, les principaux dieux des anciens mayas), Sharer émet des réserves sur l'origine proprement maya du panthéon postclassique ; autrement dit, il doute de l'existence d'un panthéon classique[1]. Réfutant à l'avance les arguments de ceux qui identifient les dieux des codex sur des vases polychromes classiques, il fait remarquer que ceux-ci sont en général le produit d'un pillage et donc hors contexte, et que « les interprétations des scènes sur ces vases restent limitées et non vérifiées ». En même temps, cependant, Sharer n'hésite pas à appeler « dieux » les « seigneurs de la nuit », les patrons des mois, les chiffres, etc., et à retrouver Itzamna à Kaminaljuyú et à Palenque. Une plus grande place qu'à l'accoutumée est accordée dans ce chapitre à la cosmologie et au rituel, et Sharer cherche à utiliser les données de période classique, comme les travaux de Coggins sur les complexes à pyramides jumelles de Tikal, les microcosmes que constituent les cités mayas, l'au-delà d'après les tombes royales, etc. Ces informations sont cependant mélangées aux données postclassiques provenant des chroniques et du *Popol Vuh*.

Ces contradictions montrent que le temps est venu pour le changement d'attitude que nous nous proposons d'adopter dans cet

1. « *Since the Maya codices date from the Postclassic period, and since some of the attributes of the deity portraits they contain can be linked to non-Maya (Mexican) supernatural beings, it can be argued that the deities in the codices derive in some measure from the belief systems of ancient Mexico. This position seems to be supported by the relative rarity of comparable representations of anthropomorphic deities in Maya materials created prior to the Postclassic era. Thus the seemingly ordered polytheistic character of Maya ideology apparent from the studies of the Postclassic codices may reflect, at least in part, the incorporation of non-Maya beliefs, rather than indigenous Maya ideological concepts* » (Sharer, 1994, p. 528).

ouvrage. Il faut faire confiance à l'archéologie ; la quantité d'informations obtenues ces trente dernières années doit nous permettre, au moment d'aborder la période classique, de nous passer de l'ethnohistoire. Ce n'est que lorsque nous traiterons du postclassique récent que nous lui redonnerons la parole.

LA RELIGION CLASSIQUE
(250-950 ap. J.-C.)

1.

Les lieux : urbanisme, architecture et religion

On a longtemps cru que les grands sites mayas étaient des centres cérémoniels non ou peu habités, parce que les premiers explorateurs n'avaient d'yeux que pour les constructions les plus importantes, et que les ruines des habitations plus modestes et peu visibles restaient cachées dans la forêt ; des reconnaissances plus poussées et suivies de fouilles nous ont appris plus tard que les sites mayas étaient habités de façon permanente, avaient des fonctions urbaines, et pouvaient être considérés comme des villes même si leur plan n'avait rien à voir avec celui des villes européennes. En effet, quel que soit le degré de concentration de l'habitat classique, les communautés (hameau, village ou ville) n'obéissent pas à un plan orthogonal, et sont dépourvues de rues desservant les édifices. La règle générale est un habitat dispersé qui comprend des groupes plus ou moins compacts de constructions, situés de préférence aux endroits élevés. Les Mayas, en s'installant, tenaient compte de la topographie qu'ils utilisaient parfois en la modifiant, comme par exemple en aménageant une colline en une série de terrasses. Ce souci d'élévation se manifeste de façon plus générale avec le soubassement obligatoire : il n'y a pas de construction, si modeste soit-elle, qui ne soit surélevée, de quelques centimètres pour une cabane, ou de plusieurs dizaines de mètres pour un temple. Dans le premier cas, il s'agit d'éviter lors de la saison des pluies d'avoir chez soi des inondations ou même un sol boueux ; dans le cas d'édifices à caractère politique ou religieux, ce souci prosaïque est remplacé par des motifs plus nobles : une situation élevée commande le respect et, en éloignant du monde des hommes, rapproche du monde surnaturel.

La planification du centre est plus ou moins poussée selon les sites : ainsi Copán et Quiriguá ont des plans comparables avec pour parties essentielles une acropole et une grand-place. L'orientation des édifices, bien que variable d'un site à l'autre, joue un rôle essentiel dans un même site ; parfois, et pour des causes mal connues, elle change d'une époque à l'autre.

À Tikal les plus grandes constructions sont concentrées sur 1 500 m de long autour de la grand-place ; le cœur du site est relié par des chaussées *(sacbeob)* à des édifices isolés ou en groupes distants de cinq cents à mille mètres. Ailleurs, on trouve, très dispersées et évitant les zones basses facilement inondées, des unités d'habitation composées le plus souvent de deux à cinq constructions (partiellement ou totalement en matériaux périssables) assemblées autour d'une place. Même quand le cœur de la cité maya est éclaté en plusieurs groupes importants, il est rare que l'on ne puisse reconnaître un groupe principal, formant le siège politique et religieux de la cité. Les autres grands groupes appartenaient, suppose-t-on, aux principaux lignages de la ville.

La fonction des édifices est souvent difficile à établir, de même que celle des quartiers. Cependant il ne fait aucun doute que l'Acropole centrale et l'Acropole nord, distantes de moins de cent mètres l'une de l'autre, représentent des zones différentes d'activités *(figures 1.1 et 1.2)*. À la première, composée d'édifices peu surélevés, mais parfois à étages (notamment prenant appui sur un accident de terrain au sud), et qui comprennent de nombreuses pièces, on attribue une fonction résidentielle et/ou administrative. La seconde est constituée de tout un ensemble de temples-pyramides, dans lesquels on a trouvé des tombes, sinon toutes royales, du moins renfermant d'importants personnages.

On peut définir comme religieux les lieux ou les édifices dont la destination principale est d'abriter (ou servir de cadre à) un culte et/ou un rituel. Tout édifice peut être occasionnellement le siège de rites ; par exemple, une résidence peut éventuellement abriter un autel domestique, mais alors sa destination première est résidentielle, ce qui n'est pas le cas des catégories distinguées ci-après.

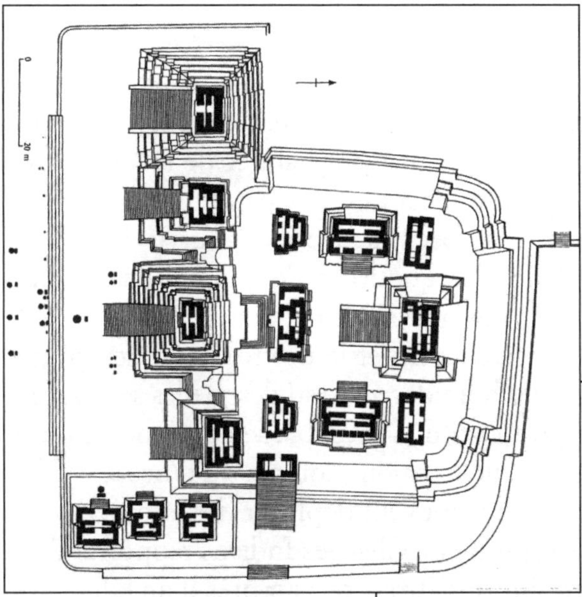

1.1. Tikal, Acropole nord. Une très grande plate-forme supportant les pyramides funéraires des rois de Tikal entre 100 et 600 de notre ère (d'après W. Coe).

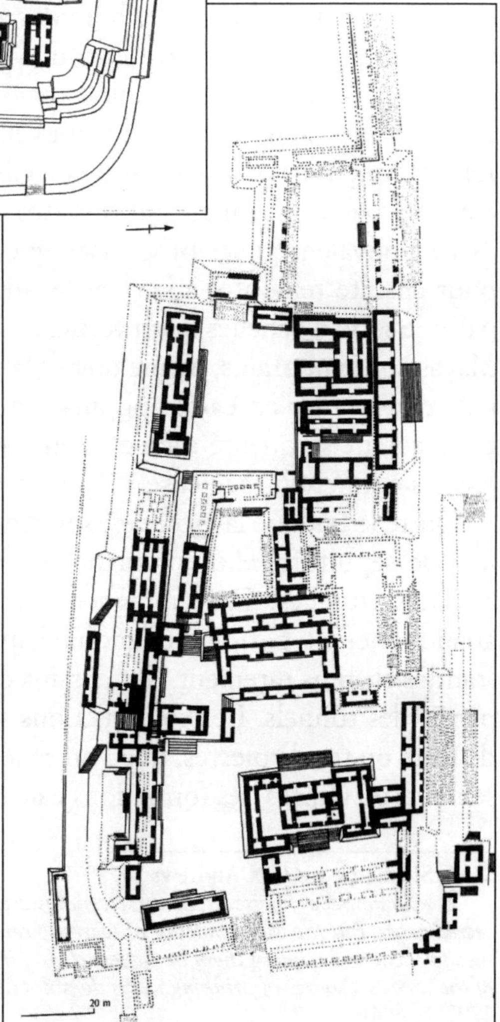

1.2. Tikal, Acropole centrale. Limitant la Grand-Place au sud, c'est une zone de palais et de résidences pour les rois et leur cour (d'après W. Coe).

Grottes

La grotte est le lieu religieux ou sacré par excellence depuis toujours et à jamais. Les hommes peuvent habiter de façon permanente un abri sous roche ou l'antichambre d'une grotte, mais ils refusent de s'installer dans un lieu obscur souvent dépourvu d'aération. Ces défauts pour le profane et le quotidien deviennent des qualités pour le sacré : l'obscurité, l'exiguïté, le manque d'oxygène de la grotte sont recherchés par le chaman et le prêtre. Il y a des grottes sèches, mais aussi des grottes humides au fond desquelles se trouvent des mares ou un *cenote* qui constitue souvent la seule ressource d'eau en saison sèche pour toute une région, comme au Yucatán. Pour obtenir l'eau souterraine, il faut souvent déployer des efforts inouïs ; John Stephens a vu dans la grotte de Chac les Indiens rapporter l'eau dans des passages souterrains très étroits où, sur près d'un kilomètre, ils ne pouvaient guère progresser que sur les genoux et les mains, pour ensuite remonter à la surface, soixante-cinq mètres plus haut, par une série d'échelles quasi verticales[1]. Si l'on en croit l'attitude des Mayas contemporains, même quand la grotte a pour fonction principale d'alimenter en eau la population avoisinante, elle ne perd pas pour autant sa qualité sacrée[2]. On aurait donc tort d'opposer des grottes à fonction religieuse à d'autres purement utilitaires.

Outre le fait que la grotte est souvent, mais occasionnellement, un lieu de sépulture, elle est surtout un endroit où l'on pratique des activités rituelles. En témoignent des constructions, des vestiges abandonnés et parfois cérémoniellement brisés, des dépôts d'offrandes et, plus rarement, des dessins ou des peintures tracés sur les parois des tunnels. Les constructions sont des autels, plates-formes de terre ou tas de pierres, que l'on rencontre de préférence aux croisements ou auprès des formations calcaires[3]. Dans une des chambres

---

1. Stephens, 1843, et Andrews IV, 1975.

2. « *Some have objected that these cenotes are utilitarian water sources rather than sacred caves. But the Maya practice of marking cenotes with crosses, conducting ceremonies to them and naming them in prayers clearly indicates that in native thought the use of the cave as a source of drinking water does not negate its sacred connotations* » (Brady, 1997, p. 604).

3. Brady, Veni, Stone et Cobb, 1992.

de Naj Tunich, on a construit, devant un stalagmite de 1,82 m de haut, un de ces autels derrière lequel on a disposé verticalement un rang de sept stalactites. Les rares tessons polychromes trouvés dans la grotte proviennent du voisinage des autels, ce que les archéologues interprètent comme les vestiges d'un culte formel, « public » qui s'opposerait au culte privé attesté par des tessons grossiers et sans engobe que l'on trouve généralement dans les renfoncements des parois. Ils semblent tous avoir pour origine des récipients dans lesquels on a brûlé du copal. Des vases en forme de sabot, rares dans la céramique maya classique, proviennent presque tous de grottes ; cette forme est donc plus « cérémonielle » que « culinaire ».

On offrait de l'encens aux esprits qui commandent à la pluie, comme le montre l'association des autels aux formations calcaires toujours suintantes. Mais les dessins découverts à Naj Tunich montrent que le rituel a pu être plus compliqué[1] ; on trouve en effet des scènes d'autosacrifice, des musiciens (joueurs de conque, de tambour d'aisselle et de flûte) et des joueurs de balle, ainsi que des dessins schématiques difficiles à interpréter. Il y a aussi quelques textes courts qui permettent de dater les peintures entre 733 et 762 de notre ère. Les dessins du jeu de balle font certainement allusion à des activités qui avaient lieu à la surface, car le jeu est impossible dans l'espace restreint de la grotte. Dans ces conditions, les images d'autosacrifice et de musique peuvent se référer à des rites autant souterrains que de surface et c'est à l'archéologie que nous devons demander des informations supplémentaires pour dissiper notre incertitude.

On peut indirectement déposer des objets de culte, des offrandes, des sépultures, des victimes humaines et animales, etc. en les jetant depuis la surface ou un étage supérieur de la grotte dans un puits qui débouche dans une de ses salles. Sous le trou qui perce son plafond, un monticule conique parfois épais de plusieurs mètres est le produit de l'accumulation des objets jetés dans la « cheminée ». Il ne s'agit pas ici d'un acte accidentel, mais d'une véritable pratique attestée par divers exemples[2]. Lors de l'exploration des grottes de

1. G. Stuart, 1981, et Stone, 1995.

2. Pusilha : Joyce, Gann, Gruning et Long, 1928 ; Joyce, 1929 ; Gruning, 1930. Actun Balam : Pendergast, 1969. Cueva de Los Quetzales : Brady et Rodas, 1995.

Pusilha on a d'abord cru que ces dépôts n'étaient constitués que d'ordures dont on s'était débarrassé commodément[1]. On a plus tard pensé qu'il s'agissait d'objets utilisés lors de cérémonies en surface, puis brisés accidentellement ou intentionnellement (lors de renouvellement d'objets en fin de cycle), et jetés dans le puits de la grotte. Dans le cas d'Actun Balam tout au moins, grotte isolée sans site de surface à proximité, il est plus vraisemblable d'interpréter le dépôt comme constitué d'offrandes apportées par des pèlerins[2]. Que les objets aient ou non servi auparavant, il faut voir dans le fait de les jeter dans la grotte un acte intentionnel pourvu de sens, comparable au dépôt IV-1 de Toniná au fond d'un puits construit à cette seule fin[3], ou des offrandes jetées pendant des siècles dans le *cenote* de Chichén Itzá. La descente des objets vers le centre de la terre est l'analogue inverse de la montée de l'encens vers le ciel.

Les offrandes consistent surtout en poteries, en majorité grossières, mais qui peuvent avoir servi d'encensoirs comme les tessons dits « domestiques » recueillis dans les tunnels de Naj Tunich et qui, chauffés par les archéologues, dégagent tous une forte odeur de copal[4]. Les « vrais » encensoirs sont présents à Los Quetzales et à Pusilha, et absents à Actun Balam. La proportion de céramique fine varie d'un site à l'autre. Trois cents tessons provenant de tambours polychromes ont été recueillis à Los Quetzales. Dans cette même grotte, la faune – sans doute des animaux sacrifiés – est abondante, en particulier les restes de tortues. De tous ces sites proviennent des objets de pierre taillée, de pierre polie, de coquille ou d'os, en proportions variables. Dans une des grottes de Pusilha, on a trouvé des ossements humains correspondant à deux individus ; dans une autre les restes de cinq personnes dont un crâne trouvé dans la moitié d'un vase polychrome. Ces vestiges, décrits comme ceux de sépultures, pourraient être en réalité ceux de victimes de sacrifices.

1. Cependant la découverte d'une cache de lames et de nucléus d'obsidienne dans le premier niveau de la fouille du dépôt de la grotte 1 (1928) a rendu perplexe Joyce et ses collaborateurs qui ne parvenaient pas à expliquer la présence d'une cache dans un tas d'ordures.

2. Pendergast, 1969.

3. Becquelin et Baudez, 1979-1982, pp. 173-174.

4. Brady *et al.*, 1992.

La grotte de Los Quetzales s'étend sous une petite colline modifiée par l'homme pour servir de soubassement aux édifices de Las Pacayas. Le site est à 12,5 km à l'est de Dos Pilas. L'ouverture du puits qui aboutit dans l'une des salles de la grotte se trouve entre deux des plus importantes places du site et auprès de l'une de ses plus grandes pyramides : il y a donc ici communication directe entre le monde terrestre et le monde souterrain. Dans la même région du Petexbatún, et en particulier à Dos Pilas, nombreux sont les cas où l'emplacement des constructions en surface apparaît déterminé par celui des formations souterraines, même en l'absence de communication directe entre les unes et les autres [1]. Ainsi la pyramide d'El Duende, la plus grande du site, se trouve au-dessus de la grotte du rio El Duende. Le palais des Murciélagos a été construit par rapport à l'emplacement de la grotte du même nom et du tronçon qui la relie à la grotte du rio El Duende. Un groupe de constructions plus modestes a été édifié au-dessus de la chambre principale de la grotte d'El Duende. Enfin, il est fréquent que des petites grottes ou des anfractuosités soient associées à des structures d'habitat. L'utilisation des principales grottes dès le préclassique (et poursuivie pendant tout le classique) est antérieure aux constructions de surface à Dos Pilas.

L'importance symbolique et religieuse des grottes a été récemment encore soulignée par la découverte de grottes artificielles creusées dans des régions non karstiques, où elles n'apparaissent pas naturellement. Les cavernes et passages créés par l'homme sont donc beaucoup plus rares dans les Basses Terres que dans les Hautes Terres où l'on en découvre chaque année davantage [2]. Il semblerait même que l'existence de grottes artificielles soit une caractéristique de l'ensemble de la Méso-Amérique. Ainsi à La Lagunita, dans les Hautes Terres du Guatemala, un tunnel long de vingt-deux mètres et creusé sous l'escalier d'une des principales pyramides mène à une chambre souterraine située au centre de la grand-place. Mesurant 6,70 m de long, 5,50 m de large et 1,70 m de haut, elle contenait une offrande de plus de trois cents vases, datés de la fin du IVe siècle [3].

1. Brady, 1997.
2. Brady et Veni, 1992, et Brady, 1997.
3. Ichon et Arnauld, 1985.

À Teotihuacán, la pyramide du Soleil a été construite au-dessus d'une grotte naturelle et partiellement modifiée selon les uns, entièrement artificielle selon les autres [1]. De plus, le sous-sol du site est creusé de grottes en partie artificielles et de tunnels, et leur distribution semble avoir déterminé le plan de la ville. Dans la même tradition, selon une légende rapportée par Alvarado Tezozomoc, le Templo Mayor de Tenochtitlán aurait été construit sur deux grottes [2]. Le temple aztèque dit « maison des Aigles » à Malinalco est creusé dans le roc et apparaît comme une grotte artificielle, ce que confirme l'entrée qui se fait par la gueule du monstre terrestre sculptée sur la paroi.

Temples tératomorphes

De même peut-on considérer les édifices tératomorphes (« en forme de monstre ») comme des grottes artificielles construites à la surface. Déjà les Olmèques avaient exprimé le concept du temple-grotte dont l'ouverture figurait la gueule béante d'un jaguar, animal qui représentait alors la terre. Dans la première moitié du Ier millénaire avant notre ère, on a peint au-dessus de l'une des entrées de la grotte d'Oxtotitlán un homme au masque d'oiseau assis sur un masque de jaguar en vue frontale [3] *(figure 1.3 : a)*. À Chalcatzingo, le monument 9 est une dalle percée d'une large ouverture en forme de médaillon cruciforme qui constitue la gueule d'un masque de jaguar *(figure 1.3 : b)* ; celui qui en a fait la découverte a noté que cette dalle était dressée verticalement pour servir de porte, ce que confirment les traces d'usure observées sur le bord inférieur de l'ouverture [4]. Le relief 1 du même site nous montre un homme, sans doute un souverain car il porte une sorte de « barre cérémonielle », assis dans la gueule, vue de profil et toujours en forme de médaillon cruciforme, d'un jaguar [5] *(figure 1.3 : c)*. Sur l'autel 4 de La Venta, l'entrée de la

1. Heyden, 1975 ; Heyden, 2000 ; Brady, communication personnelle, 2000.
2. Alvarado Tezozomoc, 1975.
3. Grove, 1970, pp. 8-11 et frontispice.
4. Grove, 1984, p. 50, fig. 8.
5. *Ibid.*, fig. 5.

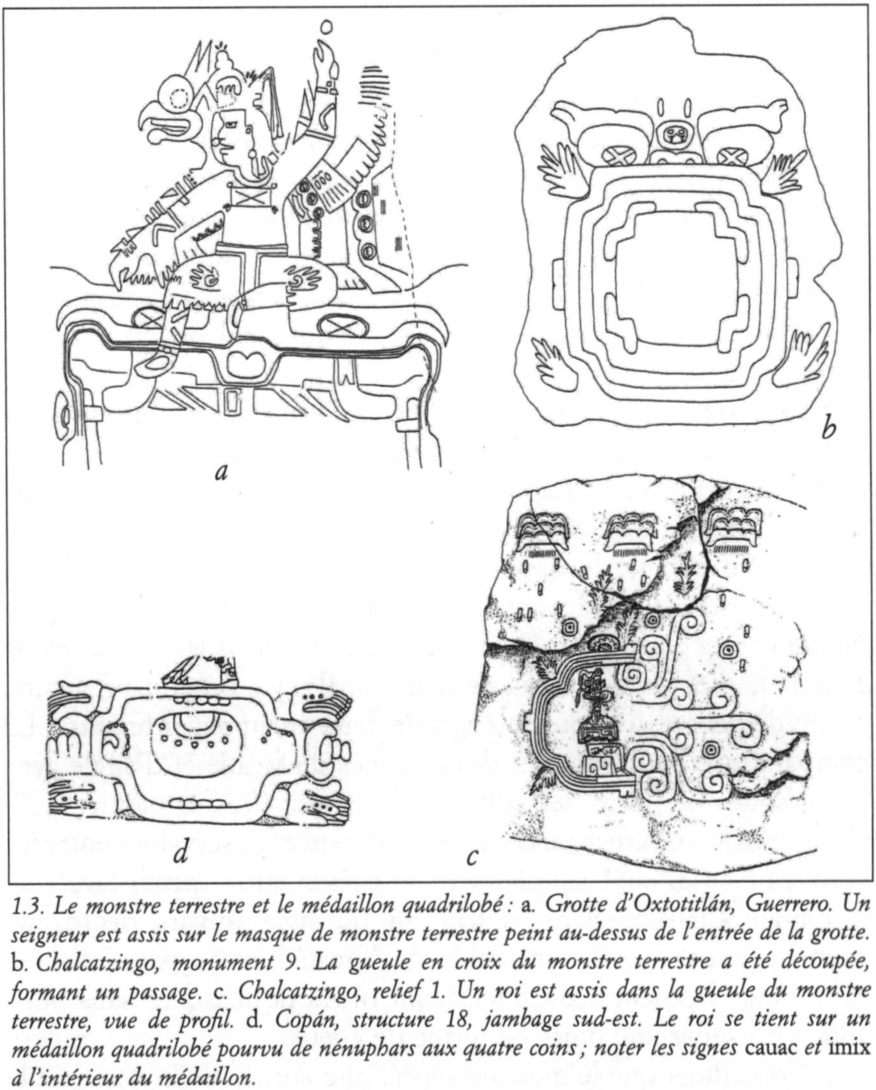

1.3. Le monstre terrestre et le médaillon quadrilobé : a. *Grotte d'Oxtotitlán, Guerrero. Un seigneur est assis sur le masque de monstre terrestre peint au-dessus de l'entrée de la grotte.* b. *Chalcatzingo, monument 9. La gueule en croix du monstre terrestre a été découpée, formant un passage.* c. *Chalcatzingo, relief 1. Un roi est assis dans la gueule du monstre terrestre, vue de profil.* d. *Copán, structure 18, jambage sud-est. Le roi se tient sur un médaillon quadrilobé pourvu de nénuphars aux quatre coins ; noter les signes* cauac *et* imix *à l'intérieur du médaillon.*

caverne, la porte du temple, la niche d'où émerge le roi sont figurées comme la gueule d'un monstre félin qui représente la terre, ce que précisent les plantes dessinées aux quatre angles du médaillon[1].

Le concept du temple-grotte sera de nouveau illustré des siècles plus tard au Yucatán avec le temple tératomorphe maya *(voir planche 1).* Apparu dès le classique ancien à Balamku (Cam-

1. Stirling, 1943, pl. 137a.

peche)[1], très répandu en zones Rio Bec et Chenes au classique récent, il a gagné le nord du Yucatán, Copán, jusqu'aux Basses Terres centrales[2] à la fin de la période. Reposant sur une plate-forme non nécessairement élevée, il possède une porte principale ou des portes qui forment les gueules d'un masque, non plus de félin comme chez les Olmèques, mais de reptile. On distingue le portail partiel *(portada parcial)* où la porte est surmontée par un seul masque frontal, du portail intégral *(portada integral)* où le masque frontal est complété par deux masques de profil qui forment les montants de la porte[3].

La façade et les angles de l'édifice tératomorphe sont en outre ornés d'une accumulation de masques empilés, de face ou de profil, en bas ou haut relief. Représentent-ils la même créature que celle dont la gueule sert de porte d'entrée ? Kowalski[4] identifie la « façade en gueule de dragon », comme une représentation de la divinité postclassique Itzamna, et les masques d'angle, comme ceux du dieu maya de la pluie, Chac, « qui apparaît dans les codex mayas comme le dieu B au museau pendant[5] ». Il n'y a cependant aucune raison de penser qu'il puisse s'agir de deux créatures différentes. La comparaison trait pour trait des masques de façade et d'angle avec les masques de porte des édifices Rio Bec et Chenes montre qu'il s'agit de la même créature et que les différences observables entre les deux catégories sont simplement de présentation (profil/face), de technique (haut-relief/bas-relief) ou de style (divers degrés de géométrisation). Dans l'ensemble du Yucatán, et en particulier en zone Puuc, beaucoup d'édifices sont ornés de masques sans pour autant posséder une porte en forme de gueule.

Si l'on admet que le monstre représenté autour de la porte est le même que celui répété sur la façade et aux angles, la différence entre

1. Des éléments de masque de monstre terrestre étaient conservés au-dessus de la porte de l'édifice D5-5sub, daté *ca.* 450 (Dominique Michelet, communication personnelle, 1997). Ailleurs, le plus ancien temple tératomorphe semble être l'édifice X de Becan, *ca.* 650. (Voir Potter, 1977, p. 75.)

2. Voir, à Tikal, l'entrée du tunnel conduisant à la cour intérieure du groupe G.

3. Gendrop, 1983.

4. Kowalski, 1985b, p. 80, suivant Thompson, 1970, pl. 7.

5. Seler, 1917, p. 12ff.

les édifices avec ou sans porte tératomorphe est de degré et non de nature. Il est possible que les édifices à porte tératomorphe, plus élaborés, aient été considérés comme plus importants que ceux à simple décor de masques ; en effet, pourquoi à Uxmal les édifices dits Chenes, avec une porte formant une gueule, sont-ils si rares (temple recouvert par la plate-forme du palais du Gouverneur et sur la pyramide du Devin), alors que presque toutes les grandes constructions du site sont décorées avec une profusion de masques ?

La caractéristique la plus frappante de ces masques est leur museau allongé en crochet, orienté vers le bas, plus rarement vers le haut [1], que l'on a comparé au nez allongé et tombant du dieu Chac des codex *(voir planche 2)*. C'est pourtant d'un museau qu'il s'agit dans le cas des masques et non d'un nez, de même que le nez du *long-nosed god* n'est pas un nez, mais un museau ou une mâchoire supérieure. Sur ces images d'origine reptilienne (crocodilienne et/ou ophidienne), le « nez » et les fosses nasales sont figurés au-dessus du museau par une petite volute double d'où se dressent deux tubes de jade qui figurent très probablement le souffle vital de la créature [2]. Ce « nez » est généralement bien indiqué et clairement visible sur les monstres présentés de profil (de part et d'autre de la porte ou empilés en bas relief) ; sur les masques d'angle ou en vue frontale, sans doute à cause de problèmes de perspective, il est facultatif et représenté alors par un renflement ou un bourrelet placé entre les deux yeux, au départ du museau [3]. En revanche, l'appendice du Chac postclassique, tel qu'il est montré sur les encensoirs de Mayapán [4] ou dans les codex *(figure 3.7, voir p. 358)*, est bien un nez, pendant et légèrement ondulé.

D'après Kowalski, certains de ces masques étaient polychromes, comme sur l'annexe sud-est des Nonnes à Chichén Itzá, où le fond et l'intérieur des volutes qui les bordent étaient peints en rouge ; la

1. Comparer les museaux des masques des édifices 1A1 et 2C6 de Kabah, par exemple : Pollock, 1980, fig. 289, p. 371.

2. Sur les masques de la façade du Codz Pop de Kabah, le nez est remplacé par deux trous cylindriques profonds d'une dizaine de centimètres, placés côte à côte sur le haut du museau ; ils étaient sans doute destinés à recevoir des tubes amovibles.

3. Pollock, 1980, fig. 204, p. 289.

4. Smith, 1971, fig. 32n.

partie centrale de l'ornement d'oreille était bleu-vert, et la partie inférieure avait des bandes en bleu, jaune et rouge. L'intérieur de la gueule était rouge[1]. Il y a aussi des masques peints entièrement en rouge (Tabasqueño, Pechal, Pixoy), et d'autres dont seuls les yeux sont rouges (Hochob, Nohcacab)[2]. Sur les petits masques grotesques à la base des piliers du temple du Chacmool à Chichén Itzá, le bleu-vert domine.

L'identification comme Chac du masque architectural yucatèque repose donc sur une ressemblance douteuse entre un monstre reptilien au museau allongé des périodes classiques récente et terminale et un anthropomorphe à long nez dont l'existence n'est pas prouvée à ces périodes. L'exemple le plus ancien d'un Chac comparable au dieu B des codex est peint sur l'édifice 12 de Tancah[3] ; si la peinture est contemporaine de l'architecture, elle daterait, d'après Miller, de la période classique terminale/postclassique ancienne, commençant en 770. Bien que l'architecture de l'édifice 12 soit caractérisée par une maçonnerie aux blocs taillés par percussion *(pecked masonry)*, un soubassement pyramidal, une crête faîtière, etc., elle est plus probablement postclassique ancienne que classique finale. Au postclassique récent, c'est-à-dire après 1250, Chac est souvent illustré à Mayapán, puis après 1400, à Tulum et sur les codex. Si un dieu Chac était assez important pour figurer à profusion sur les façades des temples de période classique, on en trouverait d'autres représentations sculptées sur des stèles, peintes sur céramique, modelées en figurine ou sur des encensoirs[4].

À Copán, le masque qui constitue la porte extérieure (dont il ne reste que la base) du temple 22 a comme dents des masques *cauac*,

---

1. Kowalski, 1985b, et Bolles, 1977, pp. 250, 258.
2. « *...it is difficult to be certain to what degree such color symbolism determined the colors of the mask* » (Kowalski, 1985b, p. 80).
3. Miller, 1982, pl. 6.
4. D. Michelet m'a rappelé que, sur l'édifice nord du quadrilatère des Nonnes d'Uxmal, des masques frontaux empilés en façade étaient couronnés par un grand masque de Tlaloc avec le signe de l'année dans la coiffure. Serait-on en présence d'une association des dieux mexicain et maya de la pluie ? Il s'agirait plutôt, comme dans les Basses Terres centrales au classique récent, d'images d'un pseudo-Tlaloc qui n'a rien à voir avec la pluie, mais avec la guerre et les diverses formes de sacrifice. De plus, les masques dits de Chac se manifestent généralement sans Tlaloc, que ce soit à Uxmal ou ailleurs au Yucatán.

et aux angles de l'édifice des masques emboîtés de la même créature *(voir planche 4)*. C'est un être composite où dominent les traits sauriens, et qui est identifié par des éléments du glyphe *cauac* (T528), le dix-neuvième nom de jour du *tzolk'in*, le calendrier cérémoniel de 260 jours. Ces éléments sont des cercles agencés verticalement en nombre décroissant formant une sorte de grappe de raisin ou trois ronds en triangle, et des demi-cercles concentriques bordés de points. D'autres exemples montrent le front du monstre *cauac* entamé par une fente en entonnoir et à degrés, prolongée en haut et sur les côtés par deux grandes volutes *(figure 1.4)*.

L'analyse structurale de l'iconographie de Copán et d'autres sites classiques a montré que cette créature représentait la terre[1]. Ainsi, quand on passait la porte du temple 22, on pénétrait dans la gueule du monstre terrestre. Ce caractère terrestre du *cauac* est confirmé dans le cosmogramme qui entoure la porte de la pièce centrale, intérieure, du même temple, dans lequel le niveau terrestre est représenté par les deux *bacabs* qui supportent d'une main les deux têtes du monstre céleste, et qui portent sur la cuisse un grand masque *cauac* de profil *(figure 1.5)*.

1.4. Masques cauac *: a. Bonampak, stèle 1, détail. b. Palenque, panneau central du temple de la Croix Feuillue, détail.*

1. Baudez, 1994, p. 257.

1.5. *Copán, structure 22 : dessin, d'après Maudslay, de la porte intérieure de l'édifice.*

Le temple 22 a été vraisemblablement construit pendant le règne de Soleil Levant (environ 770-800 ap. J.-C.), bien que Stuart ait suggéré, à partir d'une interprétation calendérique, qu'il soit du règne de Dix-Huit Lapin (695 ou 710 à 738 ap. J.-C.) [1]. Le texte sculpté sur le front de la banquette commence par une clause qui déclare qu'un *katun* (cycle de 20 *tuns*) fut achevé un jour 5 *lamat* ; Stuart pense qu'il s'agit de la date 9.14.3.6.8 5 *lamat* 1 *zip*, qui tomberait un *katun* après le jour de l'accession de Dix-Huit Lapin en 9.13.3.6.8 7 *lamat* 1 *mol*. Cette interprétation n'est qu'une possibilité, et à condition que la date d'accession de Dix-Huit Lapin à laquelle on se réfère soit la bonne, ce qui est contesté par Berthold Riese [2]. En admettant que Dix-Huit Lapin ait construit un temple à cet emplacement, pourquoi Soleil Levant ne l'a-t-il ensuite ni recouvert, ni même modifié en lui imprimant sa marque ? Pourquoi l'édifice 22 serait-il le seul à avoir échappé à la reconstruction générale entreprise par Soleil Levant au sommet de l'Acropole ? En outre, c'est pendant le règne de ce roi que l'on voit se manifester à Copán quantité de traits exogènes qui proviennent sans doute du Yucatán, comme la façade en trois parties (l'édifice 22 flanqué de 21A et 22A), le serpent à plumes, les atlantes, les rangées de crânes humains formant un *tzonpantli* [3], etc. Le décor du chambranle de la porte intérieure de l'édifice 22 est à peu de chose près le même que celui de la façade de l'édifice 11, avec deux *bacabs* supportant un monstre céleste. Si l'édifice 22 datait du règne de Dix-Huit Lapin, le temple tératomorphe aurait précédé l'importation des autres traits de même origine, ce qui est possible mais peu vraisemblable. En conclusion, cet édifice date plus probablement du règne de Soleil Levant, et le type d'édifice qu'il représente est un prolongement tardif de formes qui existaient dans la zone Rio Bec depuis plus de cent ans.

Peut-on généraliser l'exemple du temple 22 de Copán à l'ensemble des temples tératomorphes à porte en gueule de monstre ? Les masques figurés autour des portes, sur les angles et en façade des structures Rio Bec, Chenes et Puuc représentent-ils le monstre de la

1. Stuart, 1989.
2. Baudez et Riese, 1990.
3. Mot aztèque désignant une construction en bois pour l'exposition des crânes des victimes des sacrifices.

terre, *cauac* ? Ce dernier est une forme des Basses Terres centrales qui n'existe pas au Yucatán du classique récent [1], mais les signes qui ornent les masques yucatèques peuvent être les équivalents de signes empruntés au glyphe *cauac* (T528). Ainsi des petits disques avec point central (symbole de la goutte d'eau et du jade), et parfois un X formé par deux bandes superposées, remplacent la grappe de raisin et le demi-cercle bordé de points du monstre des Basses Terres centrales. Il s'agirait alors de la même créature terrestre et du même glyphe *cauac.* Une scène de germination provenant du temple inférieur des Jaguars de Chichén Itzá [2] montre le masque de la terre orné de ces X *(figure 2.17b, voir page 310).* En outre, dans le glyphe *cauac* des codex [3], un ou deux X s'ajoute(nt) ou remplace(nt) les éléments traditionnels du glyphe classique. Les masques *cauac* qui constituent le niveau inférieur des scènes d'accession sur la frise classique ancienne de Balamku (Campeche) annoncent les tératomorphes du Yucatán de la période suivante. Ces derniers exhibent parfois la fente frontale, caractéristique du *cauac,* comme sur l'édifice Chenes du Devin à Uxmal ou sur des temples Rio Bec [4].

Ces exemples indiquent que nous avons affaire à la même créature à Copán et au Yucatán. Si les styles architecturaux du Yucatán utilisent à profusion le motif de la grecque scalaire, la combinaison de deux de ces motifs pourrait reproduire intentionnellement la fente frontale du monstre terrestre, comme sur la face orientale de la porte monumentale de Labná. Sur la façade du palais du Gouverneur d'Uxmal, on trouve à plusieurs reprises dans la partie inférieure de la frise le motif de l'émergence qui illustre l'accession du souverain *(voir planche 3).* Le roi assis sur un trône et coiffé d'une imposante masse de plumes émerge de la gueule renversée et ouverte à 180° d'une tête de monstre terrestre vue de profil. Bien que cette tête soit présentée de façon très différente de celle des masques frontaux dits de Chac, on ne relève aucune opposition iconographique entre les deux figurations. Si les sculpteurs avaient voulu représenter

1. Contrairement aux masques terrestres de la frise de la maison des Quatre Rois de Balamku du classique ancien qui portent des éléments *cauac.* Voir Baudez, 1996.
2. Tozzer, 1957, fig. 346.
3. T528 ou Z1339 ; Thompson, 1971, fig. 10, 40-44.
4. Gendrop, 1983, fig. 65b, c.

1.6.A Copán, stèle B, côté est. Le roi Dix-Huit Lapin sort de la gueule de la tête antérieure du monstre cauac.

1.6.B. Copán, stèle B, face sud. Le corps du monstre est indiqué par un empilement de masques cauac de profil.

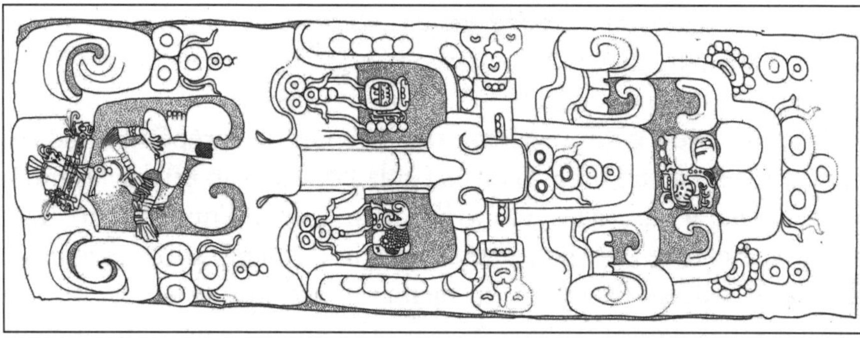

1.6.C. Copán, stèle B, côté ouest. La tête arrière du monstre terrestre est montrée comme un masque cauac *vu de face.*

deux créatures différentes, monstre de la terre et monstre céleste ou dieu de la pluie, ils n'auraient pas manqué d'indiquer une opposition entre les deux masques.

Il nous reste à comprendre la signification de la répétition de ces masques, parfois à l'infini (voir le Codz Pop de Kabah) sur les murs du temple et à ses angles. On a, à Copán, à côté d'un monstre bicéphale, caractérisé comme terrestre par un élément *cauac* dessiné sur son flanc [1], divers exemples du même monstre dont le corps porte plusieurs masques *cauac (voir planche 5).* Pareillement, le monument 16 de Quiriguá qui représente le monstre bicéphale terrestre porte de grands masques *cauac* sur ses côtés et à son sommet [2]. La stèle B de Copán (CPN 3) présente sur ses deux grands côtés les têtes antérieure et postérieure du monstre *cauac (figure 1.6 A, B, C)* ; un empilement de masques *cauac* de profil recouvre les petits côtés qui, compris entre les deux têtes, sont à l'emplacement du corps du monstre [3] ; tout comme sur l'autel de la stèle D [4] où deux pattes résument le corps du monstre bicéphale. Ces masques empilés rappellent ceux qui décorent certaines façades Rio Bec *(figure 1.13, voir page 105).*

Le linteau 2 du temple IV (édifice 5C-4) de Tikal présente, face au souverain (roi B) assis, un monstre *cauac* disposé verticalement et dont la gueule s'ouvre sur une créature jaguar/soleil. Sur chaque ondulation du corps du monstre se trouve un masque *cauac* de profil [5].

Les trônes de Piedras Negras, tant celui qui provient du Palais J-6 que celui représenté sur le panneau mural du temple 0-13, ont pour dossier un masque de monstre *cauac*, dont les deux yeux sont ajourés comme des lucarnes devant lesquelles se détachent les personnages *(voir planche 8).* Sur le dossier d'un trône de même style [6], le grand masque est remplacé par deux empilements de petits

1. CPN 82. Voir Baudez, 1994, p. 141 et fig. 67A.
2. Maudslay, 1889-1902, vol. II, pl. 58.
3. Baudez, 1994, pp. 23-28.
4. Baudez, 1994, fig. 14.
5. Jones et Satterthwaite, 1982, fig. 73.
6. Provenant de l'ex-collection Saenz, aujourd'hui au musée Amparo de Puebla. Voir Baudez et Becquelin, 1984, fig. 313.

masques, l'un constituant le bord horizontal supérieur, l'autre le bord vertical gauche du dossier. À la tête du monstre est substitué un corps indiqué par les empilements. La succession de masques qui ondule comme un corps serpentiforme sur la façade du palais du Gouverneur d'Uxmal exprime la même idée[1].

Ainsi, dans l'édifice tératomorphe, le monstre est-il représenté dans son intégrité, tête et corps, avec sa gueule béante qui forme la porte et son corps recouvert des masques *cauac* formé par les murs et les angles du bâtiment. En franchissant l'entrée, on pénètre dans les profondeurs de la terre. Les deux masques de profil sculptés de part et d'autre de la porte (« portail intégral »), forment avec l'avant et l'arrière de la gueule du monstre, les quatre directions, une propriété de la terre. Convergeant vers l'entrée, elles en font le centre de l'univers.

En qualifiant de « terrestre » un édifice, on l'assimile à une grotte et, par là, on se réfère à une tradition millénaire qui fait d'une telle ouverture un lieu sacré et de pouvoir. Cela étant, cette connotation peut être générale ou avoir un sens plus spécifique : l'édifice tératomorphe pourrait se référer à une certaine forme de pouvoir et non à n'importe laquelle. On peut en effet se demander pourquoi un seul exemple de ce type existe à Copán ou à Malinalco[2], pourquoi il est rare à Mayapán, assez fréquent dans les sites Rio Bec et courant à Uxmal où pratiquement toutes les grandes constructions portent des masques terrestres, à l'exception de la maison des Tortues, où le masque est remplacé par la tortue, l'animal emblématique de la terre.

Dans l'iconographie maya comme dans l'iconographie olmèque, la relation du monstre terrestre et du souverain peut être présentée comme dynamique. On verra que le roi qui émerge de la fente frontale ou de la gueule du monstre est assimilé au soleil levant dans une métaphore d'accession au trône ; et que celui qui tombe dans les profondeurs de l'inframonde meurt comme le soleil à son coucher[3]. Il y a aussi des cas où une relation non dynamique entre le souverain

1. Proskouriakoff, 1946, pl. 19.

2. Site aztèque de l'État de Mexico qui possède un temple circulaire taillé dans le roc et dont la porte constitue la gueule d'un masque de serpent.

3. Baudez, 1988.

et la terre est exprimée. Dans la structure 22 de Copán, l'encadrement de la porte intérieure qui donne accès à la pièce du fond, est, rappelons-le, une figuration de l'univers *(figure 1.5, voir p. 86)* ; la personne – vraisemblablement le roi – qui franchissait cette porte ou se tenait sur le seuil surélevé acquérait, comme sur la stèle où le souverain est au centre d'un environnement comparable, une dimension cosmique. Il s'agissait là d'une sorte d'exaltation de la personne royale et de sa dynastie, à l'occasion d'un événement de sa carrière ou de rituels accomplis par lui, requérant cette dimension. On a proposé ailleurs [1] que, de façon analogue, l'encadrement de la porte nord-est de la maison E du palais de Palenque achevait le rituel de couronnement du roi qui avait lieu dans cet édifice.

Le style Rio Bec a pour caractéristique de combiner le temple-pyramide et le temple (?) tératomorphe (Xpuhil). Dans ces cas, le premier, réduit parfois à une maquette non fonctionnelle, n'a plus alors qu'une valeur de symbole, et c'est dans le second qu'était abrité le culte si tant est qu'il y en eût un. L'assimilation des deux types de structure est cependant complète dans la mesure où le décor des faux temples-pyramides reprend celui des temples tératomorphes. Il s'agit toujours du monstre terrestre, ce que montre la fente frontale du masque en haut de l'escalier de la tour centrale de Xpuhil, sur sa façade ouest. Les temples-pyramides sont, à la période classique, clairement dynastiques et s'ajoutent aux édifices tératomorphes qui semblent avoir la même fonction.

En résumé, interpréter comme des images du dieu postclassique Chac les masques encadrant les portes ou répétés à satiété sur les façades du Yucatán est peu fondé. Cette hypothèse repose en effet sur la ressemblance supposée du long nez tombant du dieu et de la « trompe » en crochet des masques. Non seulement on compare ici un nez et là un museau, mais encore il n'y a pas d'images de dieux au long nez tombant aux époques classiques récente et terminale qui puissent être identifiées avec certitude à Chac. En revanche, les masques yucatèques semblent représenter le monstre terrestre, en constituant des variantes du monstre *cauac*, clairement identifié à Copán. Or il n'y a pas de raison de supposer que le masque yuca-

1. Baudez, 1996b.

tèque ait eu une signification différente de celle du masque copanèque. Dans les Basses Terres du Nord comme du Centre, on retrouve au nombre des caractéristiques du monstre la répétition de ces masques sur son corps. Le temple comme lieu sacré ou lieu de pouvoir est présenté dans la tradition méso-américaine comme une grotte, c'est-à-dire comme une ouverture vers l'inframonde. Les Olmèques montraient leur chef émergeant, ou se tenant devant, ou dans la gueule d'un monstre en forme de médaillon quadrilobé ou cruciforme (les quatre directions de l'univers). Ce même médaillon se retrouve chez les Mayas avec la valeur de gueule de la terre, et les personnages ou les symboles qu'il contient sont supposés faire partie du monde souterrain. La relation du roi à la terre, dans l'iconographie, peut être dynamique, en exprimant un mouvement d'émergence ou de descente du souverain. Elle est aussi parfois statique, en indiquant que le lieu de pouvoir doit se trouver, comme aux origines, au seuil de l'inframonde.

Ainsi, ce que nous appelons temple tératomorphe n'est pas le sanctuaire de Chac, le dieu de la pluie (qui n'existe sans doute pas au classique), ni d'une autre divinité, mais une image du monstre terrestre[1]. La porte de l'édifice représente la gueule du monstre et le reste de la construction est son corps couvert de masques, frontaux ou de profil, répétés comme une litanie. On les considère comme des masques parce que ces visages sont compris dans un espace géométrique, carré ou rectangulaire, et que leurs traits sont schématisés et géométrisés souvent à l'extrême ; en outre, ils sont reproduits systématiquement pour couvrir toute une surface, comme avec un sceau. Pourquoi la terre serait-elle représentée par des masques et non par des visages ? Sans doute – et nous y reviendrons dans la partie consacrée dans ce chapitre aux croyances – parce que les Mayas considéraient que des entités aussi complexes et polyvalentes que la terre ou le soleil ne pouvaient avoir de visage propre et que la seule façon de les représenter étaient de les affubler de masques emblématiques dans lesquels étaient concentrés leurs attributs essentiels. Les

1. La porte de l'édifice de style Chenes de la pyramide du Devin à Uxmal peut faire exception et représenter, pour des raisons qui m'échappent, la gueule d'un monstre céleste et non terrestre ; une bande céleste fait en effet nettement partie de son décor.

temples portaient ces masques comme des danseurs peuvent en porter. Cela n'impliquait pas qu'ils étaient consacrés à la terre ou étaient le siège d'un culte agraire. Il s'agissait plus vraisemblablement et simplement de lieux sacrés à l'image de la grotte qu'ils représentaient, et qui étaient hantés par le roi et/ou les autorités politiques et religieuses de la cité à qui ces lieux conféraient une partie de leur pouvoir.

Resterait à expliquer l'absence apparente des temples tératomorphes dans l'architecture maya avant 450 de notre ère. Pourquoi le concept du temple-grotte, bien développé par les Olmèques, n'a-t-il été illustré par les Mayas qu'à partir de la deuxième moitié du classique ancien ? Aurait-il été simplement abandonné ou bien illustré d'une autre manière, non encore identifiée ? À quoi serait due sa renaissance dans la zone Rio Bec ?

Les masques qui décorent les murs des temples ne doivent pas être confondus avec ceux qui flanquent les escaliers des pyramides du préclassique et du classique ancien. Dans un premier temps, l'iconographie diffère souvent d'un site à l'autre et parfois même (comme à Tikal) d'une pyramide à l'autre ; ainsi ont-ils pu avoir un sens différent ici et là. Deux types de masques en présence peuvent marquer soit l'opposition soleil/terre (Cerros, Uaxactún), soit deux aspects du soleil (Edzna). Quand un seul masque est illustré, il s'agit d'un masque solaire anthropomorphe ou félin. Bientôt, les pyramides du classique ancien vont porter seulement le masque du jaguar. Comme cet animal symbolise le soleil nocturne, la pyramide est « marquée » par la répétition du masque félin comme la demeure du soleil nocturne, c'est-à-dire l'inframonde (en tout cas sous son aspect « sec »). De même à Palenque, au classique récent, le masque frontal de jaguar signalera que la scène figurée sur le panneau du temple du Soleil a lieu dans l'inframonde. Si le temple ou la superstructure bâtie au sommet de la pyramide est conçue comme une image de la terre (ce que confirme en tout cas le temple tératomorphe du Yucatán), la substructure, qui se trouve au-dessous, peut logiquement représenter l'inframonde.

Temples dynastiques

La nature et la destination de cette architecture sont indiquées par l'iconographie de la sculpture associée, où le personnage principal est le souverain régnant, le roi récemment décédé, les rois de la dynastie ou encore le fondateur de celle-ci. Quand l'état de conservation le permet, on trouve la sculpture directement associée à l'édifice, en façade, sur les piliers, les linteaux, la crête faîtière, etc.

Le temple dynastique repose le plus souvent sur un soubassement tronco-pyramidal à degrés *(figure 1.7)*. Le mur qui limite chacun des degrés de la pyramide s'orne généralement d'une moulure supérieure et d'une moulure basale, mais peut avoir un profil plus complexe qui, en ménageant un jeu d'ombres et de lumières, allège l'édifice. La plupart des pyramides sont pourvues d'un seul escalier en façade, généralement saillant, et souvent vertigineux : la pente prononcée fait que les marches sont souvent plus hautes que larges. Les contremarches sont parfois sculptées d'un texte glyphique (comme sur l'Escalier hiéroglyphique de Copán), ou d'ennemis vaincus (Tamarindito). L'escalier peut être limité de chaque côté de bandes (appelées *alfardas* en espagnol) lisses ou, plus rarement, sculptées. Il n'est pas rare que de grands masques en stuc flanquent le ou les escaliers (Toniná). Si le soubassement pyramidal n'est parfois qu'un socle monumental, il a souvent une destination funéraire. À Palenque, le tombeau du roi Pacal se trouve à l'intérieur de la pyramide des Inscriptions et un escalier intérieur relie la crypte au temple ; à Tikal, après avoir creusé dans le sol la sépulture royale et y avoir déposé le corps, on a construit au-dessus la pyramide du temple I (ou 5D-1-1st) ; des sépultures – royales, également, ou supposées telles – ont été exhumées dans les petites pyramides de l'Acropole nord du même site.

Elle se présente sous la forme d'une grande plate-forme de 100 x 80 m sur laquelle reposent huit temples funéraires, disposés symétriquement, et tous construits au classique ancien *(fig. 1.1, voir page 75)*. Ils recouvrent des édifices antérieurs, dont certains datent du préclassique récent (vers 200 avant notre ère). On a ensuite construit le long du bord sud de l'Acropole, une haute plate-forme

1.7. Tikal, temple II (restitution de Tatiana Proskouriakoff).

pour y installer quatre temples dont les escaliers menaient à la grand-place, puis au sud-est une autre plate-forme avec trois sanctuaires de taille modeste. L'Acropole nord est essentiellement une nécropole royale, qui a accueilli les dirigeants de Tikal pendant près de cinq siècles. Au classique récent, le roi Ah Cacau rompt avec la tradition en se faisant enterrer dans la grand-place ; sa tombe est recouverte par le temple I, qui s'élève à quarante-sept mètres de hauteur. Le temple II qui lui fait face peut avoir été édifié en honneur de la reine, comme le laisse supposer la femme sculptée sur un de ses linteaux.

Même au sommet de la masse colossale de sa pyramide, le temple rappelle la hutte primitive, avec son socle bas gravi par quelques marches, ses murs verticaux, sa porte carrée et la toiture fortement inclinée. Par rapport au volume de la maçonnerie, les espaces intérieurs sont extrêmement réduits. Ainsi, pour des façades longues de 10 à 28 m, on a des espaces intérieurs de 4,5 à 7 m de longueur sur moins d'un mètre de large. Ces pièces sont le plus souvent au nombre de deux ou trois, l'une derrière l'autre, et situées perpendiculairement à l'axe de l'entrée. Les trois pièces du temple II ne représentent cependant que le tiers de la surface de maçonnerie pleine qui les entoure (20 m^2 contre 60). Sur les grands temples de Tikal (de I à V), le décor extérieur se limite à une frise au-dessus de la porte et sur la crête faîtière ; la frise présente, plusieurs fois répété, un personnage assis sur un masque de monstre terrestre, montré de face. Cette composition est reprise sur l'importante crête dont plus de la moitié est occupée par le même masque sur lequel est assis le personnage, entouré à son tour d'une image du ciel. Il s'agit sans aucun doute du roi, en majesté et dans un cadre cosmique. Les linteaux en bois du sanctuaire, sculptés de l'image royale accompagnée d'une inscription, confirment cette interprétation : le roi trône sous la protection d'un patron mythique, ou apparaît debout sur une image terrestre et sous celle du ciel, en situation cosmique *(figure 1.40, voir page 159)*. L'iconographie est centrée sur la personne du roi ; les créatures fabuleuses qui l'entourent lui sont subordonnées et ne servent qu'à lui conférer le cadre cosmique qu'il mérite.

À Palenque, l'ensemble du temple et de la pyramide des Inscriptions constitue le monument funéraire de Pacal, le premier grand roi de cette cité, mort en 683 de notre ère [1] *(voir planche 6)*. Avant la découverte de la tombe royale par l'archéologue mexicain Ruz Lhuillier en 1952, on ne soupçonnait pas que les pyramides mayas pussent avoir une destination funéraire et l'on pensait qu'elles n'étaient rien d'autre que des soubassements de temples. La pyramide, qui domine l'ensemble des ruines de sa masse imposante,

1. Ruz Lhuillier, 1973, et Greene Robertson, 1983.

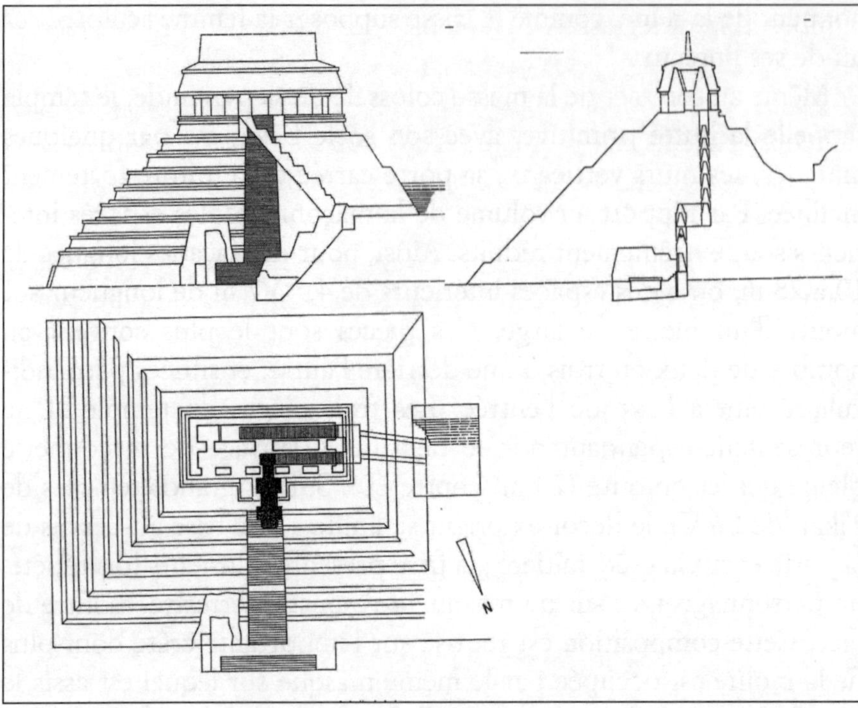

1.8. Palenque : élévation, plan et section du temple et de la pyramide des Inscriptions (d'après H. Stierlin, 1964).

1.9.A. Palenque, temple des Inscriptions, pilier D : le roi Chan Bahlum porte la foudre personnifiée.

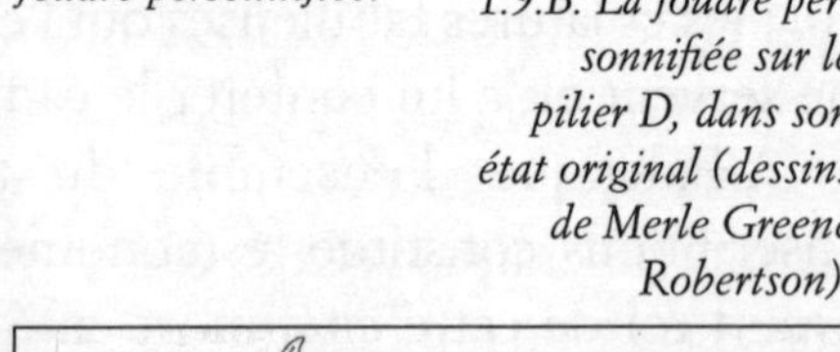

1.9.B. La foudre personnifiée sur le pilier D, dans son état original (dessins de Merle Greene Robertson).

comprend neuf terrasses. Au sommet de son escalier qui fait face au nord, le visiteur a une vue imprenable sur l'ensemble dégagé du site et sur la plaine apparemment illimitée. Il remarque, encadrant les marches franchissant la plate-forme qui soutient le temple, deux dalles sculptées chacune d'un individu agenouillé. Ces captifs, dont les pagnes sont ornés de trois bandes nouées, symbole de sacrifice, portent les glyphes qui forment la date de naissance du roi Pacal.

Le temple, de dimensions exceptionnelles, possède cinq portes séparées par des piliers qui soutiennent, modelée en stuc, l'image d'un roi debout tenant dans ses bras un enfant dont une des jambes est remplacée par un serpent *(figure 1.9)*. Le roi est Chan Bahlum, héritier direct et successeur de Pacal enterré dans la pyramide ; il porte la foudre personnifiée, au corps mi-homme, mi-serpent qui forme le manche d'une hache dont la lame, une pierre polie fumante, est plantée dans son front. Comme la foudre est un symbole de pouvoir (le foudre), elle joue ici le rôle d'un sceptre royal[1].

Il ne subsiste malheureusement plus grand-chose du décor du toit du temple ; sur ses côtés pentus se tenaient des personnages – sans doute royaux – assis sur des trônes régulièrement espacés. La crête faîtière a presque entièrement disparu. Un texte de 617 blocs glyphiques, un des plus longs que l'on connaisse, est sculpté sur trois panneaux à l'intérieur du temple. Il cite le nom des rois de la dynastie et leurs dates d'accession au trône, et mentionne la célébration des fins de période depuis l'an 514 de notre ère ; il présente aussi des dates à venir. La fin de l'inscription relate les grands événements de la vie de Pacal, sa mort, et la succession de son fils Chan Bahlum. Ainsi le temple des Inscriptions, au sommet de la pyramide contenant la crypte qui abrite les restes de Pacal, apparaît comme un temple funéraire avec des textes dynastiques et l'image en majesté du successeur du roi défunt.

L'accès à la tombe se fait par un escalier voûté dont le point de départ, dissimulé sous une grande dalle, se trouve dans la pièce centrale au fond du temple. S'enfonçant d'abord vers l'ouest jusqu'à

1. Ce personnage, généralement et à tort appelé dieu K (une divinité identifiée dans les codex postclassiques), est GII, un des membres de la triade de Palenque (voir p. 368).

une profondeur de quinze mètres, il se dirige ensuite vers le nord, puis reprend sa descente vers l'est. Arrivé au-dessous du niveau de base de la pyramide, il était bouché par un premier mur puis, deux mètres plus loin, par un second. Des céramiques, des coquilles, du cinabre et du jade avaient été déposés dans un caisson entre les deux murs. Puis dans un remblai très serré fait de pierres et de chaux, épais de quatre mètres, on avait placé les corps de six victimes humaines sacrifiées. La porte de la crypte était fermée d'une énorme dalle triangulaire ; après l'avoir déplacée, les archéologues eurent accès à une vaste salle voûtée au centre de laquelle se trouvait l'énorme masse du sarcophage. Les murs de la crypte sont décorés de neuf personnages modelés en stuc, debout ou assis, tenant d'une main un sceptre, de l'autre un bouclier. Il s'agit sans doute de la représentation non personnalisée des prédécesseurs de Pacal dans sa dynastie. Le sarcophage, qui repose sur six supports rectangulaires, contenait les restes du roi accompagnés d'une très riche collection de bijoux de jade, symbole de vie et de renaissance : masque, pendentifs, diadème, ornements d'oreilles, collier, pectoral, bracelets, labrets et bagues. Il était recouvert d'une grande dalle sculptée débordante (379 x 220 cm) montrant le roi défunt en train de tomber dans la gueule décharnée du monstre terrestre *(figure 1.42, voir page 161)*. Une image verticale du monde se dresse derrière le roi et sa dernière demeure. Une longue inscription sculptée sur la tranche de la dalle donne les dates de naissance, d'accession au trône et de décès de Pacal, ainsi que les dates d'accession au trône et de mort de ses prédécesseurs et/ou ancêtres. Les parois du sarcophage sont sculptées de dix personnages émergeant à mi-corps de terre, devant un arbre fruitier (avocatier, sapotillier, etc.). Comme plusieurs de ces personnes figurent deux fois, il n'y a en fait que six individus différents qui représentent une sélection des rois et reines ancêtres de Pacal, désignés par leur nom accompagné du glyphe-emblème de Palenque.

En résumé, le programme iconographique de la crypte du temple des Inscriptions proclame que la mort, et en particulier celle du roi, est promesse de renouveau ; que le souverain, si glorieux et important soit-il, est avant tout un maillon de la chaîne dynastique, comparable au cycle solaire.

La structure 10L-26 de Copán fournit un autre exemple de temple-pyramide à caractère dynastique *(voir planche 11)*. Le décor du temple, aujourd'hui entièrement détruit, se réduit à des blocs épars recueillis dans les déblais, où l'on reconnaît le thème de l'ara, animal symbolique du soleil diurne auquel le jeune roi s'identifie, et celui de la barre-serpent, le sceptre royal par excellence [1]. Les marches de l'escalier qui mène au sommet sont sculptées d'un long texte qui couvre en détail deux cents ans de l'histoire dynastique de la ville. Cinq statues assises à intervalles réguliers sur les marches de l'escalier représentent les cinq prédécesseurs du quinzième roi de la dynastie, qui est à l'origine de la construction de la structure. Les ancêtres royaux sont montrés comme de grands guerriers et sacrificateurs, armés d'une lance et d'un bouclier, et porteurs d'insignes sacrificiels, de crânes et de cordes. Sculptés çà et là sur les marches, les corps étendus des princes ennemis témoignent des victoires de la dynastie copanèque. L'édifice 26 n'est pas seulement un monument à la royauté ; il célèbre aussi le rôle fondamental des rois dans le cosmos : l'univers a besoin pour se perpétuer d'offrandes sanglantes répétées [2].

L'édifice 10L-16, la plus haute pyramide de Copán, occupe le centre du sommet de l'Acropole [3]. Elle a été construite par Soleil Levant pour célébrer le fondateur de sa dynastie, le roi Yax K'uk' Mo' (« Nouveau Quetzal Ara »), dont la statue apparaissait dans la gueule d'un monstre cosmique, au fond de la pièce ouest du temple. La statue royale était non seulement entourée de « pseudo-Tlalocs », patrons du sacrifice, mais tenait en main une tête coupée et avait des cordes enroulées autour de la taille, éléments qui précisaient le rôle royal de grand sacrificateur. Au pied de la pyramide, gravie par un escalier de deux volées, se tient l'autel Q (CPN 30) sur les quatre faces duquel sont représentés seize rois assis sur des blocs glyphiques formant leur nom [4] *(figure 1.10)*. Sur la face ouest du

1. Baudez, 1994, p. 219. S'il s'identifie au perroquet, c'est peut-être aussi par fidélité au fondateur de la dynastie Yax K'uk' Mo', « Nouveau Quetzal Ara », autre nom pour exprimer le concept de soleil levant.

2. Baudez, 1994, p. 231.

3. *Ibid.*, pp. 184-189.

4. *Ibid.*, p. 95.

1.10. Copán, autel Q.

monument, et à côté de la date de son accession, on voit Soleil Levant recevoir son sceptre du fondateur, Yax K'uk' Mo'. Notons qu'une version ancienne de l'édifice 16, découverte en 1991 et dénommée Rosalila, avait probablement la même fonction de monument élevé à la gloire de Yax K'uk' Mo'. En effet, la façade du temple présente un grand oiseau modelé en stuc, qui peut être l'image du nom du grand ancêtre [1]. La façade d'un édifice antérieur appelé Margarita le confirme ; on y voit deux oiseaux enlacés, un quetzal *(k'uk')* et un perroquet *(mo')* ; leurs pattes reposent sur l'expression emblématique 7 *imix*, qui se rapporte à la terre fertile. Le souverain, sous la forme de son nom composé des deux oiseaux qui symbolisent le soleil diurne, apparaît en contexte cosmique ; il se trouve sous le ciel montré comme un monstre bicéphale avec une bande céleste pour corps, et sur une frise terrestre composée des éléments du glyphe *cauac* [2].

À Yaxchilán, beaucoup d'édifices peuvent être considérés comme des temples dynastiques à cause de l'iconographie de leurs linteaux, bien que leur soubassement soit souvent relativement modeste. Les édifices 20 (linteaux 12-14) et 21 (linteaux 15-17) présentent la même composition narrative avec chacune une scène où le roi est

1. Fash, 1991, fig. 52.
2. Stuart, 1997.

accompagné de captifs ou d'un ennemi se soumettant, alors que les deux autres scènes décrivent des actes et des offrandes autosacrificiels liés au culte des ancêtres. La thématique est voisine sur les linteaux 24-26 de l'édifice 23 avec l'autosacrifice de la reine et le sacrifice d'un jaguar. Les linteaux 1 à 3 de l'édifice 33, une des constructions les plus imposantes du site, décrivent des rituels exécutés à l'occasion d'événements dynastiques datés et explicitement mentionnés dans les textes d'accompagnement[1] *(figures 1.11 et 1.12)*. Ainsi, sur le linteau 1, le roi Oiseau-Jaguar est montré le jour de son accession tenant le foudre ; à ses côtés son épouse Grand Crâne porte un paquet rituel. Sur le linteau 2, on nous décrit le rite exécuté lors du cinquième anniversaire de cette accession : le roi et son enfant Bouclier-Jaguar portent des croix surmontés d'un oiseau, cosmogrammes rappelant ceux de Palenque. En revanche, c'est le foudre que brandissent Oiseau-Jaguar et l'un de ses lieutenants *(cahal)* sur le linteau 3, lors d'un rite exécuté un an auparavant. Il semble que, dans tous ces cas, le caractère dynastique des rituels et des édifices qui les abritaient est bien démontré : les principaux acteurs sont royaux, ils brandissent des sceptres et sacrifient en présence ou à l'intention de leurs ancêtres.

1.11. 1. Yaxchilán, structure 33, linteau 1 (d'après Ian Graham).

1. Bassie, 1991, pp. 55-61.

1.12. *Yaxchilán, structure 33, linteaux 2 et 3 (d'après Ian Graham).*

D'une façon générale, on attribue aux temples dynastiques un caractère religieux essentiellement par défaut : ils sont le plus souvent trop difficiles à atteindre et trop exigus pour avoir servi de résidence ou de bâtiment administratif, et l'on n'y a pas trouvé de débris domestiques. On ne sait souvent rien des cultes que ces temples abritaient, ni de leur importance, ni de leur fréquence ; peut-être étaient-ils parfois réduits à l'extrême ou inexistants, car la monumentalité des temples leur conférait une valeur surnaturelle

1.13. Xpuhil, structure 1 (restitution de Tatiana Proskouriakoff).

indiscutable. La fonction emblématique de l'ensemble temple-pyramide est démontrée par les « tours », sans fonction pratique, de certains édifices de style Rio Bec : ce sont de fausses pyramides avec un faux escalier qui mène à un faux temple percé d'une fausse porte ; les seuls éléments vrais sont les masques d'escaliers et de portes *(figure 1.13)*. L'édifice 1 de Bonampak [1], beaucoup moins imposant, n'avait sans doute pas d'autre fonction que celle d'abriter les peintures qui l'ont rendu célèbre, et son plan divisé en trois pièces obéit à la division en trois chapitres du récit historique : avant, pendant et après la bataille.

Il ne faudrait pas conclure de ce qui précède que tous les temples-pyramides sont des monuments élevés à la gloire des souverains et à leur dynastie. Nos exemples sont des édifices spectaculaires qui, à cause précisément de leurs dimensions et de leur décoration, ont

1. M. Miller, 1986.

attiré l'attention des archéologues. Ils ne doivent pas nous faire oublier les nombreux temples-pyramides de proportions plus modestes que l'on trouve un peu partout, même dans les petits groupes. Certains peuvent avoir été consacrés aux ancêtres chefs de lignage, mais le doute demeure pour la plupart d'entre eux qui attendent encore qu'on les explore.

Les microcosmes et leurs parcours

Il s'agit ici d'édifices ou d'ensembles d'édifices qui représentent l'univers, en totalité ou en partie, en deux ou en trois dimensions, et que les officiants parcouraient rituellement. C'est évidemment grâce à la sculpture associée que la signification et la fonction de ces architectures peuvent être déterminées. Je les ai étudiées essentiellement à Copán et à Palenque, et c'est donc de ces deux sites que proviennent surtout mes exemples ; cela ne veut évidemment pas dire que l'on trouve ces microcosmes uniquement là ; je pense que toutes les cités mayas en étaient pourvues et qu'ils seront peu à peu identifiés et décrits.

Les microcosmes à Copán

Les édifices 10L-12 et 10L-24 de Copán sont des cosmogrammes à vocation scénique, structurellement homologues [1]. Dans les deux cas, on fait face à un escalier en haut et au centre duquel se trouve un sujet ; deux autres créatures sont sur les côtés avec un bras tendu vers l'escalier, et trois dalles sur le sol de la cour au pied de l'escalier sont alignées avec ces sculptures [2]. Les deux structures, fouillées et restaurées par les archéologues de l'Institution Carnegie en 1938, datent du dernier quart du VIIIe siècle et font partie de l'ensemble construit par le roi Soleil Levant au sommet de l'Acropole.

1. Baudez, 1989b, et Baudez, 1994.
2. Tatiana Proskouriakoff (1946, p. 47) avait pressenti la signification de cette homologie et concluait : « *[...] we can scarcely avoid the conclusion that both had more than a merely decorative function, and were probably adapted to the requirements of some prescribed formal procedure or ceremony* ».

L'édifice 12, d'une hauteur totale d'environ huit mètres, est appuyé contre la face sud de l'édifice 11 *(voir planche 9).* Limitant la cour ouest de l'Acropole, il comprend : une plate-forme contenue par une banquette à parement vertical prolongée d'un talus couronné à son tour d'une moulure. L'escalier de six marches appuyé au milieu de la plate-forme ne permet pas de la gravir et le haut de la dernière marche se trouve près d'un mètre plus bas que le sommet. C'est pour cette raison que la structure a été appelée dès sa découverte et jusqu'à présent « tribune de spectateurs » *(reviewing stand* ou *tribuna de espectadores).* On a en effet supposé que si les degrés ne donnaient pas accès au sommet de la plate-forme, c'est qu'ils devaient être utilisés comme gradins par les spectateurs d'une manifestation se déroulant dans la cour. Un mur vertical percé de niches et surmonté d'un talus s'élève à environ deux mètres en retrait du bord de la plate-forme.

Les sculptures sont distribuées sur trois niveaux :

– Le sol de la cour avec trois dalles semblables sculptées en bas relief d'un personnage assis devant quatre volutes doubles disposées en croix. Son corps est anthropomorphe mais sa tête reptilienne reproduit la créature au long museau qui est le sujet principal des frises aquatiques, apparemment responsable de la fertilité. Ces créatures représentent l'aspect souterrain végétatif de la terre.

– L'escalier avec trois statues à son sommet *(voir planche 12).* La sculpture centrale, haute de quatre-vingt centimètres environ, est adossée à la sixième et dernière marche ; c'est un personnage réduit à la tête (dont le visage est effacé) et aux bras qui paraît émerger de la marche sur laquelle il repose. Une coquille de bivalve est posée sur chacune de ses épaules. Les statues latérales sont deux personnages semblables de près de cent cinquante centimètres de haut, qui se tiennent aux deux extrémités de la dernière marche, adossés à la partie supérieure de la plate-forme que leur tête dépasse. Ils ont un genou en terre ; la main du côté extérieur repose sur la poitrine, l'autre tient un hochet sphérique frappé d'un *ik*[1] en creux profond. D'aspect simiesque, ils sont proches des *bacabs* par leur position

1. Le deuxième nom de jour du calendrier divinatoire signifie « vent » et, par extension, « souffle » et « principe vital ».

agenouillée, leurs rides et leur coiffure végétale. Ils sont revêtus de symboles de fertilité : fleur de nénuphar, cabosses de cacao et hochet frappé de *ik*. Les serpents qui entourent leur taille et sortent de la bouche de l'individu de gauche accentuent leur nature chtonienne. Les trois statues sont chargées de coquilles qui dénotent un milieu aquatique.

– Le haut de la plate-forme avec trois conques colossales en ronde-bosse. Celle du milieu est approximativement alignée avec la statue centrale et la dalle médiane ; les sculptures aux extrémités étaient également sur le même axe. On est en droit de supposer un niveau supplémentaire constitué par les sculptures disparues des niches du deuxième corps de la structure.

La clé de l'interprétation de la structure nous est donnée par l'escalier qui – de façon apparemment absurde – s'arrête un mètre avant le sommet. Quand une personne se tient debout sur la dernière marche, seuls sa tête et son buste dépassent de la plate-forme : elle paraît donc émerger à mi-corps, comme la statue centrale qui sort de la sixième marche. Si l'on admet que le haut de la plate-forme avec les conques représente la surface de l'eau, les individus qui ont monté l'escalier sortent de l'eau, comme les acteurs de certaines frises aquatiques, en particulier celle illustrée sur le bol en bois stuqué de la sépulture 160 de Tikal[1] *(figure 5 A, voir page 41)*.

L'édifice 12 est une frise aquatique qui servait de scène à des rites de fertilité, faisant sans doute partie d'un culte agraire. Au niveau inférieur se trouvent les têtes au museau allongé, ici pourvues de corps et entourées de végétation dans les quatre directions. L'escalier représente la nappe d'eau souterraine dont la surface est marquée par les conques. De ce milieu fertile émergent des créatures chargées de coquilles et de végétation, auxquelles les officiants des rituels s'identifiaient quand ils gravissaient les marches.

L'édifice 24 est une plate-forme haute de 6,50 m qui limite la cour est à l'ouest *(voir planche 10)*. L'escalier (communément dit « des jaguars ») qui la franchit comprend trois volées :

– La volée supérieure de cinq marches est étroite (6,50 m) et divisée en deux par un bloc vertical dont le sommet est à niveau avec

1. Coggins, 1983, p. 44, fig. 39.

le bord de la plate-forme ; à l'avant de ce bloc, on a placé une sculpture représentant la tête du soleil vieux, couchant, en train d'être englouti par la terre, sous la forme d'un serpent squelettique *(voir planche 14)*. Il est encadré de deux signes *ek*, signifiant « étoile ». Ainsi la terre avale le soleil moribond sur fond d'étoiles.

– La deuxième volée, également de cinq marches, s'étend sur presque toute la longueur de la cour.

– Après un palier de deux mètres de large, l'escalier se rétrécit considérablement en une volée inférieure de huit marches (16,50 m de large) encadrée par deux jaguars debout *(voir planche 15)*. Une tête de mort est sculptée aux deux extrémités de la quatrième contremarche, dont le niveau correspond à peu près au « sol » des jaguars. Trois dalles rectangulaires couchées sur le sol de la cour sont alignées avec les jaguars debout et le bloc central de l'escalier : elles montrent une tête de jaguar rugissant encadrée de deux boucliers ronds.

L'édifice 24, comme le 12, semble être une scène destinée à un rite déambulatoire, c'est-à-dire requérant un parcours déterminé. Il s'agirait ici d'une descente aux enfers. Dans cette hypothèse, le parcours rituel avait pour point de départ le sommet de la plate-forme. Les spectateurs du rite, si tant est qu'il y en eût, devaient se trouver dans la cour est d'où ils voyaient la scène se dérouler à l'ouest, c'est-à-dire au couchant. Au début du parcours on se trouve au niveau de la surface terrestre que le soleil est sur le point de quitter ; les étoiles sont là, prêtes à le remplacer. Les cinq premières marches descendues, on se trouve en haut d'une première volée qui fait toute la longueur de la cour et à laquelle succède une seconde, beaucoup plus étroite. Les volées de largeur décroissante indiquent en général le sens du parcours : il s'effectue donc ici en descente. Dès que l'on a quitté l'escalier large et que l'on descend la volée étroite, on est encadré par deux jaguars qui vous accueillent de façon plutôt menaçante. Ils gardent la porte des enfers, demeure du soleil nocturne mais aussi des morts, comme nous le rappellent les deux crânes sculptés sur la quatrième marche. Le sol de la cour constitue l'étage inférieur des enfers. Il est marqué par trois dalles sculptées du jaguar rugissant encadré de boucliers. C'est là que par la guerre et le sacrifice, le soleil retrouve les forces nécessaires à sa renaissance.

Tout ce parcours pouvait être retracé dans le rite par un ou plusieurs officiants qui personnalisaient le soleil ou les morts.

Les deux « scènes » figurées par les édifices 12 et 24 sont des représentations de la terre et du monde inférieur, mais sous ses deux aspects opposés et complémentaires, illustrés par les deux têtes du monstre terrestre. L'édifice 12 représente l'inframonde aquatique d'où émergent les esprits de la végétation. C'est l'aspect nourricier de la terre qu'expriment les créatures reptiliennes des frises aquatiques, le monstre *cauac*, le crocodile, le crapaud, les *bacabs*, etc. À cet aspect vivant, fertile, aquatique du monde souterrain s'oppose l'inframonde comme demeure des morts et du soleil pendant la nuit, que représente l'édifice 24. Ici les acteurs du rite descendaient les marches, alors qu'ils les montaient sur l'édifice 12. Des jaguars, des créatures squelettiques et grimaçantes, des patrons du sacrifice et de l'autosacrifice, des couteaux et des boucliers constituent l'imagerie de ce pôle négatif.

L'analyse de l'iconographie révèle l'existence de croyances organisées selon un modèle dualiste. Les édifices 12 et 24 montrent que les mythes qui développaient ces croyances étaient actualisés par des rites exécutés dans des décors construits spécialement pour cet usage.

L'édifice 10 L-11, qui domine la grand-place au sud, est l'un des plus imposants de Copán. Cette construction microcosmique était sans doute utilisée pour des déambulations rituelles à l'occasion de fins de périodes (*katun* et autres) [1]. Le temple est un édifice presque rectangulaire divisé en quatre par deux couloirs en croix *(figure 1.14)*. Les moitiés est et ouest sont égales, mais la partie nord est deux fois plus étroite que celle au sud. L'édifice a quatre portes, chacune flanquée de deux panneaux glyphiques et faisant face à une direction cardinale. L'accès principal est au nord ; depuis la grand-place, on gravit d'abord la première volée du grand escalier qui s'étend sur toute la longueur du côté nord de l'Acropole, puis on monte par l'escalier central, large de treize mètres, jusqu'au temple. Un bloc divise cet escalier en deux ; son sommet est à niveau avec le

1. Baudez, 1991, pp. 81-88, et Baudez, 1994, pp. 166-177.

sol du temple, à une hauteur de vingt-trois mètres au-dessus de la place. On a accès aux portes est et ouest par deux petits escaliers qui rejoignent la seconde volée du grand escalier par deux séries de marches étroites. Ainsi de la place peut-on emprunter trois chemins indépendants : un central au nord de l'édifice et deux latéraux sur ses côtés est et ouest. En revanche, au sud, il n'y a pas d'accès indépendant du sommet de la pyramide à la porte du temple.

À l'origine le corridor est-ouest était large de 3,50 m avec un mur au nord épais de deux mètres et une voûte haute de quatre. Sans doute à cause de ces proportions, la voûte s'écroula. Les Mayas reconstruisirent ensuite la partie nord en augmentant son épaisseur, réduisant ainsi la largeur du corridor à moins de 1,50 m.

Une petite pièce occupe la moitié nord du bras sud de la croix. Au sud, elle est précédée d'une antichambre en forme de T qui reproduit l'entrée nord de l'édifice et le corridor est-ouest. La pièce est de plan irrégulier avec un saillant au sud-est et un autre au nord-ouest, les deux larges de un mètre. Mesurant 4 m de long sur 2,50 m en moyenne, le sol de la pièce est surélevé de un mètre. Du nord on y accède par trois marches, alors que du sud il faut enjamber directement le terre-plein au bord légèrement abaissé. Les deux portes étaient encadrées de sculptures qui les faisaient apparaître comme des gueules squelettiques de serpent *(figure 1.15)*. La reconstruction qui a suivi l'effondrement de la voûte a caché les reliefs de la porte nord. À cheval sur les deux marches supérieures on a posé un degré, sculpté d'un monstre bicéphale et de vingt personnages. La nouvelle porte a été décorée de sculptures. Le plan de l'édifice, une croix approximativement orientée suivant les directions cardinales (10° à l'est du nord) et avec une pièce au centre, sera repris au postclassique sous la forme du *tzolkin* (calendrier de 260 jours) du codex de Madrid[1] *(planche 13)*. La pièce centrale de l'édifice 11 avec ses deux portes latérales est structurellement analogue au carré central de la croix de Malte de ce calendrier. Elle représente un monstre squelettique bicéphale, image de l'inframonde comme demeure des morts.

1. Baudez, 1991, p. 83.

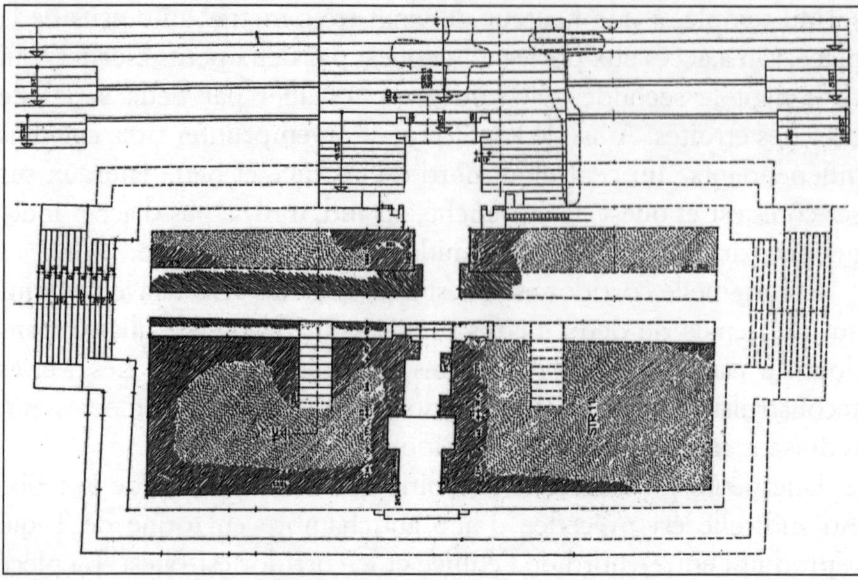

1.14. Copán, plan de la structure 11 (le nord est en haut). D'après Hohmann et Vogrin, 1982.

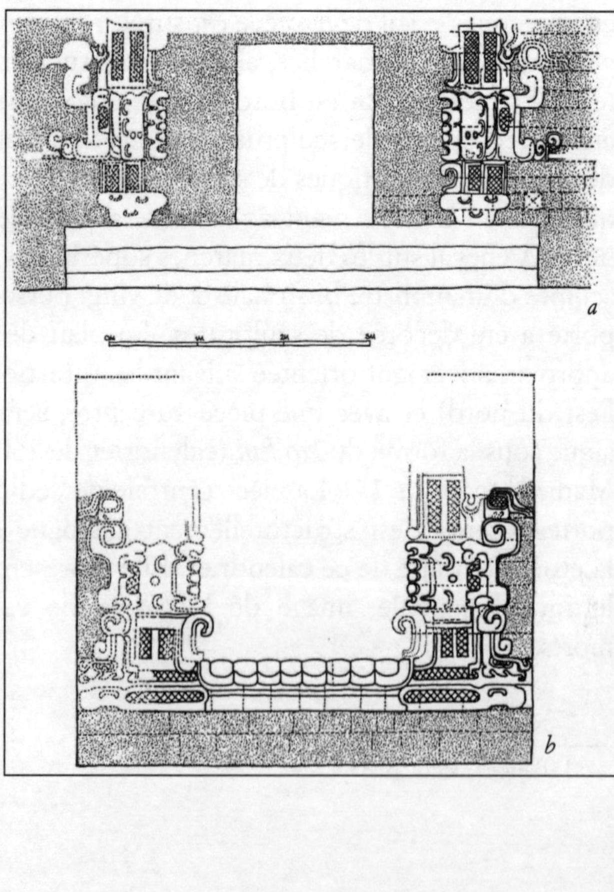

1.15. Copán, structure 11 : a *porte nord et* b *porte sud de la chambre centrale. D'après Hohmann et Vogrin, 1982.*

Du corridor est-ouest, deux escaliers[1] menaient à un étage, aujourd'hui disparu. Si le sol du temple représente la terre, l'étage doit représenter le ciel. Plusieurs fragments de sculptures colossales, que l'on suppose provenir de la façade, supportent cette hypothèse. Ce sont deux têtes de *bacabs* avec un visage ridé et un nénuphar noué sur le front. L'une fut trouvée au pied est de l'édifice, l'autre au bord de la grand-place. Elles étaient sans doute reliées à des corps, comme le font croire de grands morceaux de mains et de pieds aujourd'hui entassés dans la cour ouest, et qui peuvent venir des déblais de l'édifice. Il est probable que, comme sur la porte intérieure de l'édifice 22, deux *bacabs* supportaient un monstre céleste sculpté sur la façade au niveau de l'étage ; les têtes colossales de crocodile ou de serpent qui se trouvent maintenant dans la cour ouest peuvent avoir été les têtes du monstre ; en supposant que les *bacabs* étaient accroupis, leur hauteur totale serait comparable à celle du niveau inférieur.

Dans cette reconstruction, le temple dans son ensemble est un cosmogramme dans lequel le niveau supérieur représente le ciel, le niveau inférieur, la terre et l'inframonde. L'accès de la « terre » au « ciel » se faisait par les deux escaliers intérieurs. Nous ne savons pas comment les gens de Copán utilisaient l'étage et les escaliers mais, dans la mesure où l'espace du niveau inférieur est plus adapté à la circulation qu'à l'occupation, il a pu être utilisé pour des processions rituelles. Dans ce grand édifice (29 x 13 m au sol), l'espace « habitable » est limité à une pièce de forme irrégulière et de dimensions réduites (moins de 10 m^2) ; les autres vides ne sont que des passages dont les extrémités s'ouvrent dans les quatre directions. L'accès aux portes est facile de l'extérieur, sauf depuis le sud, où il n'y a pas de marches qui franchissent la plate-forme de construction. Pour entrer dans l'édifice depuis le sud, on est obligé de marcher depuis l'un des escaliers latéraux sur un étroit rebord le long des murs extérieurs.

Les cheminements rituels prenaient certainement en compte les quatre directions indiquées par les branches de la croix et les portes, plus une cinquième exprimée par la pièce centrale. Ils ont pu également utiliser les quatre coins de l'édifice. Un tel itinéraire est indiqué par les traces de pas sur le calendrier de 260 jours du codex de

1. Le seul qui subsiste est au sud-est et s'élève jusqu'à trois mètres de hauteur.

Madrid. Des graffiti qui combinent la croix et un carré ou un cercle illustrent de tels cheminements. On les trouve dans de nombreux sites mayas, de Dzibilchaltún à l'Usumacinta, en passant par Toniná et Copán [1]. Ce sont des circuits fermés sans commencement ni fin, qui impliquent un mouvement cyclique. C'est dans la mesure où l'édifice 11 est analogue à ces circuits fermés et surtout au *tzolkin* du codex de Madrid, que nous pensons que la déambulation qui y prenait place devait reproduire la course du temps et être donc effectuée pour célébrer la fin d'une période, probablement celle du *katun*.

Les microcosmes à Palenque

À Palenque, les premiers édifices construits par le roi Pacal (615-683 de notre ère) dans l'ensemble que l'on désigne aujourd'hui du nom de Palais, constituent les étapes d'un parcours rituel de mort et de renaissance exécuté pour son accession au trône et, probablement aussi, à l'occasion d'anniversaires de cette accession.

Pour des raisons tant stylistiques que stratigraphiques, on a établi que la maison E, qui occupe une situation centrale, est une des plus anciennes de cet ensemble [2]. Elle est notamment antérieure aux deux édifices voisins B et C, construits par le même souverain. Depuis le temps de Pacal elle a subi diverses modifications ; des portes ont été bouchées et des cloisons dressées. On peut cependant tenter de lui restituer son aspect primitif *(figure 1.30, voir page 141)* : deux longues pièces parallèles orientées nord-sud avec trois larges ouvertures à l'ouest et seulement deux à l'est. Il y avait des portes aux extrémités nord et sud des deux pièces et celles-ci communiquaient entre elles par deux ouvertures. Enfin, deux portes très étroites alignées perçaient les murs extérieurs est et ouest.

Le bas-relief appelé Panneau Ovale est scellé au centre du mur médian et visible de l'extérieur, du côté ouest. Il représente le roi Pacal recevant la couronne des mains de sa mère *(figure 1.18 b, voir page 119)*. Sans doute au début du VIIIe siècle, plaça-t-on sous le

---

1. Andrews et Andrews, 1980, fig. 106 ; Maler, 1901-1903, fig. 27, 34a, b, 67 ; Becquelin et Baudez, 1982, pp. 884-888, fig. 189 ; Baudez, 1991, p. 85, fig. 5 b.
2. Greene Robertson, 1985a.

panneau un trône (que l'on connaît aujourd'hui comme trône Del Rio) qui porte une inscription mentionnant non seulement l'accession au trône de Pacal, mais aussi celle de ses successeurs Chan Bahlum et Kan Xul[1]. Comme l'a fait remarquer Schele[2], le Panneau Ovale est devenu la référence de toutes les intronisations des successeurs de Pacal. Ainsi, sur le panneau du Palais, monument d'accession au trône de Kan Xul, on peut voir derrière le roi un objet ovale qui paraît représenter le Panneau du même nom[3]. Un passage, partie escaliers, partie tunnel, relie la maison E à un ensemble souterrain de trois galeries voûtées, qui occupe l'extrémité sud du Palais. Les murs du souterrain, percés de portes non alignées, et ses galeries parfois interrompues par des cloisons lui donnent un aspect de labyrinthe. D'autres murs forment des pièces, dont certaines sont pourvues de banquettes. On ne sait pas cependant, faute de fouilles, si le plan actuel est d'origine. Long de trente-cinq mètres environ dans le sens est-ouest, et d'une vingtaine de mètres dans l'autre, il a été construit sur une plate-forme, puis recouvert d'un nouveau remblai sur lequel on a ensuite édifié la maison E *(figure 1.17)*. Quelle qu'ait été la destination première des galeries, elles sont devenues, une fois souterraines, organiquement liées à E par le passage. Le souterrain s'ouvre au sud par trois portes, mais est parfaitement obscur à quelques mètres de l'entrée. Le mur à l'ouest est percé d'une niche ou d'une ouverture en forme de T ; ici, cependant, le T a la tête en bas, par opposition aux nombreuses niches des édifices de surface qui adoptent la forme habituelle du glyphe *ik* (« souffle », « principe vital »), un T avec la barre en haut. Ce détail confirme que le souterrain représente bien l'inframonde où les formes du monde des vivants sont reproduites à l'envers. Cette même opposition avait été notée dans la structure funéraire 10L-18 de Copán : les niches de la tombe souterraine formaient un *ik* inversé qui s'opposait à la forme normale des niches du temple supérieur[4]. L'obscurité et l'humidité du souterrain du palais de Palenque rendent improbable son utilisation

1. Schele et Mathews, 1979, n° 140.
2. Schele, 1978, p. 57.
3. Peter Mathews, communication personnelle à Linda Schele, 1978.
4. Baudez, 1994, p. 197.

comme résidence permanente, et sa destination comme scène rituelle représentant l'inframonde est plus probable [1]. Ni le souterrain ni le passage qui le relie à E n'ont de fonction pratique apparente.

Ce passage part du fond du souterrain vers le nord par un couloir long de douze mètres, interrompu par deux marches qu'il faut gravir après trois mètres de distance ; le couloir tourne à angle droit vers l'est sur 1,5 m puis reprend sa course vers le nord. Au bout de quatre mètres, on arrive à un escalier de huit marches qui débouche dans le fond sud de la pièce ouest de la maison E. La voûte du passage est en trois tronçons, et chaque décrochement produit un front de voûte qui portait un décor modelé en stuc. Il ne subsiste rien sur le premier front de voûte au sud. En revanche, l'iconographie des deux autres peut être reconstituée. Sur celui qui se trouve à l'aplomb de la première marche de l'escalier, on a dépeint le monde souterrain *(figure 1.16 A)* : sur le monstre cosmique bicéphale aux traits mêlés de reptile et de cervidé pousse une plante (maïs) chargée de grains ; deux personnages surnaturels liés à l'inframonde l'encadrent : à droite, une créature solaire anthropomorphe et, à gauche, un cerf. À Palenque, la tête de cet animal est utilisée comme signe pour *kin* (« jour » et « soleil ») [2]. L'autre front de voûte, au niveau de la surface de la structure (qui correspond à l'« horizon ») *(figure 1.16 B)* montre le soleil (image du roi) sous la forme glyphique *kin* apparaissant au centre de la composition et juste au-dessus du monstre cosmique.

Dans l'hypothèse où le souterrain représente l'inframonde et la maison E le lieu d'intronisation du roi, et si l'on admet en outre que l'accession au trône est une émergence, le souverain doit sortir des profondeurs, c'est-à-dire monter l'escalier et non le descendre. Les fronts de voûte confirment la direction de ce mouvement. Imaginons le roi venant des souterrains et abordant l'escalier. À l'aplomb de la première marche, il se trouve sous une image clairement définie de l'inframonde : monstre terrestre et créatures « infernales ». Il gravit les degrés et au moment de déboucher à la surface (il se trouve sur la troisième marche), il a au-dessus de lui la traduction en image

1. Bien que construit et non creusé dans le sous-sol, ce souterrain est l'équivalent des grottes artificielles mentionnées plus haut (pp. 79 et suiv.).

2. Schele, 1978, fig. 19 et p. 66.

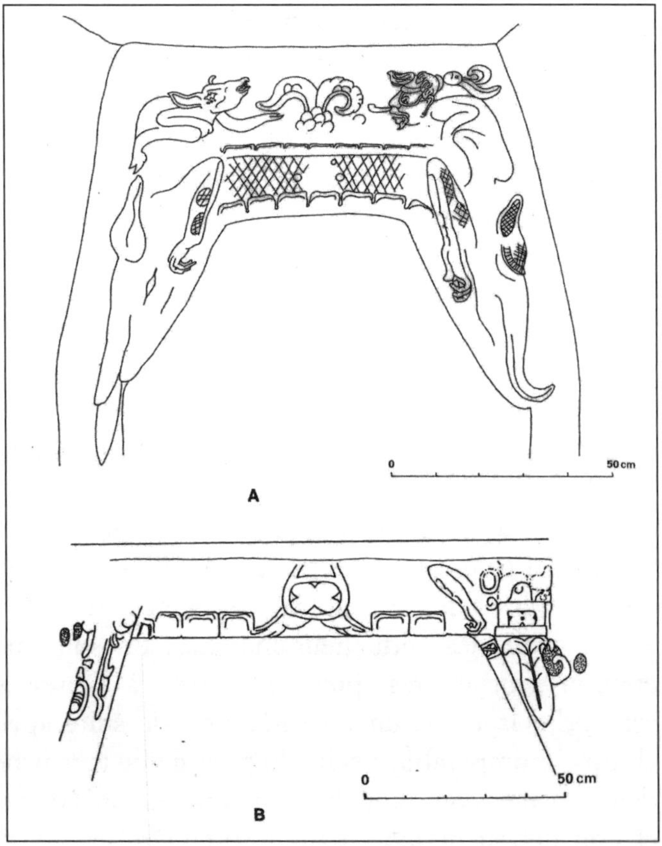

1.16. Palenque, palais, passage est : A *sur la voûte à l'aplomb de la première marche, deux créatures associées à l'inframonde, reposent sur le monstre terrestre bicéphale ;* B *sur la voûte à niveau du sol de la maison E,* kin *est au-dessus de l'horizon (dessins de Merle Greene Robertson).*

1.17. Palenque, palais : section et plan des édifices anciens du secteur sud.

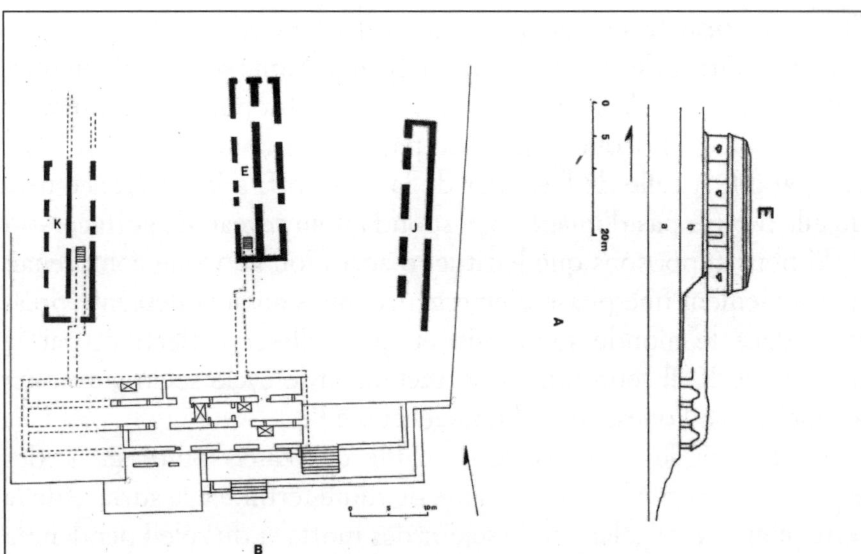

cosmique de sa propre position : le soleil (exprimé par le signe *kin*) placé juste au-dessus du corps reptilien du monstre cosmique.

L'accession nous apparaît ainsi comme une renaissance-émergence ritualisée sous la forme du parcours de l'officiant depuis le monde souterrain jusqu'à la surface de la terre-temple. Mais comment l'officiant se rend-il aux enfers ? Le rituel ne comprendrait-il qu'une phase « renaissance » sans que soit représentée la phase « mort » qui doit logiquement la précéder ? Ou encore, la descente aux enfers aurait-elle pris le même chemin que la montée ? En fait, une autre structure et un autre passage souterrain ont bien pu être utilisés pour cette descente.

Les maisons J et K peuvent être contemporaines de la maison E : en effet, de la céramique contemporaine du règne de Pacal leur est associée. En outre, K possède, menant au souterrain, un passage parallèle à celui de E ; les issues des deux passages sont alignées et distantes les unes des autres de vingt-deux mètres *(figure 1.17)*. Après avoir descendu neuf marches, on suit un tunnel pendant environ sept mètres, puis on tourne à l'ouest sur 1,5 m pour reprendre la direction du sud ; tout de suite après cette sorte de chicane (comparable à celle du passage de la maison E), on descend deux marches, on franchit quatre mètres, puis deux marches encore, et l'on débouche alors dans la première galerie du « souterrain ». Deux des trois fronts de voûte qui présentent encore des reliefs en stuc combinent des éléments de « frise aquatique » et de végétation, notamment sous la forme d'une image anthropomorphe du maïs *(figure 1.18 a)*. L'iconographie du passage de la maison K est donc comparable à celle de l'escalier de la maison E à la différence près qu'elle n'offre pas d'image correspondant au niveau de surface.

Si nous supposons que le rituel d'accession au trône comprenait non seulement une phase d'émergence, mais aussi la descente préalable dans le monde souterrain et que celle-ci s'effectuait par le passage de K, il reproduisait correctement le cycle solaire, avec un « coucher » à l'ouest suivi d'un « lever » à l'est.

L'inframonde maya est le domaine des eaux souterraines, des esprits de la végétation et l'origine de toute fertilité à la surface de la terre, mais c'est également le séjour des morts et du soleil pendant la nuit. C'est là que le futur roi, comme plus tard les héros mythiques

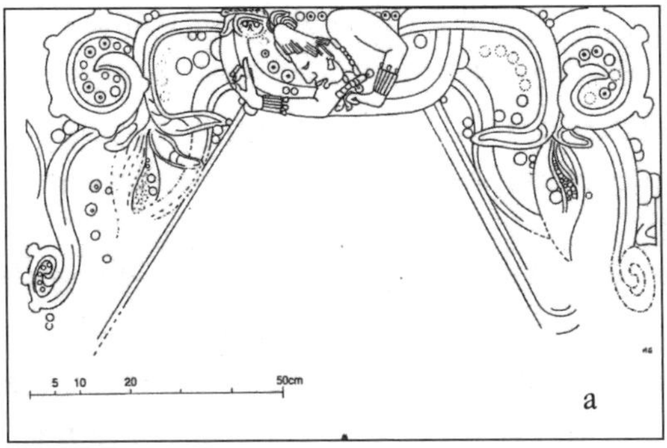

1.18. Palenque, palais : a *voûte dans le passage ouest : le maïs personnifié parmi des plantes et d'autres éléments de la frise aquatique ;* b *Panneau Ovale montrant Pacal recevant la couronne des mains de sa mère (dessins de Merle Greene Robertson).*

du *Popol Vuh*, devait affronter de multiples épreuves au cours d'un voyage initiatique. On peut penser que ce passage dans les ténèbres pouvait se réduire à un bref parcours ou qu'au contraire l'impétrant y séjournait plusieurs jours « en pénitence », exposé aux privations et aux frayeurs.

Palenque n'est pas la seule cité maya à posséder des configurations architecturales permettant d'exécuter un rituel d'émergence. Le « satunsat » ou labyrinthe d'Oxkintok a été récemment exploré par la Misión Arqueológica de España en México[1]. C'est un édifice rectangulaire de dix mètres sur vingt, orienté nord-sud et à trois étages. Le sommet était couronné d'une pièce, à laquelle on avait accès par l'escalier saillant sur la façade est et probablement aussi par un prolongement de l'escalier intérieur qui fait communiquer entre eux les trois étages. Le premier de ces étages, en partie à cause de la déclivité du terrain, est semi-souterrain ; on y accède par une unique porte ouverte sur le côté ouest. Les deux premiers étages sont constitués de galeries qui forment labyrinthe, c'est-à-dire qui comprennent plusieurs impasses. Le troisième étage est de plan différent et comprend essentiellement trois pièces parallèles nord-sud. Les seules portes se trouvent à l'est. Ainsi, comme à Palenque, on pénétrait par l'ouest dans le souterrain labyrinthique et, après

1. Rivera Dorado, 1988, et Rivera Dorado et Ferrándiz Martín, 1989.

avoir parcouru les galeries et gravi deux étages par les escaliers intérieurs, on débouchait à la lumière du côté est. Les auteurs du Proyecto Oxkintok interprètent le « satunsat » comme un cosmogramme à fonction initiatique et dont le parcours reproduisait la course solaire d'ouest en est.

Ils comparent en outre le « satunsat » au labyrinthe de l'édifice 19 de Yaxchilán[1]. Presque carré, il comprend deux niveaux de galeries et de pièces, qui communiquent par deux escaliers intérieurs. Le niveau inférieur est à l'ouest, le supérieur à l'est ; en d'autres termes, cette fois encore, le mouvement ascendant s'effectue d'ouest en est. Sans pour autant proposer d'hypothèses sur la destination de cette construction, Maler n'a pu cependant s'empêcher de la comparer au souterrain de Palenque[2].

Retrouvons-y maintenant le futur roi à sa sortie du souterrain, ébloui après un séjour prolongé dans les ténèbres et franchissant les dernières marches de l'escalier. Dès le moment où il met le pied sur le sol du temple, il est à nouveau « né » et prêt à exécuter les rites d'intronisation. La maison E dans lequel le souverain vient d'apparaître va être le théâtre d'une série de rites correspondant chacun à un endroit précis dans l'édifice. Cette reconstitution s'appuie sur la division complexe de son espace, réalisée non par des cloisons permanentes, mais par des tentures amovibles.

À l'origine, il ne semble pas y avoir eu en effet d'autres cloisons que le mur médian. Cependant on pouvait délimiter des espaces intérieurs à l'aide de tentures (qui pouvaient servir à la fois de paravents et de décors) que l'on fixait d'un mur à l'autre à l'aide de points d'attache *(cord-holders)* ménagés dans la maçonnerie. La mise sur plan des *cord-holders* démontre que ces séparations temporaires étaient plus ou moins importantes[3] *(figure 1.19)* : si, en majorité, elles ne dépassaient pas la hauteur des murs, d'autres montaient jusqu'en haut de la voûte. Les espaces entièrement clos de bas en

1. Maler, 1903.
2. « *Largely owing to its stone couches and interior passageways, the "Labyrinth" of Yaxchilán always reminds me of the south portion of the principal palace at Palenque* » (*ibid.*, p. 139).
3. Greene Robertson, 1985a, pp. 36-39, fig. 127.

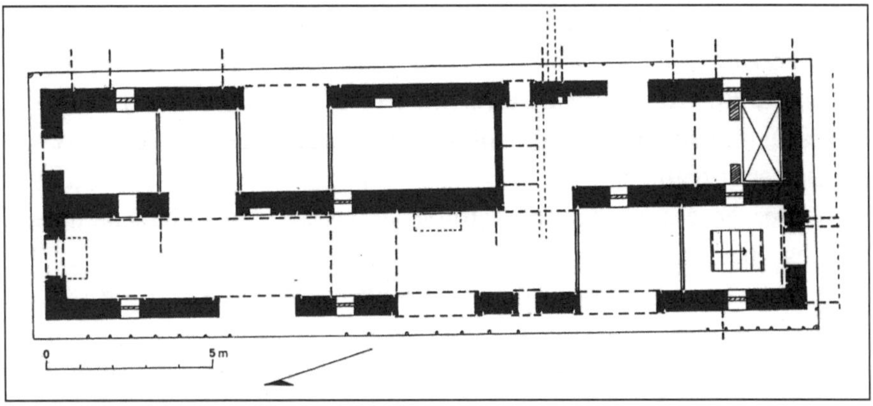

1.19. Palenque, palais, maison E : distribution des points d'attache indiquant la position des tentures amovibles. Les divisions qui ne dépassaient pas la hauteur des murs sont indiquées par une ligne en pointillé ; celles qui fermaient l'espace jusqu'en haut des voûtes sont marquées par une ligne double. D'après Merle Greene Robertson.

haut devaient être les plus importants parce que les plus protégés des regards, des sons, de la circulation d'air, même. Ce sont :

1. Dans la pièce ouest, le tiers sud divisé lui-même en deux parties, l'une autour de l'entrée de l'escalier et l'autre au nord de celle-ci.

2. Dans la pièce est, le tiers nord divisé en trois parties. Comme Greene Robertson l'a fait justement remarquer, ces séparations exceptionnelles n'ont pas pour seule fonction de protéger des courants d'air ou des regards indiscrets. Elles privilégient des espaces sacrés ou rituellement importants ; les uns se trouvent à proximité du lieu d'émergence, à la sortie du souterrain, et les autres précèdent la porte nord-est de l'édifice où nous situons l'avènement. Dans le cadre d'un parcours rituel, ces espaces peuvent être conçus comme des stations où prenaient place des rites exigeant isolement ou recueillement. On peut donc supposer que le parcours dans la maison E s'effectuait, avec de nombreux arrêts, du sud-ouest au nord-est. C'est à l'extrémité nord de la pièce est du temple que nous situons la phase ultime du rituel, sous la frise modelée au-dessus de la porte. C'est une image des cieux sous forme du monstre cosmique bicéphale qui contraste avec celle du passage à l'autre bout de la structure ; là l'émergence du roi y est représentée par le signe *kin* au-dessus du monstre terrestre, alors que au-dessus de la porte nord-est

son avènement est illustré par le soleil au plus haut des cieux *(figure 1.33, voir page 143).*

En résumé, d'après notre reconstitution, le rituel d'intronisation de Pacal (et sans doute d'autres souverains de Palenque) comprenait les étapes suivantes :

1. Descente dans le souterrain par le passage ouest dans la maison K (descente aux enfers).

2. Parcours et/ou séjour dans le souterrain labyrinthique (séjour aux enfers).

3. Remontée du souterrain par le passage est qui débouche dans la maison E (remontée des enfers et émergence à la surface de la terre = re-naissance).

4. Stations dans diverses pièces de la maison E (couronnement et autres rituels)

5. Dernière station à la porte nord-est de l'édifice (avènement du roi en majesté).

Le groupe de la Croix de Palenque comprend trois temples sur pyramide, disposés à des hauteurs différentes autour d'une place ouverte au sud *(voir planche 16).* Le temple de la Croix, au nord, est le plus grand et aussi le plus haut placé ; le temple du Soleil, à l'ouest, occupe la position la plus basse sur une pyramide à quatre degrés seulement ; le temple de la Croix Feuillue, enfin, se trouve à une hauteur intermédiaire par rapport aux deux autres, et sur le côté est de la place. Les trois édifices forment un tout homogène, construit sous le règne du roi Chan Bahlum, entre 683 (date de la mort de son père Pacal) et 692[1].

Les temples sont de même plan rectangulaire avec deux pièces allongées côte à côte, séparées par un mur percé, comme le mur de façade, de trois portes. Alors que la première pièce fait office de vestibule, la seconde est divisée en trois : une large pièce centrale, dans laquelle se trouve un petit sanctuaire couvert, est flanquée de deux chambres latérales. Le stuc est utilisé pour décorer le toit du temple et celui du sanctuaire intérieur, ainsi que les piliers de façade. Des panneaux en calcaire sculptés en bas relief décorent le sanctuaire : deux d'entre eux flanquent sa porte, et un autre très grand

1. Greene Robertson, 1985b, et Baudez, 1995.

en trois parties en occupe le fond. Le toit des sanctuaires présente en façade le même oiseau aux ailes déployées dont l'ossature est faite d'une tête décharnée de serpent. Tous les panneaux latéraux sont sculptés d'un personnage de profil orienté vers la porte, et tous les centraux obéissent à la même construction : deux personnages, l'un petit, l'autre grand, de part et d'autre d'une icône centrale. Les textes du groupe de la Croix, presque entièrement déchiffrés, traitent à la fois d'histoire mythique avec la naissance de plusieurs êtres surnaturels dont Chan Bahlum se réclame, et de l'histoire de sa dynastie. Ils mentionnent à plusieurs reprises trois événements fondamentaux dans la carrière du roi : des rites d'enfance (vers six ans), l'accession au trône, et des rites d'âge mûr (cinquante-cinq ans) étalés sur quatre jours. Les inscriptions forment non seulement un tout cohérent mais suivent un ordre chronologique bien établi : le texte commence au temple de la Croix, se poursuit au temple du Soleil et s'achève à la Croix Feuillue.

Ainsi l'architecture, l'iconographie et l'épigraphie indiquent que les temples sont trois aspects d'un même tout, mais aussi que ces aspects sont trois moments d'une même séquence. Il faut considérer ces temples comme les « stations » d'un parcours rituel qui partirait du nord pour aller à l'ouest, puis à l'est, tournant ainsi dans le sens inverse des aiguilles d'une montre, sens privilégié dans la cosmologie méso-américaine.

Le temple de la Croix, qui domine le groupe grâce à la grande hauteur de son soubassement pyramidal, est couronné d'une crête faîtière exceptionnellement développée. Sculptée sur les rampes de l'escalier au pied du temple, une courte inscription nous apprend que l'édifice est placé sous le patronage de l'être mythique que l'on désigne conventionnellement comme GI, et que le roi qui s'y réfère n'est autre que Chan Bahlum. Les restes de décor du toit présentent, vus de face, un monstre terrestre dont la présence assimile le temple à une grotte, c'est-à-dire à une ouverture de la terre. Le toit du sanctuaire est orné de monstres bicéphales dont le corps est un médaillon quadrilobé qui contient une figure d'ancêtre en buste *(figure 1.20 A)* ; ces motifs sont encadrés d'une « frise céleste » (composée de signes célestes, solaires et planétaires) qui précise que les monstres cosmiques ici représentés sont célestes et que les ancêtres qu'ils contiennent se trouvent au ciel. La porte du sanctuaire est flanquée de deux personnages debout, non encadrés *(figure 1.20 B)* : à gauche, le roi tient en main la tête arrière et inversée du monstre cosmique, d'où coulent des flots d'eau ; à droite, un vieillard en train de fumer (créant les nuages ?) représente le dieu L, une créature de la terre et de l'inframonde. Le panneau du fond du sanctuaire *(figure 1.20 C)* montre deux personnages debout de part et d'autre d'un cosmogramme comprenant un masque décharné qui se réfère à la terre, en tant que demeure du soleil nocturne ; un arbre en croix, devant lequel un serpent bicéphale dessine la voûte céleste ; un oiseau, perché au sommet de l'arbre qui désigne le soleil diurne, au zénith. Ce cosmogramme rappelle celui gravé sur le couvercle du sarcophage de Pacal *(figure 1.42, voir page 161)*, mais ici la bande céleste sur laquelle se tiennent les acteurs indique que la scène se passe au ciel. On a récemment avancé que le petit personnage à gauche est le roi Chan Bahlum enfant, car la légende qui l'accompagne mentionne son nom ainsi que les rites d'enfance [1]. Il se tient debout sur un masque interprété comme un emblème de la terre exprimant une promesse de fertilité. Le grand personnage est le roi, mais cette fois adulte : la légende qui le concerne mentionne son accession au trône et lie cet événement aux rites d'âge mûr. Le texte principal du panneau raconte une histoire qui commence « dans la nuit des temps » (avec une date correspondant à notre 7 décembre 3121 av. J.-C.) pour se poursuivre dans l'histoire des hommes, mais tout en demeurant antérieure à celle du protagoniste sous ses deux aspects, jeune et adulte. Le sujet principal n'est autre que GI, déjà nommé sur les rampes du petit escalier d'accès au temple. L'inscription qui ne parle que d'ancêtres, mythiques et réels, confirme que le sanctuaire du temple de la Croix représente leur demeure, qui se trouve au nord, et au ciel comme indiquée par l'iconographie.

Le temple du Soleil est au couchant et sur une pyramide de quatre mètres de hauteur. D'après le texte inscrit sur les rampes de l'escalier, le « patron » de ce temple est GIII, un aspect du soleil nocturne. Les côtés du toit du sanctuaire semblent illustrer la descente du soleil dans l'inframonde *(figure 1.21 A)*. L'entourage des panneaux laté-

1. Bassie-Sweet, 1991.

1.20 A. Palenque, temple de la Croix : côté est du toit du sanctuaire (d'après une photo de Merle Greene Robertson, 1991, fig. 53).

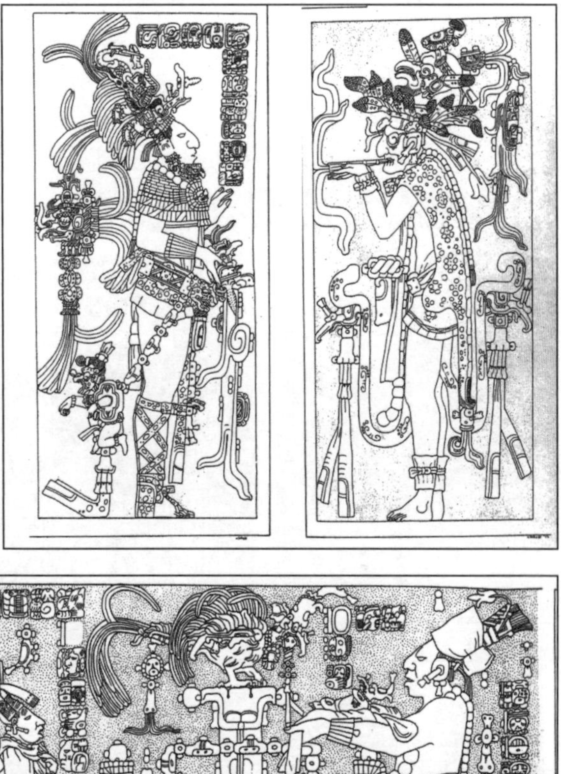

1.20 B. Palenque, temple de la Croix : panneaux encadrant la porte du sanctuaire (dessin de Merle Greene Robertson).

1.20 C. Palenque, temple de la Croix : panneau principal du sanctuaire (dessin de Merle Greene Robertson).

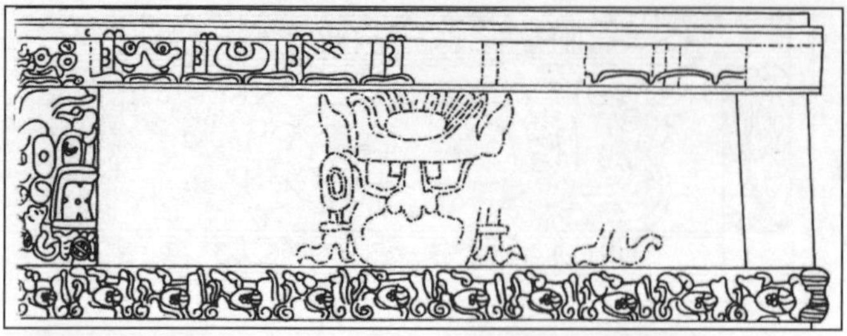

1.21 A. Palenque, temple du Soleil : côté du toit du sanctuaire (d'après une photo de Merle Greene Robertson, 1991, fig. 90).

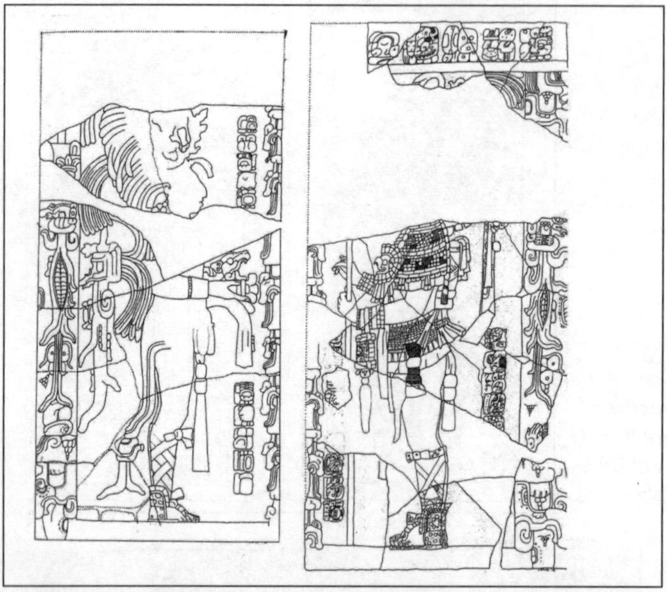

1.21 B. Palenque, temple du Soleil : panneaux encadrant la porte du sanctuaire (dessin Merle Greene Robertson).

1.21 C. Palenque, temple du Soleil : panneau principal du sanctuaire (dessin Merle Greene Robertson).

1.22 A. Palenque, temple de la Croix Feuillue : côté du toit du sanctuaire (d'après Maudslay, 1889-1901, vol. IV, pl. 78 d, et Merle Greene Robertson, fig. 166, 167).

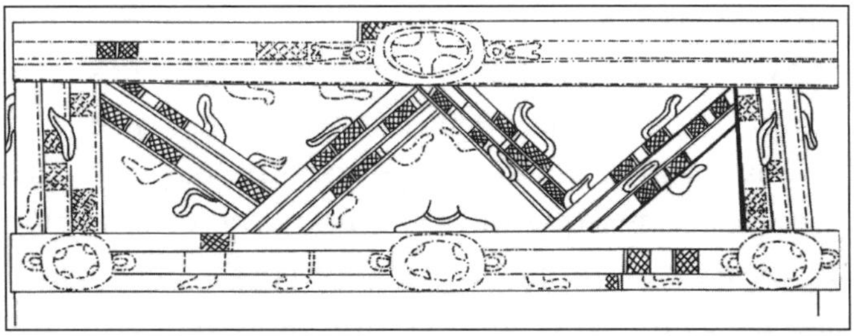

1.22 B. Palenque, temple de la Croix Feuillue : panneaux encadrant la porte du sanctuaire (dessin Linda Schele).

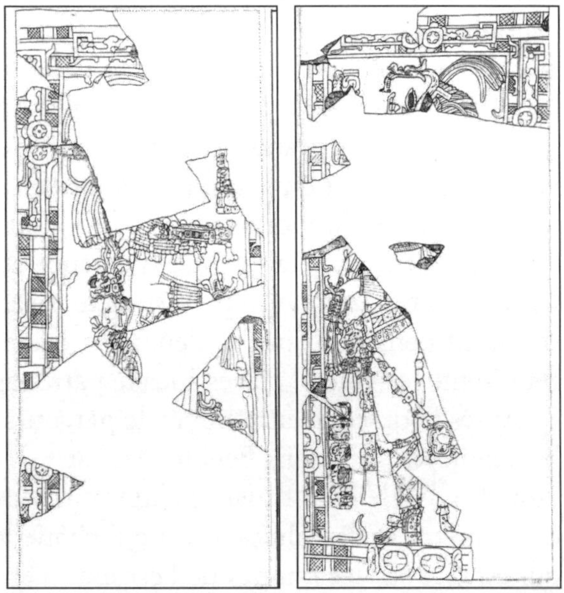

1.22 C Palenque, temple de la Croix Feuillue : panneau principal du sanctuaire (dessin Merle Greene Robertson).

raux de part et d'autre de la porte situe les personnages dans la même région de l'univers *(figure 1.21 B)* : dans les deux cas, il s'agit du roi qui, à gauche, tient une tête de jaguar et, à droite, une lance. Le bas du panneau central est occupé par une « frise terrestre », où alternent le masque du soleil nocturne et le glyphe *caban*, « terre » *(figure 1.21 C)*. Elle illustre le passage du soleil dans le monde souterrain au cours de la nuit, et situe donc la scène aux enfers. L'icône centrale qui sépare les deux acteurs (Chan Bahlum enfant et Chan Bahlum adulte) consiste d'abord en deux *bacabs* portant un sceptre bicéphale, image de la terre ; en son milieu est une tête de jaguar à la gueule béante. Un grand bouclier marqué de la tête du félin se trouve au-dessus, cachant en partie les hampes de deux lances croisées. On a donné toute l'importance possible, tant par l'image que par le texte, au futur roi et à ses rites d'enfance et c'est sans doute dans le monde souterrain que ce premier acte royal était célébré. Le temple du Soleil constitue ainsi la deuxième étape des parcours royaux et représente les enfers, placés sous le patronage de GIII.

Après la descente aux enfers, le parcours s'achève au levant, dans le temple de la Croix Feuillue. C'est GII, la foudre personnifiée (appelé aussi le dieu K dans la littérature), responsable de la foudre, du tonnerre et des pluies, celui qui châtie les ennemis du royaume, qui est cité sur les rampes de l'escalier menant au temple. Une frise aquatique, qui indique un environnement humide et fertile décore les côtés du toit du sanctuaire *(figure 1.22 A)*. Deux personnages tenant à la main la lancette de l'autosacrifice sont montrés de part et d'autre de la porte *(figure 1.22 B)* ; celui de gauche porte dans le dos une tête humaine qui personnifie le maïs. La frise qui les entoure les place dans le milieu de la terre fertile, environnement clairement illustré sur le panneau du fond où l'ensemble de la composition repose sur une frise aquatique *(figure 1.22 C)*. Ici le cosmogramme, bien qu'obéissant à la même construction, diffère de celui du temple de la Croix : si le masque inférieur est bien une image de la terre, ce n'est pas celle qui évoque la demeure des morts et du soleil nocturne, mais la terre nourricière. C'est un plant de maïs qui s'élève verticalement du masque, et les branches de la croix sont ici constituées par de longues feuilles sur lesquelles repose la jeune et belle tête humaine qui représente l'épi. Au sommet du plant se trouve le soleil au zénith, symbolisé par le quetzal. Les protagonistes ont changé de côté : le petit roi, à droite, se tient sur une image qui évoque à la fois l'eau et la végétation. Chan Bahlum adulte est le personnage le plus important, debout sur un masque de la terre fertile. Il célèbre ici son accession au trône, comme le proclame la légende qui l'accompagne. Le texte principal commence avec la naissance de GII, puis relie à des événements du temps mythique des anniversaires et des événements historiques de la vie de Chan Bahlum : naissance, accession au trône et rites d'âge mûr.

Ainsi, le groupe de la Croix constitue un parcours cosmique à trois « stations », définies chacune par une orientation, une hauteur relative et un environnement spécifique. Le temple de la Croix, la première station du parcours, représente le ciel, la demeure des ancêtres, le lieu d'origine du monde surnaturel et du monde des hommes, placé sous le patronage de GI. On descend ensuite dans le monde souterrain, lieu de passage du soleil nocturne, symbolisé par le jaguar, maître de la guerre et des sacrifices ; GIII en est le patron. La dernière station, dans le sanctuaire de la Croix Feuillue, est une renaissance dans le monde humide et fertile des couches supérieures de la terre ; on assiste alors, sous l'autorité de GII, au triomphe des forces vives.

Ce parcours cosmique a plusieurs lectures : on peut l'interpréter à la fois comme la course du soleil, comme une succession de « patrons » surnaturels dans les principales régions de l'univers, comme un cheminement rituel, comme un cycle royal ponctué des grands événements de la carrière du souverain, et comme un cycle agricole. La richesse de sens du groupe de la Croix réside dans ces divers éclairages et dans les correspondances que les différents cycles entretiennent entre eux.

Les microcosmes à Tikal et ailleurs

On appelle groupes à pyramides jumelles, des ensembles architecturaux en forme de croix orientée, construits à l'occasion de fins de *katun* (cycle de vingt ans) [1]. Sauf une exception à Yaxhá, ces

1. Guillemin, 1967 ; Jones, 1969 ; Coggins, 1980 ; Coggins, 1983.

groupes n'ont été identifiés qu'à Tikal. Chacun d'eux comprend quatre édifices autour d'une place rectangulaire ou carrée, orientés aux points cardinaux : au nord, une enceinte contenant une stèle et son autel ; à l'est et à l'ouest, une pyramide à quatre escaliers ; au sud, un bâtiment rectangulaire allongé pourvu de neuf portes. Le texte des stèles indique que les groupes à pyramides jumelles furent construits et utilisés pour célébrer une fin de *katun* ; le premier groupe est sans doute associé à la fin du douzième *katun* (672 de

1.23. Tikal. Carte du centre de la cité montrant l'emplacement des groupes à pyramides jumelles.

notre ère) ; le dernier est de la fin du dix-huitième (790). Après usage, le groupe pouvait être détruit pour faire place à d'autres constructions, ce qui est arrivé aux deux premiers.

L'emplacement des groupes dans le site ne semble pas le fruit du hasard *(figure 1.23)* ; les quatre premiers furent placés alternativement au sud et au nord de la chaussée Maudslay, respectivement au sud du temple IV et au sud du groupe H ; les trois derniers furent alignés dans l'axe est-ouest, à mi-distance de la grand-place et du groupe H. La description qui suit prend comme exemple le groupe 4 E-4 (autrefois appelé Q), construit par le roi C pour célébrer la fin du dix-septième *katun* (771), et l'un des mieux conservés.

Les pyramides jumelles, dans l'axe est-ouest, sont semblables en plan et en dimensions et possèdent un escalier sur chacune de leurs faces *(figure 1.24)*. Leur sommet ne supportait aucune construction en dur, et il n'est même pas certain qu'il y ait eu une cabane en matériaux périssables. Dans ce cas, la pyramide aurait vraisemblablement

1.24. Tikal. Restitution du groupe à pyramides jumelles 4E-4 (Sharer, The Ancient Maya, *fig. 4.18).*

servi de cadre à une déambulation rituelle. Le total des marches des huit escaliers de ce groupe aurait atteint le chiffre de 365, ce qui n'est sans doute pas une coïncidence ; d'un autre côté, on ne sait pas si ce nombre était répété dans d'autres groupes. La pyramide est a un statut particulier par rapport à sa jumelle dans la mesure où, à son pied, se trouve une série de neuf stèles lisses accompagnées de leurs autels respectifs.

Au sud du quadrilatère est un édifice rectangulaire allongé percé de neuf portes qui, ici, donnent accès à une seule et même pièce ; dans d'autres groupes ce vestibule est divisé en pièces par plusieurs cloisons, mais le chiffre de neuf portes reste constant. Pour certains il évoquerait les neuf seigneurs de la Nuit, patrons des régions infernales, si tant est qu'ils aient existé à l'époque classique[1].

Au nord se trouve une petite enceinte non couverte, percée d'une porte voûtée, et qui renferme une stèle et son autel. Sauf deux exceptions, ces deux monuments sont sculptés. La stèle 22 nous montre le roi C en train d'accomplir un des rites de la célébration de la fin du *katun* : de la main droite il laisse tomber ce qui ressemble à des perles ou à des grains, interprétés, suivant les auteurs, tantôt comme des gouttes de sang provenant de l'autosacrifice, tantôt comme des boulettes d'encens, tantôt comme des graines pour un rite divinatoire. De l'autre main il tient un sceptre, orné de bandes nouées, symboles de sacrifice, et un sac à encens pend de son poignet. Au-dessus de son imposante coiffure, on peut voir planer dans un nuage une créature surnaturelle ou un ancêtre. Dans le dos, le roi porte un cosmogramme (une figuration symbolique de l'univers) prolongé d'un semblant de pagne *(figure 1.25)*. Le texte nous dit qu'à l'achèvement du dix-septième *katun* en un jour 13 *ahau*, le dix-huitième jour du mois *cumku*, règne le roi Chitam, vingt-neuvième de la dynastie de Tikal, fils de son père le roi Yax Kin qui a dépassé l'âge de soixante ans. Il nous dit ensuite que 756 jours se sont écoulés depuis la date d'accession au trône du roi Chitam et la fin du *katun* ; le dernier glyphe se réfère à l'action de jeter les grains.

1. Berlin a montré à quel point il était imprudent de comparer et d'assimiler aux neuf seigneurs de la Nuit du calendrier aztèque le cycle des neuf glyphes G des inscriptions calendériques mayas de la période classique (1977, pp. 65-67).

Sur le sommet de l'autel cylindrique, on a sculpté un captif, bras et jambes attachés, prêt à être sacrifié ; il semble reposer sur un cadre fait de perches et de lances, posé au-dessus d'un médaillon quadrilobé qui symbolise l'entrée de l'inframonde. Sur la tranche de l'autel alternent plusieurs fois le motif de la natte, symbole de pouvoir royal, et un captif attaché.

1.25. Tikal, stèle 22 dans l'enclos du groupe à pyramides jumelles 4E-4 (d'après Jones et Satterthwaite, 1982, fig. 33).

Ces ensembles, construits spécialement pour célébrer la fin d'une période de vingt *tuns*, ont certainement une signification cosmologique car, dans un plan qui ne varie pas, les différents types d'édifices sont toujours à la même place et avec la même orientation. On a remarqué que, par son plan, la pyramide à quatre escaliers reproduit le glyphe du zéro ou de la fin de période, forme appropriée à une célébration de fin de *katun*. Dans le codex de Madrid le même dessin est utilisé pour une représentation de l'univers qui est en même temps le *tzolkin* que l'on parcourt dans le sens inverse des aiguilles d'une montre, comme l'indique les traces de pas qui suivent le dessin. L'axe des pyramides, est-ouest, est le plus important car c'est celui de la course solaire ; le côté est, en outre, est privilégié comme le montrent les stèles lisses érigées au pied de la pyramide est.

L'édifice à neuf portes qui fait allusion aux enfers est au sud, direction de l'inframonde ; la direction opposée est celle du ciel, où se trouvent les ancêtres auprès desquels le roi cherche légitimité et protection.

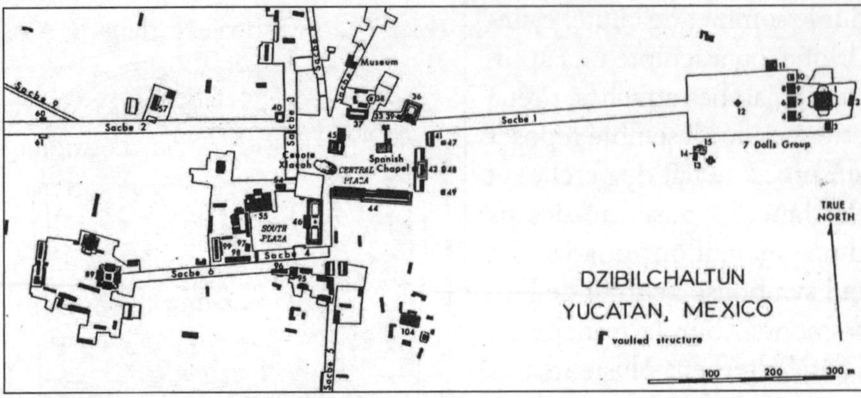

1.26. Dzibilchaltún. Plan du centre de la cité (d'après Andrews et Andrews, 1980, fig. 2).

Ainsi, bien que l'on ne sache pas exactement comment était utilisé le groupe à pyramides jumelles, quel rituel s'y déroulait et dans quel ordre, quels en étaient les acteurs, il est fort probable que cet ensemble constituait un microcosme que le roi ou ses délégués parcourait pour résumer la marche du temps. C'était un moyen d'assurer le bon ordre universel avant de s'engager dans une nouvelle période aux incertitudes dangereuses.

Il est possible que la grand-place de Tikal ait servi de modèle aux groupes à pyramides jumelles ; dans cette hypothèse, à ces dernières correspondraient les temples I et II, orientées est-ouest ; au sud de la Place, on a fouillé en 1965 un édifice à neuf portes ; au nord elle est limitée par l'Acropole Nord, un ensemble de temples-pyramides funéraires où de nombreux souverains de Tikal ont été enterrés.

Le centre de Dzibilchaltún a sans doute été le théâtre de déambulations rituelles analogues à celles exécutées à Tikal[1] *(figure 1.26)*. Dans cette hypothèse, les structures 1-sub et 66, distantes de 2 km et reliées par deux *sacbeob* qui se rejoignent sur la grand-place, correspondraient aux pyramides jumelles de Tikal. La place est limitée au sud par la structure 44, longue de 134 m et percée de trente-cinq portes, qui serait l'équivalent du palais à neuf portes de Tikal. Au nord, une stèle et un autel, sculptés de scènes sacrificielles, se trouvent dans un enclos.

1. Coggins, 1983, p. 54 ; Baudez, 1991, p. 85.

À Copán, une croix est formée par la grand-place dans le sens nord-sud, et par deux *sacbeob* dans la direction est-ouest ; à l'intersection est la structure 10L-4, une petite pyramide à quatre escaliers, qui n'était ni un soubassement pour un temple, ni un monument funéraire, mais plus probablement une structure spécialement construite pour l'achèvement d'un cycle[1] *(figure 1.27)*. En effet, on a montré que les escaliers est et ouest ont été ajoutés dans le but apparent de célébrer l'achèvement du quinzième *katun* ; la nouvelle structure fut inaugurée en même temps que la stèle A, qui porte la même date. Enfin, la plupart des stèles de Dix-Huit Lapin se trouvent rassemblées dans la partie nord de la grand-place.

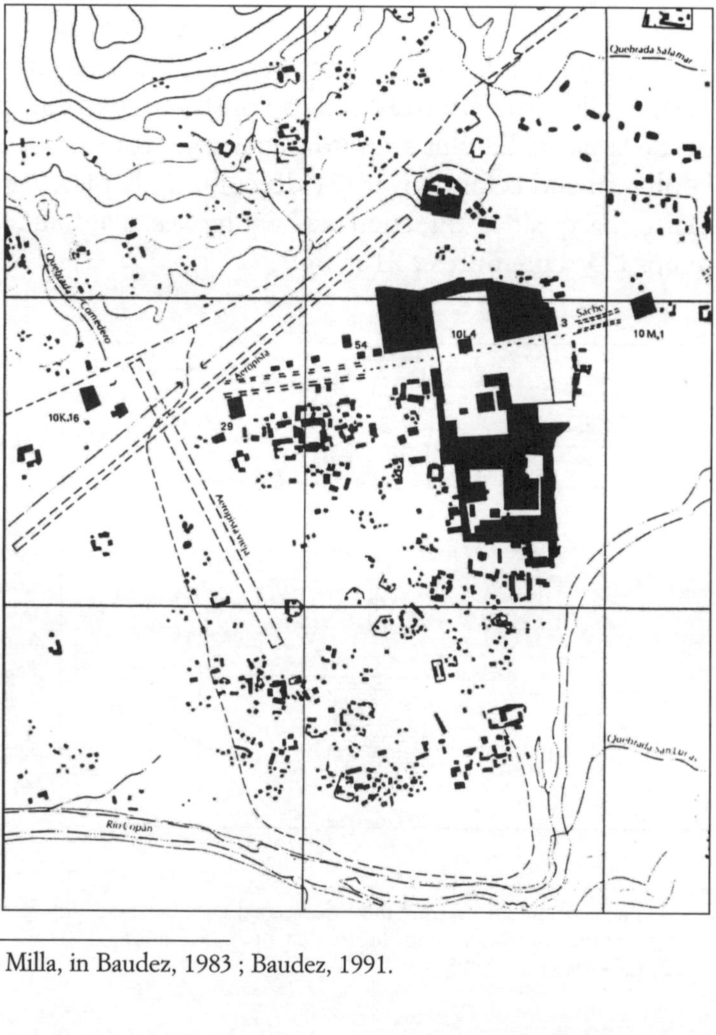

1.27. Copán. Plan du centre de la cité. Le carroyage est orienté au nord magnétique (déclinaison moyenne de 5°07' en 1976) et divisé en carrés de 500 m de côté (dessin de Cl.-Fr. Baudez).

1. Cheek et Milla, in Baudez, 1983 ; Baudez, 1991.

« Observatoires astronomiques »

L'archéo-astronomie, discipline née il y a une vingtaine d'années, est à la mode, et la tendance générale est aujourd'hui d'interpréter tout arrangement architectural en termes d'orientation astronomique comme de justifier des événements historiques datés par leur correspondance aux mouvements des planètes [1]. Il existe cependant des dispositions d'édifices qui ont une signification astronomique indubitable.

Dans le Tikal du classique ancien, on a construit non loin de la grande pyramide dite du Monde perdu et sur le côté ouest d'une place, une plate-forme à quatre escaliers ; depuis son sommet on pouvait voir le soleil se lever lors des quatre points remarquables du cycle solaire derrière trois petites constructions édifiées sur le côté est de la place. La plus au nord signalait le solstice d'été (le 21 juin), la plus au sud celui d'hiver (21 décembre) ; la plate-forme intermédiaire marquait la direction des équinoxes d'automne et de printemps (23 septembre et 21 mars) [2].

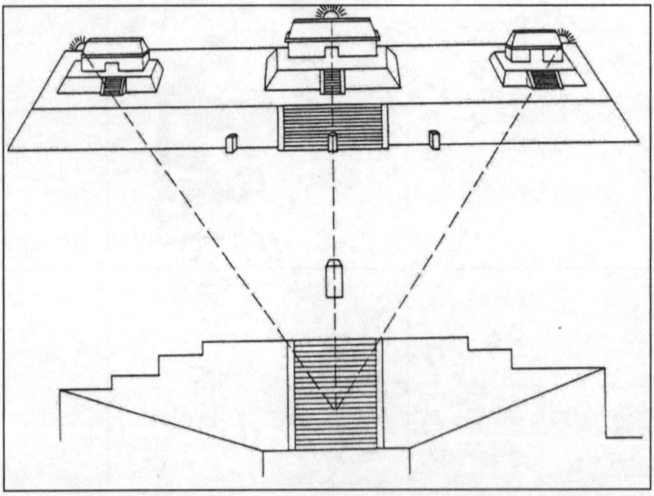

1.28. Uaxactún, groupe E : pour un observateur se tenant sur l'escalier de la pyramide E-VII, le soleil se levait derrière l'édifice de gauche au solstice d'été, derrière celui de droite au solstice d'hiver, et derrière le temple central aux équinoxes (d'après Ricketson et Morley).

1. J'ai notamment marqué mon désaccord avec certaines interprétations archéo-astronomiques proposées pour le site de Copán, in Baudez, 1987.

2. Laporte *et al.*, 1988.

Un arrangement semblable, mais daté du classique récent, avait été signalé à Uaxactún lors des travaux de la Carnegie, il y a plus de soixante ans, dans le groupe E *(figure 1.28)* : la pyramide d'observation, également à quatre escaliers, n'est autre que l'édifice E-VII qui recouvrait la E-VII-sub, pyramide préclassique récente aux masques de jaguar et de serpent [1].

Dans la littérature, ces ensembles sont désignés comme observatoires, ce qu'ils ne sont pas, car ils se contentent de matérialiser au sol des directions déjà observées. Ces alignements devaient signaler l'exécution de rites, probablement sur la pyramide d'observation elle-même qui, comme les jumelles du complexe du même nom, peut avoir eu un symbolisme solaire à cause de sa structure radiale.

Terrains de jeu de balle

On connaît l'importance du jeu de balle dans les civilisations méso-américaines et dans la civilisation maya en particulier. En 1995, on avait recensé 198 terrains spécialement construits pour cet usage dans 148 sites des Basses Terres, et 236 dans les Hautes Terres, et la liste des terrains s'allonge chaque année [2]. La typologie des terrains est complexe, et fait intervenir tant le plan que le profil des constructions qui limitent l'aire de jeu *(voir planche 7)*. Même si l'on a reconnu des types régionaux, il n'y a guère d'exemples de deux terrains identiques en plan, profil et dimensions ; on trouve parfois dans le même site des terrains différents bien que contemporains [3]. En vertu de ces différences même locales, on peut s'attendre que les caractéristiques du jeu, ses règles et même le nombre des joueurs aient varié dans l'espace comme dans le temps.

Les terrains font partie des espaces à caractère religieux car, même si ses aspects sportifs et spectaculaires ne sont pas à dédaigner, le jeu était avant tout, pour les anciens Mayas comme pour

1. Ricketson et Ricketson, 1937.
2. Taladoire, 1995-1996. En 1981 Taladoire faisait état de 89 terrains répartis sur 65 sites des Basses Terres ; dans les Hautes Terres du Guatemala, il comptait 158 terrains répartis sur 125 sites.
3. Notamment à Chichén Itzá, Piedras Negras, Copán (Baudez, 1983), La Milpa. Impliquent-ils l'existence de plusieurs « jeux » ?

1.29. *Copán, terrrain de jeu de balle A-IIb :* a *marqueur nord,* b *marqueur central,* c *marqueur sud. (Dessins Barbara Fash.)*

beaucoup de civilisations méso-américaines, un rite. Rappelons que deux équipes de joueurs se renvoyaient un gros et lourd ballon de caoutchouc plein, en se servant uniquement des hanches et des coudes, sans utiliser les pieds ni les mains. Témoignent de l'importance rituelle du jeu les sculptures associées à l'architecture des terrains, comme les marqueurs d'allée du terrain A-IIb de Copán [1] qui décrivent le mythe auquel se réfère le rite (voir plus bas), ou les marqueurs latéraux de Toniná [2] qui font clairement allusion aux sacrifices humains pratiqués à l'occasion du jeu, comme sur les panneaux des terrains d'El Tajin [3]. Son aspect rituel est en outre confirmé par la présence en pays maya (à Palenque, Toniná, Copán, etc.) d'objets tels que « jougs » et « hachas », supposés avoir été utilisés dans les cérémonies qui accompagnaient le jeu sur la côte du Golfe. Il semble que certains terrains au moins aient été conçus comme des microcosmes ; ainsi,

1. Baudez, 1984, et Baudez, 1994.
2. Becquelin et Baudez, 1979-1982, pp. 83-85, 826-835.
3. Kampen, 1972.

dans le terrain A-IIb de Copán, le niveau de l'allée, avec ses trois marqueurs où figure l'emblème du soleil nocturne, représentait l'inframonde ; le haut des talus figurait le niveau céleste avec les têtes d'ara, symboles du soleil diurne ; dans ce contexte, « la balle est le soleil qui en s'élevant et retombant au cours du jeu, reproduit le cycle solaire, archétype de l'alternance des contraires qui rythme l'univers[1] ».

La riche iconographie, admirablement préservée, des marqueurs du même terrain nous éclaire sur le sens du jeu, dans ce site tout au moins (*figure 1.29*). On a avancé l'idée[2] que ces marqueurs, du nord au sud, illustraient trois actes d'un drame cosmique. Sur le marqueur nord, équivalent à un prologue, on voit une créature du monde inférieur accompagnée de « 9 glyphe » (insigne de mort) recevoir l'hommage d'un de ses coéquipiers. Ces deux joueurs appartiennent à l'équipe de « droite » (c'est-à-dire qui porte les protections de ce côté) dont le capitaine est le seigneur « mort » (un des souverains des enfers) du marqueur central. Cette dernière sculpture illustre le jeu qui oppose le seigneur « mort » et le roi Dix-Huit Lapin qui, vainqueur, permet au soleil et aux forces vives de triompher. Le dénouement du drame est illustré sur le marqueur sud : après la partie, un joueur du monde inférieur rend hommage au jeune maïs qui précède l'emblème « 7 glyphe » (fertilité). Les deux appartiennent à l'équipe gagnante de « gauche » menée par Dix-Huit Lapin. En d'autres termes, les trois marqueurs expriment le passage de la mort à la vie, de l'obscurité à la lumière, de la stérilité à la fertilité, accompli par le triomphe des forces de la vie, représentées par le roi, sur celles de la mort, incarnées par le seigneur « mort ».

En résumé, les lieux à destination rituelle ou cultuelle au classique récent comprennent essentiellement des temples dynastiques et des scènes microcosmiques. Ces deux catégories ne sont pas exclusives l'une de l'autre ; à Palenque, par exemple, il est fort probable que la descente du corps de Pacal jusqu'à la crypte qui contenait son sarcophage ait été vue et vécue comme une descente aux enfers et que la pyramide elle-même ait pu apparaître comme

1. Baudez, 1984, p. 150.
2. Baudez, 1984, et Baudez, 1994.

une image de l'inframonde. Les édifices tératomorphes sont plus difficiles à classer quant à leur fonction, politique ou religieuse, si tant est que cette opposition ait eu un sens chez les anciens Mayas ; quoiqu'il en soit, on a choisi de les ranger aux côtés des temples dynastiques dans la mesure où de telles constructions, apparemment éminemment « sacrées », conféraient un caractère cosmique à leur(s) occupant(s).

Les rites attestés dans ces lieux vont de l'offrande d'encens au sacrifice humain, en passant par les danses, les présentations d'offrandes et les déambulations. Quand ces rites nous sont montrés, le roi en est toujours le principal sinon le seul protagoniste. On doit admettre que le souverain ait pu déléguer à des prêtres (non représentés) ses fonctions rituelles, même s'il apparaît lui même sur les images. Il y est en effet omniprésent : tant sur le marqueur central du terrain A-IIb de Copán que sur celui de Toniná (où le roi n'est pas représenté en joueur mais porte la barre cérémonielle), tant sur les temples dynastiques que sur les divers micocosmes qui forment le palais de Palenque. À côté du roi, ce sont les grandes parties du cosmos et les forces naturelles, telles que la terre, le ciel, les enfers, le soleil, que l'on voit figurer dans leur ensemble ou en partie, par leurs emblèmes (monstre bicéphale terrestre ou céleste, *ik* comme principe vital, fente du monstre terrestre) ou leurs représentants.

Autres architectures, autres rituels

La maison B est l'édifice qui limite au sud la cour est du palais de Palenque. Elle a été construite après la maison E (une des premières du palais avec J et K) et sans doute avant la maison C, vers la moitié du VIIe siècle, sous le règne de Pacal[1] *(figure 1.30)*. Elle comprend à l'origine deux corridors parallèles est-ouest, avec trois larges ouvertures au nord, et deux au sud ; le mur médian était percé d'une porte centrale, et une autre, étroite, au nord-ouest permettait de communiquer facilement avec la maison E par sa porte nord-est, à quelques mètres de là. Elle a été postérieurement bouchée et l'on a construit

1. Greene Robertson, 1985a.

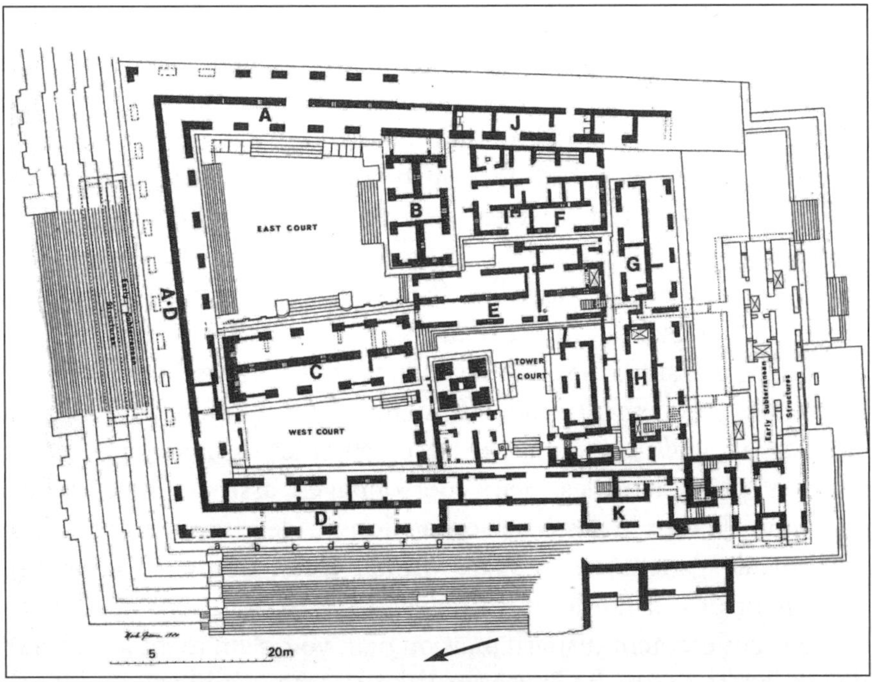

1.30. Plan du palais (d'après Merle Greene Robertson, 1986).

deux cloisons dans chacun des corridors faisant ainsi passer l'édifice de trois à cinq pièces. Il y avait en outre la possibilité de diviser l'espace par des tentures accrochées aux voûtes ; les points d'attache montrent que l'on pouvait diviser chacun des deux corridors en deux dans le sens de la longueur, et que la pièce centrale pouvait être coupée en deux par une tenture courant du nord au sud.

La maison B a perdu la majeure partie de son décor modelé en stuc sur la crête faîtière, les côtés du toit, les piliers et les pièces donnant au nord. En revanche, la moitié sud de l'édifice a conservé assez d'iconographie pour que l'on puisse lui attribuer une destination rituelle et tenter de préciser celle-ci.

De ce côté, on a accès à deux pièces seulement. Beaucoup d'importance a été donnée à l'entrée de la pièce sud-ouest. La porte est en effet entourée d'un cadre en stuc large de trente-trois centimètres et épais de quatre centimètres. Un personnage en relief modelé dans le même matériau ornait chacun des deux montants ; n'en subsistent que les jambes dont les pieds se trouvent au niveau du sol. La figure de gauche a les pieds chaussés de sandales, ouverts à 180° et à plat ; l'autre, nu-pieds, danse avec le pied droit légèrement levé[1]. Les deux reliefs, d'une hauteur totale de 2,4 m, évoquent la scène figurée sur le pilier D de la maison D, où l'un des acteurs danse et l'autre non. Une importante composition était modelée en stuc sur le mur du fond de la pièce, dont il reste peu de chose. On peut cependant reconstituer le décor dans ses grandes lignes grâce au dessin d'un ancien voyageur, non identifié[2] *(figure 1.31)*. Au centre se trouvait une sorte de trône fait de plusieurs masques *cauac* et sur lequel deux personnages assis se faisaient face, de part et d'autre d'une niche en forme de *ik,* richement ornée. Ce signe (T503) est le deuxième nom de jour du *tzolk'in*, le calendrier cérémoniel de 260 jours. Il ne subsiste plus rien des deux personnages assis ; sur le dessin anonyme, ils font le geste de soumission ou de respect en touchant leur épaule gauche de la main droite. Deux hommes debout et présentant des offrandes encadraient cet ensemble. Les reliefs ont presque entièrement disparu mais on peut voir clairement le contour de l'individu de gauche incisé sur le mur comme guide au sculpteur. Il semble que le trône présentait le masque *cauac* de face, encadré de ses deux profils[3].

Le centre de la composition vers lequel convergent les deux couples de personnages qui l'encadrent est clairement la niche en *ik,* entourée de rangs de perles en torsades. *Ik* ne signifie pas seulement « vent », mais exprime le souffle vital, et donc la vie ou la germination, comme l'a suggéré Thompson[4]. Ainsi, par exemple, orne-t-il le front du monstre terrestre de la frise aquatique sur le pilier B de la maison D[5] *(figure 1.34 A, voir page 148)*, donne naissance aux feuilles du maïs sur la stèle H de Copán[6] et, sur l'escalier de la struc-

1. Greene Robertson, 1985a, fig. 173, 175.
2. Publié par Seler (1976, fig. 95) et repris par Greene Robertson (1985, fig. 161).
3. Greene Robertson a interprété les fragments de reliefs au centre du trône comme provenant, d'une part, d'un homme assis et prostré et, d'autre part, d'un oiseau (1985a, fig. 160). Cette reconstitution est peu vraisemblable et je préfère celle de Seler (1976, fig. 94) qui, en 1911, a vu *« quelque chose ressemblant à un grand masque rectangulaire vu de face avec des têtes de serpent de profil, des deux côtés »* (*ibid.*, p. 48).
4. Thompson, 1971, p. 73.
5. Greene Robertson, 1985b, fig. 159-160.
6. Maudslay, 1889-1902, vol. 1, pl. 59.

1.31. Palenque, maison B, pièce sud-ouest. Restitution du relief en stuc par un artiste anonyme (in Seler, 1915, fig. 95 et republié par Merle Greene Robertson, 1985a, fig. 161).

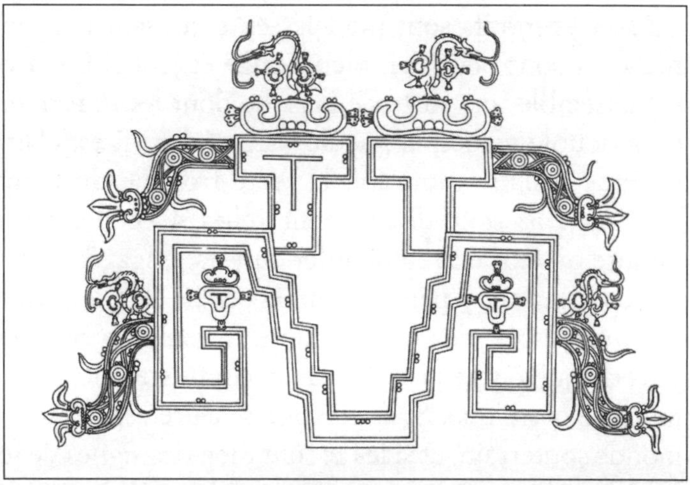

1.32. Palenque, maison B, décor de la pièce sud-est (Merle Greene Robertson, 1985a, fig. 177).

1.33. Palenque, maison E, pièce nord-est, relief de stuc au-dessus de la porte nord : le ciel vu comme un monstre bicéphale à têtes contrastées (dessin de Merle Greene Robertson).

ture 12 du même site, marque le hochet des créatures associées aux *bacabs*, et donc à la fertilité terrestre[1].

Il est probable que la niche elle-même, c'est-à-dire le symbole du *ik* et non ce qu'elle pouvait éventuellement contenir, ait été l'objet du culte. Cela, d'une part, parce que les niches en forme de *ik* sont extrêmement répandues dans le Palais ; ensuite parce que l'étroitesse de la niche ne permet pas d'y loger grand-chose ; enfin, parce que dans la pièce voisine on peut voir deux *ik* en position dominante dont l'un est « plein », c'est-à-dire non creusé dans le mur. C'est donc plus au signe lui-même, le contenant, qu'à un éventuel contenu, que l'on rend hommage, que l'on offre des offrandes, et pour lequel on danse.

L'entrée de la pièce sud-est ne présente aucun décor : il n'y a ni cadre autour de la porte ni reliefs sur ses montants. On trouve en revanche un décor élaboré sur le mur du fond qui consiste pour l'essentiel, en une double grecque scalaire surmontée par deux *ik (figure 1.32)*. Ces motifs sont modelés en stuc, sauf l'un des *ik* qui forme niche, et sont peints en bleu, rouge et jaune. On a voulu voir dans cet ensemble une sorte de masque dont les *ik* formeraient les yeux, et la double volute, la gueule[2]. En réalité, il est clair que la double grecque scalaire reproduit la fente frontale du monstre terrestre[3]. Les deux *ik* sont directement reliés à ce dernier motif, dans la mesure où leur extrémité inférieure est engagée dans l'ouverture, et donc paraissent y pénétrer ou en sortir. Une opposition entre les *ik* est manifestée par l'opposition formelle plein/creux ou fermé/ouvert, qui rappelle le fréquent contraste entre les deux têtes du monstre cosmique. Si la grecque scalaire représente bien l'accès au monde souterrain, et si les *ik* sont bien des signes de fertilité, on peut proposer l'hypothèse que l'ensemble traduit la fertilité issue des entrailles de la terre. Les motifs additionnels confirment cette hypothèse. Le plus important par la taille est une bande souple, quatre fois répétée ; celle-ci prolonge vers l'extérieur la barre horizontale des deux *ik* et les volutes de la fente frontale. Cette bande est ornée

1. Baudez, 1994, p. 181.
2. Seler, 1976, p. 49.
3. Ce qu'a bien vu d'ailleurs Greene Robertson (1985a, p. 48).

de doubles lignes croisées et de signes du jade, et terminée par le signe *na* et par des feuilles. On retrouve ce motif dans certaines coiffures royales, comme celle de la stèle N (CPN 26) de Copán[1] ou des stèles 7 et 8 de Machaquila[2]. Il est pourvu sur ses côtés de deux feuilles allongées qui accentuent son caractère végétal. Le signe glyphique T23, à qui l'on donne la valeur phonétique *na*, et qui se retrouve à l'extrémité des volutes angulaires de la fente au-dessus de petits signes *ik*, est associé à la terre et/ou à l'eau. En effet, on le trouve souvent sous les yeux du monstre *cauac* (par exemple à Copán sur les CPN 3, 4, 8 et 25, etc.), et il fait partie des signes qui accompagnent la frise aquatique, comme celle qui se trouve sous les personnages du pilier B de la maison D *(figure 1.34 A, voir page 148)*. Sur cette frise, le sommet de la tête du monstre terrestre est un glyphe *ik* surmonté de T23[3]. Dans la composition de la pièce sud-est de la maison B, T23 sert de piédestal à une curieuse créature mi-oiseau, mi-reptile, pourvue d'ailes faites d'une coquille, qui souffle de la fumée. Le *shell-winged dragon,* cet hybride qui figure sur la tête des deux personnages latéraux du panneau des Esclaves de Palenque[4], ainsi que sur les stèles 4, 7 et 8 de Machaquila, ou sur les stèles 11 et 8 de Seibal[5], est souvent associé à la coiffure faite d'une feuille de nénuphar attachée par la tige nouée de la même plante. Toute cette iconographie est donc homogène et exprime la terre humide (*na*, coquille, oiseau aquatique) et fertile (*ik*, éléments végétaux). À première vue une note discordante est produite par les têtes d'os qui flanquent les coquilles des oiseaux-reptiles, les *na* et les petits *ik* mais ce n'est qu'une illustration du principe qui consiste à ajouter à un symbole le symbole contraire : ainsi du feuillage pousse sur un crâne, ou une tête d'os prolonge un tube de jade.

L'absence de fouilles dans ce secteur ne nous permet pas de savoir si le décor en relief des pièces sud de la maison B était présent dès la mise en service du bâtiment, avant que l'on élève les cloisons nord-sud, ou s'il constitue des additions tardives. Je penserais volon-

1. Baudez, 1994, p. 83.
2. Graham, 1967, fig. 57, 59.
3. Greene Robertson, 1985b, fig. 147.
4. Schele, 1978, p. 65 ; fig. 17 et notre figure.
5. Hellmuth, 1987, fig. 348, 349.

tiers que le décor existait dès les débuts de l'édifice quand la petite porte ouverte dans le mur ouest de la pièce nord-ouest permettait une communication facile avec la maison E, car il y a peut-être continuité entre l'iconographie des deux structures.

En effet, on ne peut s'empêcher de comparer la scène de la pièce sud-est de la maison B à celle modelée au-dessus de la porte nord-est de la maison E. Ici nous avons deux *ik* au-dessus d'une image de la terre ; là nous avons deux *ik* sous une image du ciel[1]. Dans la maison E, en effet, les flots qui s'écoulent des deux têtes du monstre céleste *(figure 1.33)* tombent auprès de deux niches en *ik* creusées dans le mur, illustrant sans doute le thème de la pluie céleste responsable de la fécondation terrestre. Il est structurellement analogue à la composition de la pièce sud-est dans laquelle la germination a pour image les deux *ik* émergeant des profondeurs terrestres. Si ces deux scènes étaient effectivement liées, elles seraient séparées par le culte illustré dans la pièce sud-ouest.

Dans cette hypothèse on aurait représenté trois moments du cycle agraire : le premier, dans la pièce nord-est de la maison E, montrerait la pluie fécondant la terre. Le second, à quelques pas de là dans la pièce sud-ouest de la maison B, illustrerait le culte rendu au principe de fertilité. La germination tant attendue se manifesterait dans la pièce voisine par l'image du principe vital sous ses deux formes, émergeant de la fente frontale terrestre. Le décor des deux pièces sud de la maison B nous apprend d'abord que des images représentant conventionnellement la terre et la fertilité pouvaient être l'objet d'un culte, ce qui est montré dans la pièce sud-ouest et suggéré dans l'autre. Le culte avait sans doute lieu dans la maison B, avec peut-être un début dans la maison E, qui est avant tout le palais du Couronnement, comme on l'a vu. L'iconographie de la maison B nous apprend que l'objet du culte pouvait être un signe représentant un concept abstrait (le *ik*) ou une composition complexe utilisant des signes et des symboles dont le réalisme est résolument absent. Nous ne savons pas si l'ensemble de la maison B était consacré au culte agraire puisque nous ignorons – en l'absence de décor – ce qui

3. Greene Robertson, 1985b, fig. 79.

pouvait avoir lieu dans les trois pièces au nord de cet édifice. Quoi qu'il en soit, si culte il y avait, il ne pouvait être accompli que par un très petit nombre de personnes. C'est ce que montre un espace limité et morcelé non seulement par les murs et cloisons formant des pièces, mais par les tentures qui permettaient de multiplier les divisions correspondant sans doute à diverses étapes du rituel. Dans la mesure où l'édifice est désigné comme un lieu royal par la natte qui entoure son toit, il est probable que l'officiant était le roi lui-même ou son représentant, accompagné de quelques acolytes.

La maison D à l'angle nord-ouest du palais fut probablement bâtie au début du VIIIe siècle, sous le règne de Kan Xul [1]. Elle comprend deux longs corridors parallèles qui communiquent par une seule ouverture étroite à l'extrémité sud du mur central *(figure 1.30, voir page 141)*. Le corridor ouest donne sur le grand escalier qui descend à la cour des Inscriptions, et sept piliers rectangulaires y créent six ouvertures. Ces piliers (désignés en ordre alphabétique du nord au sud, c'est-à-dire de gauche à droite) sont décorés à l'extérieur de reliefs modelés en stuc, peints à l'origine de plusieurs couleurs. Toutes les scènes sont encadrées d'une frise composée de symboles de fécondité.

J'ai montré ailleurs [2] que les piliers de la maison D présentaient les divers moments d'une même séquence rituelle. En la lisant de gauche à droite, on la reconstitue ainsi :

1. Acte I, pilier B (le pilier A, détruit, portait sans doute une inscription) : brandissant une hache, le roi menace une victime qui esquisse un geste de défense *(figure 1.34 A)*. Il ne s'apprête pas à la décapiter puisqu'il ne la saisit pas aux cheveux, geste conventionnel requis dans les scènes de sacrifice humain. Le roi est debout sur une frise aquatique qui s'étend sur toute la largeur du pilier : la frise est faite de la tête décharnée du monstre aquatique avec le signe *ik* sur le front, accompagnée de petits cercles (symboles de l'eau) et d'images de plantes et d'animaux aquatiques. Cette frise, dont des variantes figurent au bas de tous les piliers, est une image des eaux terrestres fécondantes, source éternelle de la croissance des plantes

1. Greene Robertson, 1985b, et Schele, 1986.
2. Baudez, 1992.

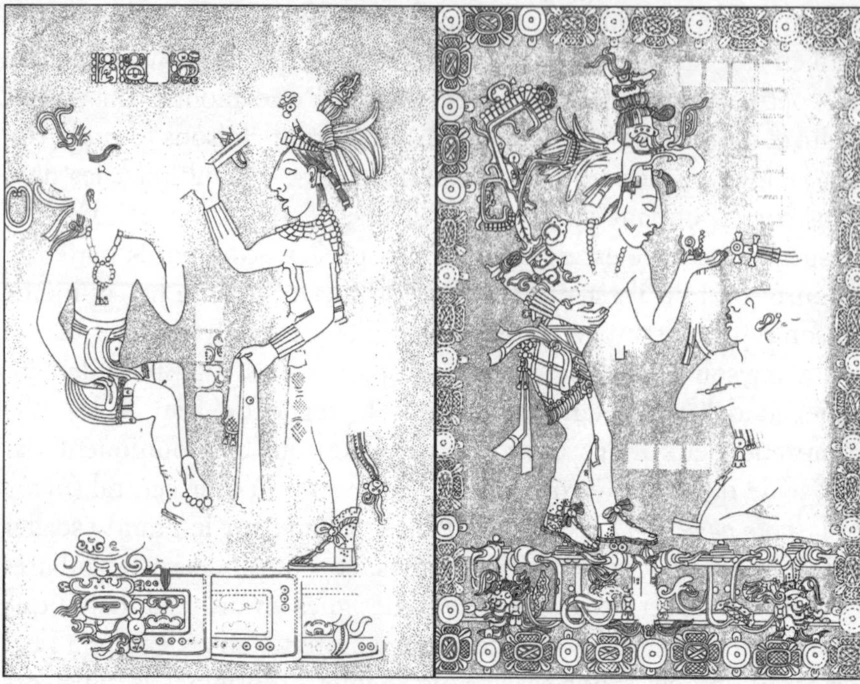

1.34 *A. Palenque, maison D, pilier B : le roi menace de sa hache une victime (Merle Greene Robertson, 1985b, fig. 147).*
B. Idem, pilier C : le roi présente des symboles à son partenaire (op. cit., *fig. 162*).

et de la vie [1]. Symboliquement ou rituellement, l'ensemble de la séquence se réfère à un même environnement aquatique.

2. Acte II, pilier C *(figure 1.34 B)* : le souverain présente un ensemble de symboles à un personnage masculin peu vêtu, agenouillé devant lui ; l'attribut le plus important est une représentation du cosmos avec masque de monstre terrestre et arbre cosmique ; l'autre est un masque de ceinture qui représenterait un poisson *(xoc)*.

3. Acte III, pilier D *(figure 1.35 A)* : sur le troisième pilier, le personnage est habillé en femme et porte sur lui les symboles exhibés sur la scène précédente ; il présente au souverain, en train de danser, un grand serpent ; le roi s'en saisit d'une main, et de l'autre tient une hache.

1. Coggins, 1983.

1.35 *A. Idem, pilier D : le roi et son partenaire – travesti et portant les symboles – exécutant la danse du serpent* (op. cit., *fig. 182*).
B. Idem, pilier F : le roi décapite une victime (op. cit., *fig. 222*).

La scène rappelle les danses de fertilité exécutées, encore il y a peu, chez les Indiens mayas-quichés[1] et chez les Totonaques[2]. Dans ces exemples ethnographiques, les acteurs principaux sont un homme et une femme qui font des simulacres d'accouplement, un serpent que les danseurs manipulent, et une arme, bâton, machette ou fouet.

4. Acte IV, pilier E : manque entièrement.

5. Acte V, pilier F *(figure 1.35 B)* : les acteurs se retrouvent dans les mêmes positions que sur le pilier B. À gauche, la victime, assise sur un masque, est saisie aux cheveux par le roi qui s'apprête à la frapper de sa hache.

Ainsi la maison D est-elle liée directement à un rite agraire qui comprend une danse entre deux épisodes sacrificiels. Avant la

1. Termer, 1928.
2. Ichon, 1969.

danse, le roi en présentant à son partenaire le masque de poisson *(xoc)*, un emblème féminin, lui confère ce sexe. Le cosmogramme que la « femme » va porter dans le dos lui donnera en outre une dimension cosmique : la danse va ainsi apparaître comme l'union sexuelle du roi et de la femme qui représente probablement la terre-mère. Cette union est partie essentielle du rite dont le but est de provoquer la fertilité de la terre et d'assurer des moissons abondantes.

La femme répond en offrant au roi le serpent, qui ici pourrait représenter la foudre. Le roi jouerait alors le rôle du faiseur de pluie. L'acte ou le simulacre sexuel et la danse étaient suivis de la décapitation d'une victime que le roi avait menacée au début du rituel.

On peut rapprocher de cette série, le tableau sculpté en bas relief sur le mur du fond d'un petit sanctuaire (temple XIV) au sud-est du Palais *(figure 1.36)*. Ici le roi Chan Bahlum danse sur une frise aquatique ; une femme à genoux lui présente sur un coussin la foudre personnifiée (dieu K), une variante du serpent brandi par le danseur de la maison D. Si ce rapprochement est valable, le temple XIV, construit par un autre souverain (Kan Xul), aurait une fonction analogue à celle de la maison D.

1.36. Palenque, structure XIV, panneau : une femme à genoux présente la foudre personnifiée (« dieu K ») au roi en train de danser (Merle Greene Robertson, 1991, fig. 176).

Le couple constitué par les stèles A et H de Copán peut être également comparé à celui montré sur le pilier D. Là aussi les deux personnages semblent prêts à exécuter la danse du serpent ou un autre rite semblable de fertilité *(figure 1.37)*. Les deux monuments se font face à quelques mètres l'un de l'autre. Le roi Dix-Huit Lapin est représenté sur la stèle A alors que sur la stèle H on a sculpté une femme, ou plutôt un homme déguisé en femme, comme le suggère le pagne qui recouvre la jupe. Quoiqu'il en soit, les deux personnages ont le même statut, car tous deux portent la barre-serpent. Les stèles A et H forment une paire dans la mesure où la courte inscription de H reprend une partie du long texte sculpté sur A, y compris la date 9.14.19.5.0 4 *ahau* 18 *muan*, qui tombe exactement 260 jours (un *tzolkin*) avant 9.15.0.0.0. (730 de notre ère). Les deux monuments ont donc été sculptés quelque vingt ans après les reliefs de la maison D.

La femme de la stèle H porte sur sa ceinture un masque de poisson *xoc* dont la mâchoire inférieure est faite d'une coquille de spondyle. Elle porte dans le dos un cosmogramme très complet qui comprend un oiseau aux ailes déployées (le soleil diurne) perché sur une barre céleste avec une tête d'oiseau à chaque extrémité (une image du ciel), au-dessus d'un masque squelettique avec *kin* sur le front et couronné par l'emblème en trois parties (la terre comme résidence du soleil nocturne).

Le couple formé par les stèles A et H de Copán est structurellement analogue à celui représenté sur le pilier D de la maison D de Palenque. Dans les deux cas, la femme porte le masque *xoc* à la ceinture et un cosmogramme dans le dos. Sur le pilier D, il comprend un arbre cosmique et une image de la terre dans son rôle de résidence du soleil de la nuit. Sur la stèle H, l'arbre, pilier ou croix n'est pas montré, et la voûte céleste au-dessus de laquelle se tient l'oiseau/soleil diurne est sculptée juste au-dessus du masque qui représente la terre en tant que demeure du soleil nocturne. Dans les deux cas, au personnage masculin est associé une image de croissance végétale. Quand ces couples accomplissent un rite de fertilité, c'est le personnage féminin qui porte le cosmogramme[1]. Ici le rituel

1. Baudez, 1992, pp. 48-50.

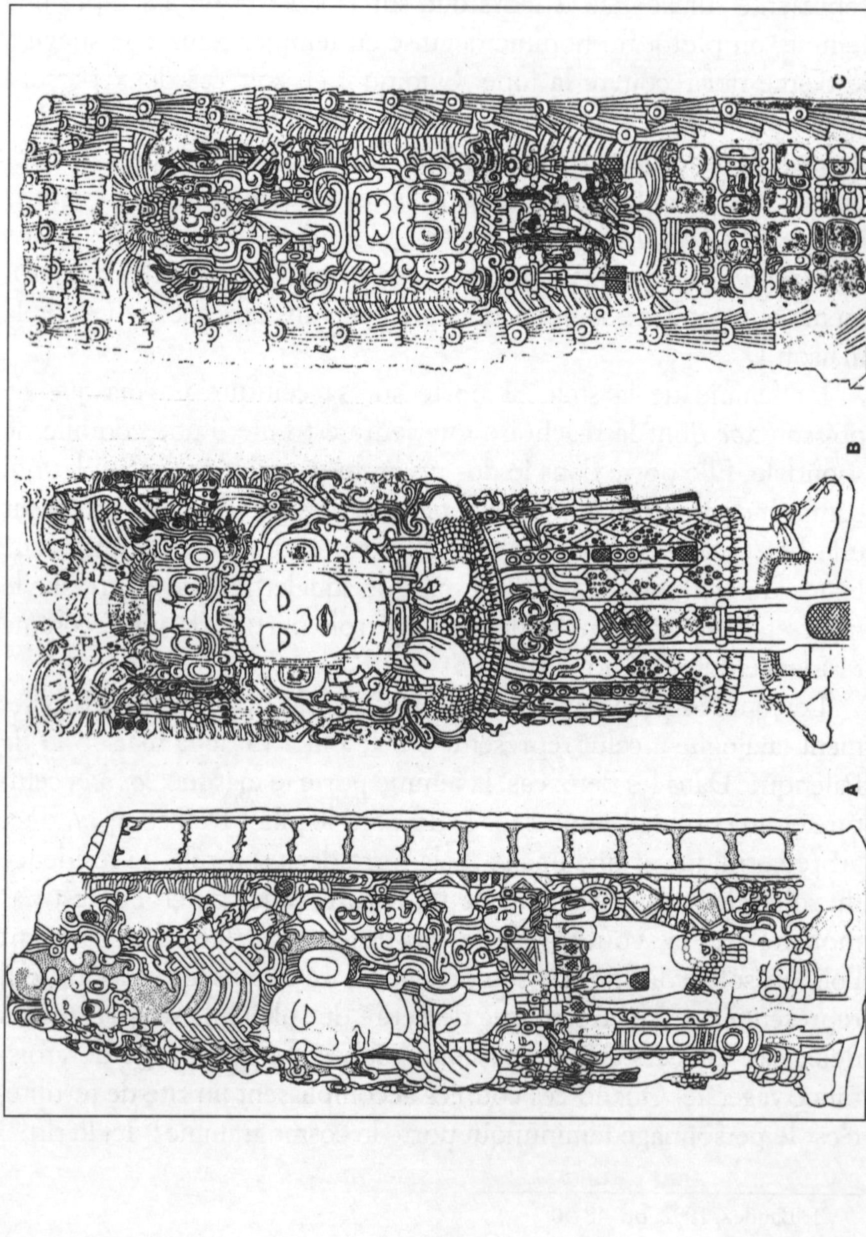

1.37. Copán, A stèle A ; B, C, stèle H, face et dos : comme le partenaire du roi dans la danse du serpent de Palenque, cette femme porte le masque de poisson xoc *à la ceinture et un cosmogramme dans le dos (d'après Maudslay, 1889-1902, vol. I, pl. 56, 61).*

annonce des récoltes abondantes comme le suggèrent les épis de maïs de la coiffure de la femme et les images du maïs personnifié qui décorent les côtés du monument.

Même si le lecteur n'est pas convaincu par cette reconstitution des rites exécutés dans tel édifice ou dans tel ensemble d'édifices, et qui s'appuie sur des hypothèses qu'il peut juger plus plausibles que probables, il devra admettre comme plus que vraisemblable la destination rituelle d'un grand nombre de constructions mayas. Le centre des deux cités sur lesquelles je me suis spécialement penché, Copán et Palenque, apparaît comme un grand théâtre rituel dont les édifices constituent autant de décors. Cela est particulièrement vrai du palais de Palenque qui ne se présente ni comme un ensemble résidentiel, ni comme un quartier de temples consacrés à des dieux, si l'on en juge par les « maisons » qui ont conservé assez d'iconographie pour témoigner de leur fonction.

2.

Les croyances et les rites

Le cosmos et ses différentes parties

L'univers en trois dimensions

Les Mayas de la période classique récente, et sans doute également ceux des périodes précédentes, nous ont laissé des images de leur conception de l'univers, à trois comme à deux dimensions. Dans le premier cas, il s'agit de réalisations architecturales qui reproduisent le cosmos en totalité ou en partie, afin de fournir des scènes pour l'exécution de certains rituels. L'univers tout entier est figuré dans le temple 11 de Copán où les officiants pouvaient, de la surface terrestre, à la fois descendre dans l'inframonde ou monter au ciel, aller du centre à la périphérie, ou de l'est vers l'ouest. De même avec les groupes à pyramides jumelles de Tikal : la course du soleil y est matérialisée par les deux pyramides sur lesquelles on peut se déplacer à la fois horizontalement et verticalement ; l'enclos au nord et le palais à neuf portes au sud non seulement définissent les directions intermédiaires du nord et du sud, mais le haut et le bas, c'est-à-dire le ciel et le monde inférieur. Seul ce dernier est représenté par les édifices 12 et 24 de Copán sous ses deux aspects opposés et complémentaires : ici les esprits du renouveau de la végétation et de la fertilité émergeaient des eaux souterraines pour féconder la terre ; là, on descendait dans le royaume des morts et du soleil nocturne sans doute pour y réaliser les sacrifices nécessaires à la résurrection des grandes forces naturelles.

L'univers en deux dimensions avec le roi

Placer le roi ou un autre être humain au cœur d'un cosmogramme vertical (c'est-à-dire une image en élévation de l'univers) est une convention attestée dès le préclassique récent non maya de la côte Pacifique et des Hautes Terres du Guatemala. Ainsi, sur la stèle 2 d'Izapa *(figure 1.38 A)*, un homme-oiseau tombe, tête la première, vers un arbre dont la frondaison se divise comme pour le recevoir [1]. Cet arbre pousse sur un crocodile qui constitue le bas du monument. Le crocodile qui se prolonge en arbre, icône traitée sur la stèle 25 du même site *(figure 1.38 B)* [2], est l'ancêtre des cosmogrammes placés au centre des panneaux de la Croix et de la Croix Feuillue de Palenque [3]. Le motif conventionnel en haut de la stèle 2 d'Izapa consiste en deux bandes obliques encadrant un U, au-dessus de plusieurs carrés flanqués de deux crochets dirigés vers l'extérieur ; en raison du contexte, il doit représenter le ciel d'où descend l'homme-oiseau (métaphore du coucher de soleil ?). Sur la stèle 4 du même site et sous le même motif conventionnel, un homme-oiseau descend au-dessus d'un autre personnage ailé qui brandit une hache, debout sur un motif comparable au ciel, mais dont les crochets sont tournés vers l'intérieur et sans U [4] *(figure 1.38 C)*. Les motifs « abstraits » du haut et du bas représentent le ciel et la terre et non – en raison du contexte qui participe ici du ciel, là de la terre – les mâchoires d'un même monstre terrestre ou céleste. Le motif du bas de la stèle 11 de Kaminaljuyú [5] est identique au panneau inférieur des exemples précédents ; ici, cependant, un oiseau remplace la gueule stylisée du monstre céleste. Sur la stèle 19 de Kaminaljuyú [6] *(figure 1.38 D)*, un anthropomorphe masqué (*bacab ?*), un genou à terre, tient ou soutient au-dessus de sa

1. Norman, 1973, pl. 4.
2. *Ibid.*, pl. 42.
3. Greene Robertson, 1991, fig. 9, 153.
4. Norman, 1973, pl. 8.
5. Parsons, 1986, p. 66 ; fig. 169 ; Baudez et Becquelin, 1984, fig. 10, 279.
6. Parsons, 1967, fig. 3 ; Parsons, 1986, fig. 55 ; Quirarte, 1973, fig. 11a.

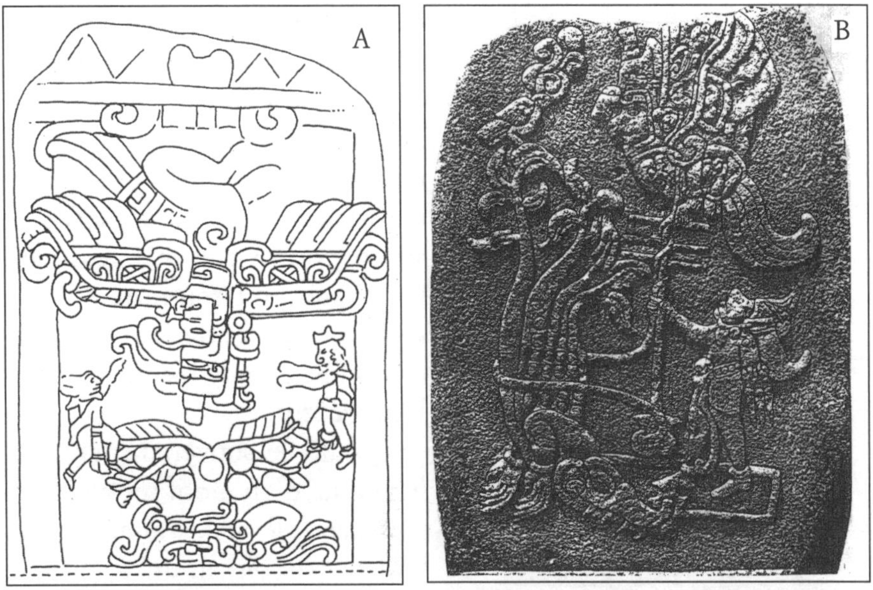

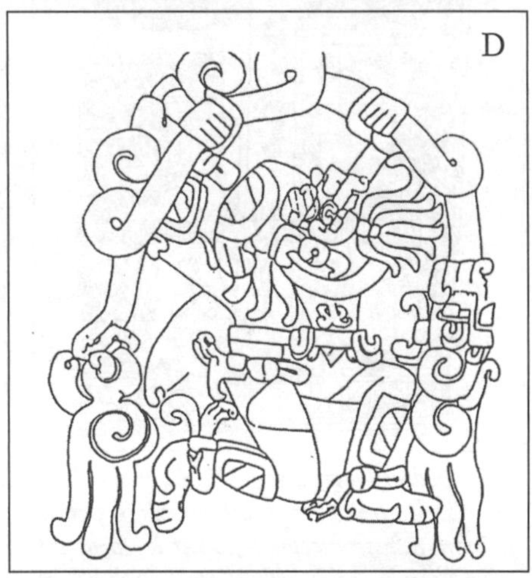

1.38. Izapa. *A stèle 2 (d'après Norman, 1973). B stèle 25 (d'après Norman, 1973). C stèle 4 (d'après Norman, 1973).*

Kaminaljuyú. *D stèle 19. Un anthropomorphe soutient le monstre céleste bicéphale (d'après Quirarte, 1973, fig. 11a).*

1.39. Piedras Negras, stèle 11. La niche dans laquelle le roi est assis est encadrée par le monstre céleste bicéphale, dont le corps est une « bande céleste » (d'après Schele et Miller, 1986).

tête un serpent aux extrémités contrastées : une tête petite et « réaliste » à gauche, un masque inversé à droite. Cette façon de représenter la voûte céleste sous la forme d'un monstre bicéphale au corps arqué et aux têtes soit identiques, soit contrastées (l'une vivante, l'autre décharnée) connaîtra une grande fortune au classique récent.

Quand le souverain maya est surmonté d'un motif reptilien qui représente le ciel, dominé à son tour par un oiseau qui symbolise le soleil au zénith, l'image conventionnelle placée sous lui doit désigner la terre. Au classique ancien, sur la stèle 4 de Tikal *(figure 1.48 a, voir p. 178)*, une des plus anciennes connues, un masque de profil sert de siège au roi alors que la tête de la créature qui représente la foudre est placée au-dessus du souverain [1]. Sur la stèle 18 du même site, approximativement contemporaine de la stèle 4, le roi est assis sur un masque comparable au siège précédent [2] ; comme le haut du monument est détruit, on ne sait si le souverain était dominé par une autre créature.

Au classique récent, le linteau 3 du temple IV de Tikal [3] *(figure 1.40)* nous montre le roi assis sur un trône au sommet d'un échafau-

1. Jones et Satterthwaite, 1982, pp. 13-16 ; fig. 5, 8 ; Baudez, 1992.
2. Jones et Satterthwaite, 1982, fig. 26.
3. Jones et Satterthwaite 1982, fig. 74.

dage à degrés, encadré par un monstre au corps de serpent pourvu, à ses deux extrémités, d'une tête. À gauche, elle est vivante et ouvre ses mâchoires sur un être fantastique ; à droite, elle est semblable à la première, mais cette fois décharnée et « dans le mauvais sens », c'est-à-dire inversée et regardant vers le haut. Les têtes contrastées du monstre expriment les deux termes d'une opposition fondamentale vie/mort, humide/sec, diurne/nocturne, etc. Le monstre bicéphale au corps arqué au-dessus du roi représente la voûte céleste, ce que nous confirment sans ambiguïté d'autres compositions analogues à Piedras Negras[2] *(figure 1.39)* ou à Quiriguá[1] *(figure 1.41)* où le corps du monstre est constitué d'une « bande céleste » composée de

1.40. Tikal, temple IV, linteau 3. Le monstre céleste bicéphale forme une voûte au-dessus du roi (d'après Jones et Satterthwaite, 1982, fig. 74).

1. Maler, 1901-1903, pl. 15, 20, 22.
2. Morley, 1935, fig. 28.

1.41. Quiriguá, détail du dos de la stèle I. Le ciel sous forme d'une bande céleste, avec une tête d'oiseau à chaque extrémité, encadre le roi, assis sur un masque de monstre terrestre.

panneaux contenant des signes représentant des astres et des attributs du firmament. Dans tous ces cas, un oiseau quetzal aux plumes longues et abondantes, est perché sur le « corps » du monstre céleste, au sommet de la composition. Il est très probable que cet oiseau figure le soleil diurne au zénith. Une variante de composition cosmique est illustrée sur certaines stèles de Yaxchilán où des représentations astrales pendent d'une bande céleste placée horizontalement sur le haut du monument[1].

Le but de ces compositions n'est pas seulement de placer le roi dans un contexte universel ; il s'agit en outre de montrer le rôle cosmique du souverain qui fait le lien entre le monde d'en bas et celui d'en haut, entre le monde des hommes et celui des esprits. Il est parfois clairement vu comme l'arbre cosmique soutenant le ciel ; ainsi sur les stèles de Copán où le roi, raide et droit comme un tronc, soutient la barre serpent, une image du ciel.

1. Stèles 6, 10, 11 ; stèles 1, 4 : Spinden, 1913, fig. 89a, b.

1. Chicanná, structure 2 : exemple de « portail intégral » (photo Cl.-Fr. Baudez).

2. Kabah, Codz Pop. La façade est entièrement couverte de masques du monstre terrestre (photo Cl.-Fr. Baudez).

3. Uxmal, palais du Gouverneur, détail de la façade. Un roi émerge de la gueule béante du monstre terrestre (photo Cl.-Fr. Baudez).

4. Copán, structure 22 : masques cauac *aux angles de l'édifice (photo J.-P. Courau).*

5. Copán, autel de la stèle M, côté sud. Les côtés et le dos du corps de ce monstre terrestre bicéphale sont décorés de masques cauac *de face (photo Cl.-Fr. Baudez).*

6. Palenque, temple et pyramide des Inscriptions (photo Cl.-Fr. Baudez).

7. Copán, jeu de balle A-III (photo Cl.-Fr. Baudez).

8. Piedras Negras, palais J-6, trône. Son dossier représente un masque cauac *de face ; deux seigneurs apparaissent dans les orbites (photo J.-P. Courau).*

9. Copán, structure 12 et cour ouest (photo Cl.-Fr. Baudez).

10. Copán, structure 24 et cour est (photo Cl.-Fr. Baudez)

11. Copán, structure 26 : l'Escalier hiéroglyphique (photo Cl.-Fr. Baudez).

12. *Copán, structure 12, personnage brandissant un hochet frappé du signe* ik *(photo Cl.-Fr. Baudez).*

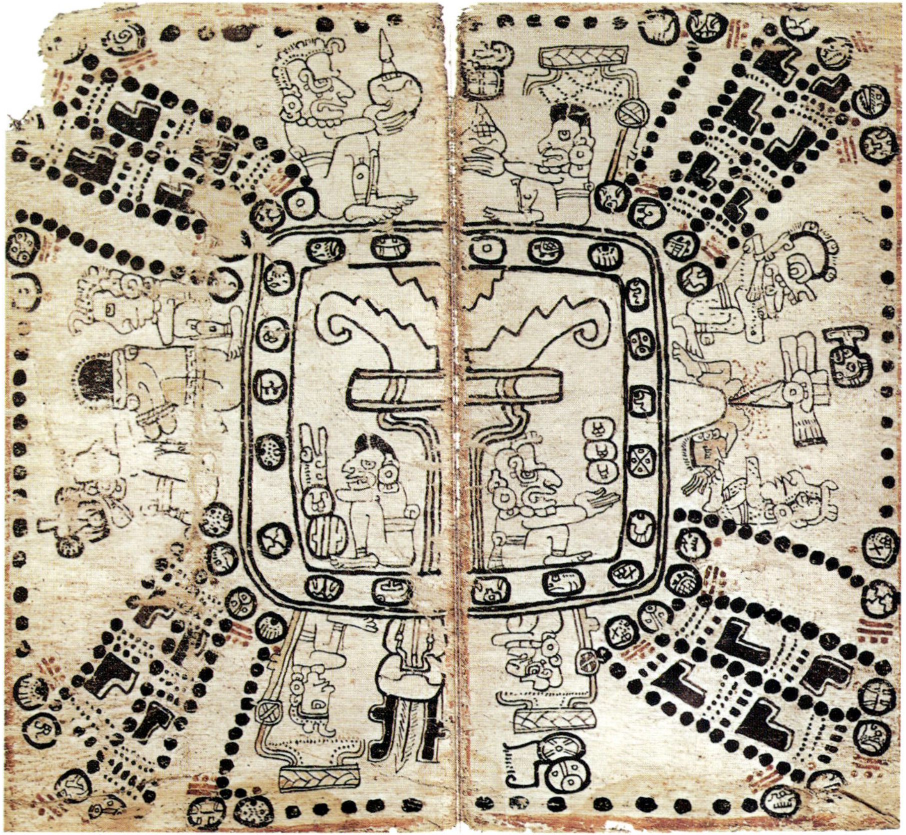

13. Tzolkin *du codex de Madrid. (Codex Tro-Cortesianus. Akademische Druck, pp. 75-76)*

14. *Copán, structure 24, bloc central de l'escalier (photo Cl.-Fr. Baudez).*

15. *Copán, structure 24 : jaguar et tête de mort (photo Cl.-Fr. Baudez).*

16. Palenque, groupe de la Croix. De gauche à droite : temple de la Croix, temple de la Croix Feuillue, temple XIV (au premier plan, non compris dans le groupe de la Croix), temple du Soleil (photo Cl.-Fr. Baudez).

17. Couteau « excentrique » (photo J.-P. Courau).

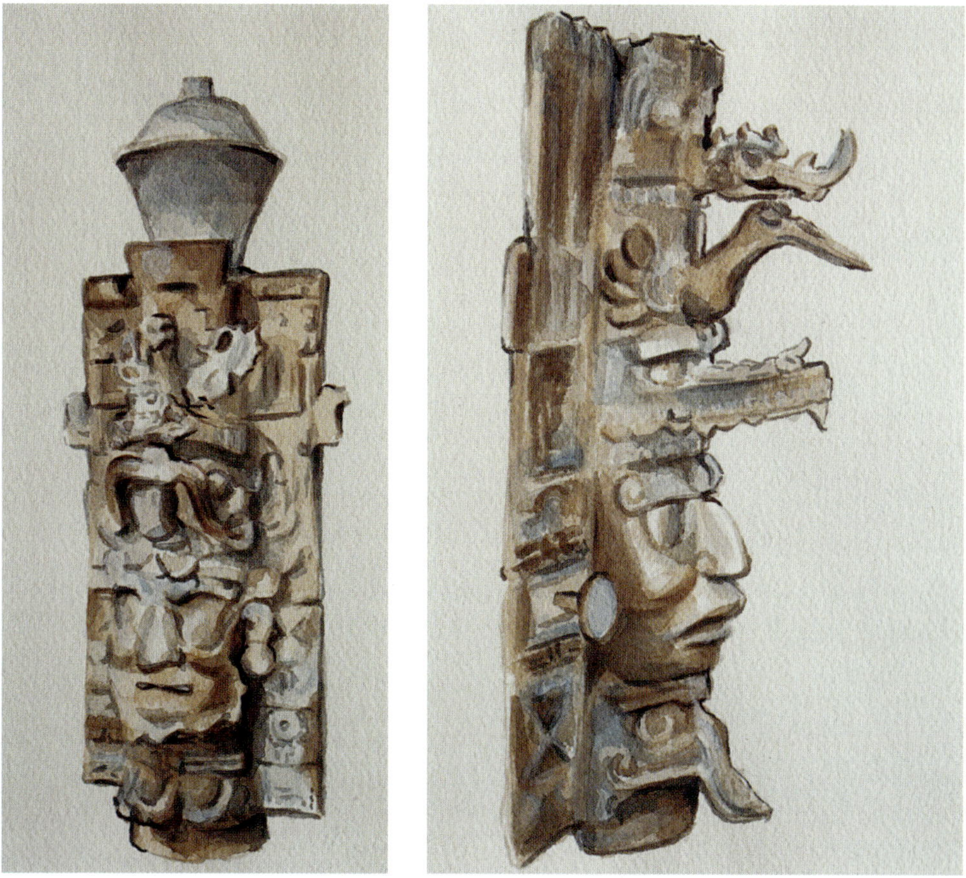

18. Palenque, supports d'encensoirs (aquarelles d'Isabelle Bonzom).

19. Copán, encensoirs à l'effigie royale (aquarelle d'Isabelle Bonzom).

20. Bonampak, salle 1, groupe de danseurs (photo E. Ferorelli, retravaillée par D. Stern, National Geographic*, 1995, D.R.).*

21. Bonampak, scène d'autosacrifice (photo E. Ferorelli, retravaillée par D. Stern, National Geographic, *1995, D.R.).*

22. Figurine de Jaina : tisserande. D.R. © Jorge Pérez de Lara/Raices/ INAH 2001.

23. Figurine de Jaina : joueur de balle. D.R. © Michel Zabé/Raices/ INAH 2001.

L'univers en deux dimensions sans le roi

L'univers pouvait être aussi montré à deux dimensions sous la forme schématique que l'on appelle cosmogramme, qui présente en élévation les grandes régions de l'univers. Ce sont, au classique récent, parfois de grandes compositions comme celles sculptées sur le panneau du temple de la Croix ou sur le couvercle du sarcophage du temple des Inscriptions de Palenque *(figures 1.20 C et 1.42)*. À la base est une image de la terre sous forme d'un masque vu de face, surmonté d'un arbre cruciforme qui est à la fois l'image du pilier central qui soutient le ciel et le chemin du soleil du nadir au zénith. La voûte céleste est figurée par un serpent bicéphale au corps arqué et au sommet de l'arbre est perché un quetzal, image du soleil diurne. Plus couramment, les cosmogrammes prennent une forme réduite et littéralement « portable », puisqu'ils sont portés dans le dos de l'officiant à l'occasion de rituels déterminés. Lors de la danse du serpent dépeinte sur le pilier D de la maison D de Palenque, le « partenaire féminin » du roi porte le cosmogramme que lui a

1.42. Palenque, tombe du temple des Inscriptions, couvercle du sarcophage (d'après Merle Greene Robertson, 1983).

présenté le souverain sur la scène figurée sur le précédent pilier (*figure 1.35 A, p. 149*). Il consiste en un masque terrestre (dans son aspect de demeure du soleil nocturne avec l'emblème tripartite) surmonté de trois serpents en perles qui représentent le tronc et les branches de l'arbre cosmique[1]. À Copán, le cosmogramme porté par la femme sculptée sur la stèle H qui fait paire, pour l'exécution de la même danse, avec le roi montré sur la stèle A, est plus complet (*figures 1.37, p. 152*) ; on y reconnaît le masque terrestre prolongé vers le bas d'un pseudo-pagne et coiffé de l'emblème tripartite, à son tour directement surmonté de la voûte céleste bicéphale. Le quetzal solaire est perché à son sommet. Des cosmogrammes comparables et prolongés d'un pseudo-pagne sont portés dans le dos des rois de Tikal sur les stèles 5, 11, 19, 21 et 22 – couvrant 133 ans – (*figure 1.25, p. 133*), et des danseurs sur des vases de style Holmul (*figure 1.68, p. 260*). Une dimension cosmique est conférée au porteur d'une image du cosmos ; dans la mesure où elle imite la structure du costume royal, elle confirme que le corps du roi ou de son double est bien un « miroir de l'univers ».

Ambivalence du monstre cosmique

Il n'y a pas de différence fondamentale entre, d'une part, la créature qui figure sur la sculpture architecturale CPN 13 (*figure 4, p. 34*) ou sur les autels des stèles D et M de Copán, et celle qui encadre la porte intérieure du temple 22 du même site (*figure 1.5, p. 86*). Dans tous ces cas, il s'agit d'un monstre reptilien bicéphale dont une des têtes apparaît comme vivante et l'autre, squelettique ; cette dernière porte le glyphe du soleil accompagné de l'emblème tripartite qui qualifie l'astre comme nocturne. Le monstre cosmique, aux têtes contrastées ou non, peut représenter autant le ciel que la terre. La situation élevée du monstre et son corps arqué le désignent clairement comme figurant le ciel ; sa situation au pied de l'image royale le désigne comme terrestre. Pour dissiper toute ambiguïté il suffira de dessiner une bande céleste sur le monstre cosmique pour en faire

1. Miller, 1974, et Baudez, 1992.

le ciel, ou des signes *cauac* pour le rendre terrestre. Cette ambivalence du monstre cosmique, tantôt terre, tantôt ciel, est intentionnelle ; elle signifie que le ciel et la terre sont fondamentalement semblables sinon identiques et que l'un est l'image-miroir de l'autre. La bicéphalité contrastée permet de poser clairement l'opposition bipolaire qui constitue le fondement de la pensée maya.

La terre

On a vu plus haut, à l'occasion de l'examen des temples tératomorphes, que les Olmèques concevaient la terre sous la forme d'un monstre aux traits félins dont la gueule, en forme de médaillon cruciforme, représentait l'entrée d'une grotte menant à l'inframonde, ou la porte d'un temple. Les masques de jaguar qui subsistent sur certaines pyramides (par exemple, 5D-33-2nd de Tikal ou du groupe H de Uaxactún) indiqueraient que la terre a pu continuer à s'incarner sous les traits du jaguar même au classique ancien.

Quoi qu'il en soit, avec la frise de Balamku datée du Ve siècle, la terre est montrée sous ses deux aspects, symbolisés par le masque du monstre reptilien (que nous décrirons plus bas sous le nom de *cauac*) et le jaguar, présentés en alternance *(figure 1.43)*. Les deux masques aux extrémités de la frise sont triples, c'est-à-dire constitués d'une face et de deux profils ; les deux masques intermédiaires sont simples et de face. Des signes *cauac* sont placés sur les dents et sur les volutes qui prolongent les fentes frontales. Les yeux des monstres sont couverts de trois « flammes ». La terre est d'abord source de vie ; elle renferme les eaux souterraines et c'est d'elle que naissent les plantes. Les liens étroits entre l'eau et la végétation sont symbolisés par le nénuphar, plante aquatique par excellence, et par des amphibiens comme le crocodile et le crapaud. En opposition à cet aspect humide-fertile, la terre comme demeure des morts et du soleil nocturne est habitée par trois jaguars solaires, patrons de la guerre et des sacrifices sanglants. Ceux-ci sont nécessaires pour nourrir non seulement le soleil et la terre mais aussi l'univers tout entier qui, grâce aux sacrifices offerts, peut fonctionner normalement. Les jaguars sont en réalité des hybrides à corps félin et tête reptilienne avec un museau allongé et un nez prolongé de tubes de jade. Ces

1.43. *Balamku, maison des Quatre rois, frise.*

1.44. Rio Azul, tombe 1, peintures (d'après Hellmuth, 1987).

hybrides sont analogues à la créature du classique ancien, appelée GI, qui combine des caractéristiques aquatiques et solaires.

Les peintures de la tombe I de Rio Azul présentent, de part et d'autre de la Série initiale (le texte qui donne une date en Compte long), des images du monstre terrestre, vu cette fois de profil, très comparables à celles de Balamku [1] *(figure 1.44)*. À gauche, l'ensemble qui comprend un masque terrestre placé au-dessus d'un profil d'oiseau, représente le soleil diurne « sortant de terre », c'est-à-dire levant ; le masque a un médaillon quadrilobé sur le front, et trois flammes couvrent son œil, sous lequel est le signe *na* ; ses dents, enfin, portent des signes *cauac*. À droite de la Série initiale, le grand masque qui représente également la terre a des bandes croisées dans l'œil, derrière lequel on peut voir un signe *cauac*, et sous lequel on reconnaît *na* ; le museau retroussé apparaît devant une feuille de nénuphar semblable à celles d'un des masques triples de Balamku ; on notera la dent de requin visible sous la lèvre supérieure. Une tête *kin* aux yeux loucheurs est à demi enfoncée dans la fente frontale et représente le soleil couchant disparaissant dans la terre.

La portion de frise en stuc, provenant de Placeres (à environ cinquante kilomètres au sud-est de Calakmul), découpée par des pilleurs, expédiée à New York, récupérée par les autorités mexi-

1. Hellmuth, 1987, fig. 594.

caines, et remontée au Musée national d'anthropologie de Mexico [1], est aussi de période classique ancienne. Comme à Balamku, son thème principal est l'émergence du roi/soleil diurne (K'inich' K'ak Mo') depuis la terre, domaine des *bacabs* brandissant des symboles de fertilité. Une des photographies prises en 1968 par les pilleurs [2] montre une partie de la frise en place avant son démontage. Un visage royal est encadré par deux *bacabs* en vue frontale ; à droite, on distingue les restes très abîmés mais non ambigus (ornement d'oreilles et masque de menton) d'une autre image royale que les pilleurs ont laissée et qui donc ne figure pas sur la frise remontée au Musée d'anthropologie. Si la portion de frise de Placeres présente la séquence *bacab*-roi-*bacab*-roi, il est fort probable qu'elle ait obéi à la même structure que la frise de Balamku (où quatre rois alternent avec quatre jaguars) et que, à l'origine, quatre rois alternaient avec quatre *bacabs*. Ces derniers, qui personnifient la terre fertile, remplacent les jaguars de Balamku ; quant aux rois qui se trouvent à leur niveau, seul leur visage et leurs ornements émergent de terre. Les *bacabs* présentent des insignes sur leurs mains ouvertes ; celui de gauche présente dans sa main gauche l'emblème « 7 glyphe » dont le glyphe pour « noir » et la croix *kan* sont des composantes. De même, sur la stèle 2 de Machaquila [3] (classique récent), le *bacab* agenouillé au pied du souverain présente sur sa main, levée vers le roi, l'emblème « 7 glyphe » ; il est orné des mêmes éléments végétaux. Ici son crâne est prolongé du cou et de la tête d'un oiseau aquatique, précisant ainsi le monde de la terre humide et fertile auquel ce personnage appartient.

On en sait beaucoup plus sur la cosmologie du classique récent grâce aux nombreuses images qui nous sont parvenues de cette période. Les cosmogrammes montrent notamment que l'opposition entre la surface terrestre et le monde souterrain, sans pour autant privée de sens, est peu signifiante. Bien sûr, le roi debout sur un masque la représentant est « sur terre » et non « en terre », et donc la

1. Hellmuth (*ibid.*, p. 26) affirme que la frise provient de Placeres, au sud de la route Chetumal-Escárcega, à égale distance de Kohunlich et de Becan, et donc distant de quatre-vingts kilomètres environ de Balamku.
2. Freidel, 2000, pp. 24-25.
3. Graham, 1967, fig. 44.

surface n'est pas niée ; cependant, ce qui constitue l'étage intermédiaire entre la terre et le ciel n'est pas la surface proprement dite, mais bien plutôt le support physique du ciel qui joue aussi le rôle de lien entre les deux grandes parties de l'univers : ainsi les *bacabs* de la porte du temple 22 de Copán *(figure 1.5, p. 86)*, l'arbre cosmique du panneau du temple de la Croix de Palenque *(figure 1.20 C, p. 125)*, ou le roi sur le linteau 3 du temple IV de Tikal *(figure 1.40, p. 159)*.

La terre peut apparaître sous les traits d'un animal emblématique comme le crocodile, le crapaud, la tortue, animaux qui font tous référence à un environnement amphibie, à la fois terrestre et aquatique. Plus fréquemment cependant, elle est décrite sous les traits d'une créature hybride, reptilienne comme le ciel, mais où dominent ceux du crocodile ; sa tête apparaît souvent comme un masque plat généralement privé de mandibule, avec un museau pendant, un nez à double volute avec deux tubes de jade ou d'os issus des naseaux, des yeux à lourdes paupières et des sourcils importants aux extrémités en volute. Le masque est presque toujours encadré des ornements d'oreille prolongés en haut d'une volute de végétation et en bas d'un os/*ahau* inversé [1]. Parfois des personnifications du maïs, sous forme d'hommes jeunes à chevelure végétale, naissent du masque en divers endroits [2] *(figure 1.4 a, p. 85)*.

Rappelons que le monstre est appelé *cauac*, parce qu'il porte sur la gueule comme sur le corps les éléments de ce glyphe, signe du XIXe signe de jour du *tzolkin* : la « grappe de raisin » où des petits cercles sont alignés en nombre décroissant du haut vers le bas, trois anneaux disposés en triangle, et un demi-cercle bordé de perles ou de points [3]. Bien qu'au jour *cauac* corresponde dans le calendrier aztèque le signe *quiauitl*, « pluie », et bien que les noms qui lui correspondent dans les calendriers mayas actuels signifient « tempête », « tonnerre » ou « pluie », *cauac* est certainement un nom qui, avec *caban* (le dix-septième signe de jour du *tzolkin*), dési-

---

1. Toniná, monument 102 ; Becquelin et Baudez, 1979-1982, fig. 57a, b.
2. Bonampak, stèle 1 : Mathews, 1980, p. 63, fig. 3 ; Quiriguá, stèles D et H : Maudslay, 1889-1902, II, pl. 22, 45a.
3. Toniná, monument 106 : Becquelin et Baudez, 1979-1982, fig. 175-176a ; Quiriguá, dos de la stèle I : Morley, 1935, fig. 28 ; Hellmuth, 1993, p. 34 ; Bonampak, stèle 1 : Mathews, 1980, p. 63, fig. 3, etc.

gnait la terre, peut-être en même temps que la pluie, comme dans la cosmologie chinoise où le nuage est associé au ciel et la pluie à la terre. Les éléments du glyphe *cauac* figurent facultativement sur les masques ; ils y sont présents apparemment pour accentuer ou préciser leur caractère terrestre. Si les monstres terrestres ressemblent parfois à s'y méprendre aux monstres célestes, en étant eux aussi reptiliens et bicéphales, seules les créatures terrestres peuvent porter des signes *cauac*. Parfois ces derniers remplacent le masque lui-même ; ainsi sous les pieds du personnage principal de la stèle 7 d'Aguateca se trouve une bande divisée en panneaux à la manière d'une bande céleste mais contenant des éléments *cauac* ainsi qu'un masque terrestre *(figure 1.45)*[1]. *Cauac* peut aussi figurer aux côtés du glyphe *caban* (T526)[2], ou être remplacé par lui[3], ou encore par *imix* (T501), glyphe du premier nom de jour, qui symbolise l'environnement aquatique de l'inframonde[4].

Nous avons vu que l'une des caractéristiques du monstre terrestre est d'avoir parfois le corps orné ou formé de masques *cauac*, empilés ou non. Ces masques forment bien le corps du monstre, comme le confirment ceux appliqués sur le corps d'autres créatures terrestres : sur les *bacabs* qui soutiennent la voûte céleste de la porte intérieure du temple 22 de Copán ou sur les animaux terrestres, crocodile et crapaud, qui vomissent ou avalent les rois au pied de la stèle N (CPN 26) du même site[5]. Quand un ou plusieurs personnages figurent à l'intérieur d'un cadre formé d'une succession de masques *cauac* ou de signes *caban*, cela indique qu'ils se trouvent dans la terre *(figure 1.45)*.

On aura remarqué que le portrait du monstre terrestre n'est pas fixé et qu'une grande latitude est laissée à l'artiste pour exprimer exactement ce que demande le contexte ; il peut dépeindre la terre en tant que source de vie et de fécondité, ou au contraire comme la

1. Graham, 1967, fig. 16-17.
2. Par exemple dans le composé glyphique formant le nom du roi Soleil Levant sur les pieds de la banquette CPN 999 ; Baudez, 1994, p. 235 ; fig. 112b.
3. Comme sur le monument 69 de Toniná où le roi est assis sur un espace marqué de signes *caban* et de T616b : Becquelin et Baudez, 1982, III, fig. 140-141.
4. Yaxchilán, stèle 7 ; CPN 33, siège du sixième personnage de profil gauche : Maudslay, 1889-1902, V, pl. 96, etc.
5. Baudez, 1988, et Baudez, 1994.

1.45. a *« vase des sept dieux », détail : le dieu L se trouve dans la terre comme le montre l'empilement des masques* cauac *(d'après Coe, 1973, p. 49) ;* b *codex de Dresde, p. 30a : le dieu B est dans la terre comme le montre la frise de signes* caban *qui l'enferme (d'après Villacorta et Villacorta, 1977) ;* c *codex de Dresde, p. 41a : le dieu B est assis sur la terre et sa fente frontale (d'après Villacorta et Villacorta, 1977) ;* d *Aguateca, stèle 7, détail : le niveau terrestre est indiqué par un masque* cauac *et des signes* cauac *(d'après Graham, 1967, fig. 17).*

demeure des morts et des puissances infernales ; le plus souvent, il nous la montre sous ces deux aspects à la fois, en privilégiant plus ou moins l'un ou l'autre. Dans tous les cas, le monde souterrain est une sorte de creuset où la mort est transmuée en vie, et les accès à l'inframonde revêtent une importance particulière que ce soit pour y entrer ou pour en sortir. Outre la gueule du monstre qui avale ou vomit, on peut tomber dans, ou émerger de la fente à degrés prolongée de deux importantes volutes, qui souvent divise son front[1]. Cette fente joue un rôle considérable parce qu'elle constitue, avec la gueule du monstre, l'autre voie d'accès depuis la surface terrestre au monde souterrain ; on reconnaît son importance au fait

1. Palenque, temple de la Croix Feuillue : Baudez, 1991 ; Hellmuth, 1993, p. 38 ; Bonampak, stèle 1 : Mathews, 1980, p. 63, fig. 3.

qu'elle peut figurer seule pour représenter le monstre dans son ensemble : nous l'avons vue sur le mur de la pièce sud-est de la maison B de Palenque[1] *(figure 1.32, p. 142)* ; au postclassique récent, la fente donne accès au centre de la terre sur le *tzolkin* du codex de Madrid[2] *(voir planche 13)* et sert de siège au dieu B sur la page 41 du codex de Dresde[3] *(figure 1.45)*. Une des formes emblématiques de la terre, « 9 tête »[4] est une tête squelettique ayant pour front T629, glyphe pourvu à son sommet d'une large échancrure ; on trouve au-dessus soit un affixe bordé de perles, image de fécondité, soit des traces de pas dirigées vers l'extérieur exprimant l'émergence, probablement, de la végétation.

Le médaillon quadrilobé est une image conventionnelle de la terre extrêmement répandue, à la fois parce qu'elle est une vue du dessus de la gueule du monstre et parce que son dessin en croix exprime une de ses propriétés essentielles, les quatre (ou parfois cinq) directions. Symbole de l'ouverture et spécialement de celle de la terre, son origine est la gueule largement ouverte du monstre terrestre sur les sculptures olmèques comme le relief 1 et le monument 9 de Chalcatzingo *(figure 1.3 b, c, p. 80)* ou l'autel 4 de La Venta[5] ; le ou les personnages inscrits dans un tel médaillon se trouvent donc dans la gueule du monstre ; mais comme ce dernier peut être céleste, par exemple sur le toit du sanctuaire du temple de la Croix, on précise s'il y a lieu la nature terrestre du motif en l'ornant d'une plante aux quatre coins, comme sur les gueules quadrilobées des monuments olmèques précités ou sur des monuments mayas du classique récent : autel 13 de Caracol[6] ; jambage sud-est de la structure 18 de Copán[7] *(figure 1.3 d, p. 80)* ; marqueurs du terrain de jeu de balle A-IIb de Copán *(figure 1.29, p. 138)*[8] ; façade du temple du Soleil de Palenque[9]. La fente frontale est une vue en coupe du médaillon

1. Greene Robertson, 1985, II, pl. 177.
2. Baudez, 1991, fig. 3a.
3. Villacorta et Villacorta, 1977.
4. Baudez, 1984, fig. 2 ; Baudez, 1994, p. 262, fig. 115 ; Schele et Miller, 1986, fig. 42.
5. Grove, 1984, fig. 5, 8 ; pl. VIII.
6. Beetz et Satterthwaite, 1981, fig. 24, 42b.
7. Baudez, 1994, fig. 96b.
8. *Ibid.*, pp. 162-163 ; fig. 77-78.
9. Greene Robertson, 1991, IV, pl. 120-121.

quadrilobé, comme le montrent les stèles 4 et 6 de Caracol[1] et surtout la stèle 2 de Tres Islas[2]. Le piédestal sculpté sur le jade de Altun Há est un médaillon à quatre lobes fait de deux fentes superposées[3]. On a souvent utilisé la moitié supérieure ou inférieure du médaillon quadrilobé pour les mêmes fonctions (de piédestal, de siège, ou de cadre) et avec le même sens que le motif entier ; ainsi le piédestal de la stèle 4 de Machaquila est la moitié supérieure d'un médaillon contenant des signes *imix* et *cauac* avec deux plantes jaillissant entre les lobes[4]. Sur le monument 135 de Toniná, un personnage est assis sur la moitié inférieure, stylisée en T, d'un médaillon avec deux plantes entre les « lobes » et des signes *cauac* à l'intérieur[5] *(figure 1.46 a)*. À Quiriguá, la terre, qui est le motif central des monuments 23 et 24 (autels des Zoomorphes O et P), est représentée par un grand T orné de multiples signes *cauac (figure 1.46 b)*[6].

Le concept des quatre directions terrestres est exprimé par la disposition en croix des volutes de végétation sur les dalles au pied de la structure 12 de Copán. On le trouve aussi exposé par le masque terrestre dans sa forme tripartite, c'est-à-dire vu à la fois comme une face et comme deux profils, comme les masques des extrémités de la frise de Balamku, ainsi que celui sur lequel se tient le grand personnage sur le panneau principal du temple de la Croix Feuillue à Palenque *(figure 1.4 b, p. 85)*[7] ; la quatrième direction, non visible, doit être imaginée derrière le masque tripartite. Le

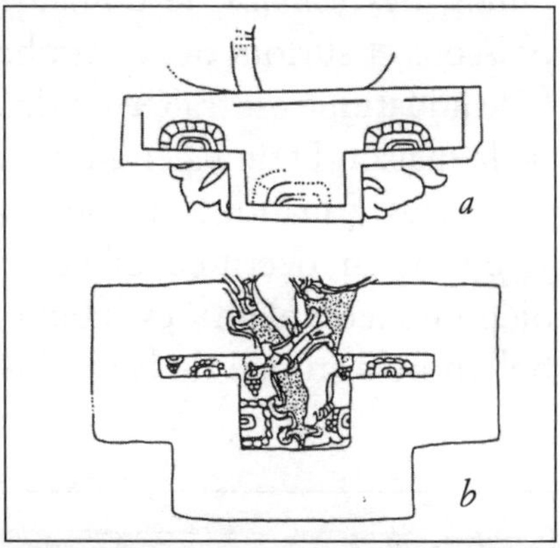

1.46. La terre en forme de T ou de moitié inférieure du médaillon cruciforme : a *Toniná, monument 135, détail ;* b *Quiriguá, monument 24, détail (Baudez, 1994).*

1. Beetz et Satterthwaite, 1981, fig. 5, 7.
2. Hellmuth, 1993, face 11 ; dessin Ian Graham.
3. Pendergast, 1982, fig. 55 ; Mathews et Pendergast, 1979, fig. 2 ; Hellmuth, 1993, p. 75.
4. Graham, 1967, fig. 51.
5. Becquelin et Taladoire, 1990, fig. 129.
6. Baudez, 1988, pp. 140-141.
7. Greene Robertson, 1991, fig. 9, p. 153.

concept de croix et de quatre directions est enfin développé dans les « portails intégraux » des édifices Rio Bec et Chenes, avec une gueule de monstre terrestre en vue frontale pour exprimer la direction avant-arrière, et deux profils latéraux du même monstre qui indiquent la direction transversale.

L'aspect vivant, humide de la terre

Toute la pensée maya s'articule autour des deux pôles illustrés par les deux têtes contrastées du monstre cosmique qui correspondent aux deux aspects du monde souterrain. La banquette de la structure 10L-18 de Copán fournit un excellent exemple de cette bipolarité en présentant en alternance quatre masques *cauac* et quatre masques de jaguar solaire[1] *(figure 1.47)*. La tête vivante symbolise bien entendu la vie mais aussi la fertilité terrestre à l'aide d'attributs reptiliens et de signes *cauac*. Elle renvoie au monde des marais, des eaux souterraines, des *cenotes*, le domaine des crocodiles, des crapauds, des poissons et surtout des nénuphars, son plus important emblème. La frise aquatique est traitée en deux dimensions (comme sur les piliers de la maison D de Palenque) ou en trois (structure 12 de Copán).

La frise aquatique, thème très populaire sur la céramique du classique ancien, décrit ce milieu. La frise traitée avec le plus de détails, bien qu'incomplète[2], est peinte en noir, rouge, jaune et vert sur un bol en bois stuqué de la tombe 160 de Tikal *(figure 5 A, p. 41)*. La

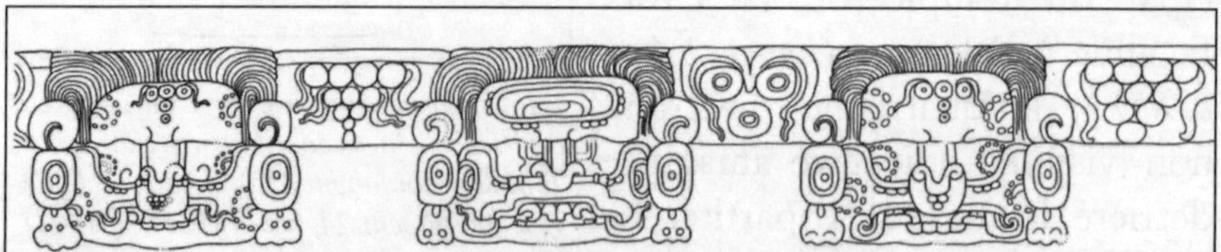

1.47. Copán, structure 18, détail de la banquette : des signes cauac *sont sculptés sur le bord ; l'alternance des masques du monstre* cauac *(gauche et droite) et du soleil (centre) exprime les deux aspects contrastés de la terre (d'après Baudez, 1994).*

1. Baudez, 1994, p. 197 ; fig. 97.
2. Manquent un masque reptilien de profil et un anthropomorphe, ainsi que tout le bas du décor.

surface de l'eau est figurée par une bande horizontale faite de plusieurs lignes parallèles et au milieu de laquelle court un rang formé de petits cercles alternant avec un pointillé. Ces éléments se retrouvent à l'intérieur des coquilles, vues en section au-dessus du niveau de l'eau (comme les conques de la structure 12 de Copán). Ces coquilles marines se mêlent aux animaux et végétaux d'eau douce, pour démontrer la continuité entre les eaux souterraines et la mer [1]. Au-dessus, de petits ovales hachurés représentent peut-être des bulles. La surface de l'eau est interrompue à quatre reprises (C, F, J et « manque ») par un masque de profil, reptilien, sans mandibule, au museau allongé et à la pupille de l'œil en crochet ; du sommet de la tête dont le front est marqué d'un grand cartouche se dressent verticalement des racines ou des tiges [2] ; d'autres tiges, recourbées cette fois, se terminent par des feuilles rondes et dentées et les fleurs du nénuphar [3] ; on distingue trois poissons entre C et D, en G et I ; le premier mordille une feuille. En B se dresse un arbre sur lequel sont perchés des oiseaux.

Deux classes d'anthropomorphes émergent en buste de la surface de l'eau. La première comprend les personnages D, E, I, K définis par les traits suivants : bandeau ceignant le front et noué à l'arrière, pupille en crochet, nez romain, moustache aux bouts retroussés, gros points au-dessus de la moustache, ornement d'oreille prolongé d'un élément tripartite. I est nommé par l'expression glyphique IX.168 : 529. *Ahau*, « seigneur » traduit T168 ; T529 – un glyphe *cauac* profondément fendu – et le chiffre IX constituent une variante de l'emblème « 9 glyphe », qui forme souvent une paire avec « 7 glyphe », les deux étant interprétés comme des aspects de la terre nourricière [4]. On peut donc traduire IX.168 : 529 par « seigneur (de) 9 Terre (fertile) ». Les expressions qui accompagnent (et probable-

---

1. Coggins, 1983, p. 61.
2. Constituant le *tubular headdress* selon Hellmuth, 1987, Abb. 366-385.
3. Voir les CPN 109, 110, 111. Baudez, 1994, pp. 147-151 ; fig. 69-71.
4. Suivant Stuart (1987), on traduit généralement T529 par *wits*, montagne, ce qui ici – comme souvent ailleurs – ne fait pas sens. T 529 n'est qu'une forme de 528, dans laquelle la fente frontale du monstre terrestre est prononcée. 529 et 528 désignent donc la terre, qui parfois – mais parfois seulement – prend une forme de montagne. Par ailleurs, j'ai montré que « 9 tête » est identique à l'élément principal de la frise aquatique : Baudez, 1984, pp. 144-146 ; Baudez, 1994, pp. 262-264, fig. 115.

ment désignent) les personnages E et D ont en commun 168 : 529 avec le nom de I ; quant à K, aucune expression glyphique ne l'accompagne. Ces personnages apparaissent comme des esprits des eaux, peut-être des images de GI[1].

Les anthropomorphes A, G, L – avec un quatrième, manquant – constituaient un autre groupe défini par les caractéristiques suivantes : un cartouche sur le front contenant un élément en U, prolongé d'une perle et de *yax* « nouveau, vert », des yeux loucheurs, une moustache aux bouts retroussés, un ornement d'oreilles circulaire pourvu d'une perle tubulaire. G a pour partenaire H, une femme avec laquelle il manipule un serpent ; cette scène peut être comparée à la danse du serpent, rituel de fertilité illustré sur les piliers de la maison D de Palenque *(figure 1.35 A, p. 149)*. La boucle formée par le serpent tenu par G enserre le glyphe *akbal*, « obscurité » ; un autre serpent est visible auprès de H. Dans chaque groupe, ces personnages, de corps humain mais de visage grotesque, sont au nombre de quatre ; comme pour la tête du monstre aquatique, cette multiplication est une référence aux quatre directions terrestres.

Les créatures représentées par le groupe des six danseurs masqués et costumés peint dans la pièce 1 de Bonampak sont les équivalents classiques récents des personnages peints sur le bol de la tombe 160 de Tikal[2] *(voir planche 20)*. Encadré par des musiciens (trompes, tambours, carapaces de tortue et hochets) et des porteurs d'éventails, les danseurs s'apprêtent à entrer en action. Un des deux individus assis n'est pas masqué mais coiffé de la tête du monstre aquatique dont le front est recouvert d'une feuille de nénuphar attachée par une tige et la fleur de la même plante[3]. L'autre porte un masque de crocodile. Les masques des deux premiers danseurs debout représentent l'un un crustacé (crevette d'eau douce ?), l'autre un probable canard. Le troisième est identifié comme une écrevisse par son masque et ses pinces dressées. La créature la plus

1. Voir p. 199.
2. Figures 45 à 50 de la fig. 1 dans M. Miller, 1986 ; voir aussi M. Miller, 1995, pp. 60-61.
3. Cette coiffure (*waterlily pad headdress* de Hellmuth, 1987, p. 160) est également portée par les musiciens qui précèdent les danseurs. On la trouve entre autres sur la tête des rois de la stèle N (CPN 26) de Copán. Baudez, 1994, pp. 80-87.

à droite porte une tête de mort surmontée d'une fleur de nénuphar mordillée par un poisson, illustrant ainsi le thème mort-et-renaissance. On notera que trois des danseurs portent des jupes de fibres et le même pectoral, et que tous sont abondamment pourvus de nénuphars. Les masques, les vêtements, les ornements végétaux se rattachent au milieu dépeint par la « frise aquatique », avec ses animaux (écrevisse, crevette ?, crocodile, canard ?), et ses plantes (nénuphars) emblématiques. Les personnages ici n'apparaissent pas comme des dieux individualisés mais comme des « esprits » des eaux que la danse et la musique vont solliciter. On ne peut s'empêcher de comparer cette scène avec le rituel inféré de l'analyse de la structure 12 de Copán[1].

Le signe *ik*, qui représente le souffle vital, est directement associé à la terre dans son aspect humide et fertile[2] dont le résultat final prend la forme du maïs, comme on peut le voir sur le panneau du temple de la Croix Feuillue de Palenque.

L'aspect mort, sec de la terre

Le masque ou la tête arrière du monstre cosmique, souvent orientée « dans le mauvais sens », est squelettique et porte sur le front le signe *kin*, avec l'emblème tripartite. Celui-ci comprend, au classique récent, une coquille, une épine pour l'autosacrifice et des bandes croisées. J'interprète la première comme signe de mort (mais aussi promesse de renaissance) ; les bandes croisées ont la même valeur dans la mesure où ce signe est parfois remplacé par le glyphe *cimi* (T509), « mort »[3]. L'emblème qualifie donc le soleil comme appartenant ici au royaume de la mort et du sacrifice, l'autre aspect de l'inframonde. C'est ce même soleil, couchant, donc âgé, que l'on voit avalé par la gueule de la terre sur le bloc central de la structure 24 de Copán *(voir planche 14)* ; son escalier et les sculptures qui lui sont associées décrivent le monde du soleil mort et nocturne, des

1. Voir pp. 213-214.
2. *Ik* est inscrit sur le hochet tenu par le personnage ouest de l'escalier de la structure 12 de Copán et au-dessus de la fente frontale dans la pièce sud-est de la maison B de Palenque.
3. Baudez, 1994, p. 255.

morts, du sacrifice et de la guerre, et s'opposent au monde aquatique décrit par la structure 12. De même à Palenque, le temple du Soleil s'oppose au temple de la Croix Feuillue. Dans le royaume des morts, le jaguar, parfois le cerf, prend la place des crapauds et des *bacabs* de l'inframonde humide.

Dépassant l'opposition vie/mort ou humide/sec, le monde souterrain a parfois la simple propriété d'être une source d'énergie considérable. C'est dans la terre que disparaissent le soleil couchant et le roi défunt, c'est de la terre qu'émergent le soleil levant et le nouveau souverain. C'est dans l'inframonde que le roi Dix-Huit Lapin de Copán vient affronter les seigneurs des Enfers au jeu de balle, pour en triompher et, par là, amener la victoire des forces vitales sur celles de mort et de destruction [1]. C'est dans le monde inférieur, lieu d'initiation, que le roi Pacal et ses successeurs mouraient, puis ressuscitaient avant d'être couronnés souverains de Palenque. Le temple tératomorphe est une réplique architecturale de la grotte où le souverain, et sans doute d'autres, vont obtenir l'énergie spirituelle dont ils ont besoin. Cette nécessité de « recyclage » explique sans doute pourquoi sur certains monuments le roi est représenté non pas sur terre, mais « en terre ».

Le ciel et ses habitants

Monstre aux deux têtes contrastées, image miroir de la terre, le ciel joue cependant un rôle moindre dans l'iconographie et la pensée maya. Il n'a pas ce rôle mystérieux de laboratoire souterrain où s'opère la transmutation de la mort à la vie. Il est d'abord la demeure du soleil diurne (cette fois encore moins présent que le soleil nocturne) qui prend la forme d'un oiseau de couleurs vives, quetzal ou ara. C'est aussi la demeure des ancêtres et de certains esprits, la foudre personnifiée par exemple, sous la protection desquels se met le souverain. À Palenque le ciel est représenté par le temple de la Croix et, dans les groupes à pyramides jumelles de Tikal, par l'enclos ; dans les deux cas, on le situe au nord.

---

2. Baudez, 1984.

Contrairement à la terre qui est le plus souvent montrée inhabitée, le ciel est généralement défini par ses habitants. Dans les cosmogrammes où il apparaît comme un monstre bicéphale au corps de serpent ou en bande céleste formant voûte, il est dominé par l'oiseau-soleil diurne. C'est également le cas de l'encadrement en stuc de la porte nord-est de la maison E de Palenque *(figure 1.33, p. 143)* où le corps du monstre figure comme une bande céleste prolongée sur les côtés de la porte par deux têtes contrastées et vomissant de l'eau, et au milieu duquel on a modelé un quetzal en vue frontale[1].

On trouve au ciel des créatures anthropomorphes soit « grotesques », c'est-à-dire dont le visage déformé indique que l'on a affaire à des êtres surnaturels, soit tout à fait (ou presque) « humaines » et qui représentent sans doute des ancêtres. Le ciel comme demeure des ancêtres est un thème déjà présent dans le piémont Pacifique du Guatemala dès le préclassique récent ; dans le haut de la stèle 2 de Abaj Takalik, un profil humain entouré d'une profusion de volutes regarde vers le bas[2] *(figure 1.48 c)*. Sur la stèle 1 de El Baúl, un profil semblable apparaît sous un arceau orné de bandes diagonales divergentes, qui peut-être forme le sourcil d'un monstre céleste ; on trouve à droite de nombreuses volutes nuageuses et un masque prolongé vers le bas, constituant peut-être un serpent cosmique bicéphale[3]. Au classique ancien, la stèle 31 de Tikal apporte la preuve que le roi en exercice peut invoquer son prédécesseur et ascendant, en figurant sous son portrait, pour assurer sa légitimité, ou pour réclamer sa protection ou son assistance, ou les deux à la fois *(figure 1.48 b)*. Le monument montre le roi Ciel d'Orage (nommé par le composé glyphique qui figure dans sa coiffure) sous l'image de son père Nez Retroussé. Ce dernier est un personnage en buste dont le visage de profil, qui regarde vers le bas, est coiffé d'un animal au nez retroussé, d'où son nom. Il s'agit bien d'un roi car il serre contre sa poitrine le serpent, ancêtre de la barre cérémonielle ; il s'agit bien aussi d'un roi défunt car sa

1. Greene Robertson, 1985a, fig. 79-89.
2. Miles, 1965, fig. 9, et Quirarte, 1973, 11c.
3. Quirarte, 1973, fig. 11b ; Parsons, 1986, fig. 162 ; Baudez et Becquelin, 1984, fig. 18.

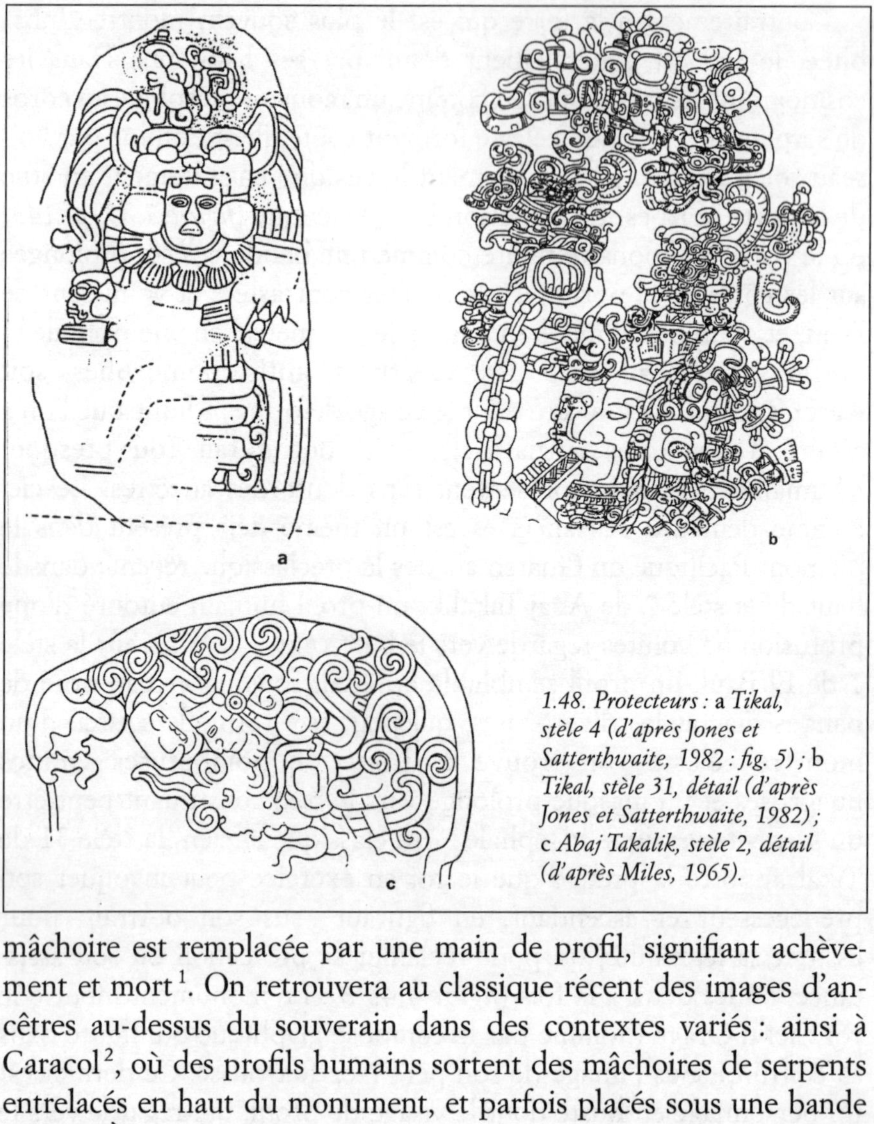

1.48. *Protecteurs :* a *Tikal, stèle 4 (d'après Jones et Satterthwaite, 1982 : fig. 5) ;* b *Tikal, stèle 31, détail (d'après Jones et Satterthwaite, 1982) ;* c *Abaj Takalik, stèle 2, détail (d'après Miles, 1965).*

mâchoire est remplacée par une main de profil, signifiant achèvement et mort[1]. On retrouvera au classique récent des images d'ancêtres au-dessus du souverain dans des contextes variés : ainsi à Caracol[2], où des profils humains sortent des mâchoires de serpents entrelacés en haut du monument, et parfois placés sous une bande céleste. À Copán, c'est seulement par leur position dominante que les ancêtres montrent qu'ils habitent le ciel ; ainsi, sur la stèle B (CPN3), ils se tiennent directement sur le monstre *cauac* d'où émerge le roi ou s'agrippent aux serpents cosmiques qui l'entourent ; ils sont coiffés du turban, coiffure royale, mais sont présentés

1. Jones et Satterthwaite, 1982, pp. 64-74 ; fig. 51, 104 ; Baudez, 1994, p. 115.
2. Stèles 3, 5, 6 : Beetz et Satterthwaite, 1981, fig. 3, 30a ; 6, 31a ; 7, 32a ; 8, 32c.

discrètement comme appartenant à un autre monde par une coquille qui remplace leur oreille *(figure 1.6 A, p. 89)*[1].

Au firmament peuvent aussi résider des créatures surnaturelles. Sur la stèle Hauberg, un des plus anciens monuments mayas (199 de notre ère), on a donné au ciel une importance exceptionnelle tout en ne faisant pas figurer la terre dans la composition *(figure 1.49)*[2]. Le roi, debout, tient contre sa poitrine un serpent, image du ciel et symbole de pouvoir qui, au classique récent, deviendra le sceptre dit « barre cérémonielle », souvent orné d'une bande céleste. Après avoir dessiné un U sur la poitrine du roi, le serpent s'élève à la verticale et sa tête (frappée du glyphe T561, « ciel ») est dessinée juste au-dessus de celle du souverain ; ses mâchoires s'ouvrent sur un profil humain qui semble appartenir à une créature surnaturelle en raison du motif à trois pointes qui recouvre son œil. Ce motif est en effet associé à des créatures fantastiques (oiseau de la tombe 1 de Rio Azul, « vieux dieu » de l'encensoir de la tombe 10 de Tikal, masques *cauac* de la frise de Balamku, etc.). Au corps du serpent s'accrochent des petits anthropomorphes analogues à

1.49. Stèle Hauberg (d'après Schele et Miller, 1986).

1. Baudez, 1994, p. 280.

2. L'interprétation par Schele (1985, et Schele et Miller, 1986, p. 191) du serpent de la stèle de Hauberg comme un *vision serpent* m'apparaît peu fondée : pourquoi le flot serait-il de sang et les petits personnages qui y flottent des victimes du sacrifice, l'ensemble constituant un *axis mundi*? Comment le roi aurait-il une vision alors qu'il ne regarde pas le serpent au-dessus de sa tête ? Cette interprétation ne tient en outre compte ni des nombreux autres exemples de serpents célestes dans l'iconographie, ni de la nature céleste du serpent-barre cérémonielle.

ceux qui, plus de cinq siècles après, grimperont sur les serpents cosmiques encadrant le roi Dix-Huit Lapin de Copán (stèles B et D). L'intérêt de l'iconographie de la stèle Hauberg est de nous montrer, en même temps et avec la même créature, le ciel comme barre cérémonielle et comme zone cosmique habitée. La créature qui regarde le roi du haut de la stèle 4 (classique ancienne) de Tikal *(figure 1.48 B, p. 178)*[1], n'émerge pas de la gueule d'un serpent céleste mais en occupe la place ; il s'agit ici de la personnification de la foudre qui, sous forme du « sceptre-figurine », deviendra le symbole le plus manifeste de la puissance royale chez les Mayas.

Au classique récent, le ciel continuera à être habité par des créatures surnaturelles comme celles qui se glissent entre les nuages en forme de S qui constituent le ciel au-dessus de la porte intérieure de l'édifice 22 de Copán[2] *(figure 1.5, voir p. 86)* ; ces sept « grotesques » apparaissent, d'après leurs insignes et leurs instruments, comme des esprits ou des patrons du sacrifice sanglant. Sur la stèle 1 de Jimbal, le ciel est également figuré par des nuages en S parmi lesquels évoluent deux grotesques, qui forment le couple mythique des *paddlers* (ou « pagayeurs »)[3].

Créatures surnaturelles et ancêtres sont parfois réunis, comme sur les stèles 1 et 2 de Ixlu où quatre personnages dans des S occupent la zone céleste ; les deux supérieurs sont clairement des « grotesques » (les mêmes « pagayeurs ») alors que ceux au-dessous semblent plutôt des ancêtres *(figure 1.50)*[4].

Entre ciel et terre

Dans la mesure où ciel et terre sont homologues, il est fort probable que les Mayas classiques, comme plus tard les Aztèques, aient cru à leur origine commune. Dans la tradition du Plateau central, Quetzalcóatl et Tezcatlipoca auraient écartelé le monstre originel en deux moitiés qui seraient devenues le ciel et la terre. La communication entre les deux devait être maintenue en même temps

1. Jones et Satterthwaite, 1982, pp. 13-16 ; fig. 5, 85.
2. Baudez, 1994, pp. 208-209 ; fig. 102-103.
3. Jones et Satterthwaite, 1982, fig. 78.
4. *Ibid.*, fig. 80-81.

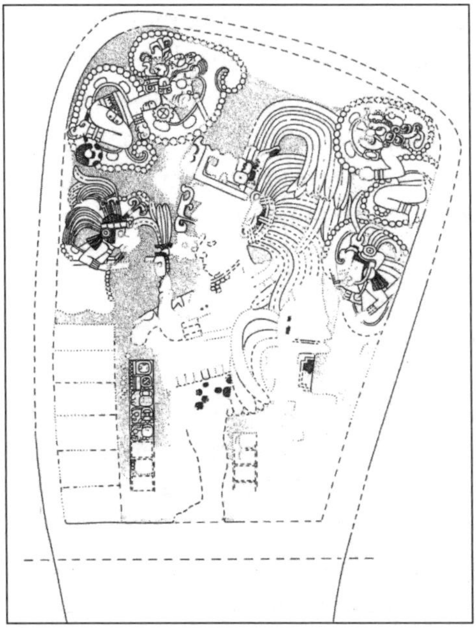

1.50. Ixlu, stèle 2 (d'après Jones et Satterthwaite, 1982).

qu'il fallait veiller à ce que le ciel ne s'effondre pas. C'est pour cette raison que les Aztèques voyaient le firmament soutenu aux quatre coins et au centre de l'univers par des arbres cosmiques. Que les Mayas aient partagé cette croyance à la période classique n'est pas douteux, comme nous le montre les cosmogrammes sculptés sur le panneau du temple de la Croix et sur le couvercle du sarcophage du temple des Inscriptions de Palenque. Dans les deux cas, un arbre – qui sera remplacé par un plant de maïs sur le panneau de la Croix Feuillue, et qui désigne sans doute l'arbre du centre – se dresse sur le monstre terrestre. À son sommet, qui correspond sans doute au zénith, le quetzal-soleil diurne est perché et au-dessous se trouve la voûte céleste sous forme d'un serpent bicéphale. L'arbre n'est pas seulement le soutien du ciel mais aussi le chemin du soleil, ce que montrent les masques solaires dessinés sur son tronc qui relie l'inframonde, où le séjour de l'astre est indiqué par le masque squelettique de la terre, et le zénith, où le soleil a l'aspect du quetzal.

Le *bacab* joue le même rôle que l'arbre, comme diverses images, provenant en majorité de Copán, nous l'ont montré. Dans son rôle d'atlante, il soutient tantôt le ciel, tantôt la surface terrestre, et cette ambiguïté correspond sans doute à l'homologie ciel/terre. On ne connaît pas exactement son rôle dans l'association à l'inframonde humide et à la fertilité. Le lien entre sa vertu fécondante (?) et sa fonction d'atlante est encore moins clair. Le *bacab* est une figure de la cosmologie et de la mythologie officielle, à laquelle le roi cherche à s'identifier. La banquette de l'édifice 9N-82 de Copán qui représente un monstre *cauac* soutenu par quatre *bacabs (figure 1.60, voir p. 209)*, a pour équivalent celle qui présente le même monstre deux fois supporté par le composé glyphique du roi Soleil Levant [1]. En supportant l'image du ciel qu'est la barre cérémonielle, le roi s'identifie au *bacab* comme à l'arbre cosmique en assumant le même rôle. Aussi, quand le souverain se déguise en *bacab*, c'est pour exprimer à la fois son rôle cosmique de support du ciel et sa responsabilité dans la fertilité agraire.

Le monde mythique

Ce monde n'est pas « sur-naturel » dans la mesure où il comprend en grande partie des forces ou des phénomènes naturels ou leurs représentants. Ces forces (corps célestes, foudre, pluie, vent, etc.) font partie du quotidien de l'homme et ne le dépassent que parce qu'elles sont le siège d'une énergie tantôt bienfaisante, tantôt malfaisante, toujours dangereuse, et que l'homme a du mal à contrôler quand bien même il y parvient. C'est le monde du mythe peuplé d'esprits, de créatures célestes et infernales, de personnages allégoriques, de héros culturels et d'ancêtres royaux.

On a vu que le ciel et la terre ont été représentés de multiples façons suivant ceux de leurs aspects que, dans tel ou tel contexte, l'artiste souhaitait mettre en lumière. Il avait le choix entre un animal identifiable dans la nature, une créature hybride, un emblème conventionnel ou un glyphe. Il pouvait accumuler sur une même image les signes distinctifs correspondant aux propriétés qu'il désirait illustrer, y compris certaines antinomiques. Des contraires sont souvent réunis sur la même image (par exemple le feuillage qui pousse sur un masque décharné) pour exprimer le transitoire et le changement. C'est cette plasticité, cette souplesse que l'on constate dans l'expression des représentations cosmiques et mythiques qui, en partie, nous amène à contester l'existence au classique récent d'un monde de dieux aux personnalités figées et au culte différencié. Ainsi, je ne pense pas qu'il y ait jamais eu un « dieu soleil », mais plutôt divers aspects du soleil et/ou toutes sortes de créatures appartenant à un univers « solaire ».

---

1. CPN 999 du groupe 10K. Voir Baudez, 1989, et Baudez, 1994, p. 235, fig. 112b, 111.

Les corps célestes et leurs cycles

Avec la terre, le soleil est le corps cosmique auquel il est fait le plus souvent allusion et cela sous les formes – purement conventionnelles – les plus variées. Il y a deux soleils, le diurne et le nocturne, et le second est de loin le plus important et le plus représenté. Beaucoup plus qu'un des aspects de l'astre, le soleil nocturne est un des termes de l'opposition fondamentale soleil mort/terre vivante, principe essentiel de l'organisation de l'univers.

L'astre à son coucher est vieux et faible, si ce n'est moribond ou mort ; c'est au cours de la nuit qu'il va reprendre des forces ou ressusciter grâce aux sacrifices sanglants que lui offrent les hommes. Il a alors l'aspect du jaguar, patron de la guerre et des sacrifices. Comme le jeune roi au jour de son accession au trône, le nouveau soleil revigoré va sortir de la gueule du monstre terrestre sous l'aspect du quetzal ou de l'ara et commencer sa course dans le ciel jusqu'au zénith. Sur les monuments 23 et 24 (autels des Zoomorphes O et P) de Quiriguá, on peut le voir sous le grand T orné de signes *cauac* qui représente la terre, prêt à s'en détacher pour prendre son vol pendant que, de l'autre côté, le soleil couchant-jaguar s'y enfonce *(figure 1.51)*[1].

Cette conception de la succession des jours et des nuits, très proche de celle bien connue des Aztèques, devait être celle des Mayas si l'on en juge par l'iconographie : ainsi l'image du soleil avalée par le monstre terrestre sur le bloc central de la structure 24 de Copán *(planche 14)*, l'association constante de signes et d'images solaires avec le sacrifice, la correspondance du couple quetzal/jaguar des Mayas et du couple aigle/jaguar du Mexique central, et la métaphore solaire utilisée pour le cycle dynastique.

Pour pouvoir apprécier ici le rôle respectif du soleil et d'autres corps célestes dans le comput du temps, qui joue un rôle absolument fondamental dans la religion et la philosophie des Mayas, il nous faut ouvrir une parenthèse et décrire, au moins succinctement, leur calendrier.

1. Baudez, 1988, pp. 140-141.

Celui-ci comprend plusieurs cycles, les uns fondés sur le mouvement de corps célestes, les autres non. L'unité de temps de base est le jour ou *kin* ; au rang supérieur, se trouve le *uinal*, qui vaut 20 *kins*, et 18 *uinals* (et non vingt) constituent un *tun* de 360 jours ; 20 *tuns* font un *katun*, 20 *katuns* un *baktun*, etc. À la période classique récente, les principaux cycles utilisés sont le *tzolkin* ou calendrier divinatoire et cérémoniel de 260 jours, dont chacun est défini par la combinaison d'un chiffre de 1 à 13 précédant un des vingt noms de jours. Le *haab* ou année « vague » (c'est-à-dire approximative) de 365 jours [1], comprend 19 mois (18 *uinals* de 20 jours chacun et un mois terminal, *uayeb*, de 5 jours). Un jour est désigné par sa position à la fois dans le *tzolkin* et dans le *haab*, par exemple 8 *ahau* 13 *ceh*. Au bout de combien de temps 8 *ahau* peut-il de nouveau correspondre à 13 *ceh* ? Pour répondre à cette question, il faut déterminer le plus petit commun dénominateur de 260 et de 365 ; ces deux nombres sont divisibles par 5 ; 260 donne un quotient de 52, 365 de 73. Le plus petit commun multiple de 260 et de 365 est donc 5 x 52 x 73 ou 18 980 jours. Ce n'est qu'au bout de ce laps de temps appelé *calendar round* et correspondant à 52 années vagues ou 73 *tzolkins*, que la désignation d'un jour (dans les deux cycles) se répète. Notons que seulement quatre des treize noms de jours du *tzolkin* pouvaient se combiner avec la première position du *haab* de 365 jours. Ces « porteurs d'année » étaient à la période qui nous occupe, Akbal, Lamat, Ben et Edz'nab. L'année était grandement influencée par la personnalité de son « porteur », auquel correspondaient une direction cardinale et une couleur.

Les Mayas pouvaient, en combinant les deux cycles, exprimer une date précise dans une « fourchette » de 52 *haab*, mais s'ils désiraient plus de précision ils devaient utiliser le Compte Long, qui donne le nombre de jours passés depuis une date 0 jusqu'à un jour défini dans les termes du *tzolkin* et du *haab*. Le point 0 correspond au début d'une nouvelle ère (création ?) ou cycle de 13 *baktuns* (1 872 000 jours, soit environ 5 128 années solaires) ; ce point de départ du grand cycle (qui est encore le nôtre jusqu'au 21 décembre 2012) s'écrit 13.0.0.0.0 4 *ahau* 8 *cumku*, et correspond dans notre calen-

1. L'année solaire est en réalité longue de 365, 2422 jours.

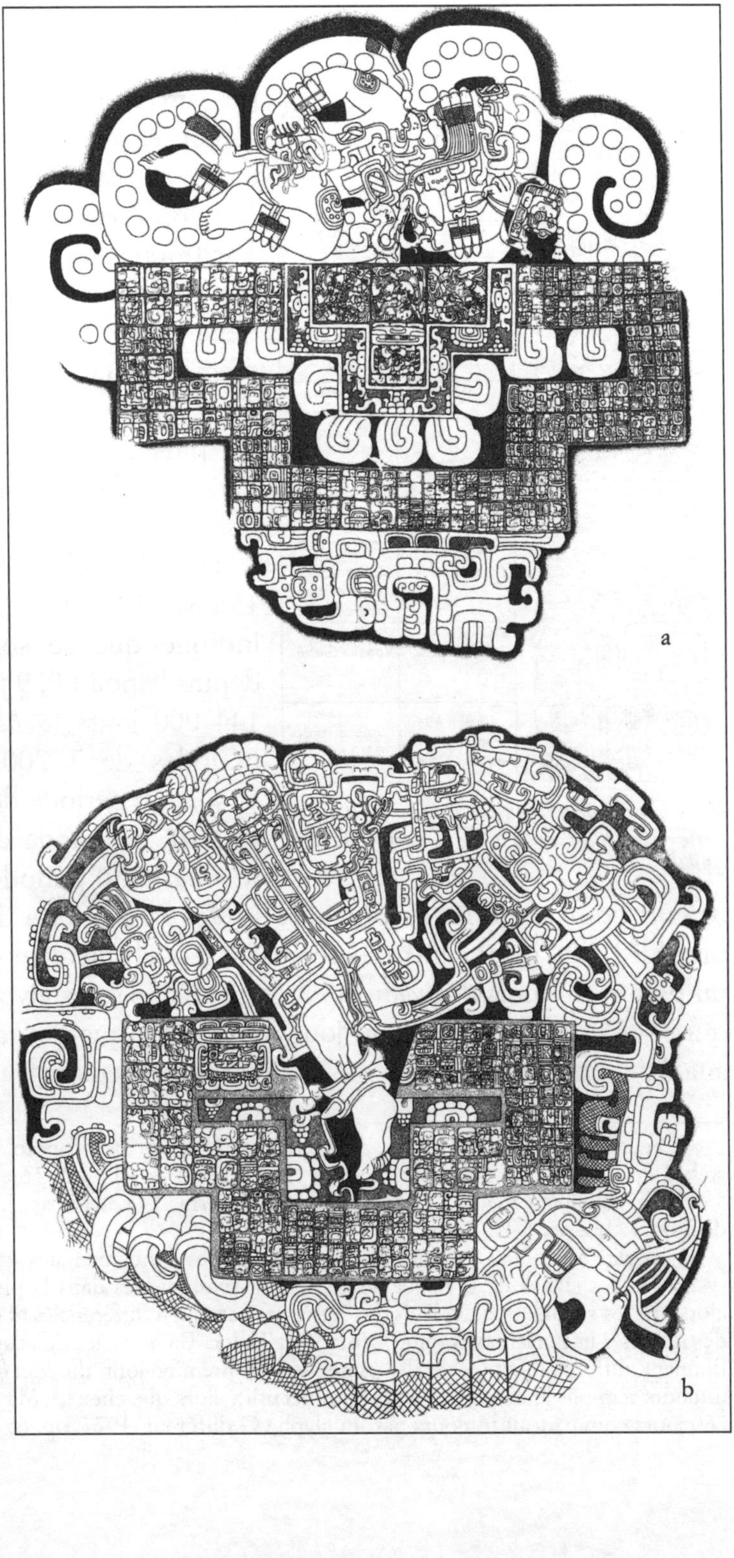

a

b

1.51. *Quiriguá.* a *monument 23 : le roi défunt, assimilé au soleil couchant, s'apprête à s'enfoncer dans la terre en forme de T ; à l'opposé, le nouveau soleil (ou le nouveau roi), sous la forme d'une tête d'oiseau, s'apprête à se lever ;* b *monument 24 : le roi défunt s'enfonce dans la fente de la terre en forme de T ; à l'opposé, un oiseau entier, symbolisant le nouveau soleil (ou roi), va se lever (dessin William R. Coe).*

drier au 13 août de l'année 3114 avant le Christ. Le Compte long fut inventé au préclassique récent et en dehors de l'aire maya, sur la côte du golfe du Mexique et sur le piémont Pacifique du Guatemala. En supposant que le point de départ du Compte ait été le même que celui utilisé au classique par les Mayas, les dates les plus anciennes correspondent au dernier siècle avant notre ère[1].

9 *baktuns*	17 *baktuns*
0 *tun*	0 *uinal*
0 *kin*	13 *ahau* (calendrier de 260 jours)
Neuvième seigneur du monde inférieur	Glyphe F (non déchiffré)
Glyphe X3 (non déchiffré)	Glyphe C deuxième mois dans la demi-année lunaire
Glyphe X3 (non déchiffré)	Glyphe B (non déchiffré)
Glyphe A9 : le mois lunaire est de 29 jours	18 *cumku* (calendrier de 365 jours)

1.52. Quiriguá, monument 6, Série initiale et Série secondaire ou supplémentaire (Baudez, 1984).

Une date comme 9.17.0.0.0 13 *ahau* 18 *cumku (figure 1.52)* indique que se sont écoulés depuis le point 0, 9 périodes de 144 000 jours (9 *baktuns*), 17 périodes de 7 200 jours (17 *katuns*), 0 période de 360 jours (0 *tun*), 0 période de 20 jours (0 *uinal*) et 0 période de 1 jour (0 *kin*) pour atteindre le jour noté 13 *ahau* 18 *cumku*. La date est précédée d'un glyphe introducteur dans lequel l'élément variable est un patron du mois du *haab*, et elle est suivie par les glyphes G et F qui se réfèrent au patron du jour du *tzolkin* (que l'on appelle par analogie avec le calendrier mexica mais abusivement[2] un des neuf

1. Stèle 2 de Chiapa de Corzo : 36 av. J.-C. ; stèle C de Tres Zapotes : 31 av. J.-C. ; stèle 2 de Abaj Takalik : dernier siècle av. J.-C. ; stèle 1 de El Baúl : 36 ap. J.-C. ; stèle 5 de Abaj Takalik : 126 ap. J.-C. ; stèle 1 de La Mojarra : 143 et 156 ap. J.-C. ; statuette de Tuxtla : 162 ap. J.-C., etc.

2. Berlin a montré qu'il y avait des différences fondamentales entre les deux systèmes. Les signes de la neuvaine maya sont symboliques dans la plupart des cas alors que les seigneurs de la Nuit des Aztèques sont bien différenciés et comprennent des divinités importantes comme Centeotl et Tlaloc. En outre les deux systèmes fonctionnent différemment : chez les Aztèques, le premier jour du *tonalpohualli* était toujours régi par le même seigneur (Xiuhtecutli), alors que chez les Mayas la série de 260 jours commençait toujours par un glyphe G différent (1977, pp. 65-67).

seigneurs de la Nuit). Entre le F et la date de *haab*, six glyphes constituent ce que l'on appelle la Série lunaire et nous informent sur l'âge de la lune à la date citée, la longueur (29 ou 30 jours) du mois lunaire en cours, la position de ce mois dans la demi-année lunaire, et des détails sur la lunaison.

Outre la Série initiale qui donnait une date en Compte Long, on pouvait produire d'autres dates, dérivées de la première, à l'aide de « nombres de distance », à savoir le nombre de jours à ajouter ou à retrancher à la date initiale pour arriver à une nouvelle position de *calendar round*. Les nombres de distance ne permettent pas seulement de faire l'économie d'une grande partie des glyphes nécessaires pour exprimer une date par Série initiale ; ils établissent souvent des liens signifiants, intellectuels ou magiques, entre la date de référence et les dates dérivées. Celles-ci, en effet, concernent des dates significatives comme des fins de période, ou des événements historiques ou mythiques, situés parfois – comme à Quiriguá – loin dans le passé, parfois même jusqu'à plusieurs centaines de millions d'années.

Dans les inscriptions du classique récent, les corps célestes à l'origine de cycles calendériques sont le soleil et la lune. Celle-ci, rarement représentée autrement que sous forme glyphique, apparaît comme une femme assise dans un croissant, accompagnée ou remplacée par un lapin, animal associé à la lune en Méso-Amérique. Le visage de profil de cette femme (que d'aucuns insistent pour appeler « déesse de la lune » ou Ix Chel, une déesse du XVIe siècle) constitue le chiffre 1. Sur la stèle 4 de Yaxchilán, l'ancêtre féminin est montrée dans les cieux dans un croissant. La mythologie faisait sans doute de la lune l'épouse du soleil[1].

Le rôle de Vénus dans la cosmologie du classique récent est problématique. On sait son importance au postclassique récent : le codex de Dresde comprend un véritable calendrier vénusien illustré de créatures représentant cette planète. S'il en était de même au classique récent, on peut s'étonner de ne pas trouver sur les stèles de dates vénusiennes. Les références univoques à la planète, comme dans le texte de la structure 11 de Copán[2], sont peu fréquentes. On

1. Schele et Miller, 1986, p. 55.

2. Le texte du panneau nord de la porte est contient un passage établissant qu'à telle date « Vénus a pris son siège » (c'est-à-dire : a régné dans une direction x de

a proposé que la fenêtre dans le mur ouest de la structure 22 du même site avait été aménagée pour observer les extrêmes septentrionaux de Vénus ; cette hypothèse n'est malheureusement pas tenable pour plusieurs raisons[1]. Un des noms de Vénus au XVIe siècle était *noh ek* ou *chac ek,* la « grande étoile », et c'est ainsi qu'elle apparaît dans presque tous les cas dans le codex de Dresde, sauf en de rares exceptions où le scribe a abrégé en omettant l'épithète. Les épigraphistes et archéo-astronomes modernes ont quelque peu abusé de la situation en traduisant, quand cela leur convenait, le glyphe « étoile » par « Vénus ». Ce glyphe combiné à une coquille désigne la guerre dont certains croient qu'elle a été menée à l'occasion de dates vénusiennes ; l'expression médiatique de *star wars* qui a été alors utilisée a contribué au succès de cette théorie[2]. En conclusion, même s'il ne fait pas de doute que Vénus jouait un rôle dans l'univers intellectuel et religieux des Mayas, les données qui permettent de le préciser font encore défaut. Celles qui concernent les autres planètes comme Mars, Mercure, Jupiter et Saturne sont encore plus fragiles. On a essayé parfois, et avec succès, de montrer qu'à une certaine date maya correspondait une position donnée d'une planète ; le tout est de savoir si les Mayas en étaient réellement conscients... Quoi qu'il en soit, les archéologues et archéo-astronomes ont toujours supposé que les connaissances et les croyances des Mayas en matière d'astronomie étaient les mêmes au VIIIe qu'au XVIe siècle, sauf d'évidentes exceptions[3].

L'astronomie et le calendrier mayas nous déroutent par un mélange de précision et de vague, de rigueur scientifique et d'accommodements astrologiques. Il nous est difficile de comprendre que le même peuple qui est ou sera capable de prédire les éclipses

---

l'univers) ; en outre un nombre de distance entre cette date (date H) et la dernière du texte (date P) est de 8 760 jours. Cet intervalle est hautement signifiant par ses correspondances entre divers cycles, soit 15 vénusiens (15 x 584 jours), 24 années vagues (24 x 365 jours), et 3 cycles Vénus-Haab (c'est-à-dire la coïncidence de 5 cycles vénusiens et de 8 années vagues). Voir Baudez et Riese, 1990, p. 450, et Lounsbury, 1982, pp. 154-155.

1. Aveni et Hartung, 1976 ; Closs, Aveni et Crowley, 1984 ; Baudez, 1987, pp. 63-71.

2. Schele et Freidel, 1990.

3. Par exemple, le changement des porteurs d'année du classique (Akbal, Lamat, Ben et Etz'nab) au postclassique récent (Kan, Muluc, Ix et Cauac).

solaires ou de calculer une valeur très approchée de la lunaison (29,53020 face à 29,53059) ait compté l'année solaire avec une durée « vague » de 365 jours. Le décalage entre celle-ci et l'année vraie (365,2422) est de un jour tous les quatre ans ; or, pour autant qu'on le sache, les Mayas comme les Aztèques n'ont pas cherché à compenser cet écart par des années bissextiles et le fossé s'est creusé chaque année davantage. Ainsi, une fête des Semailles, quelque 750 années après sa création, tombait à l'époque de la moisson. Pourquoi les Mayas (au postclassique récent, en tout cas) calculaient-ils les différentes phases de Vénus avec autant d'écart par rapport à la réalité ? soit 4 jours en moins pour l'étoile du matin, 10 jours en trop pour l'étoile du soir et 6 jours en moins pendant la conjonction inférieure. En réalité, les Méso-Américains étaient plus préoccupés d'établir des relations entre les cycles qu'à calculer leur durée exacte[1]. En fixant l'année solaire à 365 jours, l'année vénusienne à 584, et l'année cérémonielle ou *tzolkin* à 260, ils avaient pu établir les équivalences suivantes (dont la liste n'est pas exhaustive) :

– 2 920 jours = 8 *haabs* (8 x 365) = 5 cycles vénusiens (5 x 584) ;

– un *calendar round* ou 18 980 jours = 52 *haabs* (52 x 365) = 73 *tzolkins* (73 x 260) ;

– deux *calendar rounds* ou 37 960 jours = 104 *haabs* (104 x 365) = 146 *tzolkins* (146 x 260) = 65 cycles vénusiens (65 x 584). Ainsi au bout de 104 ans ou deux *calendar rounds*, les trois cycles se retrouvaient sur la même ligne.

Cette obsession d'établir des correspondances entre les cycles (y compris le cycle dynastique) trahit la préoccupation de l'astrologue d'établir des points de repère tels que les fins de période ou les rencontres entre cycles. La prédiction transparaît dans tout le calendrier, et cela dès la nuit des temps, sans attendre le codex de Dresde ! Les vingt noms de jour du *tzolkin* ont chacun leur patron (ainsi le soleil préside *ahau*, le crocodile-terre préside *imix*, etc.), ainsi que les nombres de 1 à 13 avec lesquels ils sont combinés (le *bacab* patronne le chiffre 5, le vieux soleil le chiffre 4, le jaguar de l'inframonde le chiffre 7, etc.) ; le mois du *haab* a aussi son patron (exprimé dans le glyphe introducteur), l'ensemble du *haab* a le

1. C'est là précisément où réside la différence entre astrologie et astronomie.

destin de son « porteur » et il en est de même de toutes les unités calendaires. Plus l'unité est longue, plus important est le destin qui lui est attaché : on connaît le rôle considérable des prédictions et du rituel en fin de *katun* ; il devait être majeur en fin de *baktun* ; quant à la fin du grand cycle de treize *baktuns*, elle correspondait sans doute à celle du monde précédant une nouvelle création.

Les grotesques

À côté des représentations cosmiques de la terre et du ciel, les images sculptées ou peintes nous renvoient à un monde de créatures fabuleuses à qui l'on donne – trop vite à mon avis – le nom de dieux. Il s'agit pour la plupart d'êtres hybrides à tête monstrueuse ou grotesque pourvus d'un corps humain ou réduits à la forme de masques. On peut les ranger dans deux grandes catégories. La première comprend des créatures au nez court, affublées d'attributs félins, solaires et de mort ; celles de la seconde catégorie ont un museau allongé et des caractéristiques reptiliennes, terrestres et de vie. Cette dichotomie correspond à la dualité fondamentale terre/soleil ou vie/mort signalée plus haut. Dans l'univers mythique des Mayas, ces catégories étaient certainement subdivisées, mais il n'est guère possible dans l'état actuel d'aller beaucoup plus loin.

Les « nez courts »

Plusieurs créatures à nez court, solaires, liées à l'inframonde et possédant souvent des traits félins, jouent un rôle dans le calendrier pour représenter une période *(kin)*, ou un chiffre (4, 7), patronner un mois du *haab* ou une nuit (dans la séquence des neuf glyphes G).

Kin, qui signifie à la fois « jour » et « soleil », est désigné le plus souvent par le glyphe T544 (une sorte de fleur à quatre pétales) mais aussi par une tête de profil (T1010), dont l'œil grand et carré est entouré sur les côtés et à la base par une boucle à laquelle deux ou trois petits cercles peuvent être attachés *(figure 1.53 : A-D)*. La pupille, dans le coin intérieur de l'œil, le fait loucher. Le nez est « romain », les incisives sont taillées en T et des émanations sous forme de crochets encadrent la bouche. Le visage porte parfois T544 sur le côté ou sur le front. Le glyphe en forme de tête T1010 a la valeur de *kin* et celle du chiffre 4 (*figure 1.53 : E-I*)[1]. C'est en outre le patron du mois *yaxkin*.

GIII est une des créatures mythiques qui, avec GI et GII, constituent la triade de Palenque. Son glyphe comprend un profil d'homme jeune dans un cadre et un damier (*figure 1.53 : J*). Dans certains cas cependant, il est remplacé par une tête très voisine de T1010, préfixée d'un *ahau* (*figure 1.53 : K*)[2]. Il est en outre généralement précédé du titre *k'inich'* (autrefois lu *mah k'ina*)[3], dans lequel *kin* a une place prépondérante. L'expression glyphique usuelle de GIII pourrait d'ailleurs signifier *k'inich' ahau* : le damier serait une image de l'alternance des jours et des nuits, et le profil encadré une forme d'*ahau*. Aussi ne peut-on douter que GIII soit une image du soleil. Dans le groupe de la Croix, il est d'ailleurs le patron du temple du Soleil.

La créature désignée dans la littérature comme « dieu jaguar » ou « jaguar de l'inframonde » semble, comme la précédente, se rapporter au soleil nocturne, mais sous un aspect légèrement différent (*figure 1.53 : L*). Les deux cordons qui soulignent les yeux se rejoignent en torsade au-dessus du nez ; des oreilles de jaguar sont visibles au-dessus des ornements de jade qui sont prolongés vers le bas, par des pendentifs. Les yeux sont grands et carrés, mais la pupille est en crochet. Parfois de grandes moustaches en parenthèses encadrent la gueule. Cette tête a la valeur du chiffre 7 ; elle représente en outre le patron du mois Uo, et du jour Akbal[4] (*figure 1.53 : LL-R*). On la rencontre aussi dans l'iconographie : ainsi, sur un linteau de Tikal, le souverain assis sur un trône est « protégé » par un anthropomorphe de grande taille, paré de ses éléments distinctifs : chiffre 7, torsade sur le nez, et oreille de jaguar[5] ; la même tête solaire, vue de face, s'étale sur le bouclier qui constitue le cœur de

---

1. Thompson, 1971, pp. 142-143, fig. 26, n° 49-57 ; fig. 27, n° 53-66 ; p. 133, fig. 24, n° 18-25. Cet auteur cite un cas où T544 a la valeur du chiffre 4 (*ibid.*, p. 137, fig. 25, n° 52).
2. Berlin, 1963, p. 95.
3. Stuart et Houston, 1994, p. 9, note 1.
4. Thompson, 1971, p. 134, fig. 24, n° 38-41 ; fig. 22, n° 8-10.
5. Linteau 2 du temple IV. Voir Jones et Satterthwaite, 1982, fig. 73.

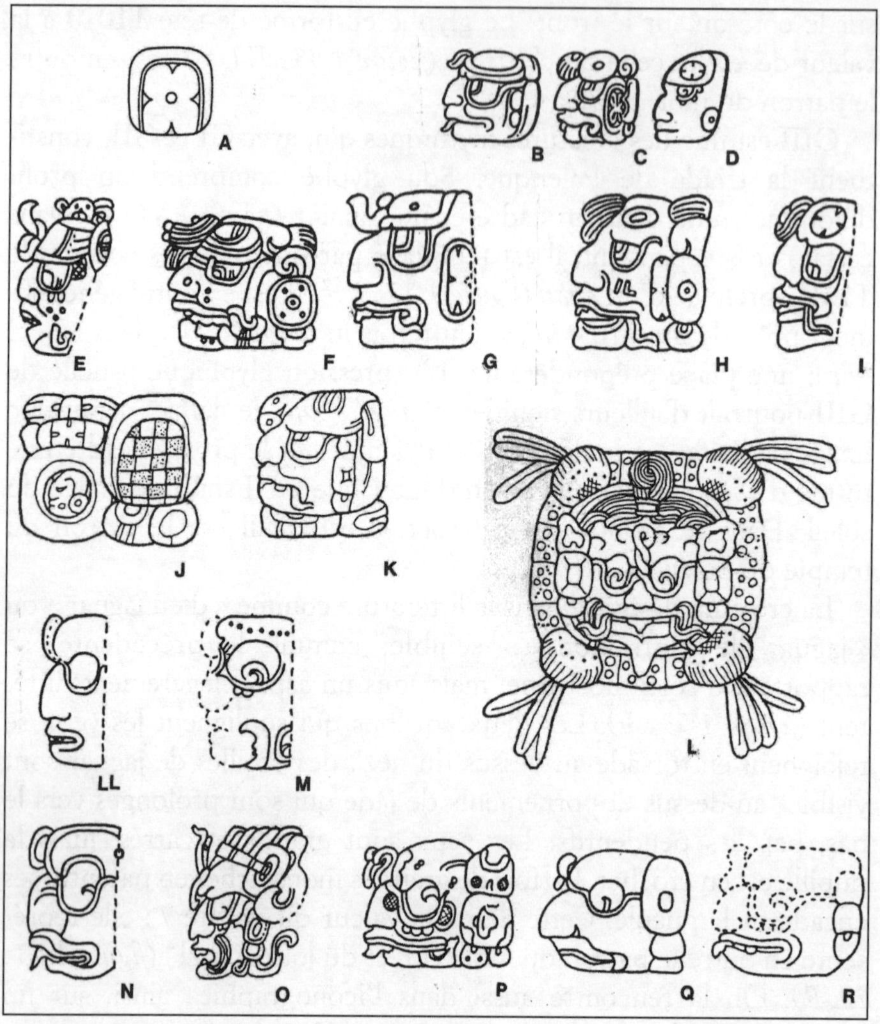

1.53. A : T544 = k'in *; B-I : T 1010* = k'in *= quatre ; J-K : G III de la triade de Palenque, L : « jaguar de l'inframonde » (du temple du Soleil de Palenque) ; LL-P: jaguar de l'inframonde = chiffre sept ; Q-S : jaguar de l'inframonde = patron du mois* Uo.

l'icône centrale sur le panneau du temple du Soleil à Palenque (*figure 1.53 : L*)[1].

À Copán, elle s'oppose sur les ceintures des stèles I et C (CPN 18 et 4) au patron du mois Pax caractérisé par l'absence de mandibule, des traits félins (oreilles ou pattes de jaguar au-dessus des ornements d'oreilles), des yeux souvent cerclés, des volutes en dents de scie aux

1. Greene Robertson, 1991, fig. 95, 97.

coins de la gueule qui encadrent une langue-couteau[1] (*figure 1.54 : B, D*). Il peut être affublé d'un nénuphar qui rappelle son séjour dans l'inframonde. Cette figure solaire est spécialement associée au sacrifice. Les masques en stuc qui décorent les rampes des escaliers est et nord de la structure D5-1 de Toniná représentent tous deux des jaguars Pax ; celui qui se trouve à l'est a des traits humains alors que celui du nord est nettement plus félin[2]. Chaque jaguar était coiffé d'un masque stylisé du même animal, en partie caché par le motif des trois bandes nouées, emblème du sacrifice. Au pied de la structure E5-2 du même site, on a retrouvé la tête d'une statue de jaguar en stuc, modelé en haut relief et provenant sans doute du décor de la façade ; dépourvue de mâchoire inférieure, elle est caractérisée par une langue pointue flanquée de grandes volutes[3]. Un masque

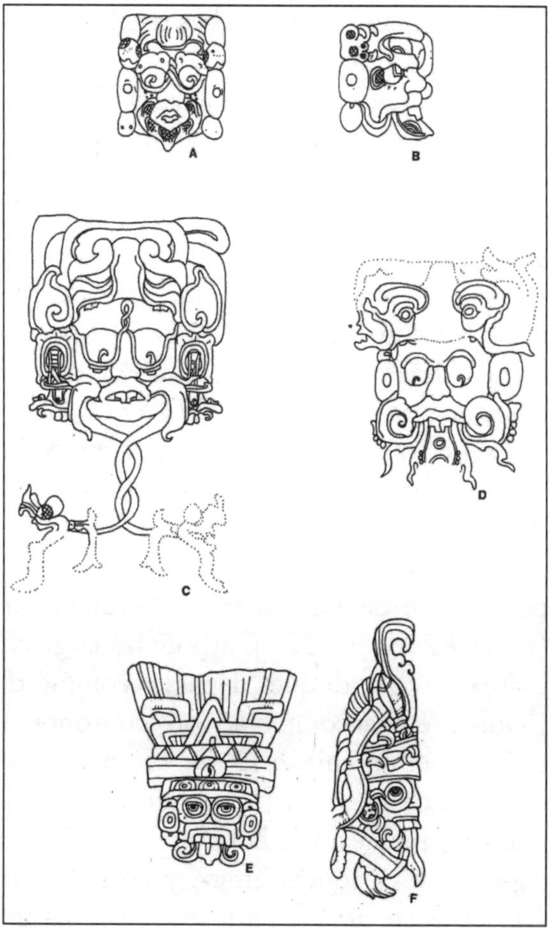

1.54. A, C : jaguar patron de Uo ; B, D : jaguar patron de Pax ; E, F : pseudo-Tlaloc ; A, B Copán, stèle I ; C, D : Copán, stèle C ; E, F : Copán, stèle 6 (d'après Baudez, 1994).

1. Baudez, 1994, pp. 33-35 et 68-69 ; fig. 118. Thompson, 1971, p. 107, fig. 23, n° 18-20.
2. Becquelin et Baudez, 1979, pp. 26-27, fig. 23-24.
3. Becquelin et Baudez, 1979, p. 48 ; 1982, fig. 56a, b.

analogue, mais sculpté en bas relief, figure à trois reprises dans le dos d'un roi de Toniná[1].

Le septième glyphe G, ainsi que le patron X1 des Séries lunaires est semblable à l'élément variable qui, dans le glyphe introducteur de Série initiale, correspond à Pax[2] *(figure 1.55 : A-E).*

Quant au neuvième glyphe G, c'est une autre forme du soleil vieux qui nous est donnée, mais cette fois sans aucun caractère grotesque : le glyphe est une tête de profil d'homme âgé la tête couverte d'un signe *kin* (T544)[3] *(figure 1.55 : F-H).* Dans le même ordre d'idées, le patron du mois Pop est un jaguar « naturaliste » sans ajouts « grotesques » *(figure 1.55 : I-L).*

Le personnage auquel on se réfère comme dieu L est un vieillard au nez court, à l'œil humain ou « grotesque » à pupille en crochet, et dont l'oreille de jaguar dépasse de l'ornement de jade. Le montant est du sanctuaire du temple de la Croix à Palenque présente ce personnage debout en train de fumer ou de souffler de la fumée *(figure 1.20 B, p. 125).* Il arbore un large chapeau orné de plumes de l'oiseau *muan*, duquel dépasse, comme d'un nid, le même oiseau. Celui-ci est accompagné ou couronné du glyphe T561 « ciel » précédé ici du chiffre 12. De sa coiffure *muan* pendent une fleur et un plant de maïs sur lequel figure un masque solaire, comme sur le plant du panneau de la Croix Feuillue. Il a sur le dos une peau de jaguar, et le cartouche effacé qui orne son front semble avoir contenu *kin*. Il porte une grande coquille marine en sautoir, comme les *bacabs*. Un rang de perles, qui à l'avant descend jusqu'à ses genoux, tombe dans le dos jusqu'à la taille. Deux bandes, longues et étroites, sortent à l'avant et à l'arrière de son corps ; elles se terminent par deux masques hybrides, mi-oiseau, mi-reptile ; sur les deux bandes sont marquées des empreintes de pas dirigées vers l'extérieur. Ces cheminements signifient à tout le moins que le corps de cette créature est la source, l'origine de développements qui nous restent obscurs. Ils évoquent le composé glyphique T223 : 629, une paire d'empreintes de pieds sortant dans des directions opposées d'une

1. Monument 12, in Becquelin et Baudez, 1982, p. 664 ; Mathews, 1983, p. 39.
2. Thompson, 1971, pp. 209-210.
3. *Ibid.*, p. 210, fig. 34, 46-57.

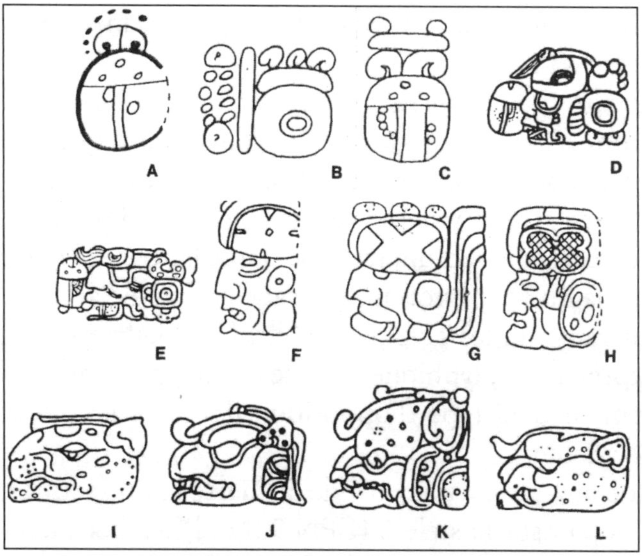

1.55. A-C : G 7, une des formes du glyphe G de la Série secondaire ; D, E : le patron de Pax comme un élément variable du glyphe introducteur de la Série initiale ; F-H : G 9, autre forme du glyphe G de la Série secondaire ; I-L : patron de Pop comme un élément variable du glyphe introducteur de la Série initiale (d'après Thompson, 1971).

fente, probablement terrestre [1], une image de fertilité.

Le dieu L est sur la poterie le héros de divers mythes à en juger par le côté anecdotique des compositions, comme cette scène « de palais » où on le voit entouré de jeunes femmes [2] ; ailleurs, sur le « vase des sept dieux », il apparaît comme le seigneur de six créatures infernales parmi lesquelles on reconnaît le jaguar Pax, le jaguar Uo et GI[3] *(figure 10, p. 48)*. Là des points autour de la bouche confirment sa nature féline et, comme à Palenque, il semble fumer. Il a souvent près de lui le grand fardeau des marchands ambulants, accessoire que l'on trouve auprès du même personnage sur les peintures murales de Cacaxtla [4].

Ainsi le dieu L appartient à l'inframonde sec, à cause des attributs qu'il emprunte à l'oiseau *muan* et au jaguar. Mais on lui donne aussi un rôle dans la fertilité terrestre. Son activité de producteur de fumée peut se référer à un rôle de magicien, de chamane lié à sa nature infernale ; mais elle peut aussi signifier que le vieil homme produit les nuages, ce qui à Palenque se comprendrait mieux à cause de la présence, sur le montant opposé de la porte, du roi faiseur de

1. Piedras Negras, stèle 40 ; voir Kubler, 1977, fig. 8, j.
2. Coe, 1973, n° 42.
3. *Ibid.*, n° 49.
4. Stuart, 1992, pp. 135-136.

pluie [1] *(figure 1.20 B, p. 125)*. La végétation qui émane de sa personne confirmerait sa fonction fertilisante.

Les deux pagayeurs gravés sur les os de la tombe 116 de Tikal *(figure 12, p. 50)* forment une paire de créatures mythiques que l'on retrouve dans d'autres contextes, par exemple en bout de barre cérémonielle ou dans le ciel [2]. Ce sont deux vieillards édentés ; l'un d'eux louche, a les yeux cerclés et le septum traversé d'une lancette ; l'autre porte un heaume de jaguar et parfois une torsade recouvre l'arête de son nez. Leurs portraits, ou les glyphes *kin* et *akbal* (jour et nuit), constituent les expressions glyphiques de ces deux personnages. Sans savoir exactement quel type d'opposition ils expriment, leur nature solaire est évidente.

Le pseudo-Tlaloc, un autre « patron » de la guerre et du sacrifice, est bien illustré à Copán sur la stèle 6 (CPN 52) et l'Escalier hiéroglyphique de la structure 26 *(figure 1.54 : E-F, p. 193)*. Son absence de mâchoire inférieure et sa langue-couteau flanquée de grandes volutes le rapprochent du jaguar patron du mois Pax ; il possède en outre des anneaux autour des yeux et sa coiffure comprend des bandes nouées (symbole de capture et de sacrifice) et le signe dit « de l'année », qui consiste en deux triangles superposés formant une demi-étoile de David [3]. Une créature sculptée sur la stèle 3 (CPN 41) peut être une forme ancestrale du dieu Q des codex pour avoir un œil divisé par une ligne verticale. Son association avec la mort et le sacrifice est indiquée par la présence d'un ensemble de signes : *cimi* (« mort »), bandes nouées, main couvrant la bouche [4].

De nombreuses créatures ont aussi, dans le même site, une connotation macabre marquée soit par une tête de vampire ou de hibou, une tête de mort, ou un crâne en lame de couteau ou en « excentrique » [5], des yeux cerclés, une corde autour du cou, la coif-

1. Greene Robertson, 1991, fig. 33, 43.

2. Par exemple sur la stèle P (CPN 29) de Copán ; Baudez, 1994, p. 95, et Stuart, 1988.

3. Baudez, 1994, pp. 136, 173 ; Schele (1984) a démontré que le complexe pseudo-Tlaloc/signe de l'année était associé autant à l'autosacrifice (linteaux 17, 24, 25 de Yaxchilán) qu'au sacrifice de captifs (stèle 2 d'Aguateca et stèle 16 de Dos Pilas).

4. Baudez, 1994, p. 115.

5. On appelle « excentriques » des objets plats, taillés dans du silex ou de l'obsidienne, aux formes parfois très complexes, et qui jouaient un rôle dans les rituels du sacrifice.

fure des captifs en queue de cheval, etc., et sont le plus souvent désignés comme « solaires » par le signe *kin* ou les dents en T, des oreilles de jaguar ou des yeux qui louchent. Leur lien avec le sacrifice est confirmé quand ils sont porteurs d'instruments tels que lancettes et couteaux.

Toutes les créatures que nous avons décrites comme « nez courts » se partagent des traits du glyphe *kin*, dont on sait qu'il désigne le soleil ; ils ont souvent des éléments félins et font souvent allusion au sacrifice. On aura pu remarquer que leurs attributs sont rarement exclusifs et que la plupart sont facultatifs, en un mot que les différentes créatures que nous avons cru reconnaître sont peu individualisées. Un des éléments constants est l'indication de la vieillesse par des rides sur le visage faisant allusion à l'âge avancé du soleil nocturne ; il n'y a pas de place ici pour le soleil jeune et diurne[1]. Il nous paraît impossible à ce point de déterminer la population des « nez courts ». Avons-nous affaire à une même personnalité sous différents aspects, à savoir plusieurs soleils distingués par leur degré de « fatigue », de félinisation, le temps de la nuit qu'ils représenteraient respectivement ? Dans cette hypothèse le jaguar Pax, privé de sa mâchoire inférieure et assoiffé de sang (comme le montre sa langue-couteau), représenterait le soleil exsangue, dans un état plus « avancé » que le jaguar Uo, par exemple. Ou sommes-nous en présence d'un soleil et de créatures solaires qui seraient à son service ou l'accompagneraient ? Doit-on parler à leur sujet de dieux, d'esprits, de concepts ?

Les « longs nez »

Les créatures à long nez, ou plutôt à longue lèvre ou museau allongé, sont moins variées que celles de la catégorie précédente. La plus commune et la mieux caractérisée est celle que l'on appelle communément – et à tort – dieu K, parfois K'awil[2], et que j'identifie

1. En dehors de l'oiseau quetzal ou ara, le singe pourrait représenter le soleil diurne comme l'indique la figure entière qui remplace *kin* sur le linteau 48 de Yaxchilán. Voir Graham, 1979.

2. Stuart, 1987, p. 15.

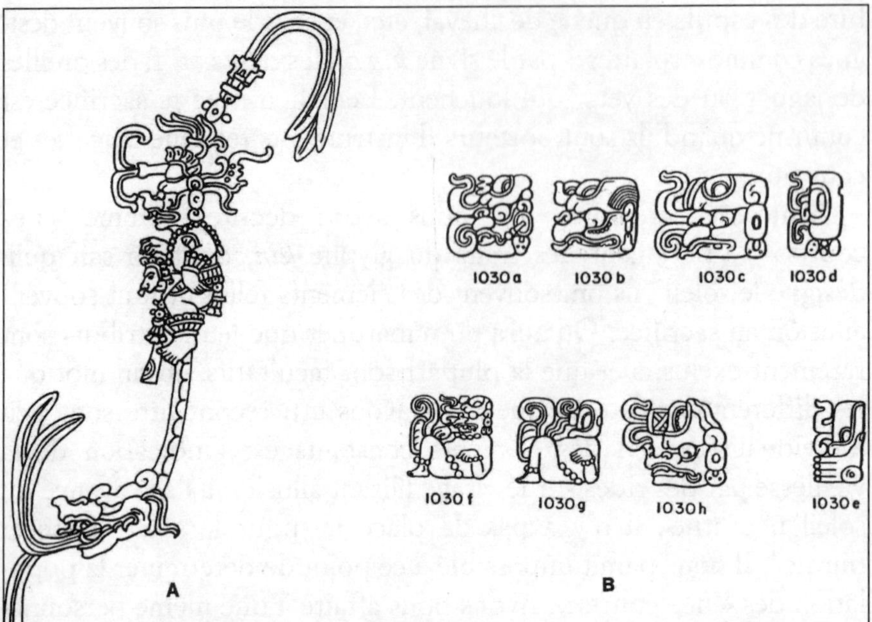

1.56 A : G II comme sceptre-figurine ; B : G II = T1030. A, Quiriguá, stèle D, détail ; B, d'après Thompson, 1962.

comme la foudre personnifiée *(figure 1.56)*. Outre son museau allongé d'aspect reptilien, elle a pour trait distinctif une hache fumante plantée dans son front. À Copán, sa tête, ou son buste, sort de la gueule de serpents en bout de barres cérémonielles et autres, mais elle n'apparaît jamais entièrement sous la forme d'un sceptre ou d'un enfant que l'on tient dans les bras, comme dans nombre de sites et en particulier à Palenque[1] *(figure 1.9, page 98)*. L'une de ses jambes est un serpent et l'ensemble de la créature constitue une hache composée d'un manche (la jambe-serpent et le reste du corps) et d'une lame (celle, fumante, plantée dans son front)[2]. Il représente la foudre en raison de la relation étroite, dans la tradition maya, entre la lame de pierre polie et le tonnerre. Son importance comme sceptre dans la main des rois et le fait que le composé glyphique « dieu K-en-main » exprime l'accession au trône montrent que ce

1. Greene Robertson, 1983, fig. 68.
2. Baudez, 1992, p. 44 ; voir aussi Coggins, 1988, et Taube, 1992, p. 73.

que brandit le souverain est à la fois *la foudre* qui apporte la pluie et donc la fertilité, mais aussi *le foudre* qui « foudroie » les ennemis.

Ce personnage, dans la triade de Palenque, est connu comme GII[1], le patron du temple de la Croix Feuillue, qui célèbre le triomphe des forces vitales et la fertilité terrestre[2].

D'autres personnages reptiliens, mais cette fois sans hache dans le front, sont représentés à Copán comme des créatures liées aux eaux terrestres, comme sur les trois dalles de la cour ouest de l'Acropole et sur les sculptures CPN 109, 110 et 111[3].

GI

GI entre mal dans notre division schématique du monde surnaturel en « nez courts » et « nez longs », en créatures solaires et créatures terrestres. Représentant du monde aquatique, il a cependant un nez court et des attributs nettement solaires. L'expression désigne la créature nommée par le glyphe T1011 et identifiée par Berlin comme l'un des membres de la fameuse « triade » du classique récent de Palenque, et le patron du temple de la Croix[4] *(figure 1.57 d)*. Le glyphe possède un nez court, « romain », de grands yeux ronds avec une pupille en crochet, deux touffes de poils ou barbillons *(fish barbels)* encadrant la lèvre supérieure, une autre touffe sur le front, des incisives taillées en T, et une coquille remplaçant l'oreille. En dehors de Palenque, les images de GI sont rares au classique récent : il apparaît parfois sur des poteries (vase des sept dieux) et en sculpture son masque recouvre le visage royal sur la stèle I (CPN 18, AD 692) de Copán et sur la stèle 2 (classique terminal) de Seibal[5] *(figure 1.57 e, f)*.

En revanche, au classique ancien GI est très répandu. Modelé et parfois peint, il décore la grande majorité des récipients à offrandes et des encensoirs ; il est gravé sur des vases, également en céramique. On reconnaît des avatars de GI sur la stèle Hauberg et sur la stèle 2

1. Berlin, 1963.
2. Baudez, 1995.
3. Baudez, 1994, fig. 69, 89.
4. Berlin, 1963.
5. Hellmuth, 1987, fig. 84, 141.

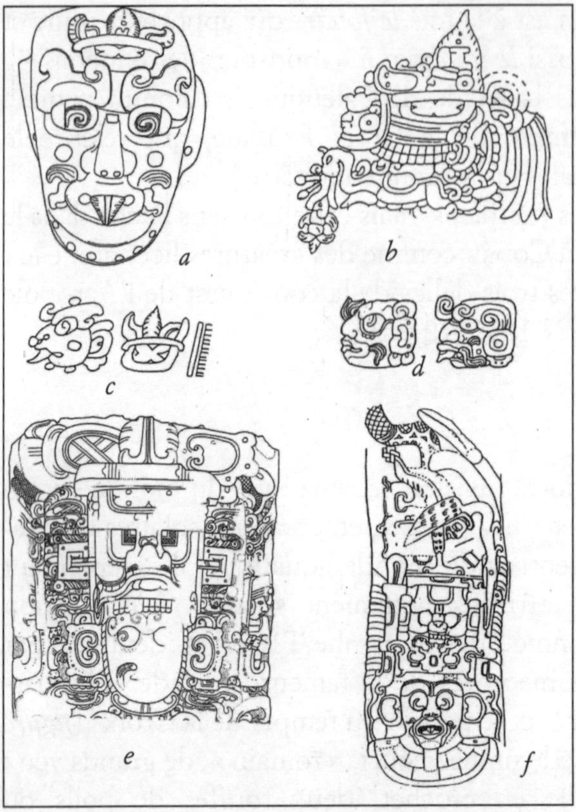

1.57. Formes de GI : a *masque en jade de Rio Azul ;* b *Tikal, stèle 2, détail ;* c *début de l'inscription gravée sur l'envers du masque de Rio Azul ;* d *glyphe T1011 ;* e *Copán, stèle I, détail ;* f *Seibal, stèle 2, détail ;* a, b, c, f *d'après Hellmuth, 1987 ;* e *d'après Baudez, 1994.*

de Tikal[1] *(figure 1.57 b)*, sur un masque en jade de Rio Azul[2] *(figure 1.57 a)*, sur le bol en bois stuqué de la tombe 160 de Tikal, etc.

GI est généralement présenté comme un étagement de formes emblématiques et symboliques *(figure 1.58)*. Cet ensemble comprend, de bas en haut :

– Un masque de menton, reptilien, au museau allongé, avec des yeux en crochet et deux tubes de jade issus des naseaux.

– La tête proprement dite de GI dont les traits les plus constants sont alors des pupilles en crochet, un nez romain, des barbillons encadrant la lèvre supérieure, une moustache en guidon de course, une dent de requin saillante ou des incisives taillées en T (rares), de gros points ronds sur les joues, des ornements d'oreilles prolongés d'un côté d'une tête de serpent, de l'autre d'un élément à trois pointes. Plus rares sont la touffe sur le front, une plaque de nez triangulaire, des émanations issues de la bouche. Au classique ancien, la coquille sur l'oreille est exceptionnelle alors qu'elle est la règle à la période suivante.

1. *Ibid.*, fig. 142.
2. Le masque Wray, in Hellmuth, 1987, fig. 137.

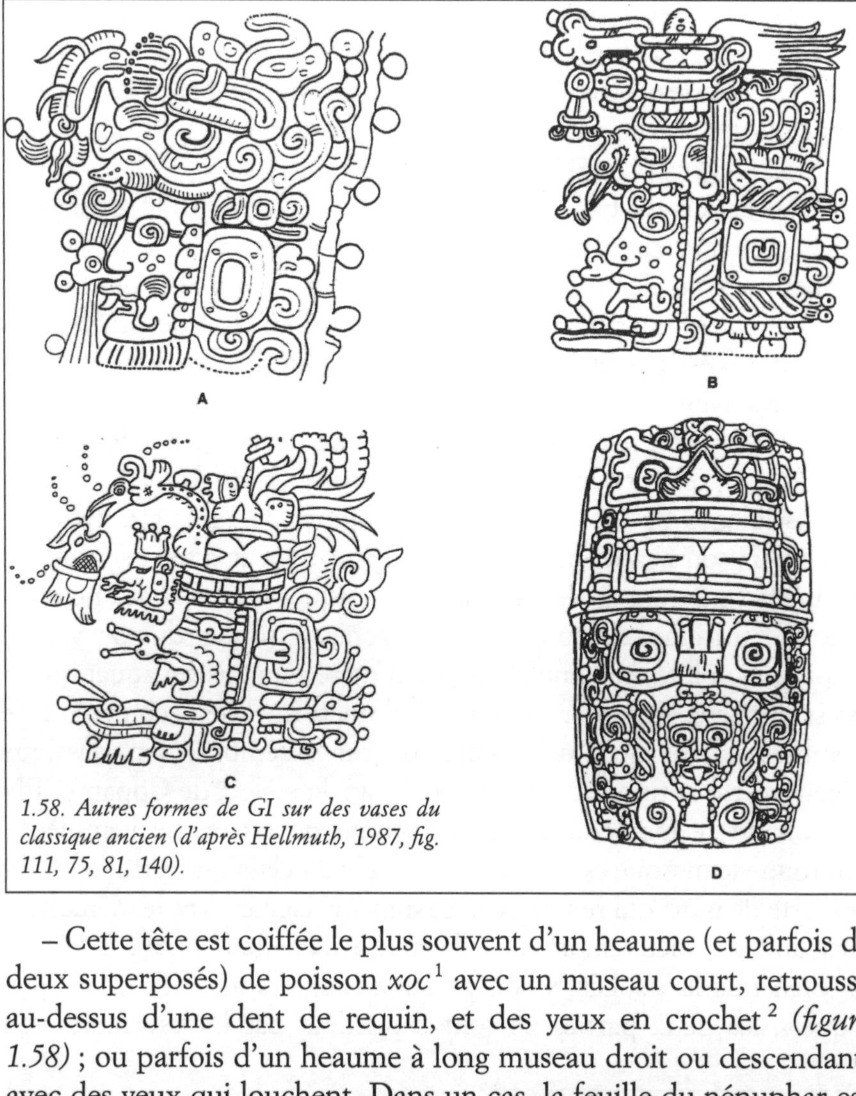

1.58. Autres formes de GI sur des vases du classique ancien (d'après Hellmuth, 1987, fig. 111, 75, 81, 140).

– Cette tête est coiffée le plus souvent d'un heaume (et parfois de deux superposés) de poisson *xoc*[1] avec un museau court, retroussé au-dessus d'une dent de requin, et des yeux en crochet[2] *(figure 1.58)* ; ou parfois d'un heaume à long museau droit ou descendant, avec des yeux qui louchent. Dans un cas, la feuille du nénuphar est fixée sur le front du heaume par la tige du même végétal, dont la fleur est broutée par un poisson[3]. Fréquemment, un oiseau,

1. Le poisson *xoc*, sans doute un requin, est la forme personnifiée et également le patron du neuvième jour *muluc*, qui correspond au jour *atl*, « eau », du calendrier aztèque ; il est donc l'expression privilégiée du monde aquatique, ce qui n'a rien d'étonnant pour un poisson… Notons qu'il est aussi le patron du troisième mois, *zotz*.

2. Hellmuth, 1987, fig. 70, 73.

3. Hellmuth, 1987, fig. 72.

cormoran ou héron, tenant un poisson dans son long bec, prolonge le museau du masque[1] *(figure 1.58 B).*

– Un bandeau divisé en plaques et bordé de perles entoure le front au-dessus du ou des heaumes ; il soutient une tête de « dieu bouffon »[2] *(figure 1.58 C)* ou une guirlande.

– Au-dessus du bandeau se trouve le signe *kin* (T544) surmonté de l'emblème tripartite qui, sur la stèle 2 de Tikal, a les mêmes éléments qu'au classique récent, à savoir une coquille et des bandes croisées encadrant une épine barbelée. Mais au classique ancien, cet emblème n'est pas encore fixé et admet plus de variantes[3] qu'à la période suivante.

– Dans les cas où l'oiseau aquatique ne prolonge pas le museau du heaume, on le trouve auprès du bandeau ou du *kin.*

Les images de GI sont presque toujours de caractère hybride ; mis à part son nez « romain », sa tête proprement dite et son ou ses heaumes sont constituées de traits aquatiques qui en font une créature de l'inframonde humide : moustaches et toupet du *xoc,* yeux à pupille en volute, heaume(s) *xoc,* dent de requin, oiseau aquatique et poisson[4]. Que vient alors faire le soleil nocturne (*kin* accompagné de l'emblème tripartite) au sommet de cet ensemble ? Au classique récent, cette antinomie est confirmée sur la stèle I de Copán (CPN 18) où un heaume de jaguar, surmonté de *kin* et de l'emblème, couronne le masque de GI *(figure 1.57 e)* ; au classique terminal, c'est une tête de mort qui remplace le heaume de jaguar, avec le même sens probable de soleil « mort », sur la stèle 2 de Seibal[5] *(figure 1.57 f).*

Bien que la « solaire » soit presque toujours associée à l'« aquatique », les deux parties ne sont cependant pas indissociables. GI

1. Hellmuth, 1987, fig. 75, 77, 142.

2. Une tête humaine coiffée d'un bonnet à une ou trois pointes et surnommée *jester god* dans la littérature américaine aurait la valeur de *ahau.* Schele, 1974, pp. 49-50 ; Schele et Freidel, p. 436, note 30.

3. Ainsi une mandibule décharnée peut se substituer à la coquille (Hellmuth, 1987, fig. 75), ou une aile remplacer les bandes croisées (*ibid.,* fig. 75, 77) ou la coquille (*ibid.,* fig. 76). Quant à l'épine, elle est beaucoup plus trapue avec une « pointe » très arrondie ; Hellmuth *(ibid.)* propose qu'elle est un mélange d'aiguillon de raie et de dent de requin.

4. Au classique récent, il faudra ajouter à ces traits les grandes coquilles de bivalves qui cachent ses oreilles.

5. Hellmuth, 1987, fig. 84, 141.

peut se manifester sans son aspect solaire : au préclassique récent et au classique ancien sur la stèle Hauberg comme avec les personnages D, E, I, K du bol en bois stuqué de Tikal ; au classique récent, à Palenque, sous sa forme glyphique. Déjà dans l'inscription gravée sur l'envers du masque de Rio Azul, deux glyphes séparés désignent la créature représentée sur l'avers du masque : l'un est un profil typique de GI, l'autre est l'emblème du soleil nocturne[1] *(figure 1.57 c).*

Des exemples tirés de l'iconographie montrent à quel point GI participe au monde solaire : un vase à offrandes classique ancien est gravé d'une effigie de GI avec *kin* sur la joue[2]. Un support d'encensoir tubulaire de style classique ancien, trouvé lors des fouilles récentes du groupe de la Croix à Palenque, a pour masque principal GI surmonté de son heaume *xoc.* On peut le comparer aux objets analogues du classique récent qui présentent un étagement de figures symboliques dont la principale est le portrait du soleil sous sa forme *kin* ou « jaguar de l'inframonde ». Cette comparaison pourrait signaler que la première place occupée par GI au classique ancien a été prise par GIII à la période suivante. Sur le vase classique récent, dit des « sept dieux », GI figure dans l'inframonde aux côtés des jaguars Uo et Pax[3].

À Quiriguá, des glyphes avec les traits de GI sont parfois employés à la place des têtes qui habituellement signifient quatre et sept : ainsi sur la stèle D, une tête de GI a la valeur de sept[4] ; sur la face ouest du même monument, la créature en figure entière pour le chiffre quatre dans l'expression quatre *uinal* a une coquille à la place de l'oreille et un barbillon de poisson[5].

Sans pouvoir expliquer de façon satisfaisante ce que signifie le patronage de GI au temple de la Croix qui, dans notre reconstruction[6], représente le ciel, on notera que sur le jambage gauche du sanctuaire du même temple, Chan Bahlum porte dans sa coiffure des symboles qui font partie de la panoplie traditionnelle de GI *(figure*

1. Hellmuth, 1987, fig. 136.
2. Hellmuth, 1987, fig. 635.
3. Coe, 1973, p. 49.
4. En C13-14, selon Thompson, 1971, fig. 24, 41.
5. Maudslay, 1889-1902, vol. II, pl. 26.
6. Voir pp. 123 et suiv.

1.20 B, p. 125) : oiseau aquatique et poisson, éléments de l'emblème tripartite, poissons « mordillant ». Le roi, en outre, fait pleuvoir de la tête arrière (avec *kin* et emblème) du monstre céleste, qu'il tient en main.

En conclusion, GI incarne généralement (sous sa forme complète) les deux aspects sec et humide de l'inframonde, tout en privilégiant considérablement l'aspect aquatique [1]. La frise de Balamku nous a présenté la situation inverse avec ses jaguars aux têtes reptiliennes : les deux aspects sont exprimés en même temps mais, dans ce cas, c'est l'aspect sec, solaire et sacrificiel qui est privilégié.

Un vase à dépôt du classique ancien, montre GI avec tous ses attributs (y compris solaires) s'opposant à une tête solaire aux yeux loucheurs, incisives taillées en T, et *kin* sur la joue ; son heaume loucheur à long nez est couronné d'un emblème tripartite mais sans *kin* [2]. Cette opposition est analogue à celle qu'exprime le monstre cosmique bicéphale, où la place de GI est prise par la tête *cauac.*

D'après les images dont nous disposons, il semble que GI ait changé dans sa forme comme dans sa signification au cours de la période classique. Au classique ancien, la créature cherchait à exprimer un ensemble complexe alliant des caractères opposés et complémentaires ; dans la seconde partie de la période, en revanche, les traits solaires faiblissent au profit d'une caractérisation plus poussée des traits aquatiques. Aux partisans d'une religion maya sans histoire, GI oppose un démenti cinglant.

Les anthropomorphes

S'opposant aux grotesques, les anthropomorphes au visage non déformé et non monstrueux, par conséquent sans caractère surnaturel apparent, ont cependant des attributs distinctifs ou sont placés

1. Lounsbury (1985) identifie GI Senior, GI Junior et GIII respectivement comme Hun Hunahpu, Hunahpu et Xbalanque du *Popol Vuh*. Cette interprétation ne prend pas en compte la longue existence de GI et son caractère hybride. Kelley (1965) identifie GI comme Vénus, parce qu'il est né à Palenque un jour 9 *ik*, équivalent de 9 *ehecatl*, date de naissance du Quetzalcóatl mexica. Pour Schele et Miller (1986, p. 48), GI serait associé à la fois à Vénus (pour la même raison) et au soleil.

2. Hellmuth, 1987, fig. 636 ; Schele et Miller, 1984, fig. 34.

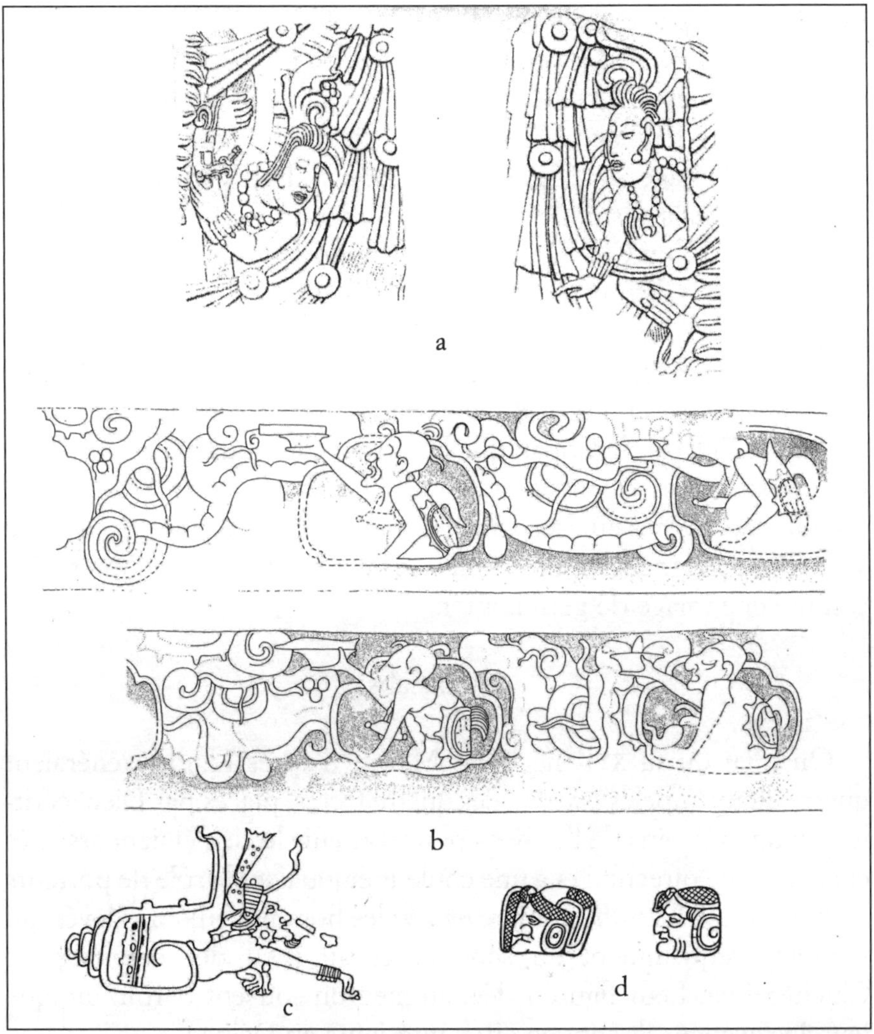

1.59. Anthropomorphes : a *le maïs personnifié sur les côtés de la stèle H de Copán (d'après Maudslay, 1889-1901, vol. 1, pl. 59).* b Bacab *sur la tranche de l'autel 4 de Tikal (d'après Jones et Satterthwaite, 1982, fig. 58 b).* c *« Dieu N » peint sur un vase.* d *« Dieu N » sous forme glyphique (T1014).*

dans des contextes qui indiquent qu'ils ne font pas ou plus partie du monde des hommes.

Le maïs

Le maïs est représenté sous la forme d'un homme jeune et beau, exprimant les canons de la beauté maya, mais dont la chevelure humaine est remplacée par le feuillage de la céréale. Ce personnage aurait, selon Karl Taube [1], deux aspects correspondant à deux « dieux du maïs » : à celui qui représenterait la jeune plante à la tête prolongée de feuillage, s'ajouterait un jeune homme au crâne rasé qui serait l'image de l'épi de maïs mûr. S'il en était ainsi, la tête coupée du maïs – sur deux exemples identiques l'un du classique récent (stèle D ou CPN 7 de Copán), l'autre du postclassique récent (Dresde 34a) – devrait être celle représentant l'épi et non celle à l'aspect feuillu. La coiffure du maïs tonsuré est, dans d'autres contextes du classique récent, celle d'autres créatures surnaturelles : doit-on y voir à chaque fois un dieu du maïs déguisé ? C'est sur les côtés de la stèle H (CPN 16) de Copán que l'on trouve les plus belles représentations sculptées du maïs *(figure 1.59 a)* [2] sous forme de jeunes hommes accrochés aux serpents cosmiques qui courent le long de la stèle et se joignent pour former le glyphe T58, que j'interprète comme une image de germination.

Les bacabs

On a vu qu'au XVIe siècle les Mayas, d'après Landa, vénéraient quatre dieux appelés *bacabs*. Ces quatre frères, placés par Dieu, écrit-il, aux quatre coins de l'univers pour soutenir le ciel, étaient associés chacun à une direction et à une couleur et jouaient le rôle de porteurs d'année. On a identifié comme *bacabs* les hommes aux bras levés qui figurent fréquemment au sommet et au pied des colonnes de Chichén Itzá. Leur figure ridée, au menton souvent barbu, indique leur âge avancé : ils sont en effet antérieurs au Déluge [3].

Les ancêtres des *bacabs* postclassiques étaient représentés en Méso-Amérique dès le préclassique récent, comme le montre le personnage masqué de la stèle 19 de Kaminaljuyú qui, un genou à terre, tient ou soutient au-dessus de sa tête la voûte céleste sous la forme d'un serpent aux extrémités contrastées : tête petite et « réaliste » à gauche, masque inversé à droite *(figure 1.38 D, p. 157)*.

1. Taube, 1989, et Taube, 1992.
2. Baudez, 1994, pp. 62-63.
3. Thompson, 1970, p. 278.

À la période classique, le *bacab* apparaît dans deux contextes principaux : soit en porteur de la voûte céleste ou de la surface terrestre (dans leur fonction d'atlantes, ils peuvent se trouver aussi bien au-dessus qu'au-dessous de la surface terrestre [1]), soit en émergeant d'une image de la terre.

Ainsi, sur la tranche de l'autel 4 de Tikal, quatre vieillards assis devant un médaillon quadrilobé (représentation conventionnelle de la terre) et présentant une offrande alternent avec des monstres terrestres de profil *(figure 1.59 b)* [2]. Leur pectoral est fait d'une coquille ; deux d'entre eux portent dans le dos une carapace de tortue et tous une feuille de nénuphar frappée en son centre d'un signe *kan*. À Copán, les *bacabs* apparaissent pendant le règne de Soleil Levant et sont souvent montrés émergeant de la gueule de la tête vivante du monstre terrestre bicéphale [3]. Le vieillard auquel on se réfère sous le nom de dieu N, et qui intervient souvent dans les scènes mythologiques peintes sur céramique, a les mêmes caractéristiques que les *bacabs* et n'en peut être séparé. Comme eux, c'est une créature associée à la terre fertile. On le voit souvent émerger d'une coquille monovalve, image de la terre humide *(figure 1.59 c)* [4].

Dans leur rôle d'atlantes, deux d'entre eux soutiennent le monstre bicéphale céleste qui encadre la porte intérieure du temple 22 de Copán, et deux autres supportaient le ciel sur la façade de la structure 11 du même site [5] ; ils portent également le monstre terrestre de la banquette de la structure 9N-82 *(figure 1.60 a, b)* et, en alternance avec des squelettes, celui de la structure 9M-18 [6]. Le *bacab* est lié au crapaud (un des symboles de la fertilité terrestre) car, comme le batracien, il porte des ornements d'oreilles circulaires

1. À Copán, quand les *bacabs* soutiennent le monstre terrestre qui constitue les banquettes, ils se trouvent sous la surface ; ils se trouvent au-dessus d'elle quand ils portent le ciel comme sur la porte intérieure de la structure 22 (Baudez, 1994).

2. L'autel 4 est daté par le style de la fin du classique ancien ou du tout début du classique récent. Jones et Satterthwaite, 1983, fig. 58b.

3. Voir les CPN 13 (Baudez, 1994, p. 58, fig. 21), et 25 (*ibid.*, p. 80, fig. 33a), ainsi que la banquette de la structure 9N-82 (Baudez, 1989, pp. 73-81).

4. Coe, 1978, n° 10.

5. Baudez, 1994, p. 170 ; fig. 83.

6. *Ibid.*, fig. 112a. Cette opposition exprimée par le couple *bacab*/squelette se retrouve dans le bloc glyphique G sur le texte en figures entières de la banquette de la structure 9N-82. Voir Webster, 1989, fig. 15.

frappés de trois petits cercles [1], et une tige de nénuphar nouée sur le front, aux extrémités souvent hachurées et dentées. Il est souvent coiffé d'une calotte hachurée qui a été interprétée comme un filet de portage *(paua)* pour former, avec les marques *cauac* (pour *tun*) que le *bacab* porte sur le corps, le nom *pauahtun*, qui désigne quatre dieux (du XVIe siècle) de la pluie et du vent qui, comme les *bacabs* sont placés aux quatre coins de l'univers. Comme le montrent de nombreux exemples iconographiques et épigraphiques (le glyphe en forme de tête du *bacab* ou du dieu N est T1014), la calotte a le bord crénelé caractéristique de la feuille de nénuphar, symbole de l'aspect humide de l'inframonde [2]. L'aspect terrestre du *bacab* est souvent souligné par des signes ou des masques *cauac* sculptés sur son corps [3]. Opposé à la mort et au jaguar/soleil nocturne, le *bacab* est le terme positif de l'opposition fondamentale et représente la vie, la création et la fertilité.

En dehors de Tikal et de Copán, le thème du *bacab* est traité sur les édifices Puuc d'Uxmal, de Chichén Itzá (sur l'Iglesia, appelé par Maler, à cause des *bacabs,* « Templo del Caracol y de la Tortuga »), de Xculoc et de Nohoh Mul [4]. Les pieds du trône Del Rio provenant de la maison E du palais de Palenque, sont sculptés d'une image d'homme jeune qui représente aussi sans doute un *bacab* [5].

1. La poterie anthropomorphe (encensoir ?) en deux parties provenant de la tombe 10 de Tikal (classique ancien) qui présente dans ses mains jointes une tête coupée est un vieillard barbu que son ornement d'oreille à trois points identifie comme *bacab*. Son masque de ceinture combine la tête du requin et la langue et les crocs aux bords denticulés du jaguar Pax. Voir Baudez et Becquelin, 1984, fig. 285.

2. Dans les codex, le suffixe T63 ou T64 décrit par Coe (1973, pp. 14-15) comme *two netted elements separated by an eye-like element* et qui paraît reproduire la coiffure des *bacabs* accompagne parfois T528 *cauac*, ou *tun*, période de 360 jours, pouvant ainsi produire *pauahtun*. Le problème est que l'on trouve aussi T63 ou 64 suffixant une coquille marine, une carapace de tortue, le glyphe *kin*, etc., et cette association ne peut produire le *pauahtun* espéré. Thompson, 1970, pp. 278-279 donne à T528 souvent précédé du chiffre quatre la valeur *ku*, « dieu », et traduit l'ensemble par *Cantul ti ku, cantul ti Bacab*, « les quatre dieux », « les quatre *bacabs* ». T63 ou 64 associé à *kin* pourrait être traduit par fête des *bacabs*. Le même suffixe désignerait ainsi le concept de *bacab* et, associé à une coquille marine, indiquerait le *bacab* de la coquille, associé à une carapace de tortue, on aurait le *bacab* de la tortue, etc.

3. Voir en particulier le grand masque *cauac* qui figure sur la cuisse des *bacabs* de la porte intérieure de la structure 22 de Copán : Baudez, 1994, fig. 102-103.

4. Stephens, 1843, p. 2, pl. XV-XVII, et Pollock, 1980, fig. 627.

5. Schele, 1978, fig. 11, 12.

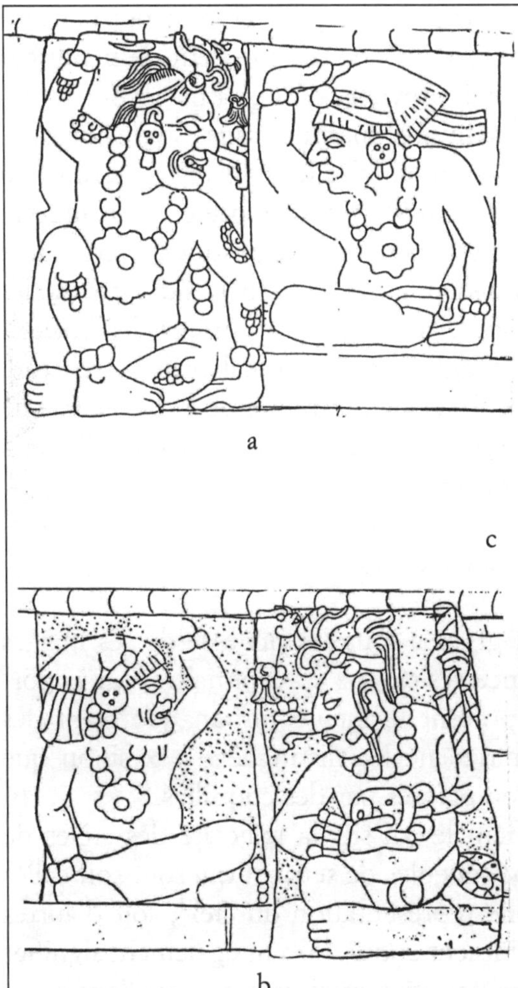

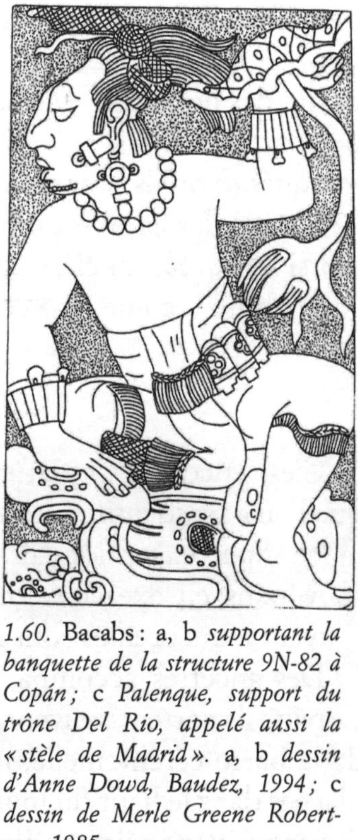

1.60. Bacabs : a, b *supportant la banquette de la structure 9N-82 à Copán ;* c *Palenque, support du trône Del Rio, appelé aussi la « stèle de Madrid ».* a, b *dessin d'Anne Dowd, Baudez, 1994 ;* c *dessin de Merle Greene Robertson, 1985a.*

L'exemplaire le mieux préservé, connu sous le nom de stèle de Madrid, montre un individu assis sur un monstre terrestre dont l'œil est marqué du signe *imix (figure 1.60 c)* ; d'une main, il supporte à la fois le trône proprement dit, sculpté d'une inscription, et une feuille de nénuphar d'où pend une fleur. Sa coiffure est identique à celle des *bacabs* de la structure 22 de Copán, une bande nouée autour du front avec des zones hachurées. Un même *bacab* jeune forme avec trois *bacabs* âgés un des supports de la banquette de la structure 9N-82 de Copán *(figure 1.60 b)*[1]. Les scribes qui figurent sur la façade

1. Baudez, 1989a, pp. 79-81.

du même édifice tiennent en main une coquille comme pot de peinture et un pinceau. Leur pectoral trilobé est une fleur de nénuphar stylisée. Comme la statue qui provient d'une construction antérieure, et qui porte bonnet hachuré et marques *cauac* sur le corps, ce sont aussi des *bacabs*. On a voulu en faire les patrons de scribes ou de prêtres qui auraient habité l'édifice. J'ai proposé comme alternative que le *bacab*-scribe ait pu être la figure allégorique qui écrirait le destin des hommes[1]. Me paraissent aussi très proches des *bacabs*, les personnages chargés de symboles de fertilité, y compris les hochets marqués *ik* qu'ils brandissent, qui flanquent l'escalier de la structure 12, image des eaux souterraines et de l'inframonde humide. On ne sait si les *bacabs* au classique récent étaient associés aux abeilles et à l'apiculture comme au XVIe siècle.

Les ancêtres

C'est encore à Copán et grâce à toute la richesse de ses images que l'on a pu identifier les ancêtres royaux et reconnaître leur importance. Sauf exception, ils portent le même turban que celui des souverains en exercice[2], et rien ne les distingue d'eux sinon que souvent leurs oreilles sont remplacées par des coquilles.

Des ancêtres accompagnent le roi sur la majorité des stèles de Copán : ils sortent souvent de gueules de serpent qui sont soit celles de la barre cérémonielle, une représentation du ciel[3], soit d'autres placées dans le haut du monument et qui doivent également signifier des apparitions célestes. Il peut y avoir aussi un rappel de l'accession au trône de l'ancêtre dans les cas où il sort verticalement d'une gueule de serpent qui alors représenterait la terre[4]. Sur les stèles C (CPN 4), 3 (CPN 41) et 5 (CPN 47), les ancêtres portent la barre cérémonielle, ce qui confirme leur statut royal. Parfois, ils présentent une offrande et, dans un cas, un instrument d'autosacrifice[5].

1. *Ibid.*, p. 81.
2. Un des ancêtres figurés sur la stèle 5 Est (CPN 47) porte la même coiffure ornée de tresses que celle portée par le personnage principal – Dix-Huit Lapin – sur la stèle A (CPN 1), Baudez, 1994, p. 23.
3. Stèles 1 (CPN 38) et 5 est (CPN 47). Voir Baudez, 1994, pp. 109, 131.
4. Par exemple sur les stèles 3 (CPN 41) et 5 est (CPN 47).
5. Stèle 5 est (CPN 47). Voir Baudez, 1994, p. 132.

D'autres figures d'ancêtres accompagnent le roi sur les stèles mais cette fois sans émerger d'une gueule de reptile. Sur la stèle B (CPN 3), ils sont assis sur le muffle de la tête antérieure du monstre terrestre (dont la gueule laisse passage au roi) ou accrochés aux serpents cosmiques qui encadrent le souverain ; ils portent la corde au cou et des rubans sacrificiels tachés de sang *(figure 1.6 A, p. 89)*. Le personnage assis sur la tête arrière du même monstre *(figure 1.6 C)* tient un sceptre en patte de jaguar identique à celui tenu par Yax K'uk' Mo', le fondateur de la dynastie, sur l'autel Q (CPN 30), et représente sans doute le même individu [1] qui fait face à Soleil Levant, accompagné des quatorze rois qui se sont succédé [2].

Sur les stèles, les ancêtres qui accompagnent le souverain légitiment son pouvoir et proclament la continuité de la succession dynastique ; ils ont en outre pour fonction de rappeler au roi ses devoirs rituels : présentation d'offrandes, autosacrifice et sacrifice (comme l'indiquent les ancêtres armés de haches sur la stèle E, CPN 9).

Ce sont également des ancêtres qui émergent de la gueule de serpents sur plusieurs linteaux de Yaxchilán. Il ne s'agit pas nécessairement de visions provoquées par la douleur de pratiques autosacrificielles, comme on le prétend souvent. Ainsi, sur le linteau 25 de ce site, l'autosacrifice et un monstre cosmique vomissant un ancêtre armé sont bien associés, mais sans relation de cause à effet *(figure 1.61 c, p. 223)*. En sortant de la gueule du monstre cosmique, l'ancêtre montre qu'il appartient dès lors à un autre monde et qu'il assiste au rituel. C'est aussi le cas à Copán, nous l'avons vu, pour les ancêtres qui émergent de la gueule de serpents cosmiques sur les stèles 5, 3 ou C (CPN 47, 41 et 4) et qui portent des symboles ou des instruments d'autosacrifice. Il n'y a pas lieu de parler ici de « visions » [3].

1. *Ibid.*, 28.
2. Marcus, 1976, pp. 140-144, et Baudez, 1994, pp. 95-97.
3. Schele et Miller, 1986, pp. 46-47, et Baudez, 1994, p. 257.

Les Rites

Les données dont nous disposons pour décrire les rites sont de plusieurs sortes. Certains, comme un dépôt de fondation ou un enterrement, laissent des traces directes dans le sol ; d'autres (une danse, par exemple) peuvent être illustrés par des images ; d'autres encore sont inférés de la disposition particulière d'édifices ou d'espaces qui, avec l'iconographie qui leur est associée, suggèrent certains parcours signifiants du point de vue qui nous occupe.

Déambulations dans un microcosme

Afin d'assurer la bonne marche de l'univers, on accomplit des rites au niveau microcosmique pour agir sur le macrocosme. La réussite de l'opération suppose la création de l'espace microcosmique par l'urbanisme et l'architecture ou, au moins, par des points de repère conventionnels non permanents, et l'exécution du rituel au moment et dans les temps prescrits ; il faut en outre que l'officiant ait qualité pour accomplir le rite : le roi qui possède, nous le verrons, une dimension cosmique est la personne indiquée, mais il peut déléguer à des prêtres des tâches rituelles[1]. Il faut enfin que les éléments du rituel (vêtements et accessoires, parcours, gestes, danses, paroles, chants, sacrifices, etc.) soient conçus comme des manipulations du microcosme pour agir sur le macrocosme. Les rituels de cette nature donnent une importance primordiale aux parcours qui prennent en compte les étages de l'univers et les quatre directions. Le tracé des villes et des ensembles architecturaux, le plan et l'élévation des édifices montrent que les Mayas ont construit des scènes microcosmiques pour certains de leurs rituels.

On se souviendra que les groupes à pyramides jumelles de Tikal (dont on connaît aussi, rappelons-le, un exemple à Yaxhá et d'autres à Dzibilchaltún et à Copán), comme la structure 11 de Copán, représentaient l'univers dans son ensemble et en trois dimensions pour

1. Bien que ce soit toujours le roi maya, comme le pharaon dans l'Égypte ancienne, et non des prêtres, qui soient représentés dans une action rituelle.

effectuer les parcours symboliques – comme ceux illustrés par les graffiti qui combinent croix et carré ou cercle – requis dans la célébration d'une fin de *katun*. Il s'agissait de couvrir les quatre directions tout en gravissant les étages de l'univers et, en récapitulant le cycle, de « boucler la boucle » puis d'aménager l'installation du nouveau cycle. À cette occasion, on pratiquait sans doute des sacrifices sanglants, comme le montrent les autels de Tikal où un captif est prêt à être immolé, mais surtout on devait prédire l'avenir du prochain *katun*. C'est essentiellement pour cette raison que je pense que le geste royal de « la main qui sème » *(scattering)* associé aux fins de périodes, et qui figure sur la stèle 22 de Tikal en image comme en glyphe, traduit plutôt un rite divinatoire (jet de graines sur un tracé analogue au *patolli* aztèque, par exemple) qu'une offrande autosacrificielle [1]. Ces rites ont essentiellement pour fonction d'assurer la bonne marche de l'univers, en réglant le temps en même temps que l'espace.

Les rituels qui, à Palenque, se déroulaient dans les souterrains du palais et dans les temples E et K, comme dans les édifices du groupe de la Croix, étaient liés de très près à la fonction royale. Le rituel reconstitué de l'accession au trône consiste en un véritable parcours initiatique avec descente aux enfers, souffrances et mort dans les ténèbres, puis renaissance et émergence à la lumière. Dans le groupe de la Croix, on avait mis en scène pour le roi un cycle ponctuant les grands événements de sa carrière : rites d'enfance, d'accession au trône et de « vieillesse ». Il profitait de son voyage, à résonances chamaniques, qui le menait du ciel à la terre en passant par les enfers pour « jouer » la course du soleil (auquel il s'identifiait), se mettre sous la protection de ses ancêtres mythiques et activer le cycle agraire.

Les autres déambulations ne concernent qu'une partie du cosmos, l'inframonde. Les plans des structures 10L-12 et 24 de Copán sont intentionnellement analogues pour que les oppositions s'y manifestent avec plus de clarté. Les deux aspects de l'inframonde (solaire, sec *versus* terrestre, humide) y sont contrastés. On utilisait la structure 12, une frise aquatique en trois dimensions, pour y effectuer des rites saisonniers précédant la germination, c'est-à-dire

1. Stuart, 1988.

probablement au début de la saison des pluies. La structure 24 décrit bien le monde du soleil nocturne et des morts, mais pour quel rituel ? et à quelle occasion ? On ne peut encore répondre à ces questions... D'après le grand terrain de Copán, le jeu de balle représentait l'affrontement dans l'inframonde des grandes forces antagonistes et complémentaires de l'univers.

Ces déambulations ont un aspect cosmique prononcé et ne mettent pas en jeu directement des créatures surnaturelles à la possible exception de la triade dans le parcours du groupe de la Croix.

Sacrifices sanglants

Sacrifices d'animaux

Les sacrifices d'animaux, moins spectaculaires que les sacrifices humains et donc non représentés (sauf rares exceptions), étaient sans doute courants chez les Mayas de tout rang social ; paradoxalement ils ont laissé peu de traces ou, en tout cas, celles-ci ont échappé à l'attention des archéologues. Dans la pratique, on ne peut identifier des animaux sacrifiés que s'ils ont été volontairement conservés dans des dépôts ou dans des sépultures. Si leurs restes ont été jetés aux ordures, les fouilleurs ont peu de chances de découvrir l'origine de leur mort. Si les Mayas, comme leurs arrière-petits-cousins les Aztèques, sacrifiaient des cailles à toute occasion, où sont leur os ? Les vestiges d'animaux découverts dans les dépôts et les sépultures ne représentent qu'une infime partie des animaux sacrifiés. En outre, certains animaux trouvés dans les dépôts n'ont probablement pas été sacrifiés, mais déposés pour leur simple valeur symbolique ; ainsi les poissons qui, au classique récent, sont les animaux le plus souvent « déposés » à Tikal.

À Toniná, dans un puits creusé au pied d'une statue sur son piédestal, on a recueilli, avec des restes de trois jeunes enfants, les squelettes d'un jeune jaguar et d'un faucon, ainsi que deux (rarissimes) crânes de cailles [1]. La présence d'un couple oiseau/jaguar

1. Becquelin et Baudez, 1979, p. 173.

paraît signifiante dans la mesure où elle correspond aux deux principaux aspects du soleil. Les crânes de cailles évoquent la coutume aztèque de sacrifier ces oiseaux en leur arrachant la tête [1]. Dans un contexte préclassique récent, on a mis au jour un jeune ocelot à Altar de Sacrificios [2] ; de période classique récente sont trois dépôts de Uaxactún contenant respectivement un puma, un ocelot et un grand rongeur [3]. À Tikal, les animaux le plus souvent placés dans les dépôts (à l'exception des poissons) sont les serpents (dix cas) et les oiseaux (huit cas), parmi lesquels une caille, un vautour et un ara [4].

L'offrande dédicatoire de l'autel Q de Copán consistait en quinze jaguars sacrifiés sans doute sur l'autel même où sont sculptés le roi Soleil Levant et les quinze souverains qui l'ont précédé dans la dynastie [5]. Le même nombre de victimes félines et de rois-ancêtres ainsi que le contexte de l'autel au pied de la pyramide élevée en l'honneur du fondateur de la dynastie, indiquent que chaque jaguar est destiné à l'un des prédécesseurs de Soleil Levant.

Sacrifices humains

Les Mayas, comme d'ailleurs tous les peuples méso-américains, ont pratiqué couramment le sacrifice de victimes humaines, si l'on en croit les témoignages de l'archéologie comme de l'iconographie. On ignore cependant quelles étaient les occasions de ces sacrifices, leur fréquence et leur nombre. Les ennemis capturés sur le champ de bataille fournissent certainement la majorité des victimes. Aussitôt pris, on arrache leur coiffure, et les cheveux libérés sont attachés en « queue de cheval ». On dépouille le captif de son vêtement (réduit au pagne) et de ses bijoux que l'on remplace par des symboles sacrificiels : aux ornements d'oreilles en jade on substitue des simulacres en papier ou des rubans parfois symboliquement « mutilés » ou « tués » par une ligne ondulée tracée en son milieu (comme celle qui désigne l'os), ou par un bord découpé en dents de

1. *Tlaquechcotonaliztli*. Voir Nicholson, 1971, p. 432.
2. A. L. Smith, 1972, p. 210.
3. A. L. Smith, 1950, pp. 103-105.
4. W. Coe, 1990.
5. Fash, 1991, p. 171.

scie ou par des découpures rondes ou ovales que l'on laisse pendre [1] ; parfois un collier et des brassards de corde ostensiblement noués confirment aux yeux de tous la qualité de captif destiné à la mort. Il arrive souvent qu'un artiste anticipe en présentant une scène de capture dans laquelle l'homme saisi aux cheveux par son vainqueur est déjà paré des attributs dégradants de la captivité [2].

Nous ne savons pas si d'autres catégories de personnes pouvaient fournir des victimes ; on pense à des esclaves, mais ceux-ci ne sont pas attestés à la période qui nous occupe. Bien que nous n'ayons pas d'images montrant des femmes sacrifiées, il est fort possible qu'elles l'aient été lors de certaines fêtes. On a en revanche plusieurs cas d'enfants mis à mort rituellement. Ainsi le dépôt dans un puits de Toniná comprenait trois squelettes d'enfants de moins de trois ans [3]. À Tikal, sept dépôts contiennent des restes d'enfants, et dans deux cas seulement le squelette est entier [4].

À la décapitation, le mode usuel de mise à mort pendant les périodes préclassique et classique, est venu s'ajouter au VIIIe siècle le sacrifice par cardiectomie ou arrachement du cœur. On a découvert en fouille des squelettes décapités ainsi que des crânes [5]. D'autres mutilations montrent que certaines parties du corps comme les os des jambes, les mandibules ou les phalanges pouvaient aussi servir de trophées. Quoi qu'il en soit, la décapitation et les têtes-trophées sont attestées dans toute l'aire maya, et cela probablement dès le préclassique moyen [6].

---

1. Baudez et Mathews, 1978.

2. Notamment à Bonampak, tant sur les peintures (Miller, 1995, pp. 66-67) que sur les linteaux (Miller, 1986, fig. 11-13).

3. Becquelin et Baudez, 1979, pp. 173, 177, 188. Pour un autre exemple à San José, voir Thompson, 1939b, p. 211.

4. Coe, 1990.

5. Des squelettes sans tête ont été signalés à Baking Pot, Uaxactún, Dzibilchaltún, Altar de Sacrificios et Tikal (Welsh, 1988). Des crânes furent déposés en offrandes notamment à Uaxactún et à Seibal (*ibid.,* table 39). Il faut être prudent cependant avant d'interpréter ces vestiges comme les résultats d'une décapitation sacrificielle, car la séparation de la tête du corps peut avoir d'autres origines : une tête coupée peut être en effet le trophée d'une victime sacrifiée ou d'un ennemi tué sur le champ de bataille, ou provenir d'une sépulture antérieure et constituer les restes sacrés d'un ancêtre. Le contexte (emplacement, objets associés, etc.) doit aider à résoudre ces problèmes, cas par cas.

6. De cette période date la sépulture trouvée à Mangales, dans la vallée de Salama dans les Hautes Terres du Guatemala : un homme enterré dans un caveau de pierre

L'action de décapiter est parfois illustrée sur des vases [1] et plus rarement encore, sur des monuments ; ainsi les reliefs en stuc des piliers B et F de la maison D de Palenque montrent deux moments du sacrifice ; sur le premier, le roi menace de sa hache une victime qui esquisse un geste de défense *(figure 1.34 A, p. 148)* ; le roi n'a cependant pas l'intention d'achever son geste car il ne la saisit pas aux cheveux, l'attitude conventionnelle de capture et de sacrifice. On retrouve les mêmes acteurs dans les mêmes positions sur le pilier F, mais cette fois les cheveux de la victime sont saisis et le roi est prêt à frapper *(figure 1.35 B, p. 149)*. La décapitation avec une seule hache de pierre (qu'elle soit polie ou taillée) est peu réalisable parce que les muscles de la victime auraient absorbé les coups. On doit supposer que la hache servait seulement à assommer par un coup violent sur la nuque et que le sacrificateur tranchait ensuite la tête avec un couteau de silex ou, mieux encore, d'obsidienne, comme sur le relief postclassique du Grand Jeu de balle de Chichén Itzá [2]. La hache paraît avoir été réservée au sacrifice et ne pas avoir servi d'arme de guerre ; en effet, on ne la trouve pas sur les scènes de bataille comme celle peinte dans la pièce 2 de Bonampak [3].

Le sacrifice humain par arrachement du cœur est illustré pour la première et seule fois dans l'art monumental classique, sur les stèles 11 et 14 de Piedras Negras, datées respectivement 731 et 761 de notre ère *(figure 1.61 a, b)*. La décapitation n'a pas été abandonnée pour autant. Soit les Mayas choisissaient le mode de supplice approprié suivant des critères que nous ignorons, soit ils pratiquaient, comme les Aztèques, la double immolation, c'est-à-dire l'arrachement du cœur destiné au soleil et la décapitation qui entraîne le flot de sang qui baigne la terre assoiffée [4]. Viennent à l'appui de cette hypothèse les autels figuratifs qui représentent le monstre *cauac*, tant dans la sculpture monumentale [5] que sur les scènes de sacrifice

---

était acompagné d'objets de jade et de coquille et de trois têtes-trophées. Voir Sharer et Sedat, 1987.

1. Voir, par exemple, le vase de Princeton : Coe, 1973, n° 42.
2. Marquina, 1964, lámina 266.
3. Miller, 1986.
4. Graulich, 1988.
5. Par exemple les autels D et M de Copán : Baudez, 1994.

peintes sur céramique [1] *(figure 11, p. 50)*. Comme T528 *(cauac)* a aussi la valeur de *tun*, « pierre », le monstre *cauac* peut représenter une pierre (de sacrifice). Mais *cauac* est également une image de la terre et on peut donc supposer que le sang des victimes sacrifiées sur ces autels, était destiné d'abord à la terre. D'un autre côté, il ne fait pas de doute que le soleil est souvent associé aux images sacrificielles. Ainsi la tête arrière du monstre cosmique représente le soleil nocturne ainsi qualifié par l'emblème tripartite dont l'un des éléments est l'aiguillon de raie de l'autosacrifice ; des créatures au nez court et au front orné de *kin* ont souvent des crânes en lame de couteau, etc. [2].

Les représentations de décapités ou de têtes-trophées isolées sont très rares dans l'art maya [3], alors qu'elles sont communes sur la côte Pacifique et les Hautes Terres du Guatemala [4]. Porter sur soi des têtes-trophées semble avoir été une pratique courante parmi les rois et les nobles guerriers mayas [5] ; cette ostentation avait certainement un sens militaire et politique, mais il n'est pas sûr qu'elle ait eu aussi une signification religieuse, sinon indirectement en évoquant le sacrifice qui, lui, l'avait obligatoirement ; on notera cependant qu'à Bonampak on portait des trophées en jade à côté des têtes réelles, comme le montre une restitution récente des peintures [6].

---

1. Robicsek et Hales, 1981, vases 19, 23, 25, 27.
2. Notamment sur la stèle A de Copán.
3. Toniná, sans doute par sa situation proche des Hautes Terres, possède un décapité en haut relief en pierre, et une tête colossale (Becquelin et Baudez, 1982, vol. 3, fig. 163 et 117). Dans un célèbre relief mural en stuc du même site figure un squelette brandissant une tête humaine fraîchement décapitée, d'un réalisme impressionnant (Yadeun, 1993, p. 115).
4. Notamment dans la région de Santa Lucía Cotzumalhuapa (Parsons, 1967-1969, p. 1986) où la décapitation a sans doute pour antécédents les têtes colossales du préclassique récent de Monte Alto (Parsons, 1986), elles-même dérivées des têtes colossales olmèques qui ne sont pas des portraits de chefs locaux mais les trophées d'ennemis vaincus.
5. L'iconographie de la tête-trophée paraît cependant limitée à la zone sud des Basses Terres, avec des exemples à Bonampak (Miller, 1986, et Miller, 1995), Yaxchilán (Graham et von Euw, 1977), Chinkultic (Navarrete, 1984), Copán (Baudez, 1994) et quelques autres sites. De une à six têtes peuvent être portées en pectoral ou en collier ; plus rarement, d'autres peuvent figurer dans la coiffure ou attachées à un sac de copal.
6. Miller, 1995, pp. 65-66.

Autosacrifice

Cette pratique est beaucoup plus qu'une simple offrande de sang comme le mot *bloodletting* utilisé couramment dans la littérature américaine le laisserait entendre. Si l'autosacrifice produit du sang, le précieux liquide peut être obtenu de différents moyens, à des endroits divers du corps, et avec un degré très variable de douleur ; il ne fait pas de doute que le sang obtenu du lobe de l'oreille incisé par une lame d'obsidienne et celui provenant des blessures à la langue provoquées par le passage d'une cordelette garnie d'épines n'avaient pas la même valeur. Il faut également prendre en considération non seulement les qualités de l'instrument utilisé (coupant, tranchant, barbelé, etc.) mais aussi ses origines ; ainsi la popularité de l'aiguillon de raie comme instrument d'autosacrifice n'est pas due seulement à l'efficacité de ses barbelures pour provoquer la douleur, mais également à son origine marine.

Bien avant les Mayas, cette arme redoutable a été utilisée par les Olmèques ; dans une tombe de La Venta aux parois et au toit faits de colonnes de basalte (monument 7), on a trouvé six aiguillons de raie et une copie en jade de ces mêmes instruments [1] ; les accompagnait une dent de requin qui, avec ses bords en dents de scie, avait sans doute le même usage. Les poinçons en jade trouvés (dans un cas à proximité du pelvis) dans deux sépultures de La Venta [2] étaient probablement des imitations d'outils d'autosacrifice. D'autres petits objets en jade, que l'on surnomme cuillers *(spoons)* et qui sont caractérisés par leur faible contenance, ont pu servir à recueillir et offrir le sang autosacrificiel.

Les aiguillons de raie font aussi partie du riche mobilier funéraire des tombes de la structure E-III-3 (préclassique récent) de Kaminaljuyú [3]. Ils sont très fréquents enfin dans les dépôts comme

1. Stirling et Stirling, 1942, pp. 639-642 ; Stirling, 1943, p. 59, pl. 48 ; Drucker, Heizer et Squier, 1959, p. 272.

2. Stirling et Stirling, 1942, pp. 638-641 ; Stirling, 1943, p. 59, pl. 47a ; Drucker, Heizer et Squier, 1959, pp. 272, 274. Un poinçon semblable a été découvert dans une cache d'âge préclassique moyen au site maya de Seibal (Willey, 1978, p. 97).

3. Shook et Kidder, 1952.

dans les sépultures classiques des Basses Terres, et témoignent de la généralisation de la pratique de l'autosacrifice pendant toute cette période. La raie munie de son aiguillon fait partie des animaux marins modelés en stuc sur la frise aquatique décorant la structure 1-sub de Dzibilchaltún [1]. Le même aiguillon est clairement visible dans le bol contenant des objets liés à l'autosacrifice présenté sur le linteau 25 de Yaxchilán. Il est, avec le signe des bandes croisées et la coquille, l'un des éléments de l'« emblème tripartite » qui qualifie le soleil nocturne à l'arrière du monstre bicéphale. L'aiguillon de raie est donc une des formes privilégiées de la lancette autosacrificielle. Il est vrai que sa pointe acérée et ses barbelures en font un instrument idéal pour l'autosacrifice à la fois sanglant et douloureux ; mais c'est aussi en raison de son origine marine que les Mayas ont recherché pour leurs rituels ce remarquable « piquant ». En effet, d'autres « piquants » marins souvent l'accompagnent ou le remplacent : épines d'oursin, dents de requin (actuels ou, de plus grande taille, fossiles [2]), piquants du poisson porc-épic [3], etc. De son côté, le spondyle, coquillage favori des dépôts et qui sert souvent d'écrin à du jade, à du cinabre, à un instrument d'autosacrifice ou même à du sang, a ses deux valves hérissées de longs piquants.

Le dépôt découvert en 1987 au pied de l'Escalier hiéroglyphique de Copán (inauguré en 756 de notre ère) est un bon exemple de l'utilisation d'objets d'origine marine dans les rites autosacrificiels [4]. Dans un encensoir en céramique, on avait déposé plusieurs aiguillons de raie ainsi que des épines d'oursin ; les deux coquilles d'un bivalve *Spondylus princeps* contenant du sang humain ; un couteau de silex, outil de sacrifice et/ou d'autosacrifice. Auprès de l'encensoir (qui avait servi), on a découvert trois couteaux excentriques qui devaient être emmanchés à l'extrémité d'une hampe, et qui représentent la silhouette d'un personnage central du corps

1. Coggins, 1983, fig. 20-21.

2. Des dents de requin fossile ont été recueillies à Kaminaljuyú, Palenque, Uaxactún, Tikal, Guaytan, etc. (Ruz, 1968, p. 160) et Toniná (Becquelin et Baudez, 1979-1982, p. 1019).

3. Quatre caches de Tikal (dépôts 184, 190, 71, 239), toutes du classique récent, en contenaient. Voir Coe, 1990, pp. 385-386, 521, 569.

4. Fash, 1991, pp. 147-149.

duquel rayonnent cinq ou six têtes humaines empanachées. Ces objets, qui peuvent constituer l'image dynastique de rois issus de l'ancêtre fondateur, étaient aussi des instruments sacrificiels. L'autosacrifice démontré par la présence du sang et des instruments associés était ici accompli par le roi lui-même, ce qu'indiqueraient les deux jades placés dans le dépôt : le premier est une statuette héritée du classique ancien et représentant un homme dans une pose royale [1] ; le second est une longue perle tubulaire que les rois portaient fréquemment en sautoir.

Outre les instruments autosacrificiels d'origine marine, les Mayas se servaient de lancettes en silex ou en obsidienne. Plusieurs dépôts de Toniná ont livré des lames très étroites à bout pointu (retouché ou non), ou à deux pointes (l'un des bouts abattu), qui sont certainement des lancettes pour la saignée au même titre que les aiguillons de raie qu'elles remplacent ou auxquelles elles s'ajoutent. Il en est de même des petites pointes doubles en silex trouvées dans un autre dépôt du même site [2], où les lancettes en pierre semblent prendre la place des excentriques qui y sont inconnus.

Si la preuve d'un dépôt de sang dans une coquille de *Spondylus* n'a été recherchée et établie qu'une seule fois (à Copán dans le dépôt décrit plus haut), il est fort probable que ces coquilles d'aspect remarquable, aient souvent servi de réceptacle au précieux liquide. Dans trois dépôts de Toniná, des récipients miniatures en pierre verte dont l'ouverture pouvait être fermée par une pastille de même matériau, ont été interprétés comme destinés à contenir une offrande de sang [3].

Les informations d'origine iconographique complètent utilement les données assez pauvres de l'archéologie, d'abord par les scènes explicites d'autosacrifice de Yaxchilán. Sur le linteau 24 de la struc-

1. Sur la frise de Balamku, les rois affectent cette même pose des mains repliées et reposant haut sur la poitrine, comme si elles maintenaient une barre cérémonielle. Voir Baudez, 1996.

2. Becquelin et Baudez, 1979, pp. 166-178. Les lames à bout pointu sont bien répandues dans les Basses Terres mayas au classique récent, par exemple à Holmul (Mervin et Vaillant, 1932, p. 85), San José (Thompson, 1939b, pp. 171-172), Altar de Sacrificios (Willey, 1972, p. 214), Tikal (Coe, 1990), etc.

3. Caches III-1, 2 et II-3 (Becquelin et Baudez, 1979-1982, pp. 168, 170, 992 ; fig. 224).

ture 23, la reine agenouillée devant le roi porteur d'une torche fait passer par sa langue une cordelette munie d'épines dont un bout repose dans un panier contenant des bandes de papier tachées de sang. Sur le linteau 25, du même édifice, la souveraine présente en offrande un bol contenant papiers et aiguillons de raie ; on voit sur le sol un autre récipient avec les bandes de papier, une cordelette et un probable instrument autosacrificiel *(figure 1.61 c).* La reine regarde vers le ciel un ancêtre armé d'une lance et d'un bouclier qui émerge d'un serpent cosmique bicéphale. Sur le linteau 17 de la structure 21 la reine agenouillée fait passer une corde (cette fois sans épines !) par sa langue, face au roi assis qui tient entre ses jambes un long stylet, destiné sans doute à entailler son sexe[1] *(figure 1.61 d).*

Dans la troisième pièce de Bonampak, on assiste à une scène d'autosacrifice collectif *(planche 21).* Sur un même trône, une femme s'apprête à transpercer sa langue à l'aide d'une lancette ; une autre passe la cordelette par le trou qu'elle avait auparavant pratiqué dans la sienne ; la compagne qui lui fait face soutient une partie de l'instrument du supplice. Le récipient qui contient les bandes de papier taché est ici un encensoir, ce qui laisse supposer que le sang obtenu sera transmis aux puissances de l'au-delà sous forme de fumée[2].

L'importance du sacrifice sanglant – effectué sur les autres comme sur soi – est telle que l'on personnifie les instruments utilisés. Les langues-couteaux tirées par des monstres cosmiques sont pourvues d'yeux et d'une bouche qui les anthropomorphisent. Sur des stèles de Copán, le crâne de certaines créatures reproduit un excentrique[3] *(figure 1.62 b).* Le même type d'objets peut être montré comme une tête isolée ; sur le panneau du Palais et sur le panneau des Esclaves de Palenque, c'est une tête reptilienne présentée avec un bouclier en peau humaine *(figure 1.62 a, d)* ; sur l'autel 7 de Tikal, l'excentrique est un crâne ricanant qui repose dans un bol, parmi des bandes de papier[4] *(figure 1.62 c).* La lancette personnifiée est décrite comme une tête serpentiforme dont le front est entouré de

1. Graham et von Euw, 1977.
2. Miller, 1995, pp. 68-69.
3. Baudez, 1994, fig. 117a.
4. Greene Robertson, 1985, fig. 277 ; Jones et Satterthwaite, 1982, fig. 40.

a

b

c

d

1.61. Sacrifice humain sur les stèles de Piedras Negras : a *stèle 11, détail ;* b *stèle 44, détail. Autosacrifice à Yaxchilán ;* c *linteau 25 ;* d *linteau 17 (d'après Ian Graham).*

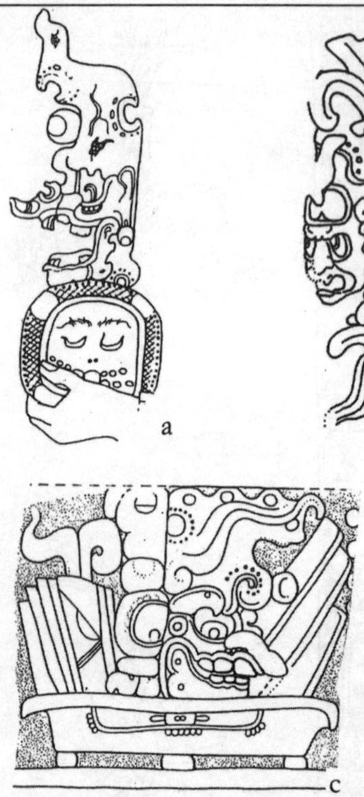

1.62. Couteaux et lancettes personnifiés : b Copán, stèle A, détail (d'après Baudez, 1994) ; d Palenque, panneau du palais, détail ; a Palenque, panneau des Esclaves, détail (d'après Schele) ; c Tikal, autel 7, détail (d'après Jones et Satterthwaite, 1982, fig. 40b).

trois bandes nouées surmontées d'un panache de plumes ; la longue langue pointue de la créature constitue la lame ou la partie active de la lancette [1] *(figure 1.63)*. Sous cette forme l'instrument est très répandu et particulièrement à Copán où il est tenu en main par des « grotesques », dépasse de la coiffure du roi, est brodé sur un pagne ou sur des rubans qui pendent de la ceinture royale, forme des bracelets ou des ornements de cheville [2]. Les linteaux 13 et 14 de Yaxchilán montrent deux personnages affrontés, tenant chacun d'une main la lancette personnifiée *(figure 1.63)* ; l'individu de gauche présente le bol empli de bandes de papier au milieu desquelles trône le glyphe T712, qui désigne la lancette en obsi-

1. La lancette personnifiée a été reconnue pour la première fois sur le vase dit de Huehuetenango sur lequel une série d'hommes, avec cet objet en main, sont accroupis auprès de bols censés avoir recueilli le sang obtenu de leur sexe (Thompson, 1961 ; Joralemon, 1974).

2. Baudez, 1994, pp. 268-270 ; fig. 116, d-k.

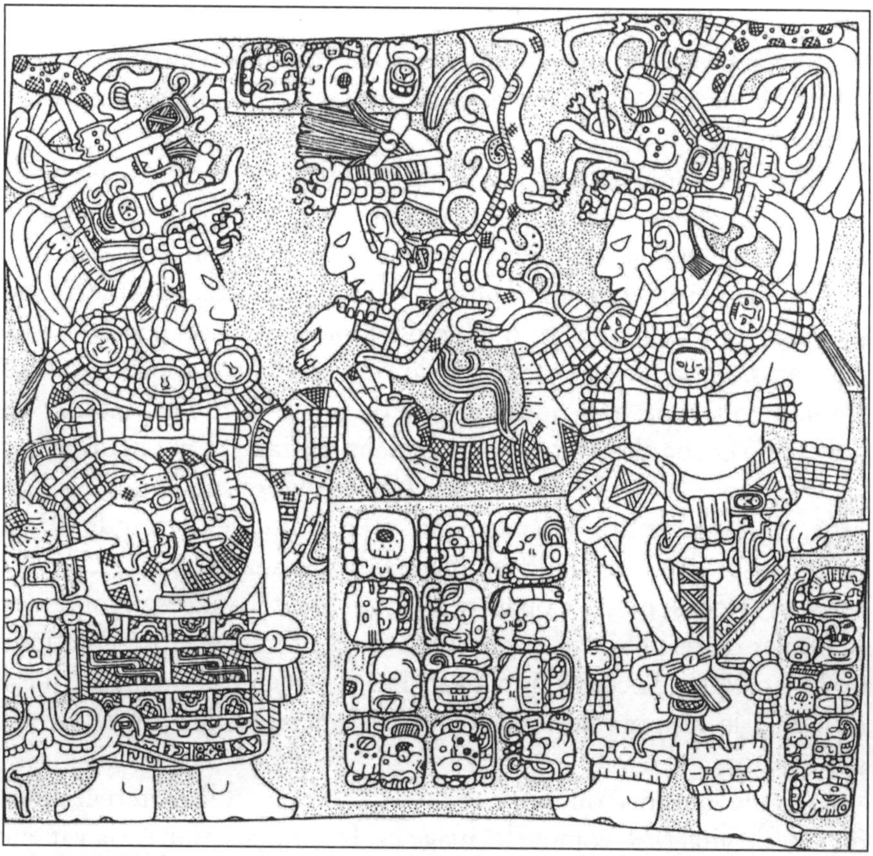

1.63. Lancettes d'autosacrifice : Yaxchilán, linteau 14 (d'après Ian Graham).

dienne [1]. Dès que l'on a su interpréter les représentations de lancettes, on a pu mesurer l'importance considérable de l'autosacrifice dans la vie cérémonielle des Mayas.

L'encens et ses destinataires

Brûler de l'encens produit à la fois une odeur agréable et une fumée qui monte au ciel pour peu à peu s'y dissoudre. Son mouvement montant vers un autre monde que le nôtre établit une communication avec lui ; l'odeur qui plaît aux hommes doit stimuler agréablement l'odorat des puissances invisibles. Le but immédiat de

1. Graham et von Euw, 1977 ; Schele 1984, fig. 19c, d.

brûler de l'encens serait d'abord d'attirer l'attention de l'au-delà avec l'offrande d'un parfum qui le réjouit. La fumée qui monte peut véhiculer, outre l'odeur, un message, une prière, ou même une autre offrande.

Cette communication entre le monde visible et le monde invisible par le truchement de la fumée peut s'effectuer directement ou par le biais d'une l'image de l'entité surnaturelle que l'on veut toucher. Théoriquement elle peut figurer à part, sculptée sur pierre ou modelée en céramique, en qualité d'« idole » que l'on encense. Elle peut aussi apparaître sur le corps de l'encensoir, sur son support ou sur son couvercle pour jouer le rôle de relais entre l'expéditeur de l'offrande et son destinataire. Cependant, les images qui figurent sur les encensoirs ne représentent pas toujours les destinataires de l'encens, elles peuvent parfois se référer à la nature de l'offrande. Ainsi les cabosses de cacao qui décorent les flancs comme le couvercle de certains encensoirs de Copán peuvent être interprétées comme des symboles de fertilité et de richesse et/ou comme des représentations métaphoriques de cœurs humains[1]. Par ces quelques exemples, il est clair que le rapport de l'image à la signification de l'encensement peut varier.

Comme la fumée du tabac, celle de l'encens est la matérialisation du souffle vital *(ik)*, comme le nuage est la condensation de la vapeur d'eau invisible. Le chamane ou *curandero* souffle la fumée (le « souffle » visible) de son cigare sur le corps malade pour le purifier, c'est-à-dire le guérir. De même la fumée de l'encens purifie les malades, les victimes du sacrifice, les lieux, et parfois les images. Encenser une « idole » est une offrande mais aussi un acte purificateur qui renforce son pouvoir.

Les Mayas classiques brûlaient très fréquemment le copal (la résine qui leur servait d'encens), si l'on en juge par la profusion de fragments d'encensoir dans tous leurs sites. Les différents types d'objets reconnus comme encensoirs et leur iconographie devraient nous informer sur leurs fonctions et les puissances concernées par ce

1. L'imagerie du cacao à Copán provient sans doute des Hautes Terres et de la côte Pacifique du Guatemala. Voir Janet Berlo (1984, pp. 160-161) sur les encensoirs d'Amatitlán et d'Escuintla, et la valeur symbolique du cacao.

rite. Leur distribution et leurs associations devraient en outre nous renseigner sur les modalités de l'encensement : devant quels édifices ou images brûlait-on du copal ? à quelles occasions ? Un travail de synthèse sur les encensoirs mayas et leur utilisation, qui nous permettrait de proposer des réponses à ces questions, reste à faire. Il s'agirait d'abord d'identifier ces objets. En effet, des urnes cinéraires, des vases de dépôts, des vases-effigies en deux parties sont souvent décrits, parfois abusivement, comme encensoirs. En outre, on a parfois brûlé des offrandes dans des vases de dépôts, et donc noirci ces récipients, les faisant apparaître comme des encensoirs.

Les encensoirs en pierre que l'on trouve à Copán étaient probablement destinés à occuper la même place de façon permanente. Ils ont sans doute pour origine des objets comparables du préclassique de Kaminaljuyú (Hautes Terres). De corps cylindrique ou tronconique, ils sont pourvus d'un couvercle ; les deux sont décorés de reliefs figuratifs (zoomorphes, « créatures grotesques », monstres terrestres, cabosses de cacao), ou encore de glyphes en cartouche. Ces objets dont on ignore le contexte ont pu servir aussi de vases à offrandes. Des encensoirs en céramique, moins lourds, le plus souvent en forme de cylindre ou de sablier, avec ou sans couvercle, étaient conçus pour être utilisés posés, sur le sol ou un autel, mais pouvaient être déplacés après avoir servi.

On disposait de plus de mobilité avec des ensembles composés d'un petit récipient (en forme d'écuelle ou autre) dans lequel le copal était brûlé et que soutenait un grand support tubulaire décoré : le lourd et encombrant support pouvait rester sur place tandis que le bol fumant était momentanément porté par l'officiant ou placé sur un autre support de même type [1]. Enfin, on a aussi utilisé des encensoirs parfaitement mobiles, à manche tubulaire, en forme de poêle à frire et au fond parfois percé de trous.

1. Les supports d'encensoir comprennent deux types principaux : le premier est le support dont l'extrémité supérieure est prolongé de trois ou quatre pointes verticales (ou *prongs*) fixes ou amovibles, qui servaient de pieds provisoires à l'écuelle dans laquelle s'effectuait la combustion du copal. Ces encensoirs étaient présents dans les Hautes Terres dès le préclassique ancien. L'autre type est le tube creux généralement décoré par appliqué, représenté dans un grand nombre de sites (Copán, Seibal, Toniná, Caracol, Altar de Sacrificios, Piedras Negras, etc.) et dont les exemplaires de Palenque, extrêmement décorés, sont les plus fameux.

La mobilité relative de ces instruments démontre que l'encensement était requis dans une multiplicité de situations : les encensoirs les plus lourds et les plus encombrants restaient en permanence devant une image ou un édifice ; d'autres pouvaient être déplacés avant et après mais restaient en principe sur place au cours de l'encensement. Des encensoirs portables pouvaient changer de supports qui, eux, restaient fixes : cela permettait de changer facilement de lieu et/ou d'images qui leur étaient associées. Les encensoirs à manche, les plus mobiles de tous, servaient dans des rituels, réclamant le mouvement : processions, encensement successivement dans les quatre directions, autour d'un personnage ou d'une image que l'on veut purifier, etc. Bien qu'apparaissant dès le début de la période, les encensoirs à manche semblent avoir été toujours minoritaires par rapport aux autres types au cours du classique.

Suivant la règle générale en Méso-Amérique, les encensoirs mayas en céramique sont faits d'une pâte grossière, aux parois épaisses, aux surfaces râclées, décorées par des éléments modelés et appliqués, parfois rehaussés de peinture : badigeon blanc et peinture bleue (« bleu maya ») en particulier. Les bols ouverts ou globulaires sont souvent supportés par un pied évasé, et les récipients cylindriques, tronconiques, ou en forme de sablier sont flanqués de deux « ailes » rectangulaires étroites qui soutiennent parfois une partie du décor.

Celui-ci consiste au moins en plusieurs rangées ou en un semis de pointes coniques appliquées sur la panse et/ou sur le couvercle. Ce décor, que l'on trouve ailleurs en Méso-Amérique, a été interprété comme un rappel, soit du tronc à épines de la *ceiba*, image de l'arbre cosmique, soit des écailles du crocodile, image terrestre, comme l'on sait. Dans la mesure où les racines de l'arbre sont fréquemment représentées dans l'art méso-américain comme un crocodile, il est probable que les piquants aient représenté à la fois le tronc et les racines de la *ceiba*[1].

D'autres encensoirs présentent en vue frontale une créature entière ou un visage, aux traits indiqués par des éléments appliqués. La créature le plus souvent représentée à la période classique est le

1. La stèle 25 de Izapa en est une illustration frappante. Voir Barrera Vasquez *et al.*, 1980, p. 272.

soleil nocturne, d'abord, semble-t-il, sous la forme du jaguar puis sous les traits du patron du chiffre 7 et du mois Uo. À Altar de Sacrificios, dès le protoclassique, le décor principal des encensoirs cylindriques est une illustration du thème « tête humaine-dans-gueule-de-jaguar[1] » et au classique ancien, le décor consiste en deux têtes de jaguar[2]. Au classique récent et terminal, le patron de Uo est omniprésent sur les encensoirs d'un bon nombre de sites[3]. Sur les porte-encensoirs de Palenque, il constitue la figure principale d'un cosmogramme vertical complexe fait d'un étagement de masques auxquels s'ajoutent, aux étages supérieurs, un ou deux oiseaux[4] *(voir planche 18)*. Parfois, la tête du soleil nocturne est remplacée par le visage d'un homme jeune, sans caractères surnaturels, et qui pourrait représenter le roi identifié au soleil[5].

Les offrandes déposées sur trois côtés de la tombe 37-4 de Copán comprenaient au moins onze encensoirs de céramique dont le couvercle était surmonté d'une statuette représentant un roi copanèque[6] *(voir planche 19)*. Le contexte stratigraphique de la tombe indique que le personnage a été enterré (à moins qu'il ne soit lui-même le douzième roi, ce qui à mon avis est fort probable) à l'époque du douzième ou treizième règne de la dynastie. Si les

1. Phase Salinas, type Miseria appliqué : variété Cuh (Adams, 1971, pp. 53-54, fig. 95 c-g).

2. Phase Ayn, type Miseria appliqué : variété Ixtanclá (Adams, 1971, p. 54 ; fig. 98a-e).

3. Type Pedregal Modeled à Seibal (Sabloff, 1975, pp. 114-121 ; fig. 217-224), Altar de Sacrificios (Adams, 1971, p. 57 ; fig. 106a), Caracol (Chase et Chase, 1987, fig. 9) et types comparables à Toniná (Becquelin et Baudez, 1979, pp. 244-246), Piedras Negras, Quen Santo, Uaxactún, etc. À Seibal, Pedregal Modeled disparaît dans la deuxième partie du classique terminal (phase Bayal).

4. Rappelons que de la face nord de la substructure du temple de la Croix provient un encensoir de style classique ancien décoré de la tête de GI coiffé d'un heaume de requin. Quand on sait la vogue de GI au classique ancien (Hellmuth, 1987), il est possible que les encensoirs de Palenque aient été à l'effigie de GI avant d'être à celle du soleil nocturne.

5. Baudez, 1988. Arnoldo Gonzalez a observé que tous les encensoirs associés au groupe de la Croix ont une tête solaire comme élément principal alors que ceux à tête de jeune homme ont été trouvés associés à des structures à l'est de ce groupe (communication personnelle, 1995).

6. Comme le démontrent leurs vêtements et bijoux comparables à ceux des souverains sculptés sur les côtés de l'autel Q. Voir Fash, 1991, pl. VI ; pp. 106-111. Cavatrunci, Orefici, Terenzi, 1992, pp. 138, 140. L'une de ces statuettes reproduit

couvercles représentent bien onze ou douze rois et si l'enterrement a eu lieu au cours du règne ou à la mort du douzième souverain, il est clair que les encensoirs représentent les prédécesseurs du roi défunt ou, à défaut, régnant. On peut alors proposer que, par le truchement de l'encens et de ces effigies, on communiquait avec les grands ancêtres, afin, probablement, de faciliter l'entrée du défunt dans la communauté des morts. Dans cet exemple, l'effigie (qui se trouve sur le couvercle et qui fut donc elle-même encensée) semble représenter le bénéficiaire de l'offrande d'encens. Il en serait de même avec un grand encensoir polychrome en deux parties de Tikal[1] ; la partie contenante représente un monstre terrestre *cauac* sur lequel est assis un personnage à heaume d'oiseau et présentant à deux mains une tablette. Dans ce cas, la fumée s'élevait de la terre et enveloppait le personnage, sans doute un roi. Dans le temple couronnant la structure 16 de Copán, dédié au fondateur de la dynastie, Maudslay a trouvé un encensoir en pierre en forme de monstre *cauac*[2].

On peut regretter que la distribution spatiale dans un même site des différents types d'encensoirs ne soit généralement pas étudiée. On pourrait ainsi faire la relation entre les lieux sacrés et la pratique de l'encensement. Ainsi, à Palenque, deux tiers des tessons recueillis derrière le temple de la Croix Feuillue provenaient d'encensoirs alors que, derrière le temple des Inscriptions, seulement trois pour cent de la céramique avait ces objets pour origine[3]. À Toniná, on a remarqué que les encensoirs cylindriques ornés de la face du soleil nocturne ne se trouvaient que dans la zone des temples, alors que les encensoirs à dents amovibles étaient limités aux quartiers d'habita-

---

l'image de Yax K'uk' Mo', le fondateur de la dynastie, tel qu'il est montré sur le même autel Q. Bien que Fash mentionne seulement sept couvercles ornés d'une figure royale, le plan de la tombe reproduit *ibid.*, p. 108, en montre nettement onze. D'après René Viel (communication personnelle juin 1995), des tessons supplémentaires indiqueraient la présence d'un douzième encensoir. Ces encensoirs ont probablement les Hautes Terres pour origine ; voir le personnage jouant du tambour sur un couvercle d'encensoir de Kaminaljuyú : Kidder, Jennings et Shook, 1946, pp. 210-211 ; fig. 201i ; 207g.

1. Coe, 1967, p. 18.
2. Baudez, 1994, fig. 93 A, B.
3. Rands et Rands, 1959.

tion[1]. L'on ne peut malheureusement rien conclure de tels exemples isolés, et il faut souhaiter que le nombre de ces observations augmente pour aller plus avant dans leur interprétation.

Ces quelques indications sur le décor des encensoirs sont loin de rendre compte de leur richesse iconographique, dont l'analyse reste à faire. Un tel travail ferait découvrir, par exemple, que les anthropomorphes qui figurent sur certains de ces objets représentent sans doute des ancêtres que l'on encensait. Il n'en reste pas moins qu'au classique le soleil dans son aspect nocturne est de loin la créature la plus souvent représentée, alors que l'encens ne paraît pas avoir eu de rôle manifeste dans le culte agraire, par exemple. Nous verrons la situation changer de façon spectaculaire au postclassique récent avec les encensoirs de type Chen Mul qui représentent certainement des divinités.

L'archéologie n'a pas encore apporté la preuve (bien que cela soit probable) que l'encensement ait eu chez les Mayas une fonction de purification. En revanche, les autres fonctions distinguées plus haut, de communication et d'offrande, étaient certainement remplies.

Le fait de brûler une offrande, c'est-à-dire de la transformer en fumée, est certainement un moyen de la faire parvenir dans des régions « normalement » inaccessibles. On rappellera que, sur le trône royal peint dans la pièce 3 de Bonampak et où des femmes s'autosacrifient, c'est un encensoir à pointes qui contient les bandes de papier ensanglantées[2] *(voir planche 21).* La combustion de ces bandes permettait de faire parvenir « ailleurs » l'offrande sanglante. Le contenu des dépôts porte parfois, en totalité ou en partie, des traces de feu : brûler ces objets, symboliquement, était considéré comme le meilleur moyen de les faire parvenir à son destinataire. Ainsi quand, sur un autel de la structure B-4 de Altun Há, on brûlait des objets de jade en même temps que du copal, la fumée de l'encens emportait avec elle les jades « sacrifiés[3] ». Des objets non brûlés sont parfois offerts dans des encensoirs et les récipients des dépôts sont souvent difficiles à distinguer des encensoirs.

1. Becquelin et Baudez, 1979.
2. Miller, 1995, pp. 68-69.
3. Pendergast, 1982, p. 117.

Dépôts de fondation

Appelés *caches* dans la littérature anglo-saxonne, ce sont des dépôts intentionnels de matériaux, d'organismes, d'objets et de fragments d'objets, associés à l'érection de nouveaux monuments ou de nouveaux édifices ; il peut s'agir alors de la construction ou de la réfection d'un ensemble (place, substructure ou superstructure) ou d'une modification quelconque (ajout d'un escalier, élargissement d'un bâtiment, etc.) [1]. L'archéologue doit savoir les distinguer des autres dépôts intentionnels qu'il peut rencontrer : réserves alimentaires, dépôts d'ordures ou enterrements. En présence d'ossements humains, il doit tenter de déterminer, en tenant compte du contexte, s'il s'agit de victimes sacrificielles déposées en offrande ou s'il a affaire à une sépulture.

L'identification d'un dépôt de fondation n'est guère problématique quand il est placé dans le remblai d'une plate-forme, ou d'une place au cours de sa construction, ou antérieurement à l'érection d'une stèle ou d'un autel ; l'interprétation est, en revanche, plus difficile quand le dépôt est manifestement postérieur (c'est-à-dire « intrus ») à la construction de l'édifice ou à l'érection du monument. Le contenu d'un dépôt de fondation peut avoir été placé directement dans la terre ou le remblai, ou dans des récipients, ou encore protégé dans un caisson en maçonnerie.

Les rares dépôts trouvés dans des plates-formes de maisons sont très simples ; à Altar de Sacrificios, par exemple, ils se réduisent généralement à une ou deux poteries, ou à deux encensoirs, ou encore à un morceau d'os ou à un disque de pierre protégés par un bol renversé [2].

Les dépôts associés à l'architecture monumentale sont inégalement riches, tant en ce qui concerne le chiffre absolu des éléments que le nombre des types d'objets représentés. Beaucoup se limitent

1. Grâce aux nombreux exemples fournis par les fouilles intensives de quelques grands sites comme Tikal ou Altun Há, les dépôts de fondation de la période classique ont fait récemment l'objet d'une étude d'ensemble. Voir Calligeris, 1999.

2. A. L. Smith, 1972, p. 205.

à une ou deux céramiques ou à quelques instruments de pierre. Certains consistent en plusieurs centaines ou milliers d'éléments du même type, des éclats d'obsidienne, par exemple ; d'autres sont au contraire très variés quant à la nature de leurs éléments. Cette variété a cependant des limites étroites et la grande majorité des dépôts est constituée essentiellement par des éléments bruts ou travaillés des matériaux suivants : obsidienne, silex (taillés), pierre verte ou « jade » (polie), coquille et autres objets d'origine marine (coquillages, faune et flore marine), minerai de fer (pyrite ou hématite polie utilisée comme surface réfléchissante de miroir), ossements (animaux et humains). Cette liste bien entendu n'inclut pas les matériaux organiques périssables tels que tissus, plumes, objets en bois, plantes (nénuphars), etc., rarement conservés, mais sans doute présents à l'origine dans nombre de dépôts.

Que ceux-ci aient été ou non des offrandes, qu'ils soient ou non considérés comme « riches », la valeur des éléments qui les composent apparaît plus symbolique qu'économique, et provient rarement de leur quantité, de leur rareté ou du travail investi dans leur manufacture. Le matériau joue un rôle essentiel comme l'indique la fréquence de morceaux bruts de pierre verte, celle de coquillages non modifiés par exemple, auxquels s'ajoutent des fragments d'objets simples ou des éléments d'objets composites, comme des mosaïques ou des colliers. Il arrive même que des instruments d'autosacrifice tels que des aiguillons de raie soient représentés par des imitations en os. Ainsi la présence d'aiguillons ou de leurs imitations dans un dépôt n'implique pas qu'un autosacrifice ait réellement eu lieu avant le dépôt ; il peut s'agir simplement d'une allusion symbolique à ce rite.

Dans le domaine des objets en pierre taillée, on observe que le silex et l'obsidienne sont beaucoup plus souvent déposés ensemble que séparément [1]. Si les Mayas ont volontairement recherché cette

1. À Tikal, 80 sur 119 dépôts (soit 67,2 %) contiennent de l'industrie lithique. Sur ces 80 dépôts, l'association silex/obsidienne a été observée dans 65% des cas ; en revanche, les dépôts où l'obsidienne et le silex sont seuls ne représentent respectivement que 18,7 et 16,2 % (Coe, 1990 ; Calligeris, 1999). À Piedras Negras également : sur les 73 dépôts qui possèdent des excentriques, 51 (soit 69,8%) ont ces instruments taillés à la fois dans le silex et l'obsidienne (Coe, 1959, p. 104). Sur les 588 dépôts

association, c'est parce que la coexistence ou l'opposition des deux matériaux leur apparaissait signifiante. Deux excentriques, l'un d'obsidienne, l'autre de silex, de même forme (par exemple reproduisant un scorpion), sont tous les deux obtenus par taille et retouches, et sont tous deux des objets durs, coupants ou tranchants. Ils sont tous deux partiellement translucides, et de couleur variable, et ce qui les distingue, c'est que l'une est plus sombre ou obscure que l'autre. L'opposition recherchée est plus sans doute de clarté/obscurité que de couleur.

Cette opposition est illustrée en épigraphie quand, pour préciser que l'instrument est en obsidienne, on infixe *akbal* (T504), « nuit », « obscurité » dans T712, glyphe qui représente la lancette[1]. Sur les linteaux 14 et 25 de Yaxchilán, des instruments d'autosacrifice portent des marques noires ou peut-être même *akbal (figure 1.61 c, p. 223)*. Le contraste clair/obscur, marqué par le couple silex/obsidienne, rappelle l'opposition entre les deux créatures surnommées les « pagayeurs » (cf. p. 196). L'un d'eux porte un heaume de jaguar et a pour expression glyphique soit son portrait, soit *akbal* ; le glyphe *kin* se réfère à son compagnon dont les yeux louchent et dont le septum est traversé par une lancette[2].

Dans les dépôts, le silex apparaît parfois sous la forme de simples éclats et l'obsidienne sous forme de lames (qui expriment seulement les qualités de « coupant » et de « clair/obscur »). Le plus souvent cependant ces matériaux sont taillés en « excentriques », objets rituels apparemment réservés aux dépôts de fondation. Taillés dans le silex et l'obsidienne, ils affectent des formes géométriques (disques, croissants, anneaux, tridents, etc.), naturalistes (scorpion) ou autres (pointe foliacée aux bords découpés d'encoches, sceptre ramifié reproduisant plusieurs silhouettes humaines, etc.). Cette dernière forme, souvent d'une extrême complexité et qui représente

constituant le corpus de l'étude de Calligeris pour l'ensemble des Basses Terres mayas au classique, 271 (soit 46 %) possèdent du lithique. L'association silex + obsidienne se retrouve dans 145 dépôts (soit 53,5 %) alors que l'obsidienne et le silex seuls n'atteignent respectivement que 23,9 et 22,5 % (Calligeris, 1999).

1. Un exemple de lancette « noircie » figure dans l'expression traduite par « fils de parent » (de l'un ou l'autre sexe) dans le texte de la stèle 7 de Yaxchilán.

2. Stuart (1988, pp. 189-193) associe le couple des pagayeurs à l'autosacrifice.

un tour de force technique, semble exclusive du classique récent *(voir planche 17)*[1].

Des motifs incisés décorent fréquemment, au classique récent, éclats ou lames d'obsidienne ou, comme à Piedras Negras, des morceaux de pierre verte. Sur les rares pièces publiées, on a reconnu des symboles (comme la natte) ou des créatures mythologiques (comme le dieu K) ; l'analyse détaillée d'un corpus aujourd'hui abondant mais encore largement inédit, nous éclairerait certainement sur la signification des dépôts.

À côté du couple silex/obsidienne, la paire coquille/pierre verte est l'association la plus fréquente des dépôts de fondation[2]. La pierre verte (appelée aussi jadéite ou jade) semble avoir été dès les débuts du préclassique et jusqu'à la Conquête le matériau le plus valorisé des Mayas comme de tous les peuples méso-américains. Le contenu des sépultures comme l'iconographie montrent que, plus important est le personnage, plus importants sont ses bijoux de pierre verte : masques, ornements d'oreilles, colliers, pectoraux, plaques de ceinture, etc. Le vêtement maya comprend aussi parfois une cape de plaquettes de jade ou une jupe faite d'un réseau de perles tubulaires dessinant des losanges. Dans les dépôts cependant, l'objet manufacturé en jade est l'exception ; on trouve plutôt des éléments isolés d'objets composites (perles provenant de colliers ou plaquettes de mosaïques) ou des fragments d'objets, ou encore des morceaux bruts. Cette fréquence relative du « brut » démontre la valeur attachée au simple matériau indépendamment de la forme ou de la représentation de l'objet manufacturé.

---

1. Calligeris (1999, p. 220) a suggéré qu'à Piedras Negras les formes rondes telles que croissants, anneaux et disques, fréquemment taillées en silex, renverraient au monde céleste et solaire ; l'obsidienne, matériau préféré pour les formes allongées comme les lames à double pointe, les scorpions, les millepattes et les serpentiformes, évoquerait l'inframonde, domaine des ténèbres où se dissimulent les animaux recherchant l'obscurité et la fraîcheur.

2. Dans 49 % des dépôts de Tikal on trouve l'association coquille/pierre verte, alors que la coquille sans pierre verte n'est présente que dans 16 % des dépôts et la pierre verte sans coquille dans 3 % seulement (Calligeris, 1999). Les proportions sont différentes à Piedras Negras : le couple coquille/pierre verte est présent dans 20,2 % seulement des dépôts, alors que la coquille sans jade est attestée dans 31,9 % des dépôts et la pierre verte sans coquille dans 43,6 % des cas (Coe, 1959, table 5).

Il est très probable que chez les Mayas comme chez les Aztèques, la pierre verte ait représenté, par sa couleur, l'eau et, par la forme de ses perles, les gouttes de pluie. L'un des éléments graphiques du glyphe *tun* (qui se réfère à la période de 360 jours, mais qui veut dire également « pierre précieuse » comme « pierre » tout court) est un cercle qui forme aussi le glyphe du neuvième jour *muluc*, qui correspond au jour *atl,* « eau », du calendrier aztèque [1]. Thompson retrouve le symbole pour le jade et l'eau dans le glyphe du huitième mois *mol*, entouré d'un rang de perles [2].

Au jade est appariée la coquille, matériau qui doit ici être compris dans son sens le plus large et connote toute chose ou objet d'origine aquatique. Des objets façonnés en coquille, comme des figurines, des perles, des éléments de mosaïque ou des ornements de parure ; mais aussi et surtout des coquillages (généralement non modifiés par l'homme), des poissons [3], des éponges et des coraux. Ces échantillons de faune aquatique font référence à la mer mais aussi aux milieux aquatiques terrestres : marais, réservoirs, fleuves et eaux souterraines. En effet, l'iconographie des frises aquatiques comprend, outre l'omniprésent nénuphar, des coquillages marins et des poissons [4]. L'utilisation d'éléments issus de la mer pour décrire les eaux de surface et souterraines montre que, sur le plan cosmologique tout au moins, les Mayas n'opposaient pas les eaux terrestres

1. On rappellera que la déesse de l'eau et femme de Tlaloc dans le panthéon aztèque a pour nom Chalchiuhtlicue, « celle à la jupe de jade ». Certains des dépôts (complexe N) du Grand Temple de Tenochtitlán, du côté consacré à Tlaloc, renferment plusieurs jarres peintes en bleu, contenant des perles de jade, et renversées au-dessus d'un bol. La jarre d'eau renversée est une icône très commune en Méso-Amérique pour illustrer la pluie. Ici les perles de pierre verte représentent évidemment l'eau de pluie. Voir Lopez Luján, 1993, pp. 387-389.

2. Thompson, 1971, pp. 49, 78, 110.

3. À Tikal, le poisson est l'animal le plus souvent placé dans les dépôts du classique récent. Calligeris, 1999.

4. Les conques géantes sculptées en ronde-bosse et déposées sur la plate-forme de la structure 12 de Copán (qui représente une frise aquatique en trois dimensions) sont des *strombus* marins et non des gastéropodes d'eau douce. Voir Baudez, 1994, p. 181. Il faut noter aussi dans les dépôts la présence d'animaux amphibies tels que crocodiles et tortues, qui peut-être symbolisent la surface terrestre et non l'inframonde humide, comme la *capa dérmica* des dépôts du complexe A du Grand Temple de Tenochtitlán. Voir López Luján, 1993, pp. 251-252.

à celles de la mer[1]. Tout en sachant que les unes étaient douces et les autres saumâtres, et que les espèces marines différaient de celles d'eau douce, ils voyaient aussi les fleuves se jeter dans la mer. Ils concevaient sans doute la mer comme le prolongement des eaux souterraines et voyaient sur cette nappe immense flotter le crocodile-terre[2]. Quoi qu'il en soit, l'intérêt des Mayas pour les objets marins était considérable ; coquillages et autres choses de la mer faisaient l'objet d'un commerce à longue distance qui demandait un réseau d'échanges très étendu.

Si la coquille symbolise les eaux souterraines et de surface, le jade qui lui est apparié et qui est également un symbole aquatique, pourrait représenter la pluie, l'eau céleste. La paire jade/coquille représenterait ainsi l'eau sous ses deux états, distincts mais complémentaires.

On peut remarquer en outre qu'une grande partie des choses d'origine marine déposées à l'occasion d'une « fondation » ont un aspect ou une qualité « piquante » et en particulier le redoutable aiguillon à barbelures que la raie pastenague dissimule dans sa queue, qui a été l'instrument autosacrificiel de prédilection dans les Basses Terres du sud de la Méso-Amérique et cela dès les Olmèques[3]. Chez les Mayas, on le trouve couramment dans les dépôts mais aussi dans les sépultures où il est placé de préférence dans la région pelvienne, faisant allusion à la pratique courante d'autosacrifice du pénis. L'association d'éléments marins à l'autosacrifice, apparemment surprenante, peut s'expliquer par le principe de l'assimilation de la fin et du moyen, raccourci utilisé fréquemment dans l'iconographie maya. L'image de la végétation qui pousse sur un crâne exprime le concept de mort et de renaissance qui établit que la mort (ou le sacrifice) est nécessaire pour obtenir la vie. Le

1. Dans les dépôts et les sépultures, on trouve souvent à côté de coquillages marins, des coquillages d'eau douce, en particulier de l'espèce *Pomacea flagellata*. Les Mexicas utilisaient eux aussi des éléments d'origine marine pour faire référence aux eaux souterraines, comme le montrent certains des dépôts du Grand Temple. Voir *ibid.*

2. Coggins, 1983.

3. Comme le montrent des imitations en jade trouvées dans des tombes de La Venta. Voir Stirling et Stirling, 1942, pp. 639-642 ; Stirling, 1943, p. 59, pl. 48 ; Drucker, Heizer et Squier, 1959, p. 272.

maïs personnifié qui, sur la stèle H de Copán, brandit une lancette répète que la fertilité ne peut être acquise qu'au prix du sacrifice de soi. Les personnages aux traits solaires et au crâne taillé en couteau excentrique, qui émergent des extrémités de la barre cérémonielle sur la stèle A du même site, nous disent que le soleil a besoin de sacrifices[1]. De la même façon, le caractère marin de l'aiguillon autosacrificiel renvoie à l'eau sans laquelle la vie est impossible, et qui ne peut être accordée à l'homme qu'au prix de son sang.

À première vue, il semblerait que la pierre soit plutôt réservée aux instruments de sacrifice et les éléments marins à ceux de l'autosacrifice. Cette tendance générale souffre cependant de multiples exceptions : ainsi il existe des lancettes constituées de lamelles d'obsidienne, au bout parfois retouché[2], et des imitations d'aiguillons de raie en jade[3] ou en os.

Si l'association des quatre matériaux, silex, obsidienne, jade et coquille, est la plus fréquente[4], elle n'épuise pas, loin de là, l'inventaire des matériaux, des restes de faune et de flore, et des objets que l'on trouve dans les dépôts mayas. En majorité, ils comprennent le plus souvent des récipients de céramique façonnés spécialement pour cet usage, non décorés, et pourvus de couvercles. La même fonction est cependant parfois assurée par un encensoir ou par un ou plusieurs vases décorés. Les miroirs en minerai de fer (pyrite ou hématite) sont rarement présents dans les dépôts ; ils sont en revanche fréquemment représentés par des éléments de la mosaïque qui constitue leur surface réfléchissante ou par les disques en ardoise, grès ou calcaire qui en sont les supports[5]. Le principe *pars pro toto* et celui de la primauté du matériau sur l'objet fini, sont ici aussi à l'œuvre. Le miroir est, dès l'époque olmèque, un objet essentiel dans la magie et la divination méso-américaines et sa valeur dans le système symbolique maya devait être grande, bien que nous ayons

1. Baudez, 1994, pp. 63 et 19-23.
2. À Toniná, par exemple. Becquelin et Baudez, 1979-1982, pp. 924-925.
3. Schele et Miller, 1986, p. 186 et pl. 60.
4. À Tikal, cette association se retrouve dans 26,8 % des dépôts de l'ensemble du classique. Voir Calligeris, 1999.
5. À Tikal, les éléments de miroir sont présents dans 43 % des dépôts du classique ancien, et dans 32 % de ceux du classique récent.

du mal à la préciser. Du cinabre, dont la couleur rouge évoque le sang des sacrifices, a souvent été déposé sur les objets. Des morceaux de stalactites et de stalagmites provenant de grottes ont été récoltés à Toniná, Copán, Piedras Negras, Dzibilchaltún, Caracol, Altun Há et, dans un cas, à Tikal[1]. On trouve encore des ossements animaux et humains. Ont été évoqués les restes de poissons, de crocodiles et de tortues, mais plus difficiles à interpréter sont les serpents, relativement fréquents[2], et les ossements d'oiseaux, plus rares. Les restes humains, quand il y en a, sont quantitativement peu importants et consistent souvent simplement en une phalange ou une dent dont la présence est problématique : s'agit-il d'une mutilation volontaire ou d'une simple allusion au sacrifice ou à la mort ? Il n'en est pas de même des squelettes d'enfants qui, même incomplets, sont les restes de sacrifiés.

À Tikal, les ossements humains ne jouent d'ailleurs un rôle important que dans les dépôts de fondation des stèles, où ils accompagnent des objets de silex et d'obsidienne. En revanche, les éléments en jade ou en coquille y sont rares et les aiguillons de raie inconnus. En bref, l'accent semble être mis ici sur le sacrifice et non sur l'autosacrifice, et le complexe eau/fertilité n'y a que peu de place[3]. À l'exception des dépôts sous les stèles, les différences que l'on peut déceler entre les dépôts de diverses destinations (sous les places, dans les plates-formes, dans les édifices) pour une même période paraissent de peu d'amplitude et sans réelle signification. Toujours à Tikal, au classique ancien, les dépôts sous les places sont à la fois plus nombreux, plus variés et plus riches ; cette tendance s'inverse au classique récent où la primauté est donnée aux dépôts dans les substructures.

La symbolique des objets et des matériaux est renforcée par la symbolique des nombres ; on s'aperçoit en effet que le nombre d'éléments d'un même type (notamment les objets de silex et d'obsidienne, et les aiguillons de raie) n'est pas aléatoire et que certaines

1. Becquelin et Baudez, 1979-1982, pp. 170, 175 ; Strömsvik, 1941 ; Coe, 1959, p. 91 ; Brady *et al.*, 1997.

2. Sur les 21 dépôts du classique ancien de Tikal qui contiennent des ossements, 11 possèdent des restes (vertèbres) de serpent. Voir Calligeris, 1999.

3. Voir *ibid.*

valeurs sont particulièrement favorisées. Il arrive par exemple que des imitations d'aiguillons complètent les vrais pour atteindre des chiffres considérés comme signifiants. Au classique ancien, le 7 revient le plus souvent, au classique récent c'est le 9. Ces deux valeurs pourraient se référer à la paire « 7 glyphe/9 glyphe » qui se rapporte à deux figures emblématiques exprimant deux aspects différents de la terre nourricière [1]. On pourrait aussi penser aux 9 glyphes G, ou aux 9 directions de l'univers (aux 4 directions cardinales, s'ajouteraient celle du centre et les 4 directions solsticiales) [2]. Cependant le nombre 13 paraît avoir été signifiant à Altar de Sacrificios, Barton Ramie et Piedras Negras [3] ; la présence de 8 ou 10 objets est également notée dans divers sites. La symbolique des nombres joue donc certainement un rôle mais qui varie selon les circonstances, les lieux et les époques.

Il convient de s'arrêter quelque peu sur un type, particulièrement élaboré, de dépôts stratifiés du classique ancien de Tikal ; la complexité de leur organisation et la récurrence de détails signifiants pourraient nous aider à en comprendre la signification. Le dépôt 86 [4] se trouve au centre et au pied de l'escalier de la structure 5D-23-1st *(figure 1.64)*. Près du fond d'un puits d'environ un mètre de profondeur, on a déposé un crocodile, une tortue et trois serpents, accompagnés de onze excentriques de silex et un d'obsidienne, d'une perle de jade, de deux figurines en coquille, de gastéropodes d'eau douce *(Pomacea)* et des coquillages marins. On a placé également un récipient cylindrique en céramique contenant une perle de jade, une autre de coquille, une mosaïque de jade et coquille, trois aiguillons de raie et quatre imitations en os des mêmes instruments. Après avoir partiellement rebouché le puits, on a déposé quelques neuf-cents pièces d'obsidienne (lames, éclats et fragments de nucléus) autour de huit excentriques de silex, deux d'obsidienne et cinq nucléus du même matériau.

---

1. Baudez, 1994, p. 262.
2. Au lever et au coucher du soleil ; sur le *tzolkin* des pages 75-77 du codex de Madrid, elles sont indiquées par les doubles boucles entre les branches de la croix de Malte qui expriment les orients.
3. Smith, 1972 ; Willey, Bullard *et al.*, 1965 ; Coe, 1959.
4. Coe, 1990, n° 14, vol. II, p. 426 ; vol. IV, fig. 132, 135.

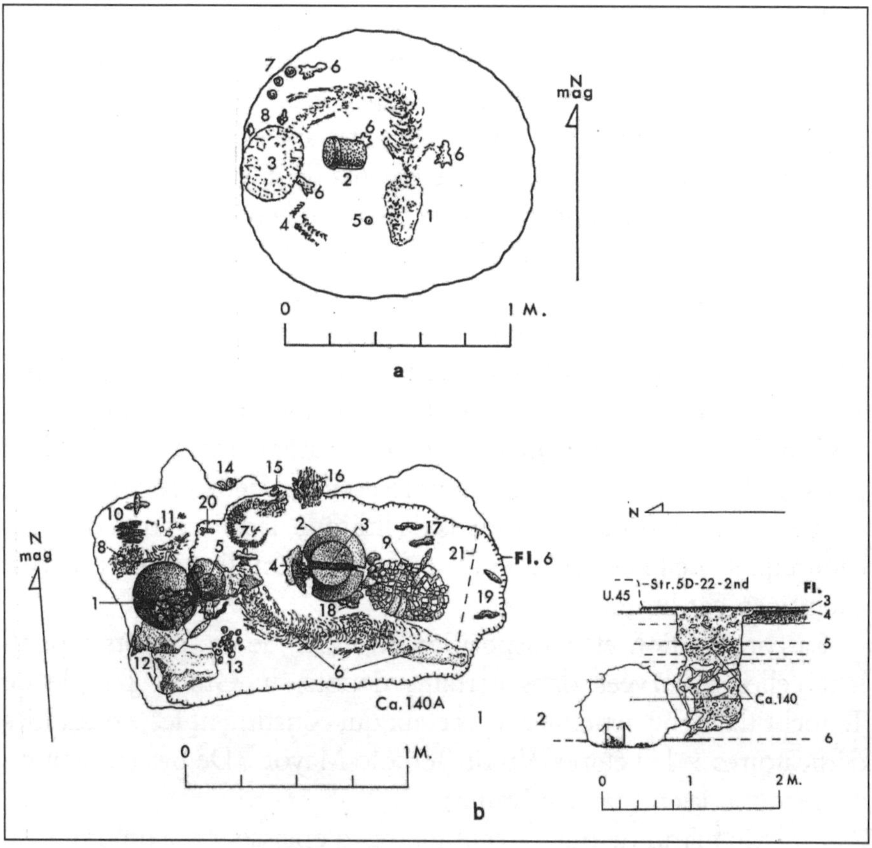

1.64. Tikal, dépôts 140 et 86 (Coe, 1990).

Le contenu du dépôt présente l'association habituelle silex, obsidienne, jade et coquille, avec en outre la présence de la tortue et du crocodile, animaux amphibies emblématiques de la terre humide chez les Mayas. Le plus intéressant ici est cependant la subdivision du dépôt en deux niveaux, sur laquelle nous reviendrons : le niveau inférieur présente les composantes usuelles du dépôt alors que le niveau supérieur est limité au lithique avec des excentriques en silex et obsidienne, auxquels s'ajoute un nombre infini de fragments du dernier matériau.

Le dépôt 120[1], associé à l'inauguration de la structure 5D-26-1st, est également à deux niveaux aux contenus bien contrastés : on a

1. Coe, 1990, n° 14, vol. II, p. 324 ; vol. IV, fig. 71b.

d'abord déposé une tortue et un crocodile, des coquilles *Pomacea*, une jarre engobée en rouge, un aiguillon de raie, une imitation d'aiguillon gravée, trois imitations non gravées, un os long de petit animal et un récipient céramique contenant douze lames et une lancette d'obsidienne, cinquante éléments de mosaïque en jade, une perle de jade, dix-huit éléments de mosaïque en coquille, une perle en spondyle et des fragments. Recouvrant ce premier niveau : quatorze excentriques et trois éclats de silex et, en obsidienne : vingt-sept excentriques, 6 nucléus à lames, onze fragments de nucléus, deux cent vingt-deux lames et cinquante éclats. Le dépôt 140 de la plateforme 5D-4 *(figure 1.64 b)* comprend une chambre de 1,85 m de long et 0,90 m de haut, creusée latéralement au fond d'un puits profond de 1,30 m. La chambre contient deux crocodiles, une tortue et les composants habituels de lithique, jade et coquille, et des céramiques. Le matériel déposé au cours du remplissage du puits est exclusivement lithique [1].

La composition et la disposition stratifiée de ces dépôts rappellent celles observées dans certains dépôts du Grand Temple de Tenochtitlán, en particulier dans ceux qui constituent les « offrandes dédicatoires » de l'étape IVb du Templo Mayor [2]. De bas en haut on y a reconnu les niveaux suivants :

1. Sable marin de quatre centimètres d'épaisseur maximum.
2. Coquilles de petites dimensions, piquants d'oursin, perles de pierre verte, grelots de cuivre et figures anthropomorphes de copal.
3. Animaux marins de plus grandes dimensions : gastéropodes et coraux.
4. Certaines parties du corps de poissons, reptiles et rares mammifères qui constituent une couche « dermique » séparant les niveaux aquatiques des niveaux superficiels, et qui représenterait la surface terrestre.

---

1. Coe, 1990, n° 14, vol. II, p. 366 ; vol. IV, fig. 104a. Le dépôt 186 (*ibid.*, p. 369 ; et vol. 4, fig. 102) contient les restes d'une tortue et de deux serpents mais sans étagement notable. Le dépôt 74 (*ibid.*, pp. 435-438 ; vol. 4, fig. 146f) est constitué de deux niveaux bien distincts mais de même contenu. Cependant Coe n'est pas sûr qu'ils aient été déposés en même temps.
2. López Luján, 1993, p. 237.

5. Images de divinités, symboles cosmiques, objets lithiques pointus et coupants, et têtes humaines décapitées.
6. Encensoirs de céramique.

À Tikal, les dépôts à deux niveaux sont plus simples que ceux de Tenochtitlán à la stratification détaillée. Leur couche inférieure correspondrait aux niveaux 1-4 qui décrivent l'univers souterrain aquatique, et la surface de la terre. Quant à la couche supérieure, elle représenterait le monde du sacrifice, du coupant et du pointu dans ses manifestations « claires » et « obscures ».

Dans les dépôts du Grand Temple, López Luján voit la reproduction de l'univers en ses trois grands niveaux (inframonde, surface terrestre, et ciel) :

> « [...] l'inauguration des édifices religieux suit certains rituels qui répètent l'acte primordial de la création de l'univers dans le but d'assurer sa réalité et sa durée. La cérémonie d'inauguration doit être, dans ce sens, semblable à l'action cosmogonique : créer le temple signifie recréer l'univers et le temps [1]. »

Les grands dépôts de Tikal, même s'ils n'atteignent pas le degré de complexité et d'élaboration des « offrandes dédicatoires » du Grand Temple de Tenochtitlán, pourraient être interprétés de la même façon comme les témoins d'une recréation symbolique de l'univers. Au cours de ce rituel les prêtres auraient « joué » la création originelle en déposant d'abord, par des coquilles et des animaux marins, les eaux de l'inframonde et de la surface, puis l'eau du ciel par le jade ; les sacrifices des autres et de soi auraient été ensuite matérialisés par les excentriques de silex et d'obsidienne et les aiguillons.

A-t-on le droit d'étendre à l'ensemble des dépôts des Basses Terres l'hypothèse suggérée par l'analyse de ces dépôts de Tikal, qui, par leur richesse et leur variété, sont plutôt l'exception que la règle ? En effet, les différences de contenu observées entre les deux subdivisions du classique soit n'existent pas ailleurs, soit ne sont pas les

1. López Luján, 1993, p. 284.

mêmes qu'à Tikal[1]. Certains sites comme Toniná et Palenque sont dépourvus d'excentriques et les remplacent par des lancettes d'obsidienne. À Altar de Sacrificios, sur les trente dépôts connus de phase Salinas (150-450 ap. J.-C.), un seul comprend autre chose que des céramiques[2]. S'agirait-il alors dans ces cas d'offrandes faites aux puissances surnaturelles, dans l'intention de placer les constructions ou les monuments sous leur protection ? Mais offrandes à qui et de quoi ? Soit les récipients sont vides, soit ils contiennent les matériaux et les objets symboliques habituels, attestés dès que le dépôt présente une certaine complexité. Les seules offrandes dont l'existence ne peut être controversée sont les sacrifices sanglants (animaux, humains, tant des autres[3] que de soi) dont on connaît l'importance et auxquels le contenu des dépôts fait constamment allusion. Cela dit, la présence d'excentriques, de lames, d'éclats, qu'ils soient de silex ou d'obsidienne, comme celle de phalanges et de dents humaines, ou celle d'aiguillons de raie et de leurs imitations, ne démontre pas qu'ait eu lieu un sacrifice à l'endroit et au moment du dépôt ; ces objets peuvent symboliquement renvoyer au sacrifice, comme le jade et la coquille renvoient à l'eau et à la fertilité.

Les dépôts stratifiés de Tikal que nous venons de comparer à ceux du Grand Temple de Tenochtitlán (plus récents d'un millénaire) sont tout à fait exceptionnels et exclusifs du classique ancien, époque pendant laquelle se sont exercées sur Tikal, de fortes influences, directes ou indirectes, de Teotihuacán. Les dépôts stratifiés et le rituel qu'ils illustrent pourraient avoir pour origine le Mexique central d'où ils auraient été exportés vers le Petén en même temps que la tradition locale les maintenait jusqu'à leur épanouissement dans la culture aztèque. Cette hypothèse ne pourra être vérifiée que lorsque Teotihuacán aura livré des dépôts stratifiés. Au classique récent, la déposition de leur contenu suivait peut-être un ordre déterminé, mais qui n'a pas laissé de traces visibles dans le sol.

1. Par exemple, les excentriques de silex ne se trouvent à Uaxactún que dans les dépôts du classique ancien. Voir Kidder, 1947, pp. 28-29.

2. Smith, 1972, table 4.

3. Les sacrifices humains par décapitation sont démontrés par la découverte en fouille du dépôt de crânes isolés ainsi que de squelettes décapités dans divers sites.

Les enterrements

Les coutumes funéraires sont extrêmement variables d'un site à l'autre des Basses Terres tant en ce qui concerne la sépulture (le contexte de l'enterrement), la disposition du corps, son orientation, et le mobilier qui l'accompagne [1]. Depuis l'inhumation directe en pleine terre jusqu'à la tombe voûtée, on reconnaît divers types de sépultures qui correspondent à divers statuts dans l'échelle sociale. Au classique ancien, les corps sont enterrés tantôt allongés, tantôt fléchis, alors qu'à la période suivante, la position fléchie est nettement dominante. L'orientation ne paraît pas avoir été pertinente tant elle est changeante dans le temps comme dans l'espace, sans régularités signifiantes.

Si l'on excepte les inévitables variations de détails, le mobilier funéraire présente de remarquables constantes dans sa composition. Outre les récipients en céramique qui en sont les objets les plus courants, on retrouve dans les sépultures les mêmes matériaux, et sensiblement dans les mêmes formes, que dans les dépôts. Les sépultures qui possèdent plus que de simples pots contiennent en règle générale des objets de jade, de la coquille (brute ou travaillée) et autres éléments marins, du minerai de fer utilisé pour des miroirs, de la pierre taillée (silex et/ou obsidienne), et des ossements d'animaux, y compris les aiguillons de raie, à valeur symbolique. La seule différence importante est la rareté des excentriques dans les sépultures. On retrouve la préférence pour le matériau aux dépens de la forme, que nous avions observée, dans le matériel des dépôts. Le contenu symbolique est avant tout ce qui donne de la valeur aux éléments du mobilier funéraire.

Quelques exemples suffiront à illustrer notre propos. La sépulture 10 de Tikal, datée du classique ancien par la céramique (de phase Manik), provient de la structure 5D-34 *(figure 1.65)* [2]. Son occupant principal est le squelette, saupoudré d'hématite, d'un homme âgé, étendu sur le dos, tête au nord [3]. On avait déposé sous

1. Welsh, 1988.
2. Coe, 1990, n°14, vol. II, pp. 479-487 ; vol. IV, fig. 160.
3. D'après Coggins (1975), il s'agirait du roi Curl Nose.

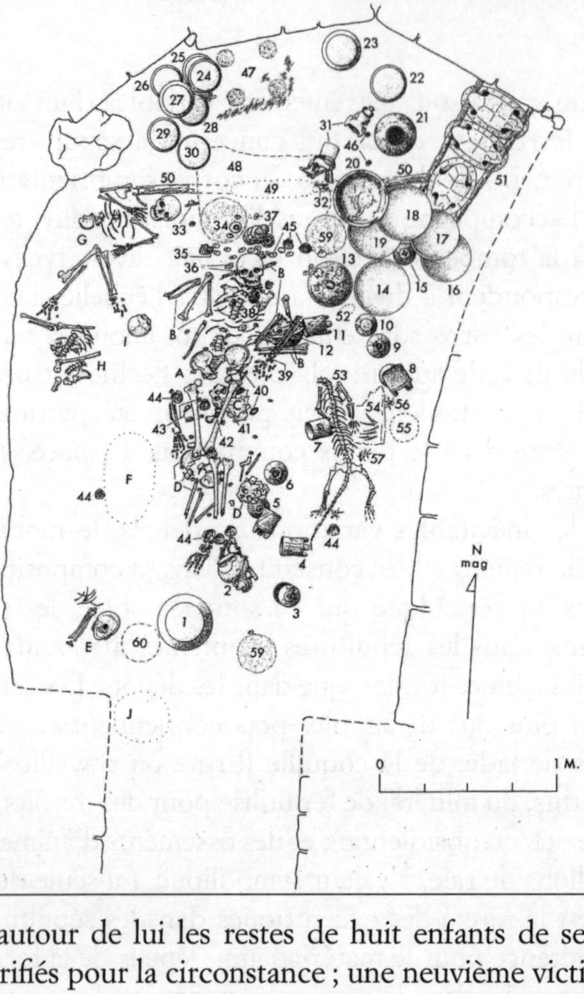

1.65. *Tikal, structure 5D-34, plan de la sépulture 10 (Coe, 1990, fig. 160).*

et autour de lui les restes de huit enfants de sept à quatorze ans, sacrifiés pour la circonstance ; une neuvième victime, suspendue au-dessus de la tombe, était une addition de dernière minute. On avait dispersé sur et autour du corps du vieil homme des coquilles de spondyle, ainsi que des perles, des pendentifs et des ornements d'oreilles en jade. Les éléments de sa coiffure étaient surtout des coquilles, à l'exception d'un masque de mosaïque en divers matériaux. Au nord de la coiffure, un paquet d'objets symboliques comprenait dix imitations d'aiguillons, des petites figurines en coquille et un pendentif de nacre. Auprès de sa cuisse gauche, on avait placé un miroir de pyrite sur disque de grès, et sous sa main un aiguillon de raie et une perle ; huit autres aiguillons modifiés reposaient au niveau du pelvis. Autour du corps, on a recueilli :

– cinq tortues (trois grandes et deux petites) et un crocodile décapités ; quatre-vingt-dix os de petits oiseaux, dont trois geais et trois hiboux ;

– trente vases en céramique répartis en plusieurs groupes ;

– treize coquillages d'eau douce *(Pomacea flagellata)* ;

– des perles, des pendentifs et des ornements d'oreille en jade ;

– un plateau peint et un bol en bois.

Au cours du remblaiement de la fosse, on avait déposé au-dessus de la tombe un grand nombre d'éclats de silex (estimé à dix mille) en sept niveaux distincts ; le sixième niveau (compté depuis la surface) comprenait en outre des excentriques, des lames-éclats (produits pour cette occasion) et des nucléus d'obsidienne.

La ressemblance du contenu de cette tombe avec les dépôts stratifiés du même site et de la même période, est frappante ; on y retrouve les mêmes animaux amphibies (tortues et crocodiles), les mêmes matériaux et les mêmes objets de pyrite, de jade, coquille et os (aiguillons de raie et leurs imitations). Les excentriques ainsi que les éclats et lames de silex et d'obsidienne, sont réservés à l'étage supérieur, constitué ici par le remblai de la fosse funéraire[1].

Le squelette de la sépulture VIII-36 de Copán[2] porte collier et ornements d'oreilles de jade, et son côté gauche est bordé d'un rang de perles de coquille. La tombe contient en outre dix vases en céramique, deux carapaces de tortue, une dent de crocodile et une mandibule de cerf (en collier). S'ajoutant aux animaux amphibies habituels, le cerf représente ici l'inframonde « sec », le royaume des morts[3]. À côté des deux précédents objets, on trouve des aiguillons de raie et deux ornements d'oreilles en coquilles. L'inventaire est complété par des coquilles marines, des lamelles de mica, cinq morceaux de quartz et des débris de stuc peint en couche fine qui pourraient provenir de codex mais aussi d'objets en bois ou de gourdes, stuqués. Aux matériaux habituels s'ajoutent le mica et le

1. « *In a massive manner, content either matches or approximates that encountered in such Acropolis-founded deposits such as Ca. 86, 120, 140 and 186* » (Coe, *ibid.*, p. 486).

2. Datée du Ve siècle de notre ère. Voir Fash, 1991, pp. 92-93 et fig. 44-46.

3. L'association tortue-cerf, à laquelle s'ajoutent deux crânes de pécaris, se retrouve dans la tombe I. Voir Longyear, 1952, pp. 40-41.

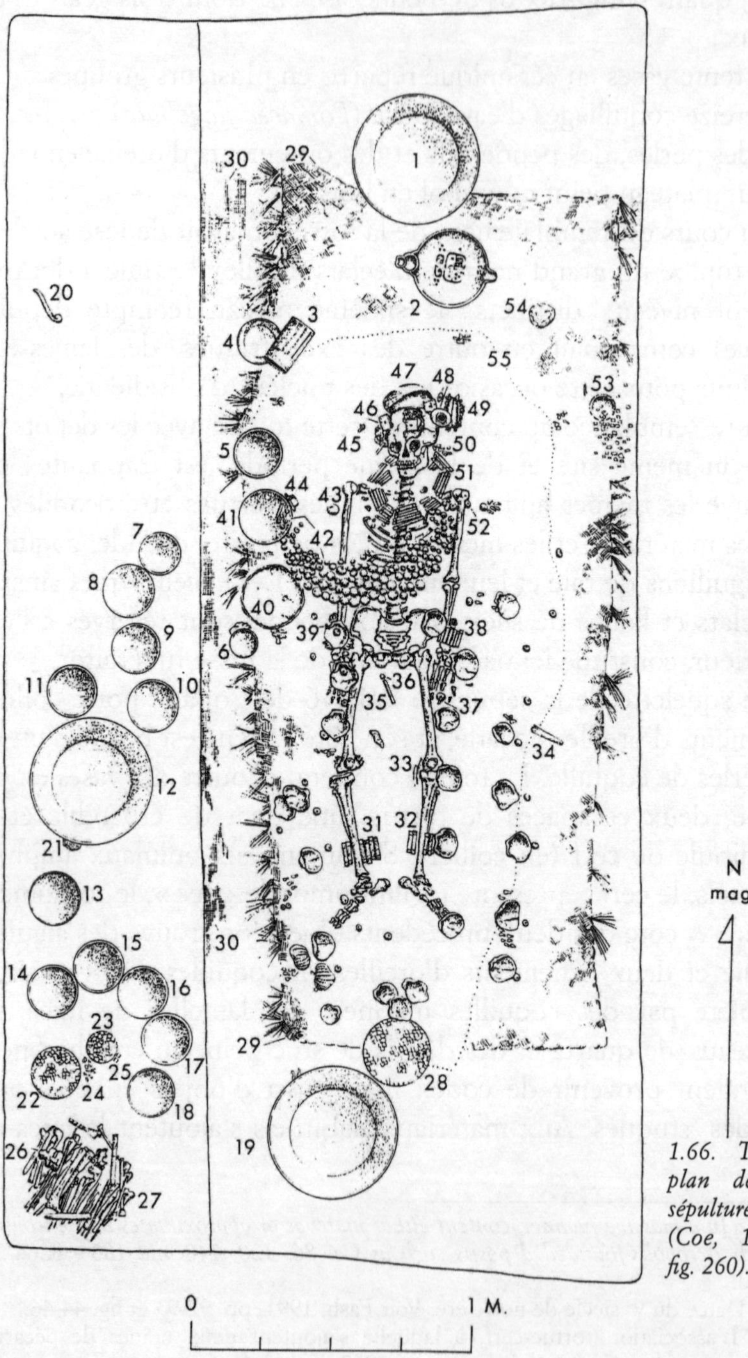

1.66. Tikal, plan de la sépulture 116 (Coe, 1990, fig. 260).

quartz, remarquables pour leurs propriétés de brillance et, pour le second, de dureté.

Dans une tombe classique ancienne de Las Ruinas de Arenal au Belize[1] deux paires de bols, l'un faisant réceptacle, l'autre couvercle, contenaient cinq petites figurines anthropomorphes disposées en croix. Pour préciser que ces arrangements reproduisaient les directions de l'univers, chaque figurine avait été taillée dans le matériau de la couleur appropriée à la direction cardinale qu'elle représentait. Ainsi, les figurines situées à l'est étaient en spondyle ou en calcaire de couleur rouge, celles à l'ouest en obsidienne ou en ardoise ; au nord, le blanc était exprimé par la nacre ou la coquille d'un *strombus*, et les effigies en spondyle jaune se trouvaient au sud. Une figurine centrale, de taille légèrement supérieure aux autres, était taillée en pierre verte, la couleur du centre en cosmologie maya. Les découvreurs de cette sépulture interprètent ces deux arrangements comme des cosmogrammes qui expriment la relation au cosmos de l'occupant de la tombe. Ils remarquent que les céramiques et leur contenu apparaissent plus comme des dépôts que comme du mobilier funéraire.

Au classique récent les tortues et les crocodiles ont disparu des dépôts et des sépultures de Tikal, mais les objets symboliques, que nous connaissons bien, restent à peu près les mêmes. Le roi Ah Cacau (également désigné par la lettre A) était enterré sous la pyramide du temple I (structure 5D-1-1st)[2] *(figure 1.66)*. En dehors de nombreux bijoux de jade (ornements d'oreille, colliers, bracelets de poignets et de chevilles), le squelette était entouré de spondyles, de perles de jade et de pattes de jaguar (groupes de phalanges trouvées en quatorze endroits) constituant, selon les propres termes de Coe, « une sorte de cercle magique ». De nombreux objets d'origine marine flanquaient le crâne. On n'a trouvé dans aucun des dix-neuf vases en céramique des traces de contenu organique, ce qui laisse à penser qu'ils pouvaient être vides. Les récipients inhabituels comprennent un cylindre à couvercle fait d'une mosaïque de jade et un vase d'albâtre. La pierre taillée n'est représentée que par des

1. Sépulture 91B-1. Voir Taschek et Ball, 1999, pp. 220-221.
2. Burial, p. 116. Voir Coe, 1990, n°14, vol. II, pp. 604-609 ; vol. V, fig. 260.

éclats d'obsidienne. À signaler pour finir, trois miroirs de pyrite et un groupe d'objets en os incluant des os longs gravés, des poinçons, des pinces à épiler, des tubes, des spatules, etc.

Au-dessus et sur les côtés des dalles qui ferment la voûte de la tombe, on a observé des concentrations d'éclats de silex et d'obsidienne. Dans l'épaisse couche de remblai au-dessus de la tombe, on avait jeté tous les cinquante centimètres environ, ici une poignée de silex, là une poignée d'obsidiennes.

Un « étage supérieur lithique »[1] semblable a été noté lors de la fouille de la sépulture 196 dans la structure 5D-73[2], probablement une autre tombe royale dont le contenu ressemble fortement à celui de la précédente. Mêmes vases de pierre, l'un d'albâtre, l'autre en mosaïque de jade, mêmes miroirs de pyrite, mêmes aiguillons auprès du pelvis, même tas d'os travaillés, même « cercle magique » autour du corps ; il est fait de perles de jade, de coquillages, de pattes de jaguar, et du même félin sculpté dans un bloc de jade[3]. On note en outre que le défunt portait un diadème en jade et un collier en perles marines. Le mobilier funéraire comprenait enfin quarante-huit céramiques.

En vertu de notre propre tradition occidentale, on a tendance à interpréter les objets accompagnant le défunt comme ses possessions sur terre qui doivent le suivre dans l'autre monde[4], ou encore par des « offrandes » destinées à l'au-delà. Or le contenu tant des sépultures que des dépôts n'est composé ni de possessions ni d'offrandes, comme le montre la valeur purement symbolique de la

1. La coutume de déposer de l'obsidienne et du silex en grande quantité au-dessus des tombes paraît assez répandue dans les Basses Terres ; ainsi à Uaxactún, couronnant les sépultures A-20 et A-22 du classique ancien (A. L. Smith, 1950, p. 96) ; ou à Altar de Sacrificios dans la sépulture 128 du classique récent, où de huit à neuf mille morceaux de silex avaient été placés au sommet des murs de la crypte et auprès des poutres du toit (A. L. Smith, 1972, p. 220).

2. Coe, 1990, n°14, vol. II, pp. 641-646 ; vol. V, fig. 282.

3. Dans la tombe 4 de la substructure II-B de Calakmul (fin du VIIe siècle), le corps était entouré de nombreux objets. « Huit ensembles de griffes (possiblement félines) furent trouvés à différents endroits. Cet arrangement est semblable à celui de la sépulture 196 de Tikal ». Voir Carrasco *et al.*, 1999, p. 53.

4. Ainsi Fash déclarant que l'occupant de la tombe VIII-36 est un chamane pour être enterré avec « *all the utensils associated with an individual who practised religious rituals* » (1991, p. 92). Dans ces conditions, tous les enterrements tant soit peu complexes des Mayas seraient attribuables à des chamanes...

majorité de ces éléments[1]. Feraient exception les victimes humaines et animales sacrifiées au moment de l'enterrement ; cependant celles qui accompagnent l'occupant de la tombe 10 de Tikal ne sont ni ses femmes ni ses serviteurs mais des enfants. Le crocodile et les tortues figurent dans cette même tombe pour ce qu'ils représentent, en même temps qu'ils servent de victimes, puisqu'ils sont décapités[2].

Le symbolisme du sacrifice matérialisé par les objets et les morceaux de silex et d'obsidienne, si important dans les dépôts, qu'ils soient ou non stratifiés, fait manifestement partie de la deuxième partie du rituel funéraire, au moment du remblaiement. L'autosacrifice, en revanche, est toujours représenté dans la sépulture même par les aiguillons de raie, leurs imitations et d'autres poinçons, que l'on associe fréquemment à la région pelvienne. Il est difficile de savoir ce que les poteries placées auprès du défunt contenaient, en admettant même qu'elles aient contenu quelque chose. Leur décor est assurément important et l'iconographie des assemblages céramiques nous donnera peut-être un jour une réponse aux questions que pose la présence de poteries dans les tombes. Des vases étaient-ils destinés au mort dans son autre vie, comme le suggèrent les bols « tués » par un trou ? On pourrait en douter car dans les huit cas observés à Altar de Sacrificios la poterie « tuée » était placée sur le crâne[3], et le trou aurait pu alors avoir eu pour fonction de laisser s'échapper une des âmes du défunt.

Dans les enterrements, le jade et la coquille jouent un rôle prépondérant et pas seulement les bijoux portés par le mort. Les fossoyeurs de Ah Cacau avaient ajouté sur sa poitrine un collier à plusieurs rangs de grosses perles rondes. On a remarqué dans diverses sépultures du classique ancien comme du récent l'importance, autour du crâne, des coquillages et de la coquille, matériau

1. Dans les exemples cités, nous avons à dessein privilégié les tombes royales parce qu'elles ne peuvent être soupçonnées d'être « pauvres ».

2. López Luján (1993, p. 251) a fait remarquer que dans les dépôts de type A du Grand Temple de Tenochtitlán, aucun des animaux représentés n'était entier. Les Mexicas déposaient seulement certaines parties de l'anatomie de chaque animal : les dents, et certaines parties du crâne des poissons, la carapace des tortues, le crâne et les plaques dermiques des crocodiles, la scie du poisson-scie, le crâne et la peau des serpents, et la peau d'un puma.

3. A. L. Smith, 1972, pp. 215-216.

qui, dans la coiffure des vivants, joue un rôle effacé. Le « cercle magique » de coquille et/ou de jade (et parfois de pattes de jaguar) qui entoure le corps a été observé à Tikal, mais aussi à Copán avec les perles de coquille le long du côté gauche du squelette de la tombe VIII-36. Jade et coquille symbolisent l'eau sous ses deux aspects, céleste et terrestre, source de fertilité, de renouveau, de vie ; la force magique dégagée par ces symboles est une promesse d'éternité.

Dans les pages qui précèdent, nous avons vu à quel point dépôts et enterrements pouvaient être analogues. Tous deux témoignent d'une activité rituelle qui consiste dans la manipulation et le dépôt d'objets symbolisant la vie et le sacrifice. Au classique ancien, à Tikal et peut-être ailleurs, les dépôts ainsi que les enterrements semblent avoir été conçus comme une re-création microcosmique dans laquelle les animaux amphibies, et parfois les oiseaux, représentaient les différents étages de l'univers [1]. Au classique récent, la dimension cosmologique est moins évidente, sinon absente, dans les dépôts ; leur contenu s'est simplifié, en devenant moins explicite et plus symbolique, et ne montre plus d'étagement. Il s'agit surtout d'invoquer les forces vitales par la manipulation de leurs symboles. À l'inverse, les enterrements ont conservé dans certaines cités la coutume, héritée de l'époque précédente, de déposer les objets lithiques qui évoquent les sacrifices sanglants après fermeture de la sépulture.

Si le contenu d'un dépôt de fondation et le mobilier funéraire sont de composition analogue et témoignent donc de manipulations comparables, il doit s'agir dans les deux cas de « donner vie », qu'il s'agisse de l'édifice que l'on vient d'élever ou du mort que l'on vient d'enterrer.

La manipulation des figurines

Peu d'objets éveillent autant de frustration chez l'archéologue mayaniste que les figurines en céramique. Malgré leur relative abondance dans presque tous les sites du classique récent, malgré le détail de leurs représentations, leur signification et leur fonction demeu-

1. Rappelons, toutefois, que les dépôts pour l'inauguration d'un monument ont un contenu, et donc un sens, légèrement différent.

rent mystérieuses. Leur distribution dans le temps et dans l'espace est, elle aussi, énigmatique *(voir planches 22 et 23).*

Elles font leur apparition aux débuts du classique récent dans la plus grande partie de l'aire maya ; elles sont rares cependant à Copán, dans la vallée du Motagua et sur la côte orientale du Yucatán. Il est inutile de rechercher leurs origines chez les figurines pleines et frustes du préclassique moyen et qui, à l'exception de la coiffure et des ornements d'oreilles, sont nues et le plus souvent féminines.

Les figurines du classique récent, hautes de dix à vingt centimètres, sont parfois pleines mais plus fréquemment creuses ; elles sont alors souvent aussi des sifflets, ou même des ocarinas, à moins qu'elles ne contiennent des grelots qui en font des hochets. Le type le plus commun consiste en un personnage qui tient debout grâce à une béquille arrière où est logé le sifflet. Les plus simples, en partie moulées, ont été fabriquées localement et en série. Les plus élaborées provenaient sans doute de quelques ateliers qui les distribuaient ensuite largement ; leur corps résulte de l'union de deux moitiés moulées ; les membres séparés du corps sont modelés à part, et le visage est généralement moulé. Les détails de la coiffure, du vêtement et les ornements sont ensuite indiqués par pastillage. Ces objets n'étaient pas destinés à être portés ; ils ne sont en effet que rarement pourvus d'un anneau ou de trous de suspension.

Plus que par leurs qualités techniques et esthétiques [1] ces objets sont remarquables par la variété de leurs représentations. Les hommes sont plus nombreux que les femmes, dont la condition subalterne se manifeste par la modestie du vêtement et de la parure ; d'une façon générale, les deux sexes sont habillés et parés de façon assez réaliste. On reconnaît le plus communément des dignitaires, et parfois même des souverains, si l'on en croit les analogies que certaines figurines présentent avec les personnages des stèles. Il

1. On a tendance, sur le marché de l'art, à désigner comme provenant de Jaina toute figurine de qualité. Si cette île du Campeche a livré de très nombreuses figurines, les « figurines de Jaina » sont largement distribuées dans toute l'aire. Jaina apparaît plus comme un centre cérémoniel que comme une ville, dans la mesure où elle a servi de cimetière à une large population qui vivait sur le continent. Ses tombes contiennent presque toujours des figurines, ce qui est exceptionnel ailleurs.

arrive même que ces monuments, ainsi que des trônes, soient figurés. L'importance donnée aux coiffures et leur variété même, de la plus simple à la plus compliquée, indique un grand nombre de statuts différents. On voit des guerriers armés de la lance et du bouclier et revêtus de l'armure matelassée de coton ; on reconnaît, souvent montrés en action, des joueurs de balle, des danseurs et des musiciens. À Toniná, des personnages à bonnet pointu percé de trous pourraient représenter des captifs, car des têtes individuelles avec les mêmes bonnets étaient pourvues de trous de suspension pour être portées, sans doute comme trophées [1]. Certaines têtes sont chauves, sans doute pour recevoir une coiffure amovible.

En dehors de représentations zoomorphes, peu communes, on trouve plus souvent des individus à corps humain et tête animale ou fantastique, qui représentent des êtres surnaturels ou des personnages masqués. Cette catégorie est particulièrement bien illustrée à Palenque avec des têtes de jaguars, de chiens, d'oiseaux et de singes, sans compter des faces grimaçantes qui ne sont ni humaines, ni animales.

À côté donc d'un tableau apparemment réaliste de la société maya, les figurines nous présentent un univers surnaturel illustré par des personnages masqués, des animaux anthropomorphisés et des créatures fantastiques. Les figurines doubles qui nous montrent une jeune femme enlacée à un vieillard ne traduisent pas une critique à l'égard de couples mal assortis, mais font plus vraisemblablement référence à un phénomène cosmique, une éclipse par exemple. La femme forme parfois un couple avec un singe ou un lapin, l'ensemble traduisant peut-être son opposition au soleil (le singe est une forme de *kin*), ou son identification à la lune (le lapin est une figure lunaire en Méso-Amérique). On a eu tendance à voir dans certaines figurines féminines des images de la déesse Ix Chel, attestée au postclassique récent ; ainsi les rares exemples de tisserandes au travail seraient des images de la patronne du tissage. Ces cas tout à fait exceptionnels ne suffisent pas à prouver l'existence d'une divinité classique, non démontrée par ailleurs ; mais que certaines figurines

1. Becquelin et Baudez, 1979-1982, pp. 1075-1076 ; fig. 264, a-g.

se réfèrent au surnaturel ou à la cosmologie, cela ne fait pas de doute. Le thème du jeune homme sortant d'une plante est une image probable de fertilité ; plus énigmatique est le portrait de l'obèse à tête de nain ou « dieu gras » : bouffon ou figure mythologique ?

S'il est souvent difficile de déterminer leur identité, il est encore plus délicat de se prononcer sur l'usage des figurines qui sont rarement trouvées entières, sinon dans les sépultures ou les dépôts, où elles sont exceptionnelles. La reconstitution d'objets entiers à partir des fragments recueillis pose des problèmes insolubles ; il est souvent impossible en effet de déterminer à quel corps correspondent telle tête ou tels membres. On a presque toujours trouvé ces fragments en contexte domestique, y compris dans des décharges, ce qui montre qu'après usage ou une fois cassés ces objets étaient banalisés [1].

Il y a deux approches possibles pour aborder le problème de la signification et de la fonction des figurines. On peut considérer chacune d'elles comme isolée, et chercher à déterminer son emploi et son sens : la figurine va être identifiée tantôt comme appeau, tantôt comme dieu lare, ou fétiche, jouet, emblème de statut social, etc. Or aucune de ces hypothèses ne peut être retenue sérieusement. Ou encore on considère la figurine comme élément d'un ensemble, élément qui n'a de rôle et de signification que par rapport à cet ensemble, comme les santons de nos crèches ou les marionnettes d'un théâtre.

Les figurines mayas m'apparaissent comme des représentations miniaturisées qui étaient objets de manipulations. Au lieu de faire exécuter le rite par des officiants de chair et d'os, déguisés, masqués, qui jouent le mythe en représentant les créatures de l'au-delà (esprits, ancêtres, âmes des morts, etc.) par des parcours, des danses, des chants, de la musique, on utilisait des simulacres en terre cuite. La capacité de la miniature à faire du bruit, par le sifflet ou le hochet, avait pour objet d'attirer l'attention de leurs modèles. La « repré-

1. L'origine domestique des restes de figurines est bien attestée à Tikal, Altar de Sacrificios et Toniná. Il semblerait, en revanche, qu'à Palenque elles proviennent des abords des temples et des palais (Rands et Rands, 1965, p. 558). « Notons cependant que pour conclure que la situation à Palenque est l'inverse de celle de Tikal, il faudrait avoir fouillé des maisons du premier site, et comparer la popularité relative de ce type d'objets dans les deux contextes » (Becquelin et Baudez, 1979-1982, p. 1092).

sentation » rituelle ou théâtrale « réactivait » une situation ou un événement mythique en communiquant avec les êtres surnaturels au moyen de leur effigie munie d'un sifflet.

L'hypothèse proposée ici, qui fait des figurines des objets rituels et leur accorde ainsi une place dans cet ouvrage, peut apparaître comme une pure spéculation. Elle rend compte cependant de la variété des êtres représentés qui font partie tant de notre monde que de l'autre, et du rôle du sifflet. Elle est aussi un pari sur l'avenir de trouver un jour en fouille un ensemble de figurines en situation, pour lui donner raison. Cela ne s'est pas encore produit dans l'archéologie du classique des Basses Terres, mais les quelques exemples que nous en avons en Méso-Amérique rendent cette découverte plausible. Sans nous attarder longtemps sur l'exemple lointain des maquettes à personnages de l'Occident du Mexique, on peut citer le cas du dépôt n°4 de La Venta (préclassique moyen olmèque), où seize figurines et six lames de jade sont « mises en scène », la scène rituelle composée de quatre figurines enterrée sous le sol de la maison 16 à San José Mogote (Oaxaca), une autre trouvée sous le sol de la structure 35 du même site, ainsi que les dépôts mayas de Santa Rita (postclassique récent) où des figurines en céramique sont utilisées dans la construction d'une cosmologie et pour matérialiser un rituel d'autosacrifice [1]. Ces exemples montrent que la manipulation rituelle de simulacres était répandue en Méso-Amérique, non seulement pour entrer en communication avec le monde des morts, mais aussi pour d'autres usages et dans d'autres circonstances.

Danse et musique

Dès le début du VIIIe siècle, la sculpture maya nous présente des personnages qui, au lieu de faire reposer, comme à l'accoutumée, leurs deux pieds sur le sol, soulèvent un ou, plus rarement, deux talons. Cette pose dynamique indique bien l'action de danser, comme certaines images nous le précisent parfois en montrant le balancement des bras et du pagne, ou le mouvement des plumes. Les

1. Drucker, Heizer et Squier, 1959, pp. 152-161 ; Gann, 1900, pp. 680-681 ; Gann, 1918 ; Chase et Chase, 1988 ; D. Chase, 1991, pp. 89-96.

peintures murales de Bonampak ont le mérite de nous présenter des danses dans leur contexte. On danse aussi sur les vases.

Dans la section consacrée aux édifices, nous avons décrit le rite illustré sur les piliers de la maison D de Palenque[1]. L'épisode principal, compris entre deux scènes sacrificielles, consiste en une danse entre le roi, un personnage habillé en femme porteur d'un cosmogramme et un serpent, probable symbole de la foudre et de la pluie qui imprègne la terre. Lors de sa danse, le roi, armé du serpent-foudre, jouerait le rôle de faiseur de pluie. Le rite dans son ensemble fait référence, comme l'indique la frise présente sous chaque épisode, à un environnement aquatique. Nous ne savons pas cependant si la cérémonie a lieu dans l'inframonde humide, auprès d'un plan d'eau terrestre ou dans un édifice. Sur le panneau du temple XIV de Palenque, le roi défunt[2] Chan Bahlum danse devant une frise aquatique ; ici le serpent-foudre est remplacé par l'image de la foudre personnifiée présentée par une femme agenouillée. Le bol en bois de la sépulture 160 de Tikal (classique ancien) nous montre qu'un rite analogue peut être joué par des surnaturels dans l'inframonde humide. Dépassant à mi-corps de la frise aquatique, une créature surnaturelle masculine, face à une femme, brandit un serpent dont le corps enserre *akbal*. La femme caresse de la main la tête du serpent, tandis qu'un autre reptile est visible sous elle sur la frise aquatique[3] *(figure 5 A, p. 41)*. Le panneau provenant de Palenque conservé à Dumbarton Oaks, nous offre un portrait également posthume du roi Kan Xul dansant, en présence de ses parents, eux aussi décédés[4]. Une coquille marine lui recouvre l'oreille, indiquant son appartenance à l'autre monde. De la main gauche, il brandit une hache dont le manche est constitué par un serpent en boucle, variante de la représentation de la foudre (dieu K) ; de la

1. Voir p. 147.

2. Schele (1988) a montré de façon convaincante que tant Chan Bahlum sur le panneau de la structure XIV que Kan Xul sur le panneau de Dumbarton Oaks n'étaient probablement plus de ce monde à la date qui se réfère à la scène dépeinte sur les panneaux respectifs célèbrant tous deux des anniversaires ; le premier est un événement du passé mythique qui eut lieu 945 748 *tuns* plus tôt.

3. Coggins, 1983, p. 44, fig. 39.

4. Schele, 1988, fig. 10.9.

main droite, il tient une petite jarre frappée d'*akbal* et entourée d'un serpent, comme sur le bol en bois de Tikal.

Même si ces images sculptées montrent des morts dansant dans l'inframonde humide, il est fort probable que les vivants reproduisaient ces mêmes danses, comme le montrent les plates-formes et les constructions qui représentent des frises aquatiques [1]. Un bas-relief dans le style de Yaxchilán nous montre des personnages bien vivants (Bird-Jaguar et un partenaire masculin) dansant avec des serpents et sans indication de milieu aquatique [2].

Il y a aussi des danses exécutées par un roi, apparemment défunt, dans le monde inférieur « sec ». Le dos des monuments 1 et 3 (stèles A et C) de Quiriguá porte un personnage, aux traits squelettiques ou félins, en train de danser. Comme le monument 3 célèbre l'anniversaire du premier roi, on a pensé que le personnage dansant au dos de ces stèles contemporaines pouvait être ce lointain ancêtre *(figure 1.67)* [3]. Sur le monument 1, il ne fait aucun doute que le danseur à la tête et aux pattes de jaguar se trouve bien dans l'autre monde, vu comme l'image miroir du nôtre. Ici, en effet, tout est à l'envers : le personnage est encadré par un monstre bicéphale aux deux têtes inversées, le masque au sommet du monument est inversé lui aussi comme l'est le monstre *cauac* sous ses pieds. À Copán, le roi Soleil Levant danse sur deux des jambages de la structure 10L-18, son temple funéraire.

Pourquoi danser et pourquoi le faire dans l'inframonde ? Il est communément admis que le mouvement de la danse a pour objet d'activer ou de réactiver un personnage comme une situation. La danse fait vivre, littéralement, le masque. Si l'alchimie cosmique a lieu dans l'inframonde, les morts qui y séjournent peuvent avoir sur elle une action directe et jouer le rôle d'intermédiaires entre l'autre monde et le nôtre.

---

1. À Copán, on l'a vu, la structure 10L-12 est une scène rituelle qui figure une frise aquatique. Ailleurs, les blocs carrés CPN 109, 110 et 111 sont sculptés d'une frise aquatique sur leurs quatre côtés et ont dû servir de plates-formes de danse. Voir Baudez, 1994, pp. 147-151.

2. Maya MT10, dessin B. Voir Riese, 1990.

3. La date d'inauguration de ces deux monuments est 9.17.5.0.0, soit 775 ap. J.-C., et la date d'anniversaire célébrée est 9.1.0.0.0 (455 de notre ère).

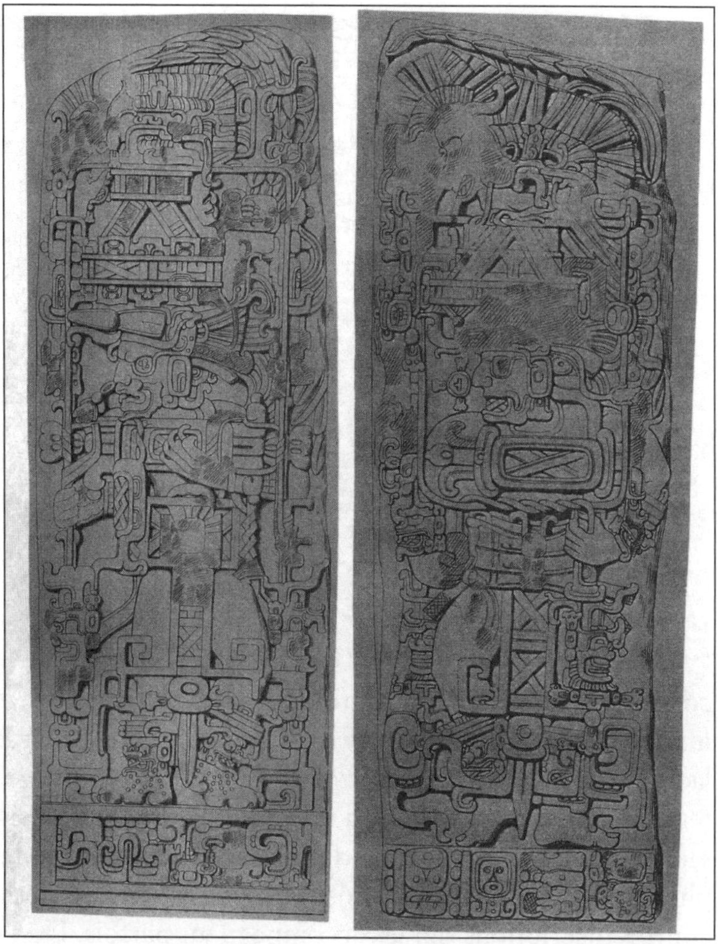

1.67. Quiriguá. Dos des stèles A et C (monuments 1 et 3) montrant le roi en train de danser dans l'inframonde.

Dans la danse du serpent illustrée sur la maison D de Palenque, la partenaire du roi porte dans son dos et sa coiffure un cosmogramme. La femme de la stèle H de Copán porte également un cosmogramme dans le dos et fait paire avec le roi Dix-Huit Lapin de la stèle A. On pense donc que l'on a affaire à un couple royal de danseurs du serpent, analogue à celui de la maison D [1]. Mais on connaît aussi des exemples de danseur à cosmogramme, sans serpent et sans partenaire. Ainsi ceux peints sur les fameux vases de style Holmul où le danseur est accompagné d'un nain, souvent affublé d'attributs aquatiques, nénuphar ou échassier. Le cosmogramme

1. Baudez, 1992.

1.68. Naranjo. Vase polychrome de style Holmul montrant un danseur portant dans le dos un cosmogramme comprenant un masque cauac *duquel pend un pseudo-pagne ; la créature assise sur le masque peut représenter le patron du danseur ; un oiseau sur la bande céleste complète le cosmogramme (d'après D. Reents-Budet).*

comprend une créature « grotesque » (surnaturelle) assise sur un masque représentant la terre et surmontée d'une bande céleste sur laquelle trône un oiseau *(figure 1.68)*. Le grotesque, le masque terrestre et l'oiseau varient d'un vase à l'autre et parfois aussi sur le même vase ; les grotesques qui apparaissent comme les figures les plus importantes de ces cosmogrammes sont nommés dans les courtes inscriptions qui les accompagnent parfois. Du Petén central, de Tikal ou de Uaxactún, proviennent de grands bols sur le fond desquels on a peint un danseur empanaché aux gestes nobles. Deux danseurs emplumés ont été sculptés en bas relief sur les côtés d'un escalier de La Amelia [1] ; il se pourrait qu'ils soient des joueurs de balle car ils portent tous deux une protection sous le genou droit.

Nous ne savons pas qui sont tous ces danseurs et pourquoi ils dansent. Même le port d'un cosmogramme n'est pas déterminant puisqu'on le retrouve dans des situations différentes. Selon une interprétation courante fondée sur une lecture abusive du *Popol Vuh*, la danse représenterait « l'apothéose de l'âme sortant de l'in-

1. Miller, 1986, p. 140. Ces sculptures sont généralement désignées dans la littérature comme stèles 1 et 2. Voir Greene, Rands et Graham 1972, pp. 178-180.

framonde après avoir vaincu les seigneurs de la mort[1] ». Cette hypothèse, adoptée par certains comme « fait démontré », est aussi plausible que beaucoup d'autres et peut être valable dans certains cas, sans qu'il soit prudent de généraliser.

Les vases polychromes nous montrent divers exemples de « danse macabre » dans lesquels des personnifications de la mort ou du sacrifice dansent ; on peut supposer que ces scènes ont l'inframonde pour cadre. La scène de sacrifice peinte sur le vase du Metropolitan Museum montre le sacrificateur et la mort dansant autour de la victime *(figure 11, p. 50)*[2]. Sur un autre vase célèbre, sur neuf figures qui illustrent de multiples formes de sacrifice, trois d'entre elles dansent : un homme qui se décapite lui-même, un squelette de jaguar et un squelette humain[3].

Notre espoir de comprendre un jour les scènes peintes sur les vases ne réside pas seulement dans le déchiffrement des textes qui les accompagnent ; l'image doit également montrer ce que le texte raconte, sinon on lui impose un sens qu'elle peut ne pas avoir. Le déchiffrement des images ne pourra progresser qu'à l'aide de l'analyse comparative détaillée de scènes ayant même structure. Il ne fait pas de doute par exemple que le vase d'Altar de Sacrificios[4] et celui désigné comme K791[5] racontent la même histoire ou une histoire analogue, à cause de la similitude de leur arrangement formel *(voir planches 24 et 25)*. Le vase d'Altar comprend deux groupes de trois figures et le vase K791 en comprend trois. Chaque groupe est

1. Reents-Budet, 1994, p. 198, reprenant une idée de Schele, 1988.
2. Coe, 1978, vase 4.
3. Vase MS0739 du musée Popol Vuh de Guatemala. La répétition d'un glyphe lu *way* (signifiant entre autres : transformation et *nahual*) sur les inscriptions de ce vase, et sur d'autres, amène l'auteur cité à interpréter ces figures comme « des représentations de "co-essences" surnaturelles en lesquelles des humains se transformeraient au cours de ces rites » (Reents-Budet, 1994, p. 272). Je ne vois pas dans l'iconographie en quoi ces figures pourraient être des « co-essences » ni la moindre trace de transformations. Soit la lecture du glyphe en question est erronée, soit il ne se rapporte pas directement à l'image.
4. Schele (1988, pp. 294-298) a critiqué l'interprétation d'Adams (1971, pp. 76-78) qui voit dans l'iconographie de ce vase une cérémonie historique à l'occasion de l'enterrement de la femme de la sépulture 96, à laquelle assistaient des dignitaires de Yaxchilán et de Tikal ; elle montre de façon convaincante qu'il s'agit plutôt d'une scène mythique qui a lieu dans l'inframonde.
5. Baudez et Becquelin, 1984, fig. 161-163 ; Reents-Budet, 1994, p. 174.

composé d'un danseur derrière lequel se trouvent une figure couchée ou tombant sur le sol, et une autre assise et « flottant en l'air ». Cette dernière position prend deux formes : en tailleur ou avec une jambe repliée et l'autre pendante. Le premier personnage du vase d'Altar (au-dessus duquel commence l'inscription principale) est à demi vêtu en jaguar ; la lancette qu'il porte à la ceinture se balance pendant la danse ; lui correspond sur K791 un danseur dans la même pose, porteur de la même lancette, mais ici habillé en chien. Derrière le danseur du vase d'Altar, on voit un personnage assis sur le sol à tête reptilienne et oreille de cerf (?) et en l'air un homme assis avec une jambe pendante qui tient dans ses bras un masque de profil. Leur correspondent sur K791 un jaguar à gueule béante et à mi-corps qui émerge de, ou s'enfonce dans, ce qui apparaît comme un grand trou, et en l'air un homme penché sur une conque comme s'il s'apprêtait à en « jouer ».

Le deuxième groupe sur le vase d'Altar commence par un vieil homme qui danse avec un serpent et porte une culotte au décor divisé en losanges évoquant une peau de reptile et prolongée d'une longue queue, comme celle du jaguar ; derrière lui, assis sur le sol se trouve un mort, à demi décapité, au-dessus duquel est placé un personnage mi-homme, mi-jaguar portant un vase frappé d'*akbal*. Le groupe correspondant de K791 commence avec un danseur qui joue de la flûte et agite un hochet ; lui aussi porte un pantalon mixte serpent/jaguar ; derrière lui, un mort (plus un « transi » qu'un squelette) avec des couteaux aux articulations et un plus grand dans la main tombe à la renverse sur le sol ; au-dessus, se tient en l'air, plus qu'il ne vole, un oiseau de proie avec un serpent autour du cou[1].

Tout cela ne nous mène pas très loin en ce qui concerne la pratique et la signification religieuse de la danse à l'époque classique.

1. Ici encore et avec l'aide du glyphe déchiffré comme *way*, Reents-Budet interprète ces scènes comme des danses de transformation rituelle (*ibid.*, p. 177). Si l'on peut prétendre que certains personnages au crâne et aux pattes de jaguar sont en train de subir une transformation d'homme en jaguar, on ne peut appliquer cette explication aux autres. Ces dernières années ont vu la tendance chez les méso-américanistes à expliquer toute créature hybride comme un être en train de se transformer ; ceci ne peut s'appliquer à tous les cas. On sait combien les artistes mayas et autres aimaient à créer des formes « monstrueuses » en combinant des traits d'origine diverse et souvent contradictoires. Va-t-on dire que le personnage au pantalon « mixte » est un serpent qui se transforme en jaguar ou un jaguar qui se transforme en reptile ?

On aura cependant été frappé par le fait que presque toutes les danses représentées, qu'elles mettent en scène des personnages historiques comme des rois ou des créatures surnaturelles, ont l'inframonde et les morts pour référence. Si la danse est un moyen d'agir sur le cosmos, il est vraisemblable de la situer dans l'autre monde où la magie est opérante.

On aura noté le rôle discret sinon inexistant de la musique dans les scènes que nous avons passées en revue. Si le vase d'Altar ne comprend pas de musiciens, K791 montre, en revanche, avec son danseur-musicien, l'association étroite des deux expressions que nous allons retrouver sur les peintures murales de Bonampak.

Le registre inférieur des peintures de la salle 1 présente deux cohortes de personnages convergeant vers le centre où se trouvent trois dignitaires en grande tenue. On peut interpréter le mouvement des personnages du registre inférieur de deux façons : il s'agit soit de la fin du mouvement des deux cohortes, c'est-à-dire le moment où elles rejoignent les trois individus du centre ; ou bien plutôt du moment précédant la procession qui s'ébranle. Le spectateur sur le seuil de la pièce peut alors imaginer que les dignitaires empanachés vont se diriger vers lui, suivis par les personnages qui se trouvent tant à leur gauche qu'à leur droite. Quoi qu'il en soit, musiciens et danseurs sont tous réunis du côté gauche ; en partant du centre, on rencontre successivement cinq hommes secouant des hochets, puis un joueur de tambour vertical, puis trois individus qui frappent une carapace de tortue avec un bois de cerf. Ils sont accompagnés de deux porteurs de parasols. Les six masques [1] qui les suivent sont au repos, deux d'entre eux sont assis et paraissent attendre que la procession s'ébranle *(voir planche 20)*. Cela ne saurait tarder car, derrière eux, deux joueurs de trompe font sonner leurs instruments. Un dernier personnage, aux attributions imprécises, ferme la marche. Les masques en situation d'attente vont bientôt danser ; empruntant leurs traits aux créatures et à la flore des eaux souterraines, ils vont réveiller, activer les esprits de la fertilité par leur apparence et par le mouvement de leur danse.

1. M. E. Miller, 1986, et M. E. Miller, 1995.

À l'arrière-garde des combattants de la salle 2, on distingue trois musiciens jouant de la trompe qu'ils tiennent de la main gauche et agitant un hochet de la main droite. Les instruments sont clairement présentés comme des objets de guerre car ils sont marqués d'os croisés et d'yeux arrachés ; les musiciens eux-mêmes portent ostensiblement autour du cou des têtes-trophées. Cette fois encore, et pour signaler leur importance, les musiciens sont accompagnés de porteurs de parasols (qui sont peut-être aussi des enseignes).

La composition du registre inférieur de la salle 3 est analogue à celle de la première salle. Le centre est occupé par sept danseurs, encore une fois très richement parés et empanachés (trois à gauche, quatre à droite) qui encadrent une scène de sacrifice humain. Bien que leurs pieds ne quittent pas le sol, les bandes de tissu déployées des deux côtés de leur taille suggèrent un mouvement tournant. À droite du groupe qu'ils forment, on identifie trois porteurs de parasols et cinq musiciens, à savoir quatre trompes et un porteur de hochets. Des personnages à l'identité et à la fonction imprécises se trouvent à gauche des dignitaires ; certains paraissent brandir des bâtons. Comme dans la salle 1, il est probable que la danse-procession soit sur le point de se mettre en mouvement. On notera que deux trompes seulement sur quatre sont jouées et que les tambours et les carapaces de tortue sont absents ; en bref, le lien entre la musique et la danse est ici plutôt lâche.

Les instruments dont les Mayas disposaient pour leur musique sont surtout des percussions, destinées à rythmer leurs danses ; les vents comprennent les conques marines, les trompes, et les flûtes tenues d'une seule main, au registre limité. À partir du moment où l'on désire des mouvements d'ensemble, il est difficile d'imaginer des danses sans percussions (qu'elles soient instrumentales ou remplacées par des battements de mains). En revanche, la musique était utilisée seule dans d'autres occasions : on a vu les joueurs de trompe et de hochet accompagnant les guerriers dans la salle 2 de Bonampak. Avec leurs instruments frappés de symboles funèbres ils devaient à la fois terroriser leurs ennemis et attirer magiquement la mort sur leurs têtes. Des sacrifices sont parfois exécutés en fanfare [1].

1. Voir en particulier la scène d'éviscération dépeinte sur le vase 33, dans Coe, 1973.

L'une des fonctions de la musique est certainement d'attirer l'attention des entités de l'autre monde avec qui l'on veut communiquer ; les conques et les trompes jouent alors un rôle analogue à celui des sifflets des figurines. Cependant la musique n'est pas seulement une expression humaine destinée au surnaturel ; elle peut être aussi, à l'inverse, une expression du surnaturel sur terre, comme le montre la représentation, en pierre et grandeur nature, d'un tambour de Copán[1]. C'est un tambour à languettes en forme de pyramide tronquée, sur les grands côtés duquel on a sculpté une gueule stylisée de jaguar faite d'une babine retroussée au-dessus d'une langue pendante, triangulaire et pointue (langue-couteau ?). Sur les petits côtés du tambour, on a dessiné la « fleur à quatre pétales », une des formes du glyphe solaire *kin* et, sur les poignées, le signe *ek*, « étoile ». L'association du jaguar et du soleil indique que l'on a affaire au jaguar du soleil nocturne ou de l'inframonde. Le mot *pax* signifie tambour et désigne le seizième mois du *haab* dont le glyphe représente un tambour à languettes. Le patron de ce mois est un jaguar spécialement associé au sacrifice. Sculptée sur le tambour, la gueule du jaguar peut indiquer son appétit de sacrifices sanglants, mais aussi que cet instrument est sa voix.

1. Baudez, 1994, pp. 151-154.

Conclusion

Si l'on en croit les images que les Mayas de l'époque classique nous ont laissées, leur cosmologie apparaît comme un système cohérent et bien structuré qui utilise des concepts et des représentations d'une relative simplicité. Dans l'espace, l'univers est conçu tantôt verticalement avec la superposition des grandes parties de l'univers, comme l'élévation d'un bâtiment nous montre en façade ses divers étages ; tantôt en plan : là les quatre sinon les cinq directions sont explicites, soit avec le motif de la croix, soit par l'image du masque triple (qui implique une quatrième direction). L'image combine les visions verticale et horizontale quand une créature émerge de la fente frontale d'un masque triple. Le temps est mesuré par une pluralité de cycles : astronomiques, « cérémoniels », dynastiques ; les anniversaires, mais surtout les correspondances entre cycles, ont une grande importance. Le temps cyclique s'accompagne inévitablement de prédictions que l'on peut nuancer grâce à la combinaison de plusieurs cycles.

Les cosmogrammes nous montrent la terre, le ciel et un niveau intermédiaire qui représente la surface terrestre ou, sous la forme d'un arbre ou d'un *axis mundi*, une voie de passage entre l'*infra* et le *supra*. Entre le ciel et la terre, le niveau de surface est souvent occupé par la figure royale ou par les *bacabs*. La cosmologie donne à la terre une place considérable, aux dépens du ciel : surgissent de terre les plantes, les sources mais aussi le soleil, les rois et presque tout le monde surnaturel. Même les nuages et donc la pluie auraient les grottes pour origine. Le ciel et la terre ne s'opposent pas, tout au plus sont-ils complémentaires : l'un est le reflet de l'autre. L'opposition fondamentale autour de laquelle s'organise toute la pensée cosmologique n'est pas entre le ciel et la terre, mais entre deux aspects de la terre. À l'aspect humide, vivant, fertile représenté par le monstre *cauac* s'oppose l'aspect sec, mort, stérile qu'illustre le soleil nocturne. Mais cette opposition ne demande qu'à être dépassée, car chacun de ses termes contient le germe de l'autre, ce que les jaguars à tête serpentiforme de Balamku ou le « jaguar-nénuphar » des vases s'appliquent à démontrer. Il semble que ce qui se passe au ciel aille de soi : les ancêtres et certains esprits y demeurent, et le soleil le traverse d'est en ouest au cours de la journée. En revanche, la terre, et plus précisément l'inframonde, est le siège d'épreuves, de créations, de mutations qui ont des conséquences directes sur la vie des hommes. L'iconographie en témoigne : le quetzal et l'ara qui sont les emblèmes du soleil diurne (au zénith) ont un rôle effacé relativement au jaguar que l'on retrouve sous de multiples formes et à chaque pas. Depuis la grotte où trône le roi olmèque (monument 1 de Chalcatzingo) jusqu'aux temples tératomorphes du Yucatán central, les sources du pouvoir se trouvent dans la terre.

La plupart des représentations du cosmos constituent l'environnement de la personne royale ; en situant celle-ci au cœur de l'univers, on lui confère une véritable dimension universelle. Si importantes que soient ces représentations, elles sont subordonnées à l'image du souverain qui occupe la place principale de l'image. Dans l'art monumental, les créatures surnaturelles ont elles aussi une situation secondaire et n'ont pas d'existence indépendante. Au classique, on ne trouve pas de temples consacrés à des dieux, ni d'images que l'on pourrait interpréter comme des « idoles ». Les glyphes qui forment les noms des dieux dans les manuscrits postclassiques n'ont pas été retrouvés sur les monuments classiques. Rares sont les « grotesques » qui ne changent pas de figure ou d'attributs. Le dieu K est une exception remarquable, mais rien ne nous autorise à lui conférer le statut de divinité : il n'est rien d'autre que la personnification de la foudre, et les autres « dieux » sont aussi divers aspects des forces cosmiques. Les danseurs masqués de la pièce 1 de Bonampak ne représentent pas le dieu-écrevisse, le dieucrocodile ou le dieu-crevette, qui n'ont pas d'existence propre reconnue ailleurs, mais bien plutôt des représentants du monde aquatique, source de fertilité. Toutes les autres créatures surnaturelles des peintures murales sont des entités cosmologiques, constellations comprises.

Au-delà de l'humain et du naturel, on découvre dans les images comme dans l'écriture tout un peuple de « grotesques », c'est-à-dire de créatures au visage monstrueux, dont les traits sont empruntés à diverses espèces animales. Il ne semble pas possible d'en dresser le catalogue, tant nombreuses et subtiles sont les variations de l'une à l'autre créature. Si l'on entreprend de les classer, on parvient à constituer deux groupes qui correspondent à la bipolarité de la pensée cosmologique des Mayas : d'une part, les « nez courts » qui rassemblent les créatures dont les traits félins et solaires les rattachent au pôle de l'inframonde sec, du soleil nocturne, du monde des morts, etc. ; de l'autre, les « longs nez » aux caractéristiques reptiliennes et qui hantent l'inframonde humide et la terre fertile. On trouve à côté de ces grotesques, des anthropomorphes au visage non déformé et qui cependant n'appartiennent pas ou plus à notre monde : le maïs qui revêt les traits de la jeunesse et de la beauté, les *bacabs,* vieillards mythiques qui ont le rôle fondamental d'assurer la relation entre le ciel et la terre, et les ancêtres qui, tout au moins quand ils sont royaux, ont le devoir et la fonction de légitimer le pouvoir en place et d'en assurer la continuité.

Les créatures surnaturelles qui constituent la triade de Palenque ont cependant un statut à part ; les souverains de cette cité ont apparemment entrepris de créer des dieux pour donner à leur dynastie une origine et des fondements mythiques. Même si à l'origine GIII représente le soleil nocturne, GII la foudre, et GI l'inframonde humide (?), leur statut change à Palenque où ces trois créatures acquièrent une réelle identité avec nom, date de naissance et filiation. D'autre part, leur rôle de patron-protecteur de chacun des trois temples du groupe de la Croix est bien établi. Cette promotion cependant est apparemment le seul fait des Palencanos, et la triade en tant que telle ne se retrouve pas ailleurs au classique.

Le rituel tel qu'on peut le déduire de l'archéologie et de l'iconographie apparaît comme un ensemble de techniques destinées à agir sur l'univers et ses forces, personnifiées ou non. Ces actions sont multiples : par la fumée et l'odeur de l'encens, par le bruit et la musique, on attire l'attention des puissances concernées et l'on communique avec elles. Les masques les rendent présentes et la danse les anime. Les parcours dans des microcosmes régularisent la marche de l'univers dans le temps et dans l'espace. Par la manipulation de symboles, on recrée l'univers ou l'on assure la survie des morts. Il faut donner pour recevoir, et les offrandes de sang (des autres comme du sien propre) sont indispensables.

C'est toujours le roi qui est représenté comme officiant, et l'on est en peine de trouver le portrait d'un prêtre maya sur les monuments comme sur les vases. Malgré cela, l'existence d'une classe sacerdotale à l'époque classique ne doit pas faire de doute ; en matière de sacré, le roi en effet ne pouvait déléguer ses pouvoirs qu'à des professionnels. Le ministère était certainement absorbant et réclamait des prêtres en divers endroits à la fois. Le fait que le roi soit officiellement le seul prêtre signifie qu'il est le seul représentant de la communauté pour traiter avec le surnaturel. Cette exclusivité mérite une considération exceptionnelle, et justifie donc l'existence d'un culte rendu au roi et à sa dynastie.

Le souverain a une dimension cosmique ; son propre corps est une image de l'univers et son attitude rigide (sur les stèles de Copán notamment) montre qu'il s'identifie à l'arbre cosmique qui soutient le ciel (la barre cérémonielle) et permet les échanges entre les différentes parties de l'univers. Le roi est comparé au soleil, et tout spécialement quand il accède au pouvoir (levant) et quand il meurt (couchant). Il est célébré sur les stèles, et son règne s'inscrit dans les grands cycles qui régissent l'univers ; son image reçoit sur les autels offrandes et sacrifices. Ses funérailles sont somptueuses, parfois accompagnées de sacrifices humains, et des rites complexes sont exécutés pour assurer sa survie. Les ancêtres qui fréquemment l'accompagnent ou lui apparaissent sont les garants de sa légitimité ; parfois, comme à Copán, le roi ne se contente pas d'invoquer ses prédécesseurs immédiats et fait appel à l'ensemble de sa dynastie jusques et y compris son fondateur. L'importance donnée à la succession dynastique fait que le roi ne détient ses pouvoirs exceptionnels qu'*ex officio* et non par ses vertus personnelles. Il n'est qu'un maillon de la chaîne dynastique. Dans la mesure où il obtient sa légitimité et ses pouvoirs de sa dynastie, le roi a le devoir de rendre un culte à ses ancêtres et de veiller à assurer sa propre succession.

À en croire l'iconographie officielle, la pratique religieuse des Mayas classiques serait tout entière entre les mains du roi et de ses prêtres-délégués. Mais l'art monumental ne dit pas tout et, même si l'action du roi-prêtre était absolument nécessaire, elle était insuffisante. Le souverain rendait hommage à ses propres ancêtres mais non à ceux de ses sujets, et les enterrements des morts non royaux étaient à la charge de chaque famille. Dans plusieurs sites mayas, certains groupes domestiques comprennent un oratoire du côté est de la place. Il était sans doute consacré au culte des ancêtres de la famille, car il renferme en général de nombreuses sépultures. À Tikal, où ils ont été observés pour la première fois, les groupes à oratoire constituent 14 % des unités domestiques. À Caracol, leur fréquence atteint 60 %, et, d'une façon générale, les édifices situés à l'est possèdent une tombe principale et d'autres sépultures. Certaines tombes sont de véritables caveaux de famille que viennent remplir des enterrements successifs. Des encensoirs et des dépôts d'objets rituels semblent relativement plus nombreux qu'ailleurs [1]. La situation, cependant, n'est pas aussi claire qu'on le souhaiterait ; on trouve en effet des tombes et des dépôts dans les autres constructions des mêmes groupes ; en outre, beaucoup d'unités domestiques, à Tikal comme à Caracol, ne possèdent pas d'oratoire. Enfin, les groupes domestiques avec oratoire à l'est sont rares à Seibal et à Copán. Dans le quartier Sepulturas de cette dernière ville, les édifices domestiques supposés « cérémoniels » ne sont pas funéraires et c'est dans les bâtiments résidentiels que l'on trouve le plus de dépôts et de sépultures [2].

Le roi accomplit des rites agraires pour obtenir de bonnes récoltes en général et non pour un champ déterminé. On peut supposer que les paysans de l'époque classique avaient comme les Mayas d'aujourd'hui leurs propres rites liés à certaines activités agricoles comme les semailles ou la récolte. L'existence de telles activités est difficile à

1. Becker, 1971, et Chase et Chase, 1994.
2. Hendon, 1987.

établir car répandre du *balché*[1] ou sacrifier un oiseau avant de travailler la terre laissent peu de traces ; il en est de même des rites associés à la chasse et à la pêche, comme les offrandes compensatoires présentées aux Maîtres des animaux. En revanche, les rites de fondation d'une maison quand ils comprennent un ou plusieurs dépôts ont plus de chance d'être observés dans l'archéologie.

Le souverain représente l'ensemble de ses sujets et non une profession déterminée. Il est très possible que certaines classes d'artisans ou de marchands aient eu leurs propres patrons et leurs propres rites ; ils ne pourront être étudiés que lorsque l'on aura identifié avec certitude les résidences ou les bâtiments professionnels réservés à ces professions. Ainsi, aux côtés de la religion royale, existaient sûrement des pratiques religieuses particulières familiales ou professionnelles (agriculture, artisanat, guerre, etc.). Les différences entre religion royale et religion domestique sont de degré et non de nature. La première est celle de toute une communauté confrontée à des questions universelles de vie, de mort et de survie et qui charge le roi, agissant au nom de tous, de les régler, alors que la religion domestique traite de particularités. Ainsi, dans son rôle de devin, le roi prédisait en termes généraux le destin faste ou néfaste d'un certain *katun* ; en revanche, le devin consulté au moment de la naissance d'un enfant se limitait à prédire le destin du nouveau-né.

En dehors de cultes domestiques qui se contentent de compléter le culte royal, il y avait place pour une religion populaire, essentiellement agraire, plus ou moins tolérée par le pouvoir religieux officiel. En sont la preuve les pétroglyphes qui utilisent des signes simples inconnus de l'iconographie officielle ; assez fréquents en pays maya à proximité de cours d'eau, ils sont parfois contemporains des ruines proches de l'époque classique ; ainsi ceux de la Quebrada Sesesmil, à quelques kilomètres de Copán. Dans cette même région le groupe d'El Sapo (« crapaud »), à seulement mille mètres en ligne droite du Groupe principal de la cité et sur la pente d'une colline qui domine la vallée, apparaît comme la manifestation d'une religion populaire. C'est un affleurement rocheux d'une superficie de dix

1. Boisson fermentée obtenue à partir de miel et d'écorce de l'arbre du même nom *(Lonchocarpus longistylus)*.

mètres sur cinq, sculpté grossièrement de deux crocodiles couchés, d'un crapaud assis, d'un personnage aux jambes écartées et de deux autels circulaires. Ces autels démontrent l'existence d'un culte, sous forme de sacrifices ou d'autres offrandes ; le plus petit est directement associé au crocodile tandis que le plus grand paraît desservir l'ensemble du groupe. À trois endroits distincts, on a taillé des degrés dans la roche.

Si la pyramide maya est l'imitation d'une montagne, la montagne sculptée et pourvue de marches est une imitation ou une version populaire de la pyramide. Ici le crapaud et les crocodiles ne font pas partie de compositions cosmologiques, mais apparaissent seuls et ont une valeur en eux-mêmes. Le style rudimentaire des sculptures suggère qu'elles ont été exécutées non par des artistes professionnels, mais par les paysans eux-mêmes. Les représentations liées à la terre et à la pluie indiquent que le groupe devait être le sanctuaire d'un culte agraire ; son emplacement au sommet d'une montagne montre qu'elle était conçue comme la source de la pluie.

En l'absence de fouilles dans le groupe d'El Sapo, on ne peut pas prouver qu'il est contemporain de la ville classique voisine ; des détails iconographiques, cependant, le laissent supposer. En outre, on a trouvé à plusieurs reprises dans des zones rurales de la vallée de Copán des crapauds de pierre, inconnus dans le centre de la cité, témoins du même culte.

En résumé, la religion des Mayas à l'époque classique, loin de former un tout homogène, comprenait divers degrés de complexité selon la situation sociale des participants. Au bas de l'échelle, les paysans faisaient des offrandes, des sacrifices et brûlaient de l'encens devant des images emblématiques de la terre et de la pluie, pour obtenir de bonnes récoltes. Ils participaient également à la religion domestique, enterrant leurs morts, présentant des offrandes aux esprits de la terre, des eaux, aux Maîtres des animaux, etc. Bien qu'ils sachent que le roi et ses prêtres prenaient à leur charge le destin de la communauté entière si ce n'est de l'univers, il est fort probable qu'ils ignoraient autant les rites royaux que les détails du calendrier et de l'écriture hiéroglyphique.

CHICHÉN ITZÁ :
LA TRANSITION

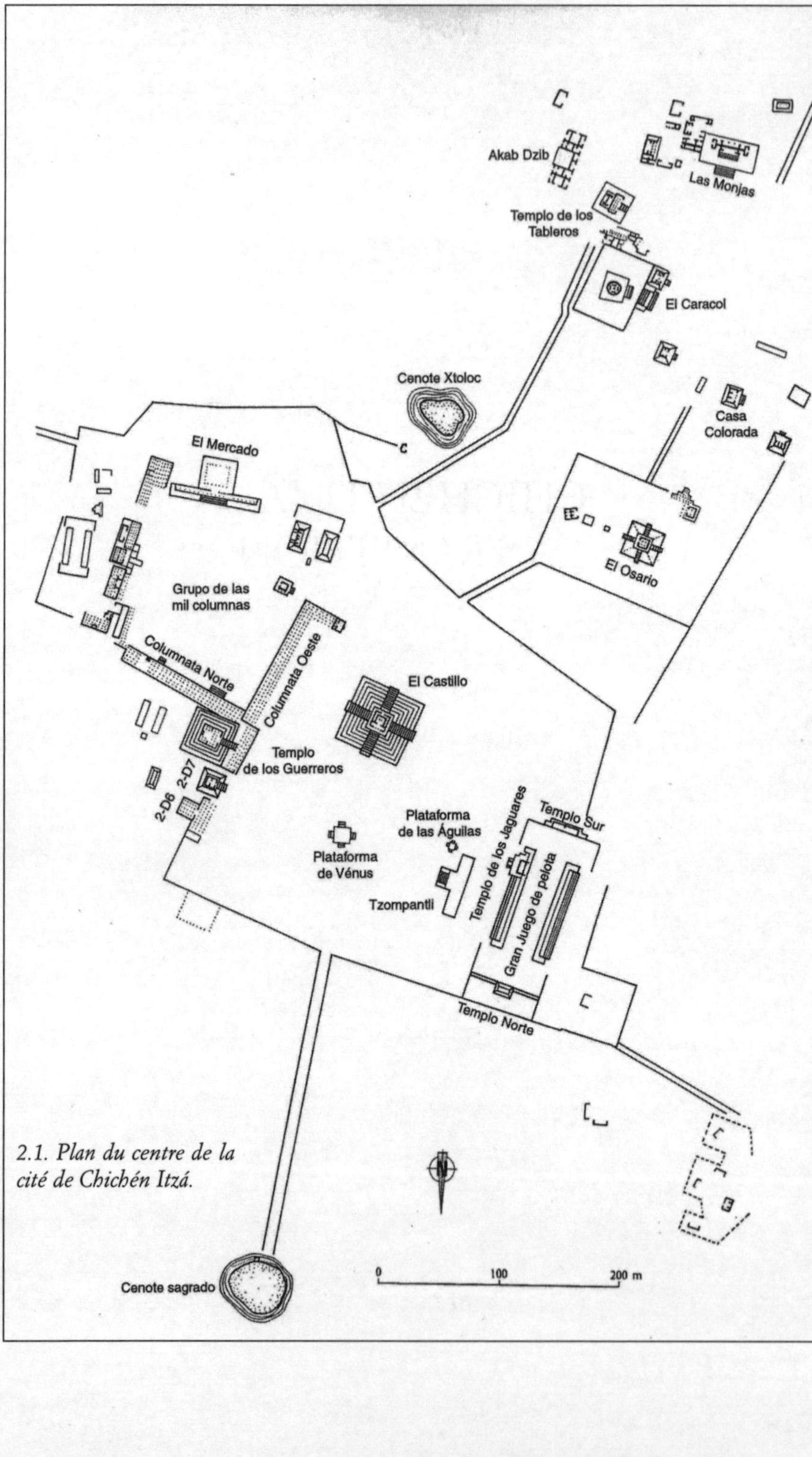

2.1. Plan du centre de la cité de Chichén Itzá.

Tout au long du classique, la société et la religion mayas ont évolué sans bouleversements profonds, même en passant de l'aspect ancien à l'aspect récent de la période. Les croyances comme la vie rituelle étaient organisées autour du personnage du roi-prêtre, qui constituait l'apex de la pyramide sociale et se trouvait au cœur de la cosmologie. Le postclassique ancien, que je fais débuter conventionnellement en 950 de notre ère, est une période de grand changement dû aux influences étrangères qui se sont infiltrées dans les Basses et les Hautes Terres mayas, dès 750. Ces mouvements de matériaux, de techniques, d'images et d'idées, sinon de peuples, ont été sans doute déclenchés par la chute de Teotihuacán, dont l'hégémonie, au temps de sa splendeur, garantissait une certaine stabilité à la Méso-Amérique.

Au cours du IXe siècle, les cités-États des Basses Terres centrales s'éteignent les unes après les autres (à l'exception des cités du nord du Belize) alors que connaissent leur apogée Seibal, sur le rio de la Pasión, et les villes du nord du Yucatán. Celles-ci sont abandonnées à leur tour, à l'exception de Chichén Itzá, qui non seulement se transforme en cité « toltèque » mais devient aussi apparemment la seule ville importante du Yucatán. La révolution postclassique est plus énigmatique encore que la disparition des Mayas du Petén. Depuis longtemps on a observé des ressemblances frappantes entre Tula, la capitale toltèque du Mexique central et Chichén Itzá, sans avoir la certitude, en l'absence d'une chronologie rigoureuse, de la direction prise par le mouvement d'idées ou de personnes : de Tula vers Chichén ou inversement[1] ? Comment les changements constatés à Chichén sont-ils survenus ? les nouveautés l'étaient-elles déjà à l'époque du style Puuc, l'ont-elles progressivement remplacé, ou se sont-elles brutalement substituées à lui ? Comment se fait-il que nous n'ayons aucune ville « toltèque » entre Tula et Chichén, distants d'environ mille deux cents kilomètres à vol d'oiseau ? En admettant que Chichén ait été une capitale, sur quelle population, distribuée comment, et sur quelle étendue, régnait-elle ?

Une chose est sûre : l'apparition de nouveaux traits en pays maya est le fait d'intrusions lentes et insidieuses. Au classique récent et terminal, le Yucatán est culturellement beaucoup plus hétérogène que les Basses Terres centrales, et nombreux y sont les traits étrangers à la tradition classique[2]. Il est surprenant de déceler à Copán, à partir de 750, tant de traits yucatèques Puuc et même « toltèques », inconnus ou rarissimes ailleurs dans les Terres Centrales[3]. Pour

1. Kubler (1961) a en effet supposé que le Chichén « toltèque » fut le résultat de la greffe d'éléments Teotihuacán, comme le *talud-tablero* ou le serpent à plumes, sur un fond maya. La greffe une fois prise, la nouvelle culture aurait été exportée vers le Mexique central, via Xochicalco et Cacaxtla, jusqu'à Tula. Quelle qu'ait été la direction du mouvement principal, il faut admettre la possibilité de *feedbacks*. Cependant, l'hypothèse d'une migration Chichén-Tula est encore moins tenable aujourd'hui que l'on sait que des traits « toltèques » comme le *tzonpantli* (mot aztèque désignant une construction en bois pour l'exposition des crânes des victimes des sacrifices) et la cour à péristyle étaient en usage à la période classique à la frontière nord de la Méso-Amérique. Voir Hers, 1989.

2. Ainsi, la lame de couteau non emmanchée tenue en main (Xcalumkin, Kabah) ; la perle tubulaire traversant le septum (Seibal) ; le crâne non déformé (Seibal, Kabah) ; les yeux entourés de cercles (Uxmal, Sayil) ; le motif de l'énucléation (Dzibilnocac, Sayil) ; les crânes et os croisés en alternance (Dzibilchaltún, Uxmal) ; la volute de la parole (Seibal) ; des atlantes (Xculoc) ; le « dieu gras » (Oxkintok) ; le « dieu plongeant » (Sayil), etc. Proskouriakoff (1951) estime que ces traits, en majorité, apparaissent vers 9.19.0.0.0 (810).

3. En architecture, la structure 10L-4, une pyramide à quatre escaliers au centre de la grand-place, évoque, toutes proportions gardées, le Castillo de Chichén Itzá; la structure 10L-22 est, comme nombre d'édifices Rio Bec, trois-en-un c'est-à-dire constituée d'un bâtiment principal flanqué de deux annexes ; de plus sa porte reproduit la gueule du monstre terrestre, dont les masques en relief s'empilent aux angles ; la stèle 11 (CPN 60) est une colonne ronde sculptée en bas relief sur tout son pourtour ; en outre, des bases de colonnes circulaires se trouvent, non loin d'elle, au pied de la structure 10L-17 ; les reliefs de la structure 10L-18 sont sculptés directement, comme au Yucatán, sur les murs en maçonnerie des jambages. Copán comprend également au moins deux exemples de trônes en ronde-bosse en forme de jaguar, comme

expliquer cette situation, on peut invoquer un commerce maritime circumyucatèque avec les vallées de l'Ulúa et du Chamelecón comme destination finale ; de là, les traits exogènes se seraient répandus jusqu'à Copán, qui constituait une sorte de cul-de-sac culturel. On sait qu'au XVIe siècle le commerce était actif le long des côtes yucatèques en direction de l'Ulúa, et cela peut-être depuis fort longtemps. Le canot maya rencontré par Colomb au large de Guanaja, une île de la baie du Honduras, était chargé de marchandises destinées au « pays de l'or, des plumes et du cacao ». Landa nous rapporte que le fils Cocom échappa à la mort grâce à son absence de Mayapán due à une expédition commerciale dans « la terre de l'Ulúa ». Le même chroniqueur nous dit que les barques marchandes transportaient « du sel, des tissus, des esclaves aux terres de Tabasco et de l'Ulúa, échangeant toutes leurs richesses contre du cacao et des perles de pierre[1] ».

À Chichén Itzá même, certains traits « toltèques » s'ajoutent peu à peu au fonds Puuc au cours du IXe siècle, mais l'architecture ne commence à changer qu'à partir de 890[2]. Dans l'architecture Puuc,

---

à Uxmal (voir Kowalski, 1994, fig. 31) et Chichén. L'iconographie copanèque est plus riche encore d'images yucatèques : les cercles entourant les yeux (structures 10-16 et 10L-26, autel Q), le serpent à plumes (CPN 13, 14, 15, 28), la tortue (CPN 5) comme image de la terre qui deviendra si populaire à Mayapán, le *bacab*-atlante (structure 10-22 et diverses banquettes), le dieu plongeant (sur des encensoirs en pierre), le pectoral fait de perles tubulaires superposées (structure 10L-18), des rangées de crânes évoquant le *tzonpantli* (voir les structures 10L-7 et 10L-16), le style « flamboyant » des têtes de serpent représentant le monstre terrestre (sur les jambages de la structure 10L-18 et sur les disques d'or du *cenote* de Chichén Itzá), le masque énucléé (stèle B), le bacab sortant du monstre terrestre (autel de la stèle M comparable au chapiteau d'une colonne du temple inférieur des Jaguars à Chichén), etc. Le calendrier n'a pas été épargné par l'influence yucatèque, comme en témoignent les dates écrites dans le système Campeche-Puuc (structure 10L-11). Voir Baudez, 1994.

1. Tozzer, 1941, p. 39, note 415, p. 94, et Roys, 1965, p. 670.

2. Sabloff et Andrews, 1986, pp. 3-16. Les éléments communs à Tula et Chichén Itzá sont nombreux : colonnes circulaires ou prismatiques soutenant le toit ; colonnes-serpents ; rampes-serpents ; pied en talus des substructures et des édifices ; *tzonpantli* ou ratelier à crânes ; colonnes-atlantes ; autels ou tables supportés par des atlantes ; autels en maçonnerie ; banquettes ; *chac mool* ou statue de guerrier à demi couché sur le dos, la tête tournée vers le spectateur et tenant un plateau à offrandes sur son ventre ; personnages porte-bannières ; nombreux éléments de coiffure, de vêtement, d'armement des guerriers ; procession de jaguars ; jaguars et aigles dévorant des cœurs humains ; composition de personnages distribués en deux processions affrontées, etc. Voir Tozzer, 1957.

on utilisait des colonnes seulement pour agrandir la largeur des portes, auparavant limitées par la longueur des linteaux de pierre. Les architectes du Chichén « toltèque » en utilisant la colonne comme support structurel ont pu construire des salles à plusieurs travées. Ainsi l'espace intérieur n'avait plus à se limiter, comme autrefois, à la largeur d'une seule travée, la circulation intérieure était dégagée et la lumière pénétrait facilement par la façade. Des formes entièrement étrangères à la tradition maya classique apparaissent alors : la cour entourée d'un péristyle, le portique ou la colonnade précédant un édifice ; le portique ou la colonnade précédant un temple-pyramide. Ces formes nouvelles correspondent à des changements dans l'organisation politique, sociale et religieuse et devraient pouvoir être expliquées en ces termes.

1.
Politique et société

D'après les inscriptions qui ne couvrent guère plus de quarante ans[1], le pouvoir à Chichén Itzá au classique terminal n'était pas concentré entre les mains d'un roi, mais était, comme à Xcalumkin, partagé entre de nombreux individus, sans doute les chefs des principaux lignages[2]. La pyramide sociale du Chichén postclassique est elle aussi tronquée, comme nous l'apprend à la fois l'architecture qui ménage de vastes espaces pour abriter de grands rassemblements de dignitaires et l'iconographie avec ses défilés interminables de guerriers et ses symboles d'ordres militaires. Parmi tous ces individus, deux types paraissent jouir d'un statut exceptionnel : le premier est un guerrier accompagné d'un serpent, plus ou moins emplumé qui, en ondulant, se dresse derrière lui ; le second est un guerrier qui se détache sur un disque solaire à rayons, dessiné dans la plus pure tradition centre-mexicaine[3] *(figure 2.2)*. Ces deux personnages n'ont

1. Entre 10.1.17.15.3 et 10.3. 8.14.4 (867 à 906 de notre ère). Cependant une date du temple du High Priest's Grave ou de El Osario est lue par certains 10.8.10.11.0 (998). La date 11 *cimi* 14 *pax* que comprend l'inscription de la pierre du Grand Jeu de balle est située dans le Compte long à 10.1.15.3.6 (864) par Wren et Schmidt (1991), ce qui daterait le Grand Jeu de balle de la première partie du classique terminal. Cette position chronologique serait déterminée par la mention, dans l'inscription, de Kakupacal. Ce nom désigne-t-il réellement un roi historique (un *captain-sun disk* ?) ou est-ce un titre ? Comment concilier la présence d'un « roi des rois » avec un gouvernement de type collectif ? Bien des obscurités et des contradictions subsistent et la datation de 864 pour le Grand Jeu de balle est sujette à caution.

2. Grube, 1994, pp. 316-343.

3. A. Miller (1977) a vu des adversaires dans ces deux personnages qu'il a appelés respectivement *captain-serpent* et *captain-sun disk*. D'après Lincoln (1994) ils repré-

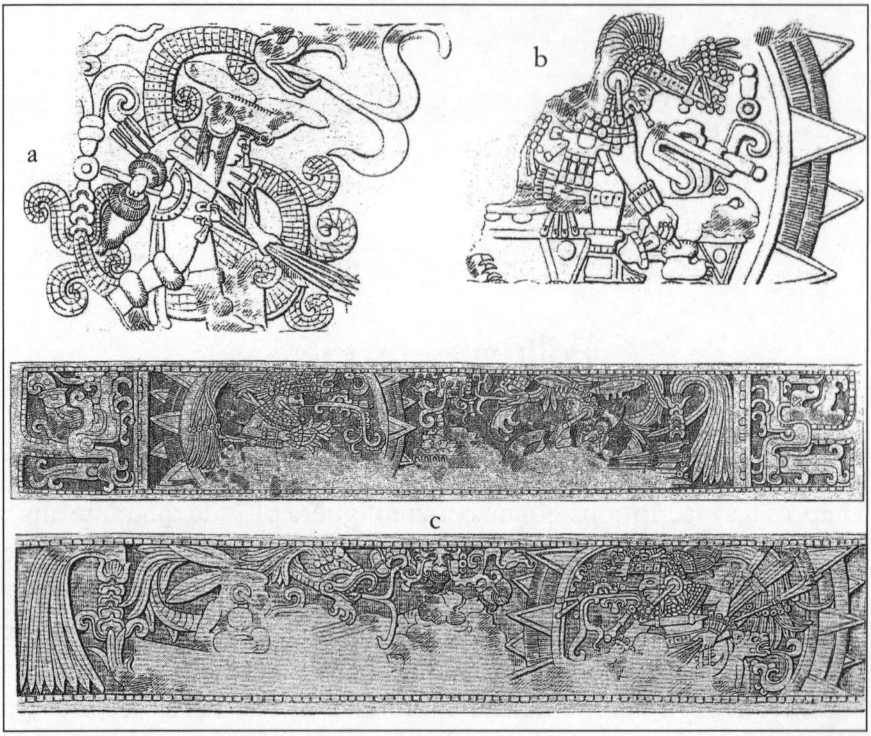

2.2. Chichén Itzá: a *homme-serpent et* b *homme disque solaire (temple inférieur des Jaguars) ;* c *face-à-face des deux personnages (temple supérieur des Jaguars).*

pas le même statut ; en effet, si l'on trouve souvent dans la même image plusieurs « capitaines-serpents », le « capitaine-disque solaire » est le seul de son espèce dans une composition. Si, dans la scène de combat simulé ou de danse guerrière peinte dans le temple supérieur des Jaguars, on remarque six capitaines-serpents on ne trouve qu'un seul individu à disque solaire présenté comme enseigne ou bannière au bout d'un mât dressé au-dessus d'un temple[1] *(figure 2.3)*. Quand l'homme-serpent et l'homme-soleil sont affrontés, comme sur le linteau du temple supérieur des Jaguars, le premier, avec un geste de déférence ou de soumission, présente au second un *cuauhxicalli* empli de cœurs[2] *(figure 2.2 c)*. On doit voir

senteraient un gouvernement double à l'image des Mexicas dont l'exécutif comprenait, à côté de l'empereur, un grand-prêtre, le *cihuacoatl*.

1. Tozzer, 1957, fig. 60.

2. Tozzer, 1957, fig. 270. Au-dessus du *cuauhxicalli* (mot aztèque signifiant « vase de l'aigle » et utilisé pour recevoir les cœurs des victimes humaines sacrifiées) recon-

2.3. Chichén Itzá: scène de combat peinte dans le temple supérieur des Jaguars.

dans cet unique homme-soleil l'avatar en style mexicain du roi-soleil de la tradition maya des époques précédentes. L'assimilation du souverain à l'astre est pleinement démontrée sur les chapiteaux de nombreuses colonnes où un guerrier accompagné d'un demi-disque solaire vole ou tombe du ciel[1]. La distinction entre le roi-soleil et le soleil-roi ne peut se faire qu'en tenant compte du contexte : le personnage à coiffure rayonnante volant au centre du panneau nord du temple des Panneaux muraux est le soleil ; en revanche, la figure

naissable à son entourage de plumes d'aigle, on identifie un masque terrestre exprimant la fertilité par des plantes aquatiques issues de ses yeux. Dans le Palacio Quemado de Tula, on peut voir des formes ancestrales du *cuauhxicalli* (*ibid.*, fig. 675-676) qui contiennent à la fois des cœurs et des lancettes d'autosacrifice.

1. *Ibid.*, fig. 274.

assise devant un disque solaire dans le registre supérieur du panneau sud du même temple est une image royale[1].

Le roi-soleil est fréquemment assis sur un trône de jaguar bicéphale *(figure 2.2)* ; sa tête est entourée d'un bandeau orné d'une variante du « dieu bouffon » et prolongé de deux grandes plumes ; son nez s'orne d'une perle tubulaire, ses oreilles d'un disque et d'un tube ; il porte sur les épaules une cape de jade et une longue perle tubulaire barre sa poitrine. La tête de serpent stylisée[2] placée devant sa bouche se réfère à la qualité sacrée de sa parole et/ou de son souffle ; cette forme superlative de la volute de la parole existait déjà à la période classique, sous un aspect plus discret. Dans le Chichén Itzá postclassique, le serpent avec ou sans plumes est, plus souvent encore, employé comme une émanation, un signe visible de grandeur ou de sacré. Des serpents stylisés se glissent entre les personnages en procession, et les sacrifices sanglants donnent naissance à de grands serpents dressés[3], les mêmes qui définissent la classe supérieure des notables dits « capitaines-serpents » *(figure 2.10, p. 294)*. La présence du reptile a ici une valeur purement adjectivale qui attire l'attention sur l'importance de certaines actions comme de certains personnages. Parfois, comme sur la banquette de la colonnade Nord-Ouest, tous les participants (des guerriers qui s'autosacrifient en convergeant vers le *zacatapayolli*[4]) sont accompagnés de leur serpent dressé, indiquant soit leur rang élevé, soit la sacralité du rite qu'ils accomplissent *(figure 2.11 a, p. 296)*.

Les guerriers à Chichén Itzá prennent une importance considérable, inconnue auparavant. Ils constituent la grande majorité des personnages des bas-reliefs qui ornent les murs, les panneaux ou les colonnes. Presque tous sont armés d'un propulseur et de javelots, mais leur costume, leur coiffure et leurs bijoux varient d'un individu

1. Ruppert, 1931, pl. 11.

2. Le serpent réaliste qui s'échappe de la bouche des personnages masqués peints sur la banquette du temple du Chac Mool, a le même sens.

3. Le serpent qui s'élève du corps d'un sacrifié de Chichén Itzá a le même rôle et la même valeur que celui qui se tient au-dessus d'un bol autosacrificiel de Yaxchilán, infirmant l'interprétation si populaire du *vision serpent*. Le serpent dressé en S inversé accompagne aussi des personnages de Tula. Tozzer, 1957, fig. 116, 132A, B.

4. Ce mot désigne chez les Mexicas la boule d'herbe tressée dans laquelle les épines sanglantes de maguey utilisées dans l'autosacrifice, étaient plantées. Tozzer, 1957, fig. 114 ; Morris, Charlot et Morris, 1931, pl. 257.

à l'autre. On a prétendu opposer des guerriers toltèques à des guerriers mayas, mais il semble que l'on ait plutôt des personnages plus ou moins « toltéquisés »[1]. Ainsi dans le temple inférieur des Jaguars, des guerriers d'allure « toltèque » et d'autres d'aspect « maya » font partie des mêmes processions, et rien n'indique qu'ils puissent être ennemis, et encore moins vainqueurs les uns et vaincus les autres. Sur les disques d'or en provenance du Cenote, les vainqueurs ou les sacrificateurs ont été vus comme toltèques et leurs victimes comme mayas, mais la différence réelle entre les deux est que les uns gardent leurs atours alors que les autres en sont dépouillés.

À Chichén Itzá comme à Tula, les processions de jaguars et d'aigles, parfois en alternance, évoquent les chevaliers du soleil des Aztèques. Sur les côtés de la plate-forme dite des Jaguars et des Aigles, ils mangent des cœurs humains[2]. Sur les frises qui décorent la pyramide du temple des Guerriers, à ces mêmes animaux se joignent un carnassier à longs poils et à queue courte, et un homme à l'œil cerclé et à l'oreille traversée d'un ruban, qui tient dans ses mains une sorte de sceptre orné de bandes nouées – symbole de sacrifice en Méso-Amérique au classique comme au postclassique – *(figure 2.4 A)*. Une peinture sur le talus de base de la même pyramide nous montre un squelette armé de couteaux présentant une tête coupée à un aigle et à un coyote (?)[3] *(figure 2.4 B)*. Sur les côtés de la plate-forme adossée au *tzonpantli* défilent en alternance un guerrier armé et un aigle dévorant un cœur humain. Ces animaux sont plus que des symboles solaires[4], comme le montrent des guerriers costumés en rapaces et qui sacrifient des victimes humaines[5]. La frise qui décore le temple 2-D7, récemment dégagé, présente en alternance des jaguars « en procession » et des lances dressées par groupes de trois ou quatre.

Les chevaliers-jaguars, d'après la fréquence relative de ces animaux, semblent plus importants que les chevaliers-aigles ; ainsi

1. Tozzer, 1957 ; Anderson, 1994 ; Jimenez et Andrews, 1994.
2. Tozzer, 1957, pp. 432, 435.
3. Ce coyote (?) n'est pas représenté sur le dessin de notre figure 2.4 ; on peut le voir sur la figure 288 de Morris, Charlot et Morris, 1931.
4. Chez les Mexicas, l'aigle symbolise le soleil diurne ou ascendant, et le jaguar, le soleil descendant ou nocturne.
5. Tozzer, 1957, fig. 434, 436, 437.

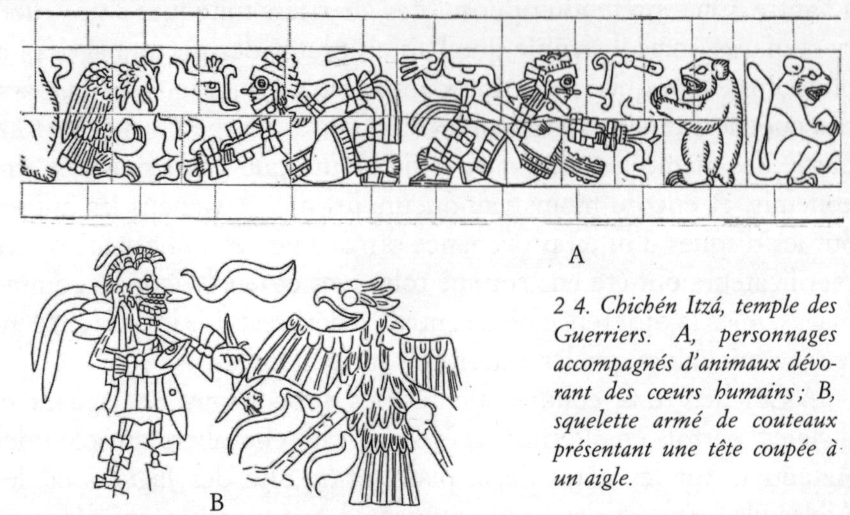

A

B

2 4. Chichén Itzá, temple des Guerriers. A, personnages accompagnés d'animaux dévorant des cœurs humains ; B, squelette armé de couteaux présentant une tête coupée à un aigle.

on ne trouve pas d'images de rapaces sur le temple des Jaguars ni sur le temple des Panneaux muraux. D'après les scènes sculptées sur ses murs, cet édifice pourrait avoir été une maison des guerriers-jaguars ou une sorte de *telpochcalli*[1].

Comme au temple des Guerriers, une colonnade précède le soubassement pyramidal du temple, de période clairement « toltèque »[2]. Au centre du temple et sur le seuil de sa pièce du fond, une dalle sculptée fermait l'orifice d'un puits à offrandes. Sur cette dalle, deux personnages debout se font face : à gauche, un homme accompagné d'un serpent dressé et tenant son propulseur incliné vers le sol *(figure 2.5)* ; à droite, un individu plus petit désigné par un petit jaguar placé au-dessus de lui, et qui fait reposer son arme sur l'épaule gauche dans un geste de déférence ou de soumission. Une offrande (?) est posée sur le sol entre les deux hommes.

On retrouve l'homme-jaguar par deux fois et en position centrale sur le panneau nord du temple *(figure 2.6 a)* ; il est qualifié par un jaguar en buste prolongé d'un corps de serpent. Il ne s'agit pas d'un hybride mythologique ; le serpent qui prolonge le jaguar n'a ici qu'un rôle qualificatif (« important » ou « sacré »). Sur le registre médian, il est devant la porte d'une maison et paraît commander au

1. Chez les Mexicas, collège où étaient formés les guerriers.
2. Ruppert, 1931, pp. 128-131, pl. 11.

2.5 Chichén Itzá, temple des Panneaux muraux : dalle sur le sol du temple.

petit personnage qui lui fait face ; derrière lui se tient un autre individu accompagné d'un serpent dressé. Sur le registre inférieur, six individus sont assis des deux côtés de l'homme-jaguar : ils sont vêtus d'un costume de félin à longue queue ; un de leurs bras est entouré d'une corde et replié dans le dos, l'autre est appuyé sur le sol. Au-dessus et auprès de chacun, on peut voir une tête de félin qui semble être le masque ou le heaume, complément de leur costume.

Le panneau sud reproduit ces mêmes personnages, mais en plus petit nombre – deux fois trois – *(figure 2.6 b)*. Ici, l'homme-jaguar, supposé être le chef de la confrérie ou du collège, tient un masque de félin comme pour en coiffer l'individu costumé assis à ses pieds, que j'interprète comme un jeune guerrier au moment de son initiation ; ses camarades et lui-même sont montrés en partie captifs, puisque leur destin est de mourir sur le champ de bataille ou sur l'autel. Sur le registre médian, l'homme-jaguar, suivi d'un homme accompagné d'un serpent dressé, fait face à un supérieur qui brandit son propulseur. Tout autour, des jaguars bondissent parmi des arbres et des oiseaux, quetzals diurnes et hiboux nocturnes.

Les mêmes arbres avec les mêmes oiseaux se trouvent aussi sur le registre médian du panneau nord. Des deux côtés on voit s'élever les jaguars parmi les arbres, en convergeant vers le soleil, présenté comme un personnage coiffé d'un disque solaire, volant dans les airs. La relation entre les guerriers-jaguars et le culte solaire est ici manifeste. Comparables aux âmes des guerriers aztèques qui, sous forme de colibris, accompagneront le soleil, ici les oiseaux diurnes

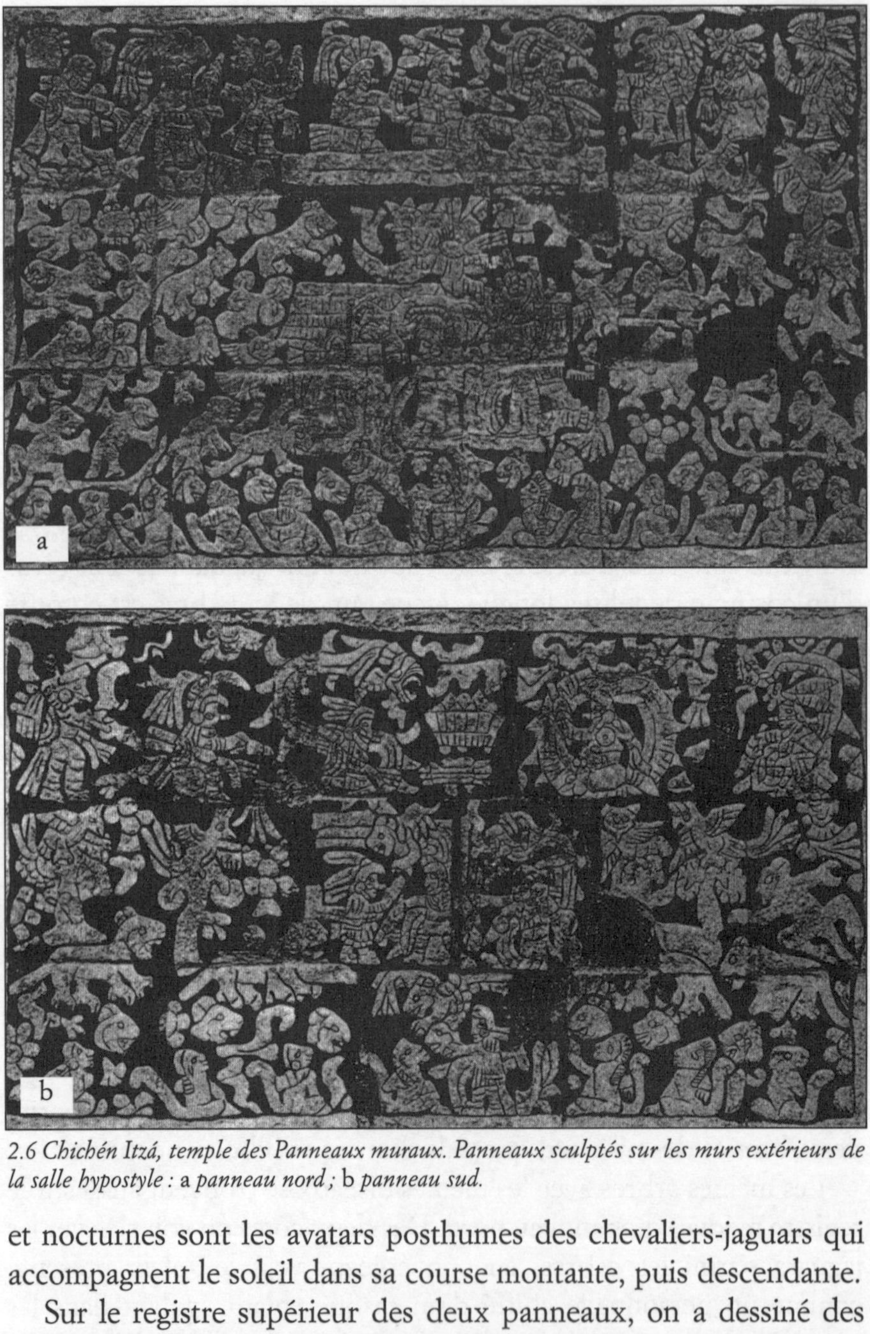

2.6 Chichén Itzá, temple des Panneaux muraux. Panneaux sculptés sur les murs extérieurs de la salle hypostyle : a *panneau nord ;* b *panneau sud.*

et nocturnes sont les avatars posthumes des chevaliers-jaguars qui accompagnent le soleil dans sa course montante, puis descendante.

Sur le registre supérieur des deux panneaux, on a dessiné des scènes d'hommage ou de culte : au nord, un homme accompagné d'un serpent dressé est assis sur une banquette avec deux personnages ; trois hommes debout se tiennent derrière eux. Trois autres, portant des sacs, peut-être à encens, font face à l'« homme-serpent ». Sur le panneau sud, un « homme-serpent » accompagné par deux guerriers présente des offrandes au roi-soleil.

L'épisode de la remise du heaume nous indique que le panneau du côté sud doit être vu après celui du nord. Il y a aussi une progression dans la hiérarchie des personnages montrés sur le registre supérieur : au nord, c'est un simple « noble » (c'est-à-dire un homme qualifié d'un serpent) qui reçoit un hommage, alors qu'au sud c'est le roi-soleil. Les deux panneaux représentent deux moments d'une cérémonie :

– Sur le panneau nord, un noble reçoit un hommage. Il peut s'agir du même personnage que celui qui, sur la dalle au centre du temple, recevait l'allégeance de l'homme-jaguar. Ce dernier, accompagné d'un noble (sans doute le même qui cautionne son pouvoir), reçoit sur le seuil d'une maison un troisième personnage, non identifié. Plus bas, il s'adresse aux futurs chevaliers-jaguars et retrace leur destin : mourir au service du soleil pour l'accompagner ensuite, sous la forme d'oiseaux, dans sa course.

– Sur le panneau sud, le noble (supposé être toujours le supérieur du maître-jaguar) présente au roi des offrandes directement liées à la guerre et au sacrifice : des javelots et un probable *cuauhxicalli* rempli de cœurs. Hors de la maison, l'homme-jaguar, toujours accompagné de son supérieur, confronte un autre personnage. Il remet ensuite à chacun des jeunes initiés leur heaume, et évoque une fois encore leur destin de chevaliers-jaguars.

Malgré de nombreuses obscurités qui demeurent concernant le registre supérieur et les scènes centrales, ces bas-reliefs décrivent l'initiation de guerriers-jaguars sous l'autorité d'un maître-jaguar (comparable au *telpochtlato* aztèque, le chef des jeunes guerriers du *telpochcalli*), assisté ou patronné par des personnages plus puissants que lui. Les panneaux illustrent le destin des guerriers, leur relation au soleil, y compris après leur mort quand ils se transforment en quetzals et en hiboux pour l'accompagner. Le temple des Panneaux muraux, trop petit pour avoir servi de *telpochcalli*, devait être cependant une maison réservé aux guerriers, comme l'indique autant son iconographie que son plan, semblable à celui du temple des Guerriers.

2.7. Chichén Itzá. Temple du Chac Moool, colonne 4 : prêtres (d'après Morris, Charlot et Morris, 1931).

Les prêtres, bien que l'on soit à peu près assuré de leur existence, ne figuraient pas sur les monuments de période classique ; pour justifier cette absence on avait avancé que, dans la mesure où les prêtres n'agissaient qu'au nom du roi, seul le souverain méritait d'être représenté en officiant. Au postclassique en revanche, comme conséquence d'un pouvoir plus partagé, des prêtres apparaissent, sous la forme d'individus porteurs de bols emplis d'offrandes de formes et de tailles diverses. On peut voir ces officiants sur les côtés nord, ouest et sud de la colonne 4 près de l'autel au fond du temple du Chac Mool *(figure 2.7)* ; là les personnages des autres colonnes sont masqués et semblent incarner des créatures surnaturelles. Les porteurs d'offrandes du pilier 12 du temple des Guerriers ont également pour voisins des hommes masqués, sur le pilier 11. La pièce la plus caractéristique de leur costume est une longue jupe ornée d'un semis ou d'un réseau de perles de jade, rondes et tubulaires. Sur la banquette sud du temple du Chac Mool, trois personnages présentant des offrandes sont vêtus également d'une robe couverte de perles de jade[1].

Le personnage principal des scènes figurées sur le temple nord du Grand Jeu de balle pourrait bien être un prêtre, en raison de sa robe de jade[2] *(figure 2.8)*. Le récit imagé commence par la face sud de la

1. Morris, Charlot et Morris, 1931, pl. 133.

2. Je reprends ici l'interprétation de Wren (1994), dont je m'écarte cependant sur deux points. Je ne pense pas que le personnage à robe de jade soit le roi, qui pour moi

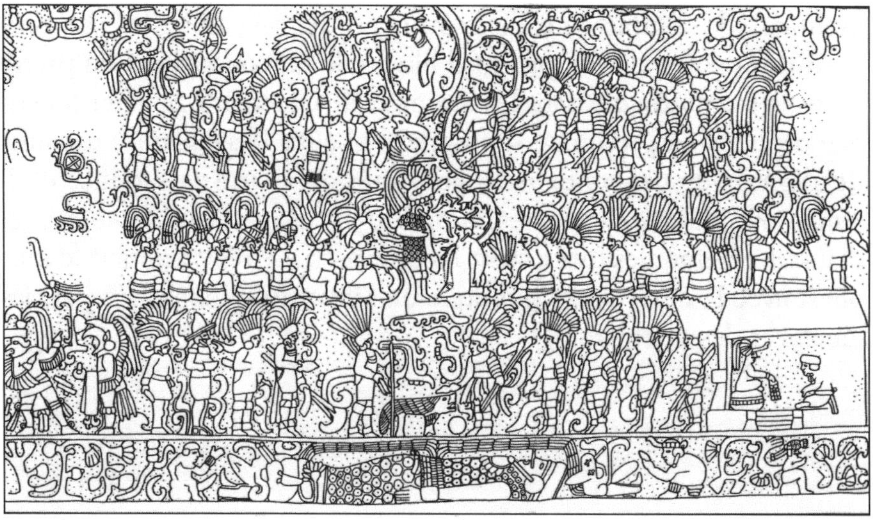

2.8. Chichén Itzá. Temple nord du Grand Jeu de balle : mur nord (dessin de Linnea Wren d'après Adela Breton).

voûte avec de nombreuses allusions à la mort, suivi par le mur est où l'on assiste aux funérailles d'un personnage, et à la décapitation d'un joueur de balle. Les reliefs du mur nord sont les plus complets : sur trois registres, des guerriers et dignitaires se font face en définissant un axe central où sont placés les principaux acteurs, avec de haut en bas : dans la boucle formée par un serpent, une figure assise sur un trône avec une gueule de serpent stylisée devant la bouche. La situation flottante du personnage le désigne comme un ancêtre. Sous lui se tient un individu vêtu d'une robe de jade, debout sur une mâchoire de serpent ; plus bas encore, est le trône jaguar qui attend son occupant. Sous la double ligne qui marque le sol, est allongé, « enterré », un personnage du ventre duquel sortent deux serpents à langue-couteau ; comme il porte la même robe de jade que l'individu central, on peut supposer qu'il avait les mêmes fonctions et qu'il représente donc son prédécesseur. Ce (grand) prêtre mort est montré à nouveau sous terre à la base des colonnes à l'entrée du temple, et sur les

est le roi-soleil ; or la figure d'ancêtre sur le mur nord n'est pas « solaire ». Je pense en outre que le personnage central du mur nord et celui enterré plus bas portant le même costume ont la même charge ou la même fonction. Je ne suis donc pas d'accord avec Wren qui voit dans le grand personnage sous terre *« a goddess associated with water and fertility »*.

montants du temple sud, de l'autre côté du jeu de balle[1]. Le côté nord de la voûte du temple nord illustre le parcours rituel du prêtre nouvellement désigné dans les oratoires de Chichén Itzá : l'autosacrifice du pénis (à proximité d'un grand phallus ensanglanté) est suivi de saignées du nez ou de la langue ; puis on assiste au sacrifice d'oiseaux (?), de rites exécutés auprès d'un plan d'eau *(cenote ?)* et d'autres cérémonies qui restent incomprises. Le récit finit sur le mur ouest avec la célébration publique de l'investiture, marquée par des danses et des sacrifices.

1. Ces correspondances iconographiques entre les temples au nord et au sud du Grand Jeu de balle indiqueraient une relation entre la construction du terrain et la succession du grand prêtre (à la robe de jade).

2.

Les rites

Plus souvent illustré qu'à la période précédente, le sacrifice humain à Chichén Itzá revêt deux formes principales : la cardiectomie et la décapitation. Celle-ci n'est explicitement montrée que dans le Grand Jeu de balle. Ses six panneaux présentent, au point de rencontre des deux équipes affrontées, le sacrificateur tenant la tête décapitée de sa victime agenouillée et du cou tranché de laquelle s'échappent des flots de sang sous forme de serpents jaillissants *(figure 2.9 a)*. Un tel jaillissement n'est possible que si le cœur de la victime n'a pas été préalablement arraché.

Cette iconographie est comparable aux images sacrificielles du jeu de balle à El Tajin (Veracruz), où le sacrificateur dirige le couteau non emmanché vers la gorge de la victime, assise dans un autel-siège *(figure 2.9 c)*. Dans les deux sites, les joueurs portent des *palmas*[1], et la balle est parfois marquée par une tête de mort[2]. Sur une *palma* célèbre d'Aparicio (Veracruz), sept serpents jaillissent du cou tranché d'un joueur de balle[3] *(figure 2.9 b)*.

---

1. Ce mot désigne un objet sculpté en forme de palme, au bout évasé et aplati ; l'autre extrémité creusée en angle droit aurait permis à la *palma* de reposer sur la partie antérieure du « joug », la ceinture de parade des joueurs de balle. On peut noter que Chichén Itzá, avec ses treize terrains répertoriés, est avec El Tajin, un des sites méso-américains qui en comprend le plus.

2. Voir la sculpture 7 de la pyramide des Niches dans Kampen, 1972. On notera également que la composition et le style des reliefs du temple Nord sont comparables à ceux de l'Édifice à colonnes d'El Tajin.

3. Tozzer, 1957, fig. 475.

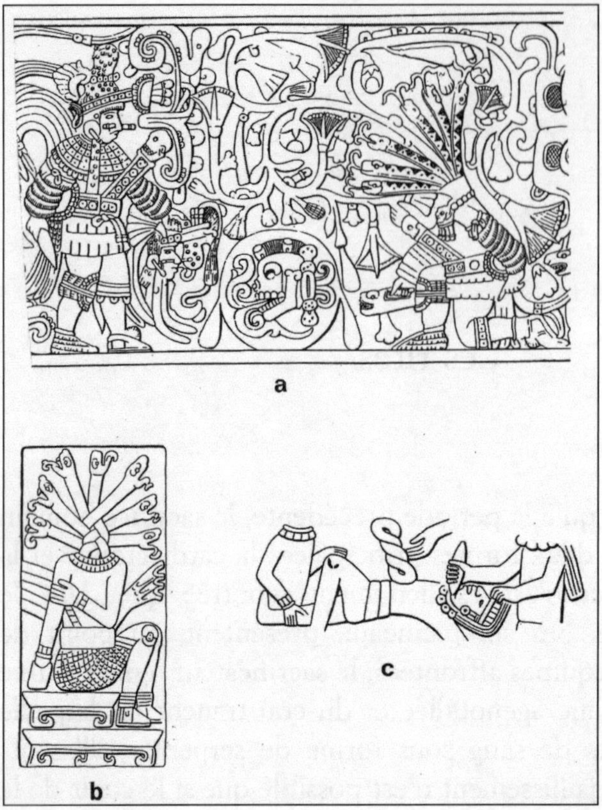

2.9. Sacrifice humain par décapitation. a *Chichén Itzá, banquette du Grand Jeu de balle (détail).* b *Aparicio (Veracruz),* palma. c *El Tajin,* palma *(d'après Tozer, 1957).*

2.10. Sacrifice humain par cardiectomie à Chichén Itzá. A *temple supérieur des Jaguars.* B *temple des Guerriers.*

Hors du jeu de balle, nous montrerons plus loin que des victimes sacrificielles ont sans doute été égorgées et/ou décapitées dans des ensembles architecturaux de type « patio-galerie », dont le prototype est le Mercado.

La cardiectomie est directement représentée sur un disque d'or recueilli dans le Cenote, et sur les peintures du temple supérieur des Jaguars et du temple des Guerriers[1] *(figure 2.10)*. Elle est indirectement attestée par les images de *cuauhxicalli*, débordant de cœurs fraîchement arrachés, et par une pierre dressée, sur laquelle on couchait la victime, dans la salle hypostyle (appelée aussi colonnade Nord-Ouest) qui précède la pyramide du temple des Guerriers.

Comme si l'on avait voulu associer étroitement sacrifice et autosacrifice, cette pierre est placée devant une banquette sur laquelle l'autosacrifice est illustré avec ostentation[2]. Deux processions de guerriers convergent vers un bol contenant une masse jaune non identifiée dans laquelle sont fichées trois longues et minces tiges *(figure 2.11 a)*. Cette scène est analogue à celles sculptées sur des banquettes, non seulement de Tula (vestibule de la pyramide B et salle 1 du Palacio Quemado), mais aussi du Grand Temple de Tenochtitlán. Grâce à des images tirées de sculptures ou de peintures et aux récits des chroniques, on reconnaît à Tenochtitlán la boule d'herbe *(zacatapayolli)* dans laquelle les Aztèques plantaient les épines ensanglantées de l'autosacrifice. Par analogie, on peut considérer que le relief de la banquette sud de la salle hypostyle du temple des Guerriers de Chichén Itzá représente lui aussi les résultats de l'autosacrifice sous forme de lancettes fichées dans une masse, peut-être faite d'herbe *(figure 2.11 a)*[3]. La corniche de la même banquette montre deux autres tiges fichées[4] dans un tas contenu dans un bol ; il se trouve entre deux serpents affrontés, de la gueule desquels émergent deux guerriers *(figure 2.11 b)*. Comme on l'a vu plus haut, sur le temple nord du Grand Jeu de balle, des personnages s'autosacrifient le pénis, auprès d'un grand phallus mutilé par deux objets (brins d'herbe, brindilles ?) passés sous la

1. Tozzer, 1957, fig. 392-397.
2. Morris, Charlot et Morris, 1931, pl. 125, et Tozzer, 1957, fig. 114.
3. Klein, 1987, p. 300, fig. 4.
4. Tozzer, 1957, fig. 123.

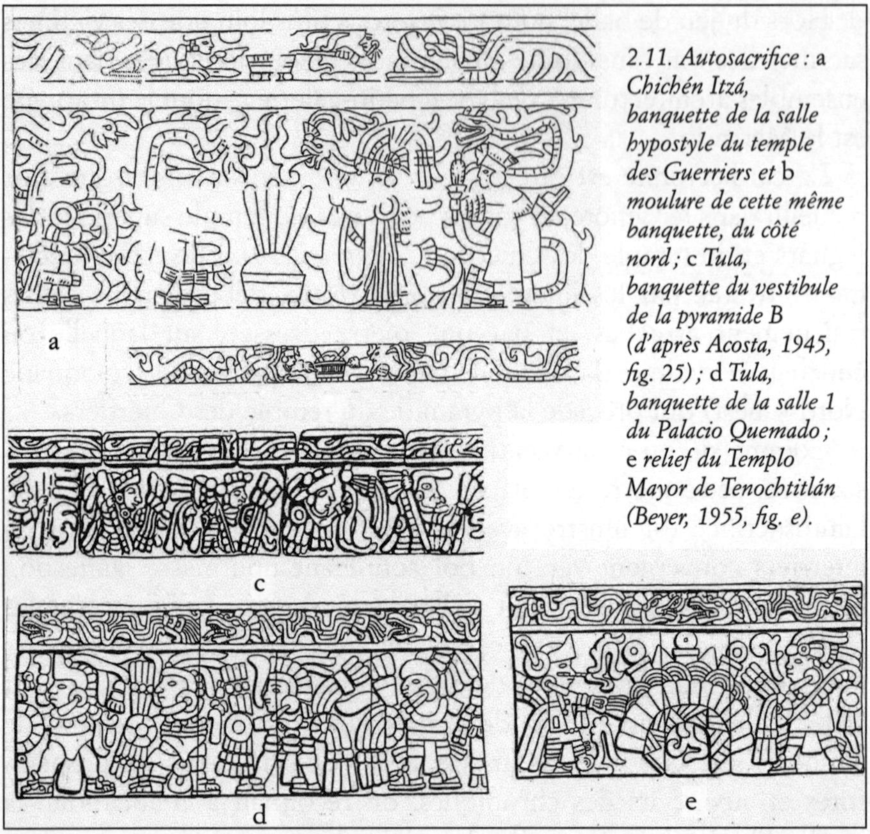

2.11. *Autosacrifice :* a *Chichén Itzá, banquette de la salle hypostyle du temple des Guerriers et* b *moulure de cette même banquette, du côté nord ;* c *Tula, banquette du vestibule de la pyramide B (d'après Acosta, 1945, fig. 25) ;* d *Tula, banquette de la salle 1 du Palacio Quemado ;* e *relief du Templo Mayor de Tenochtitlán (Beyer, 1955, fig. e).*

peau, et qui paraît saigner[1]. On a noté la présence de phallus de pierre dans divers sites Puuc, comme Uxmal, Labná, Kabah, Chacmultún, etc. À Chichén, cette tradition s'est poursuivie au postclassique, comme le montre la maison des Phallus, où l'un de ces objets est planté dans le mur du fond de cinq des pièces de cet édifice. Un autre pénis se trouvait au centre de l'unique salle de l'édifice 6E-6. À cause de l'exemple du temple Nord, commenté plus haut, où des scènes autosacrificielles voisinent avec un phallus géant, les membres virils en pierre tant du classique terminal que du postclassique yucatèque apparaissent plus comme des allusions à l'autosacrifice que comme les manifestations d'un « culte phallique ».

Le modèle le plus fréquent de composition des bas-reliefs est, à Chichén Itzá, celui de deux processions ou cohortes de personnages,

1. Une statue exposée au musée de Dzibilchaltún et dite provenir d'Uxmal présente les mêmes mutilations.

debout ou parfois assis, qui convergent vers le centre où culmine la scène. Dans les colonnades la même composition est traitée en trois dimensions, et les cohortes sont formées par les personnages sculptés sur les colonnes et orientés. Ainsi, dans la salle hypostyle du temple des Guerriers (ou colonnade Nord-Ouest), les prisonniers des colonnes 26, 29, 25, 28 font face à ceux des colonnes 33, 37, 32, 36, définissant ainsi l'axe est-ouest de l'escalier qui gravit la pyramide *(figure 2.12)*. Les guerriers des colonnes 41, 40, 39 font face à ceux des colonnes 45, 44, 43 pour délimiter l'axe parallèle qui mène à la pierre de sacrifice et à l'autel derrière elle[1]. La salle hypostyle ne peut être considérée séparément du temple des Guerriers, et les deux constructions ont été édifiées manifestement pour fonctionner ensemble ; elle apparaît comme un vaste vestibule qui peut abriter une foule, alors que le temple, auquel on accède par un escalier qui prend naissance en son sein, est de dimensions trois fois plus réduites et ne peut abriter qu'un nombre restreint d'officiants *(planche 26)*. La salle est d'abord un lieu de sacrifices : les futures victimes aux poignets liés, sculptées sur des colonnes, forment trois rangs au pied des marches. Au sud, c'est-à-dire à la droite de l'escalier, la banquette illustre des processions de guerriers venant offrir leur propre sang. Devant elle, une pierre de sacrifices où l'on immolait les captifs comme ceux qui attendent leur sort au pied de l'escalier. C'est auprès de la banquette et de la pierre que l'on trouve le plus grand nombre de guerriers portant des costumes d'animaux (coyote, oiseaux, serpent) qui peuvent se rapporter à des ordres militaires ; des guerriers à masque ou tête de mort, des prêtres, des dignitaires non armés, divers individus qui ont été qualifiés de « sorciers », ainsi que l'image d'un guerrier unijambiste. Certaines de ces catégories sont représentées également derrière les captifs devant l'escalier. Ainsi, l'iconographie des colonnes démontre l'importance rituelle de deux zones de la salle hypostyle : 1) les abords de la banquette et de la pierre sacrificielle ; 2) le pied de l'escalier menant au temple. En revanche, la banquette au nord semble avoir joué un rôle relativement mineur si l'on en juge par l'absence d'associations signifiantes.

1. Morris, Charlot et Morris, 1931, fig. 171.

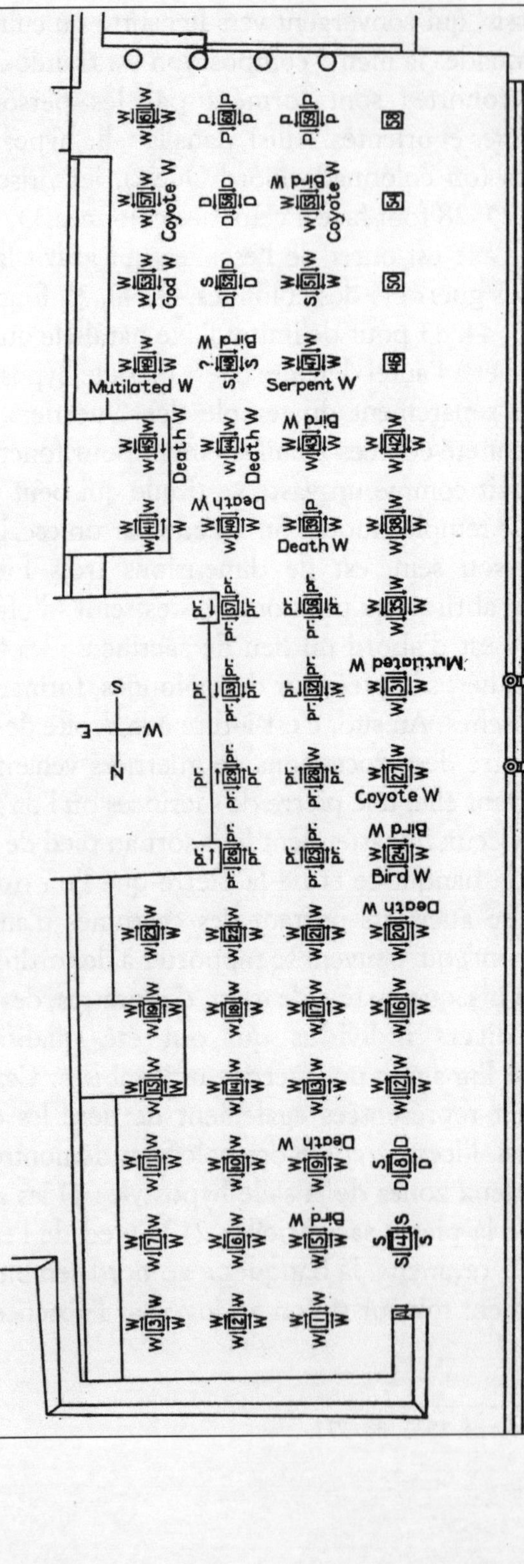

W : guerrier, S : sorcier, P : prêtre, D : dignitaire, pr. : prisonnier

2.12. *Chichén Itzá. Salle hypostyle du temple des Guerriers. Distribution et orientation des personnages sculptés sur les piliers (Morris, Charlot et Morris, 1931, fig. 171).*

On franchit l'escalier aux côtés limités par des rampes figurant des serpents à plumes, et des porte-bannières vous accueillent au sommet. Devant la porte, un *chac mool* tourne la tête dans votre direction ; c'est un guerrier et non un personnage surnaturel qui tient sur son ventre un plat à offrandes. Le temple, dont l'entrée est limitée par deux colonnes-serpents, semble, comme en période Puuc, représenter la terre d'après les motifs qui décorent sa façade : les masques empilés de monstres terrestres au museau en crochet, qui se détachent des murs ou qui garnissent les angles de l'édifice ; le monstre « jaguar-serpent-oiseau » à langue bifide, qui tient une tête de guerrier dans ses mâchoires [1]. Sur les colonnes qui supportaient les voûtes du temple, diverses catégories sociales sont représentées : des guerriers en majorité, certains déguisés en coyote ou en oiseau, mais aussi des personnages masqués, un individu à tête de mort, et deux unijambistes *(figure 2.13)*. Il faut remarquer que les prêtres (colonne 12) et les individus masqués (colonne 11) sont groupés dans le coin sud-est de la première pièce qui fait fonction d'antichambre [2], alors que dans la pièce du fond, apparemment plus importante à cause de la table, les guerriers prédominent à l'exception de la surprenante vieille femme à la poitrine découverte qui s'étale sur la face est du pilier 16 *(figure 2.13 B)*, tout près de la table supportée par dix-neuf guerriers-atlantes. Si le *chac mool* comme la table avaient pour fonction de porter des offrandes sanglantes, il est explicitement indiqué dans les deux cas que ce sont les guerriers qui les présentent. L'architecture en deux parties du temple des Guerriers avec sa salle hypostyle pourrait correspondre à deux temps du rituel : le sacrifice proprement dit, suivi de l'offertoire. Le temple des Panneaux muraux, ayant le même plan que le temple des Guerriers, avait sans doute la même fonction, celle d'une maison de réunion et de culte de guerriers, comparable au temple B de Tula et à la *cuauhcalli* des Aztèques. L'édifice 5B-21 [3] est un autre exemple

1. On verra, comme l'a remarqué Tozzer (1957, pp. 71, 123) que, sur les colonnes, ce monstre occupe presque toujours la zone inférieure correspondant à la terre ou à l'inframonde et que son emploi en façade du temple qualifie l'édifice de « terrestre ».

2. On avait peint sur les murs formant l'angle nord-est de cette pièce une scène de raid sur un village suivie de captures de prisonniers.

3. Dit aussi Temple of the Jaguar Atlantean Columns. Ruppert, 1952, p. 113 ; fig. 78, 143d.

2.13 Chichén Itzá, divinités et/ou personnages mythiques : A *Tezcatlipoca (temple du Chac Mool, colonne 3, sud) ;* B *Ix Chel (temple des Guerriers, colonne 16, est) ;* C *homme masqué tenant un serpent (temple des Guerriers, colonne 10, sud) ;* D *homme-oiseau (temple des Guerriers, colonne 6, sud).*

du type « salle hypostyle/temple-pyramide » dans lequel des hommes habillés en jaguar forment les colonnes qui soutiennent les linteaux des portes du temple. Le temple des Petites Tables et le temple de Thompson sont d'autres cas de ce type d'édifices consacrés au culte martial [1].

Un autre type d'ensemble architectural, encore plus courant à Chichén Itzá, est celui constitué par un portique et une sorte d'*impluvium* ou patio creusé, entouré d'un péristyle couvert [2]. Dans la plupart des cas, le portique déborde la largeur du patio, et donne ainsi à l'ensemble une forme de T. L'exemple le plus vaste et le plus connu de « portique-patio » (en espagnol *patio-galería*) est le

1. Respectivement 3D-8 (Ruppert, 1952, p. 67 ; fig. 42) et 3D-9 (*ibid.*, p. 68 ; fig. 43).

2. Marie-Areti Hers (1989) soutient que l'origine du « portique-patio » se trouve dans la culture *chalchihuites* qui présente le même type d'architecture, et cela au moins dès la période classique.

Mercado[1] qui possède un portique long de 75 m *(figure 2.14)*. Le toit du péristyle autour du patio (creusé sur 45 cm de profondeur moyenne) était soutenu par vingt-cinq colonnes de près de cinq mètres de haut et par un mur plus haut encore. La pente ainsi constituée dirigeait les eaux dans l'*impluvium*. Le mur n'est percé d'aucune autre ouverture que la porte qui communique avec le portique, de sorte que le péristyle ne donne accès à aucune pièce ou autre espace extérieur. Il est peu probable que l'on ait ici affaire à une résidence, dépourvue de pièces et avec un patio exposé aux intempéries. Ainsi, la majorité des auteurs préfèrent donner au Mercado et aux ensembles de même type une fonction cérémonielle.

Auprès de la porte de communication avec le patio, un autel ou banquette a ses côtés sculptés *(figure 2.15)* : deux files de guerriers, attachés l'un à l'autre par une même corde et nommés par des glyphes non mayas, se dirigent vers un homme-serpent costumé en aigle qui piétine deux ennemis à terre. La même image était répétée sur les rampes de l'escalier qui menait au portique. Elle se réfère sans doute aux guerriers-aigles, « chevaliers du soleil » comme les guerriers-jaguars.

L'iconographie des montants de la porte qui fait communiquer le portique et le patio confirme la fonction cultuelle du Mercado. Sur chaque montant se trouve un guerrier placé entre deux individus costumés en crocodile : leur visage apparaît dans la gueule du monstre dont la peau recouvre leur dos *(figure 2.16)*. On peut voir, collée au museau du crocodile, la scie de l'espadon, qui confirme que ces personnages incarnent le *cipactli*, le monstre terrestre du Mexique central dans ses deux aspects représentés par le crocodile et l'espadon *(acipaquitli)*[2]. Ces porteurs des attributs du *cipactli* peuvent être interprétés soit comme les prêtres de cette créature mythologique, soit comme ses représentants destinés au sacrifice. Tant le sacrifice que l'autosacrifice sont évoqués par la semi-nudité des personnages qui portent coiffure et ornements (pectoral, brace-

1. Ruppert, 1943.
2. L'espadon serait l'équivalent marin du crocodile, amphibien d'eau douce. On peut également noter la grande ressemblance morphologique entre la tête d'un crocodile vue de haut et la scie du poisson du même nom.

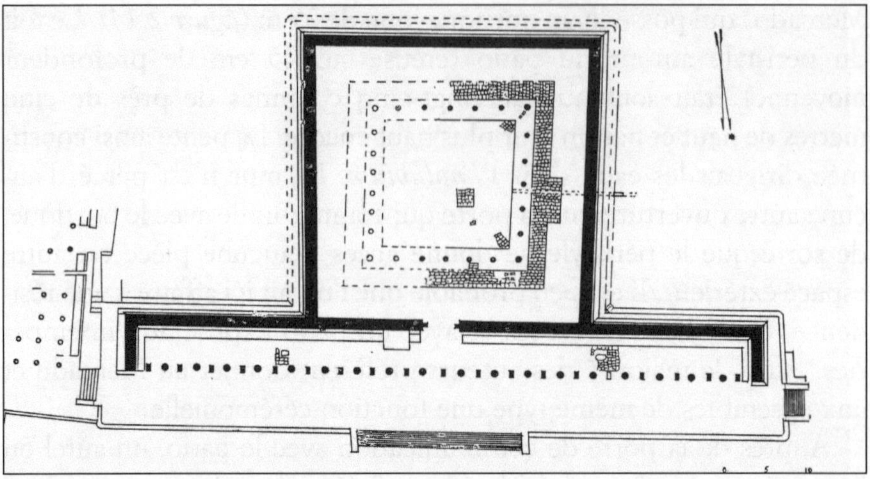

2.14. Chichén Itzá : Mercado, plan. D'après Ruppert, 1943.

2.15. Chichén Itzá : Mercado. Relief sur le devant de la banquette du portique. D'après Ruppert, 1943.

2.16. Chichén Itzá : Mercado. Montant est de la porte d'accès au patio : côtés nord et ouest (dessin Isabelle Bonzom, d'après Ruppert, 1943).

lets, sandales, etc.), mais qui exposent leur ventre, leurs cuisses et leurs organes sexuels. Les hommes-*cipactli* du montant ouest de la porte tiennent à la main un objet en forme de L et sont accompagnés – comme le guerrier qu'ils encadrent – par des *chalchihuites* (perles de jade), une allusion à la fertilité que la pluie apporte à la terre. Il n'a pas été possible de déterminer ce que tiennent les hommes-*cipactli* du montant est.

À Chichén Itzá, d'autres édifices ont un plan analogue à celui du Mercado avec des variantes ; ainsi 2D-6, séparé du temple des Guerriers par le temple des Grandes Tables ; 3B-8 qui possède une pièce à l'est du patio ; l'édifice 5C-1 possède la même chose diffère des exemples précédents pour avoir un portique de la même longueur que la largeur du patio. 3B-3 diffère plus encore avec un long portique en forme de L et un patio flanqué à l'ouest d'une pièce allongée et d'un autre portique à l'est. Jusqu'à présent, on a compté près de quinze portiques-patios à Chichén Itzá[1].

Le portique-patio et l'ensemble salle hypostyle-temple sont structurellement analogues ; ils comprennent deux parties : un vestibule (salle hypostyle ou portique) qui précède un espace principal (temple ou patio). Depuis le vestibule, on accède au patio par une porte et au temple par un escalier. Un autel-banquette orné de scènes autosacrificielles se trouve auprès de la porte ou au pied de l'escalier. La relation entre temple et patio est symétrique et inverse : le premier, au sommet de la pyramide, apparaît en relief ; le second, en contrebas, apparaît en creux.

L'opposition temple haut/patio creusé pourrait correspondre aux deux types principaux de sacrifice, opposés et complémentaires, qui coexistaient tant à Chichén qu'à Tenochtitlán : la cardiectomie et l'égorgement suivi de décapitation. Chez les Aztèques, le sacrifice à la terre avait autant d'importance que celui dédié au soleil[2]. Le champ de bataille était appelé « le lieu où Tonatiuh et Tlaltecuhtli mangent et boivent[3] ». La cardiectomie était le mode sacrificiel particulièrement destiné au soleil ; on ouvrait la poitrine de la victime

1. Ainsi 3D-11, 6E-3, 5B-19, 5B-17, 2D-6 (Ruppert, 1943) ; 3B-8, 3B-3, 5C-11 (Ruppert, 1952) ; 5D-3, 5D-13, 5D-40, 6E-3 (Lincoln, 1990).
2. Graulich, 1988.
3. Sahagun, 1950-1982, vol. 6, pp. 50, 106.

avec un couteau de silex, matériau d'origine céleste et le cœur palpitant (comparé au mouvement solaire) était élevé vers le ciel. En revanche, l'égorgement-décapitation était le mode sacrificiel préféré pour obtenir la fertilité terrestre. Tlaltecuhtli est en effet représentée assoiffée de sang humain, tirant sa langue-couteau. On décapitait les victimes qui incarnaient les déesses de la terre et du maïs dans les fêtes des mois Ochpaniztli, Quecholli et Izcalli. Les enfants sacrifiés à Tlaloc étaient aussi décapités. Le sang qui coulait du cou tranché était montré sous forme de serpents, symboles de fertilité, comme sur les statues de Coatlicue et de Yolotlicue. Sur les reliefs du Grand Jeu de balle de Chichén Itzá, la plante qui, avec les serpents de sang, sort du cou de la victime, met l'accent sur la relation entre la décapitation et la fertilité attendue de la terre. Chez les Mexicas, le couteau utilisé pour trancher les cous était d'obsidienne noire, froide et nocturne, car elle provenait, croyait-on, de l'inframonde. La victime décapitée dans le temple était jetée au bas de l'escalier. Ainsi, à l'ascension du cœur vers le soleil s'opposait la descente du sang du décapité vers la terre.

L'existence à Chichén Itzá de deux modes principaux de sacrifice, auxquels font écho deux types d'architecture et des iconographies distinctes mais qui témoignent toutes deux de la présence de thèmes du Mexique central, nous permet de supposer que des croyances concernant le sacrifice, analogues à celles des Aztèques, avaient cours dans cette cité.

En résumé, les ensembles « salle hypostyle-temple » paraissent, par leur iconographie, constituer un type d'architecture consacré à la réunion et au culte des guerriers. Ce culte est sacrificiel et comprend deux moments : 1) l'exécution de captifs par cardiectomie, accompagnée d'autosacrifice ; 2) l'offrande de ces sacrifices. Cette interprétation se trouve renforcée par des exemples d'architecture similaires à Tula comme à Tenochtitlán. Les ensembles portique-patio ont une iconographie comparable et une architecture structurellement analogue au type précédent. On a proposé que l'opposition fondamentale entre les deux types correspondait à deux modes distincts de sacrifice avec des destinations différentes : le temple-pyramide pour des offrandes de cœurs au soleil ; le patio creusé pour des offrandes de sang à la terre.

La distribution des deux types d'architecture dans la ville n'apparaît pas significative. En supposant qu'aux mêmes formes architecturales doivent correspondre les mêmes fonctions, la répétition des premières peut s'expliquer de deux façons : soit les édifices furent construits et utilisés successivement pour célébrer un événement, à la manière des groupes de pyramides-jumelles construits successivement à Tikal au classique pour célébrer les fins de *katun* ; soit les mêmes édifices étaient contemporains mais construits et utilisés par des unités sociales distinctes, différents lignages par exemple [1].

Le plan – très incomplet – de Chichén que nous possédons présente plusieurs cas où les deux types d'architecture sont proches l'un de l'autre : 2D-8 (Guerriers) et 2D-6, 3D-9 et 3D-11 (Mercado), B5-21 et B5-19 et B5-17. Mais ces exemples sont à présent trop rares pour être significatifs [2].

Le sacrifice à Chichén est à la fois collectif et ostentatoire ; ce n'est plus le roi, mais des cohortes de guerriers qui sacrifient et se sacrifient. Le résultat de ces rites sanglants se manifeste par l'exhibition des lancettes fichées dans le *zacatapayolli*, des cœurs arrachés dans le *cuauhxicalli*, des têtes coupées sur le *tzonpantli* sans compter les banquettes, tables et *chac mools* sur lesquelles ces offrandes pouvaient être présentées. L'exhibitionnisme sacrificiel sera repris par les Aztèques, comme en témoignent les descriptions horrifiées des conquistadores. À Chichén Itzá comme à Tenochtitlán, les côtés de la plate-forme sur laquelle reposait le « vrai » *tzonpantli* où les crânes empalés des victimes étaient exposés (sur 70 m de long et 12 m de large), étaient entièrement recouverts de crânes sculptés dans la pierre, multipliant ainsi le nombre de ces trophées.

Les autres rites qui ont été reconnus à Chichén Itzá étaient exécutés en fin de périodes et consistaient pour l'essentiel en déambulations. Les panneaux sculptés sur les côtés de la plate-forme dite

1. C'est l'hypothèse présentée dans le cas de Mayapán pour expliquer la multiplication de groupes avec les mêmes types d'édifices (*temple assemblages* et *basic ceremonial groups* de Proskouriakoff, in Pollock *et al.*, 1962).

2. Lincoln (1990) a cru voir la répétition dans divers groupes de la même configuration comprenant un temple, un palais et un portique-patio. Le problème ici est que la disposition des édifices et leurs plans sont trop variables. Ainsi, Lincoln ne distingue pas le temple simple du temple précédé par une salle hypostyle.

de Vénus [1], ont pour motif principal le « jaguar-serpent-oiseau » à langue bifide avec une tête de guerrier dans ses mâchoires. Ici, ce motif est flanqué du signe de la natte, symbole de pouvoir, et d'une sorte de faisceau symbole du *xiuhmolpilli* [2] surmonté du signe de l'année et accompagné du signe de l'étoile ; là, le monstre est flanqué de deux *xiuhmolpilli* dont l'un est accompagné de l'étoile et de huit points, quatre de chaque côté [3]. Bien que l'on ne soit pas parvenu à donner de l'ensemble de ces signes une explication satisfaisante, la conjonction sur un même monument du signe « étoile » (qui peut parfois se référer à Vénus, la « grande étoile »), du *xiuhmolpilli* (utilisé par les Aztèques pour désigner la fin d'un cycle de cinquante-deux ans mais qui aurait pu, cinq ou six siècles plus tôt, se référer à d'autres cycles), et d'un chiffre, donne à penser que cette plate-forme était utilisée pour la célébration d'une fin de période. Comme les pyramides jumelles de Tikal, la plate-forme de Vénus est à quatre escaliers saillants et son plan reproduit le signe hiéroglyphique pour « achèvement ». Près de cinq cents mètres plus au sud, une plate-forme identique et portant les mêmes signes pourrait se référer à la célébration d'une autre fin de période (de même qu'à Tikal on a plusieurs ensembles à pyramides jumelles) ou de la même, mais par d'autres personnes dans un contexte différent.

La partie nord du site est dominée par la masse imposante du Castillo, une grande pyramide de plan carré, à neuf degrés et quatre escaliers, qui supporte un temple à toit plat dont la façade principale s'ouvre au nord par une entrée encadrée de deux colonnes-serpents. On a prétendu que chaque escalier comprenait à l'origine comme

---

1. Dans la littérature elle est parfois appelée plate-forme des Cônes, car Le Plongeon y a découvert tout un ensemble de cônes de pierre.

2. Mot aztèque signifiant « ligature des années », c'est-à-dire l'achèvement d'un cycle de cinquante-deux ans. Voir Tozzer, 1957, fig. 313.

3. *Ibid.*, fig. 297. D'après Seler (1902-1923, vol. 5, p. 367), cet ensemble de signes célébrerait la correspondance entre huit cycles de 52 années solaires et 260 « années » vénusiennes, soit : 8 x 52 x 365 jours = 151 840 jours = 260 x 584 jours (longueur de l'année vénusienne). Le jaguar-serpent-oiseau lui même serait une image de Kukulcán-Quetzalcóatl, avatar de Vénus comme étoile du matin. On voit mal la signification de huit cycles de cinquante-deux ans et de ses équivalences en termes vénusiens. Si les Mayas de Chichén voulaient célébrer une correspondance entre cycle solaire et cycle vénusien, le signe interprété comme *xiuhmolpilli* devrait non pas désigner l'achèvement de cinquante-deux ans, mais d'une seule année ; on aurait alors 8 x 365 = 5 x 584 = 2 920 j.

aujourd'hui 91 marches, nombre qui, multiplié par 4, donne un total de 364 ; en y ajoutant la marche qui fait le tour de l'édifice, on obtiendrait les 365 jours de l'année solaire. En réalité, le nombre réel de marches avant restauration de l'édifice est inconnu et ce calcul repose sur des données incertaines. Quoi qu'il en soit, il est possible que le Castillo ait été aussi utilisé pour des célébrations de fin de périodes, rôle joué à Copán de façon plus modeste par la structure 10L-4 [1]. Il a pu en être de même avec l'ancien Castillo et son temple, aujourd'hui recouverts par le Castillo visible. En outre, nous verrons au chapitre suivant qu'il y a de bonnes raisons de penser que le temple de Kukulcán, comme on appelait le Castillo après la Conquête, était un temple dynastique.

Il n'y a pas de raison de ne pas attribuer la ou les mêmes fonctions à l'Ossuaire, dit aussi tombe du Grand Prêtre, ou édifice 3C-1, qui, par son plan, apparaît comme un Castillo plus modeste. Aurions-nous alors la célébration d'un même rite à des dates différentes, ou la célébration du même anniversaire par des gens différents ? À l'appui de la seconde hypothèse, on observe que certaines des plus imposantes constructions de la zone nord du site sont reproduites à une moindre échelle plus au sud : outre l'Ossuaire qui est un petit Castillo, le temple des Panneaux muraux est un petit temple des Guerriers, et une plate-forme à quatre escaliers double celle de Vénus [2] *(figure 2.1, p. 276)*. On pourrait imaginer l'existence de deux ou plusieurs lignages rivaux en compétition qui ont besoin pour leurs activités rituelles respectives des mêmes types d'édifices, comme plus tard à Mayapán. Dans cette hypothèse, le groupe Nord serait le domaine du lignage le plus important, présumé royal. Beaucoup de travail reste à faire à Chichén pour vérifier cette suggestion…

Le grand *cenote* à l'extrême nord du site, dit Cenote sacré (que l'on oppose au *cenote* Xtoloc qui fournissait la cité en eau), a été

1. Carlson, 1981, pp. 179-187, pense que le Castillo servait de temple central pour les cérémonies du Nouvel An, comme celles décrites par Landa pour le XVIe siècle du Yucatán. Voir aussi Baudez, 1991. Sharer (1994, p. 392) fait observer que le Castillo a neuf terrasses comme plusieurs pyramides mayas du classique récent (en particulier le temple I de Tikal), et que le dessin de son escalier rappelle celui des plates-formes des groupes à pyramides jumelles de Tikal.

2. En outre, de même que le Castillo a sa façade principale au nord en direction du Cenote sacré, l'Ossuaire fait face à l'est au *cenote* Xtoloc.

l'objet d'un culte depuis la fondation de la cité Puuc jusqu'à la Conquête et au-delà. Selon Landa[1], il était au XVIe siècle un lieu de pèlerinage, et les Indiens y jetaient des victimes humaines pour obtenir la pluie. Le même chroniqueur nous rapporte qu'en 1536, un an après le départ des Espagnols du Yucatán, les Xius, seigneurs de Mani, lors d'une terrible famine qui les avait déterminés à offrir des sacrifices à leurs dieux, voulurent se rendre au *cenote* de Chichén Itzá pour y précipiter des esclaves des deux sexes. Comme pour s'y rendre ils devaient passer par la ville de leurs rivaux, les Cocoms, ils leur demandèrent respectueusement le droit de passage, qui leur fut accordé. Ce n'était qu'une ruse de la part des Cocoms qui n'offrirent l'hospitalité aux Xius que pour les massacrer plus facilement.

Le Cenote a été l'objet, à partir de 1904, de diverses campagnes de fouille par drague, seul moyen d'obtenir les offrandes. En effet, l'épaisse couche de vase réduit considérablement la visibilité et empêche le travail de scaphandriers ou de plongeurs. Ces fouilles ont démontré que, s'ajoutant à un petit nombre de victimes humaines, les objets les plus divers ont été jetés dans le Cenote, du classique récent jusqu'à la période coloniale ancienne : céramiques, copal, tissus, objets de bois, de coquille et d'os, armes et outils de pierre, bijoux d'or et de jade[2]. La majorité de ces objets, et en particulier ceux de jade, d'or et de pierre, ont été brûlés ou brisés avant d'être jetés à l'eau ; aussi plusieurs chercheurs pensent que, pendant la période d'occupation de Chichén Itzá, ces artefacts ont été l'objet d'une destruction rituelle à l'occasion de fins de périodes[3]. Pendant le postclassique moyen et récent, Chichén Itzá est devenu un lieu de pèlerinage et des offrandes étaient jetées dans le Cenote ; il semble que les très nombreux bols emplis de copal et de caoutchouc (pour brûler comme encens) aient été offerts pendant ces dernières périodes.

---

1. Tozzer, 1941, p. 109.

2. Diverses monographies ont été consacrées aux artefacts en provenance du Cenote : les objets de métal ont été étudiés par Lothrop (1952), les céramiques par Brainerd (1958) et Smith (1971), et les jades par Proskouriakoff (1974). Les études concernant les autres artefacts (bois, textiles, pierre, os, coquille, et céramiques une fois encore) ont été rassemblés dans une publication récente (Coggins éd., 1992).

3. Analogue à la destruction d'objets tant cérémoniels que domestiques qui avait lieu chez les Mexicas à l'achèvement d'un cycle de cinquante-deux ans, précédant la cérémonie du Feu Nouveau.

3.

Représentations et croyances

Dans l'iconographie de la sculpture classique, le thème du *bacab*, sauf une manifestation ancienne à Tikal, est illustré à Copán et au Yucatán [1]. Ce vieux personnage, paré d'attributs qui soulignent sa responsabilité dans la fertilité terrestre, a pour emblème soit une coquille de gastéropode, soit une carapace de tortue ou, plus rarement, une toile d'araignée [2]. Si à Copán il est souvent montré en atlante, au Yucatán ce rôle est plus fréquemment dévolu au petit personnage à tête ronde et au corps recouvert d'écailles ou de plumes, dit *fat god* ou « dieu gras » dans la littérature [3].

À Chichén, le *bacab* va devenir une figure extrêmement populaire dès les débuts du postclassique ancien. L'abeille vient parfois s'ajouter aux emblèmes indiqués plus haut [4]. Le *bacab* complète son costume avec deux éléments ovales hachurés, non identifiés, qui pendent de sa ceinture jusqu'au sol *(figure 2.17)*. Le personnage semble toujours associé à la terre : sur un chapiteau du temple infé-

1. Autel 4 de Tikal (Jones et Satterthwaite 1983, fig. 58b). Voir en zone Rio Bec la frise en stuc de Los Placeres ; en Puuc, le bâtiment ouest du quadrilatère des Nonnes à Uxmal, et, à Chichén, l'Iglesia, appelée aussi par Maler El Templo del Caracol y de la Tortuga.

2. Voir pour Uxmal, Kowalski, 1994, fig. 15.

3. Ainsi à Nohoh Mul, Uxmal (Miscellaneous sculpture M47, Pollock, 1980, fig. 466d), Xculoc (*ibid.*, fig. 627). Noter qu'un *fat god* apparaît à Chichén Itzá comme porte-bannière dans El Osario.

4. Tozzer (1957, p. 119) a observé que sur cinquante-trois *bacabs* atlantes identifiables, 56 % sont associés au gastéropode, 25 % à la toile d'araignée, 15 % à la carapace de tortue, et 4 % à l'abeille.

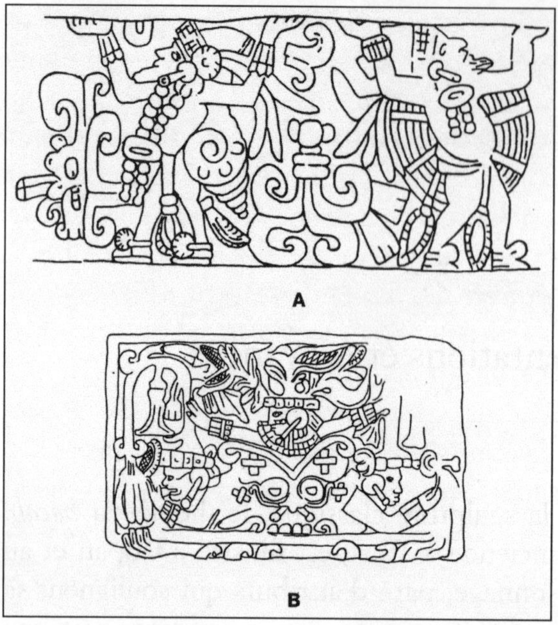

2.17. *Chichen Itzá,* bacabs. A *Chapiteau d'une colonne-serpent du Castillo.* B *Chapiteau du temple inférieur des Jaguars : à gauche un* bacab *sort du flanc du monstre terrestre (d'après Tozzer, 1957).*

2.18 Chichén Itzá, le monstre terrestre. A : temple du Chac Mool ; B : temple inférieur des Jaguars ; C : temple des Guerriers ; D : détails de disques d'or provenant du Cenote ; E : plate-forme de Vénus.

rieur des Jaguars, on le voit sortir du flanc d'un monstre terrestre (comme sur l'autel de la stèle M de Copán) dont le dos fendu donne naissance au maïs personnifié [1] *(figure 2.17 B)* ; plusieurs petits *bacabs* se tiennent sous terre, à côté du prêtre enterré, sur le mur nord du temple nord du Grand Jeu de balle [2] *(figure 2.8, p. 291)*. Sur un pilier du temple supérieur des Jaguars, on le trouve debout, les bras le long du corps, entouré d'images de fertilité, d'offrandes et d'émanations sous forme de têtes stylisées de serpent. Dans son rôle d'atlante, le *bacab*, à Chichén comme à Copán, peut aussi bien supporter la surface terrestre que le ciel ; on le trouve en effet sur beaucoup de colonnes à la fois au-dessous et au-dessus du personnage principal. Il lui arrive aussi de supporter le toit d'un édifice (temple inférieur des Jaguars, colonnade Nord-Ouest). Si tous les *bacabs* ne sont pas des atlantes, tous les atlantes ne sont pas des *bacabs* mais souvent des guerriers. Ils supportent les autels ou les tables, mais parfois aussi les toits des édifices[3].

Dans le bas des colonnes, sous les pieds du personnage principal, on trouve souvent un masque de monstre vu de face et grossièrement dessiné[4] *(figure 2.18 A)*. À cause de sa position, il doit s'agir d'une image de la terre. D'autres, plus complexes, font explicitement référence à l'inframonde humide : des nénuphars naissent du sommet de la tête ou des yeux du masque ; aux côtés des poissons qui broutent leurs fleurs, se tiennent des cormorans et des tortues[5]. Des hommes s'accrochent parfois aux tiges de nénuphar des frises aquatiques qui forment la base de certaines compositions[6].

Sur les disques d'or, les monstres terrestres sont souvent représentés comme une gueule de serpent ouverte vers le bas ou vers le haut, à 180°, c'est-à-dire que la mâchoire inférieure est dans le prolongement de la mâchoire supérieure[7] *(figure 2.18 D)*. Le monstre

1. Tozzer, 1957, fig. 346.
2. *Ibid.*, fig. 679.
3. Voir les temples 3C6 et 5C3. Sur les colonnes de la structure 5B21, se tiennent des personnages à masque de jaguar.
4. Tozzer, 1957, fig. 341.
5. *Ibid.*, fig. 345.
6. *Ibid.*, fig. 162.
7. Il ne s'agit pas de monstres bicéphales, n'en déplaise à la légende de la figure 16 de Lothrop 1952. Des visages sont parfois dessinés au bout du museau, comme sur la stèle C de Copán ou sur la stèle 10 de Seibal (*ibid.*, fig. 17).

bicéphale est un motif qui, quatre fois répété, décore parfois la périphérie du disque : deux têtes orientées vers l'extérieur ont en commun un ornement d'oreille. Sur le disque C, le monstre terrestre est un crocodile entier couché sur le dos. Celui des disques L et M évoque le Tlaltecuhtli aztèque, car il est à la fois inversé et vu de face[1].

Le monstre désigné à tort[2] comme « jaguar-serpent-oiseau » consiste en une gueule béante de jaguar *ou* de serpent, vue de face ; laissant pendre une langue bifide, elle contient une tête humaine portant ornements d'oreilles et parfois de nez. La gueule du monstre est encadrée par deux pattes d'oiseau ou de félin, et surmontée d'une profusion de plumes *(figure 2.18 E)*.

Sur la plate-forme de Vénus, Seler identifie cette créature comme Quetzalcóatl-Kukulcán[3], surtout à cause de la présence à proximité du signe étoile ; mais ici précisément il ne s'agit pas d'un serpent, mais d'un jaguar à plumes ; en outre, le visage humain visible dans la gueule du monstre n'a pas de caractéristiques vénusiennes, comme la tête de mort par exemple. On reconnaît le « jaguar-serpent-oiseau », sur les rampes du petit escalier qui mène au temple supérieur des Jaguars ; dans le temple inférieur, on le trouve sous les pieds des guerriers ; au temple Nord du Grand Jeu de balle, le monstre se trouve sur la plate-forme de construction du temple, au-dessus des rampes ornées d'un arbre cosmique, mais au-dessous du niveau du sol de l'édifice[4]. C'est dans la zone inférieure des colonnes que le « jaguar-serpent-oiseau » se rencontre le plus souvent[5]. À Chichén la composition des colonnes obéit au principe de l'« envi-

1. Lothrop, 1952, fig. 41, 42.

2. En effet, si les plumes de l'oiseau sont toujours présentes, la gueule de l'animal est tantôt celle d'un serpent, comme sur la façade du temple des Guerriers, tantôt celle d'un jaguar, comme sur la plate-forme dite de Vénus. C'est la largeur du museau qui permet de reconnaître le félin, plus courant que le serpent (Tozzer, 1957, p. 123 ; fig. 314-322).

3. Seler, 1902-1923, vol. 5, p. 367.

4. Tozzer (1957, p. 71) considère que sur le temple Nord le « jaguar-serpent-oiseau » fait exception à la règle qui place ce monstre en position inférieure, puisqu'il se trouve au-dessus du sommet de l'arbre dessiné sur les rampes, qui avec ses oiseaux doit figurer le ciel. À mon avis, les deux motifs sont indépendants l'un de l'autre.

5. Tozzer a compté 490 cas où le monstre se trouve sur les colonnes sous les pieds du personnage principal. Son pendant au niveau supérieur, supposé représenter le ciel, est le soleil dans 337 cas, un atlante dans 52, un masque dans 40, auxquels s'ajoutent 61 cas indéterminés (Tozzer, 1957, p. 247, table 11).

ronnement cosmique» (personnage présenté sur la terre et sous le ciel) des périodes précédentes ; si la zone supérieure, représentée par un disque solaire d'où tombe un anthropomorphe, désigne le ciel, la zone inférieure doit alors se référer à la terre (ou à l'inframonde, ou à son contenu). C'est donc uniquement à cause du contexte que je considère que ce monstre indique la terre, sans bien savoir la signification (soleil nocturne ?) de cet hybride qui, comme à l'accoutumée, réunit des contraires : jaguar/oiseau ou serpent/oiseau. Si au postclassique, les masques de monstre à museau en crochet empilés sur les murs et aux angles du temple des Guerriers signalent comme autrefois le caractère terrestre de l'édifice, la présence à leur côté du « jaguar-serpent-oiseau » renforcerait son caractère chtonien.

Le ciel, c'est-à-dire le niveau supérieur de l'« environnement cosmique» sur les colonnes, est figuré par la présence du soleil personnifié, ou par le *bacab* qui le supporte, ou par un masque[1]. Sur les disques, le ciel est une gueule de serpent semblable à celui qui signale la terre, seule ou chevauchée par un guerrier ou une figure fantastique ; ou encore un serpent entier mono ou bicéphale[2]. Il est ou non à plumes et, dans un cas au moins, il est entouré de volutes qui pourraient représenter des nuages[3].

DES DIVINITÉS À CHICHÉN ITZÁ ?

Le roi-soleil, rappelons-le, est un roi maya placé devant une forme solaire centre-mexicaine[4]. Il ne fait pas de doute que dans certains

1. Le masque identique en haut et en bas de la figure principale serait celui du monstre cosmique qui représente aussi bien la terre que le ciel, ce qui est chose courante dans l'iconographie classique. On notera qu'à Tula les guerriers sont parfois compris entre deux représentations conventionnelles et identiques du monstre cosmique, figuré par un œil et une rangée de dents (Tozzer, 1957, fig. 561).

2. Disque G (Lothrop, 1952, fig. 35).

3. Sur le disque H (*ibid.*, fig. 1) une version « toltèque » de Mixcoatl ?

4. Taube (1994) a raison de signaler la continuité formelle entre cette image et celle du dieu-soleil aztèque. Je ne peux cependant pas le suivre quand il suppose que Tonatiuh dérive du roi maya, ce qui me paraît improbable ; il est plus vraisemblable de supposer que des formes de dieu-soleil antérieures à Tonatiuh soient parvenues à Chichén Itzá. Une figure solaire de période toltèque, très semblable à celle de Chichén, a été peinte en compagnie d'autres divinités sur un rocher de Ixtapantongo, État de Mexico. Voir Villagra Caletti, 1971, fig. 27.

contextes où nous l'avons rencontré (temple des Panneaux muraux, temple inférieur et temple supérieur des Jaguars, etc.), il s'agit bien d'un homme vivant et sur terre. Mais cette image se confond avec celle de l'astre tel qu'il est dépeint dans la zone supérieure des trois cent trente-sept colonnes recensées par Tozzer. L'assimilation du roi au soleil qui, à la période classique, pouvait n'être qu'une simple métaphore, prend ici tout son sens : l'image du roi étant la même que celle de l'astre, il est fort probable que tant le roi que le soleil étaient déifiés.

L'existence d'autres dieux est, d'autre part, suggérée dans l'ensemble du temple des Guerriers qui comprend, outre le temple proprement dit, le temple du Chac Mool et la colonnade Nord-Ouest. En dehors des guerriers qui sont majoritaires, on a remarqué des prêtres porteurs d'offrandes, auprès d'individus masqués qui représentent des êtres surnaturels. Les colonnes de la première pièce du temple du Chac Mool portent toutes des guerriers, alors que celles de la seconde, où se trouvait l'autel, sont sculptées d'images de prêtres et d'êtres surnaturels [1]. Ainsi la colonne 4 (auprès de l'angle nord-ouest de l'autel) est ornée sur sa face est d'un sacrificateur avec un couteau dans la main droite ; des porteurs d'offrandes vêtus de la jupe de jade se tiennent sur les trois autres faces *(figure 2.7, p. 290)*. Sur la colonne 5 (angle sud-ouest), quatre personnages avec lance ou bâton sont individualisés tant par leur costume ou leur masque que par leur allure : celui de la face est est manifestement un jeune homme, alors que, sur la face nord, la démarche trahit un homme âgé. La colonne 6, la plus au sud, offre quatre figures là aussi bien personnalisées ; sur la face est, on croit reconnaître le dieu K du codex de Dresde [2] ; le vieillard de la face ouest tient dans ses mains une lance et un éventail ; bien qu'il possède certains traits propres aux *bacabs* (bande hachurée sur les épaules, objets ovales tombant jusqu'à terre), il n'a aucune association emblématique (gastéropode, tortue, etc.) et n'est pas atlante. Il pourrait s'agir d'une forme ancienne du dieu N qui, on le sait, a beaucoup en commun avec les *bacabs*.

1. Morris, Charlot et Morris, 1931, p. 242, fig. 147. Colonnes 4-7 : *ibid.*, pl. 35-37.
2. Thompson, 1972, pp. 25b, 26c.

Nous n'avons pas dans la pièce du fond du temple des Guerriers la même concentration de personnages remarquables que celle que nous avons observée au fond du temple du Chac Mool ; pour des raisons qui nous échappent, ces individus sont plutôt rassemblés dans le coin sud-est de la première pièce. Les guerriers sur les faces est et nord de la colonne 11 portent le masque au nez allongé et tombant du dieu Chac des codex. Tous les côtés de la colonne 12 montrent des prêtres à jupe de jade qui portent des offrandes. Le personnage le plus original et le plus surprenant est la vieille femme de la face est de la colonne 16, près de l'angle nord-ouest de l'autel *(figure 2.13 B, p. 300)*. Édentée, la poitrine dénudée et tombante, elle est vêtue d'une jupe courte et s'appuie sur un bâton ; de l'autre main elle porte une cruche[1]. On croit reconnaître la divinité O, identifiée comme la déesse Ix Chel du postclassique récent qui, sur le codex de Dresde, verse le contenu de sa cruche sur le monde[2].

Dans la salle hypostyle du temple des Guerriers les personnages qui se distinguent des simples guerriers sont, en dehors des prisonniers et des individus à tête de mort, des représentants probables d'ordres militaires qui ont choisi pour emblème le coyote, le serpent ou l'oiseau *(figure 2.13 C, D)*. Il y a aussi des prêtres, des individus que l'on a désignés du nom de sorciers et de dignitaires. Il y a enfin deux portraits de guerriers unijambistes que l'on a identifiés au dieu Tezcatlipoca[3] *(figure 2.13 A)*. Le miroir fumant qui lui donne son nom est aussi son emblème ; au XVIe siècle il remplace son pied coupé, et porte dans sa coiffure un autre cercle prolongé de volutes. À Chichén les personnages qui lui correspondraient sont amputés au-dessus du genou, mais ont bien le miroir fumant au-dessus de leur tête ; il en est de même pour un des dieux toltèques peint sur le rocher de Ixtapantongo, dans l'État de Mexico[4].

---

1. *Ibid.*, pl. 58. Les autres personnages de la colonne 16 sont des guerriers.

2. *Ibid.*, pp. 67a, 74.

3. Thompson, 1942, et Olivier, 1994, pp. 109-111. Outre les deux exemplaires de la colonnade Nord-Ouest, on en connaît un autre dans le temple du Chac Mool et deux autres dans le temple des Guerriers. Voir Morris, Charlot et Morris, 1931, pl. 31, 41, 57, 98, 114, et Tozzer, 1957, fig. 239-241.

4. Villagra Caletti, 1971, fig. 27. À Tula, le haut du pilier 3 de la pyramide B montre un guerrier amputé au-dessus du genou : on reconnaît clairement la tête du tibia et un miroir semi-circulaire prolongé d'une volute de fumée. Comme le haut de la sculpture

On a cherché, avec moins de succès, à reconnaître dans l'iconographie de Chichén Itzá d'autres images, soit du panthéon aztèque, soit des dieux mayas des codex. À l'exception des masques décrits plus haut, les représentations de Chac qui ont été proposées [1] n'ont rien à voir avec le dieu B des codex. Les yeux cerclés ne suffisent pas à identifier Tlaloc, qui a besoin de sa bouche caractéristique pour être reconnu. Les personnages à tête squelettique qui avoisinent l'autel de sacrifice de la colonnade Nord-Ouest semblent plus des images de la mort que celles de Tlahuitzcalpantecuhtli, ou Vénus comme étoile du matin. Bien que le serpent à plumes soit partout présent à Chichén, il semble que l'on ait affaire ici plus à une créature cosmologique, contrepartie du *serpent-bird* classique, qu'à une divinité, et encore moins à un personnage historique [2].

Parmi les créatures surnaturelles que nous avons reconnues mêlées aux guerriers de Chichén, certaines existaient déjà au classique récent, comme le dieu N et les *bacabs* ; d'autres sont des créations apparemment locales comme le dieu K des codex ; d'autres enfin sont sans doute des importations, comme Tezcatlipoca ou le *cipactli*. Bien que leur nombre et leur identité ne nous éclairent guère sur la religion de Chichén, leur présence auprès des guerriers signale leur changement de statut : les surnaturels ne se contentent plus d'être les héros des mythes ou les représentants des grandes forces cosmiques ; cette fois, en compagnie des guerriers, ils participent activement aux rites, avant d'en devenir plus tard les bénéficiaires.

À l'exception peut-être du soleil, il ne semble pas que les êtres surnaturels alors soient objet de culte ; aucun temple, aucun autel même ne leur est consacré. Le sacrifice consiste à « payer sa dette », mais de façon plutôt indifférenciée ; quand l'iconographie exprime un bénéficiaire du sacrifice, c'est sous forme d'une profusion de

---

manque, on ne sait si ce Tezcatlipoca portait un miroir fumant dans sa coiffure. Voir Mastache et Cobean, 2000, fig. 12. Schele et Freidel (1990, p. 365) interprètent les unijambistes de Chichén comme des anciens combattants *« proudly displaying their amputation limbs »*. Olivier (1994) se demande avec raison pourquoi ils auraient tous été blessés de la même façon…

1. Taube, 1994, pp. 219-220.

2. Ainsi Mastache et Cobean identifient – abusivement, je pense – comme Tlaloc le guerrier aux yeux cerclés qui figure au dos du Tezcatlipoca sur le pilier 3 de la pyramide B de Tula (2000, pp. 108-109, fig. 13).

végétation, montrée seule ou issue d'une image de monstre terrestre[1], à moins qu'on fasse appel au crocodile/espadon ; ailleurs, c'est le roi-soleil qui est figuré[2].

L'importance des changements observés à Chichén dès les débuts du Xe siècle ne tient pas tant à la manifestation de nouvelles formes architecturales, de modes vestimentaires, ou même de nouveaux dieux, mais à ce que ces modifications recouvrent. Les péristyles ou les colonnades précédant les temples indiquent à la fois une déconcentration du pouvoir politique, militaire et sacerdotal, mais aussi la division de l'espace rituel en plusieurs parties. Les guerriers-atlantes qui soutiennent les autels expriment le vœu d'une offrande collective ; leur transformation en colonnes pour supporter un toit traduit leur fonction de supports du monde : c'est grâce à leur action (de fournir des victimes du sacrifice) que l'univers ne s'arrête pas[3]. Quand le roi classique est le délégué de sa communauté, le nombre et la fréquence des sacrifices ne sont pas une donnée essentielle du problème. En revanche, quand la communauté elle-même s'en charge, l'escalade et la surenchère s'installent : il faut sacrifier beaucoup et souvent, et les ennemis comme l'univers doivent le savoir. Les cœurs s'empilent donc dans les *cuauhxicalli* et les crânes poussent sur les branches du *tzonpantli.*

À quelques kilomètres seulement de Chichén, Balankanche[4] nous offre un aspect très différent, bien que contemporain, de la religion maya du postclassique ancien. Cette grotte aux formations calcaires spectaculaires, aux multiples ramifications d'une longueur totale de plus de mille mètres et qui, à plusieurs reprises, aboutissent à des mares souterraines, a été, dès le préclassique et jusqu'à la Conquête, un lieu privilégié de culte. Cependant les objets qui y ont été rituel-

1. Taube voit une image de Quetzalcóatl dans le personnage masqué aux yeux et bouche cerclés du temple inférieur des Jaguars (*ibid.*, fig. 11, a, b). On notera que les mêmes cercles ornent le visage d'un des protagonistes des jambages de la structure 2C6 de Kabah, ainsi que les têtes M4 et M5 du même site. Voir Pollock, 1980, fig. 372, 373, 377.

2. Ainsi sur la banquette du jeu de balle du Mercado et sur la porte intérieure nord du Castillo, où deux cohortes de vainqueurs tenant leur prisonnier par les cheveux convergent vers le roi-soleil. Voir Greene Robertson, 1994.

3. Michel Graulich, communication personnelle, 1996.

4. Andrews, 1970.

2.19. Grotte de Balankanche. A *encensoir en pierre avec l'image de Xipe.* B, C *encensoirs en céramique avec le masque de Tlaloc.*

lement déposés sont en très grande majorité datés de la première partie de la période postclassique. On a reconnu six concentrations d'objets associées à des mares ou à des ensembles de stalactites et de stalagmites, qui indiquent la célébration de rites pour l'obtention de la pluie et de la fertilité. Des encensoirs biconiques sont soit à l'effigie de Tlaloc, soit ornés de pointes ; d'autres récipients en céramique les accompagnent, ainsi que de grands encensoirs cylindriques en pierre qui sont sculptés d'une tête de Tlaloc, ou d'un personnage en pied, guerrier, femme ou danseur *(figure 2.19)*. Les objets miniatures sont nombreux : meules et molettes en pierre, plats et jarres en céramique. La présence fréquente de fusaïoles en céramique décorée en relief est remarquable. On peut s'étonner de ce que les encensoirs contenaient du charbon de bois, mais pas de copal, comme du nombre élevé de foyers, eu égard à l'absence d'aération.

Balankanche proclame avec éclat le culte de Tlaloc, qui a la même image qu'à Tula[1] et qui, curieusement, est invisible à Chichén même. Cette disparité ne traduit pas nécessairement l'existence d'un culte populaire à côté d'une religion officielle ; le culte de Tlaloc et les rites pour obtenir la pluie ont pu être aussi officiels que les autres, mais seulement réservés à certains lieux appropriés. Le culte de Xipe Totec, dieu mexicain de l'écorchement et du renouveau de la végétation, a sans doute gagné le pays maya en même temps que celui de Tlaloc. En effet, certains visages du dieu de la pluie ainsi que celui de personnages sculptés sur les encensoirs en pierre trouvés dans la grotte sont couverts d'un masque dont les ouvertures laissent voir les yeux et la bouche, comme le masque en peau humaine qui caractérise Xipe.

1. Acosta, 1956-1957.

24. *Vase d'Altar de Sacrificios, restitution d'Antonio Tejeda (in Adams, 1971)*

25. *Vase K 791 (Kerr, File n° 791, © Kerr, 1978).*

26.Chichén Itzá, colonnade et temple des Guerriers (photo J.-P. Courau)

a *b*

27. *Tulum, structure 5, peintures du haut de la façade (a) et du mur interne est (b), restitution de F. Dávalos,* D. R. (*in* Miller, 1982).

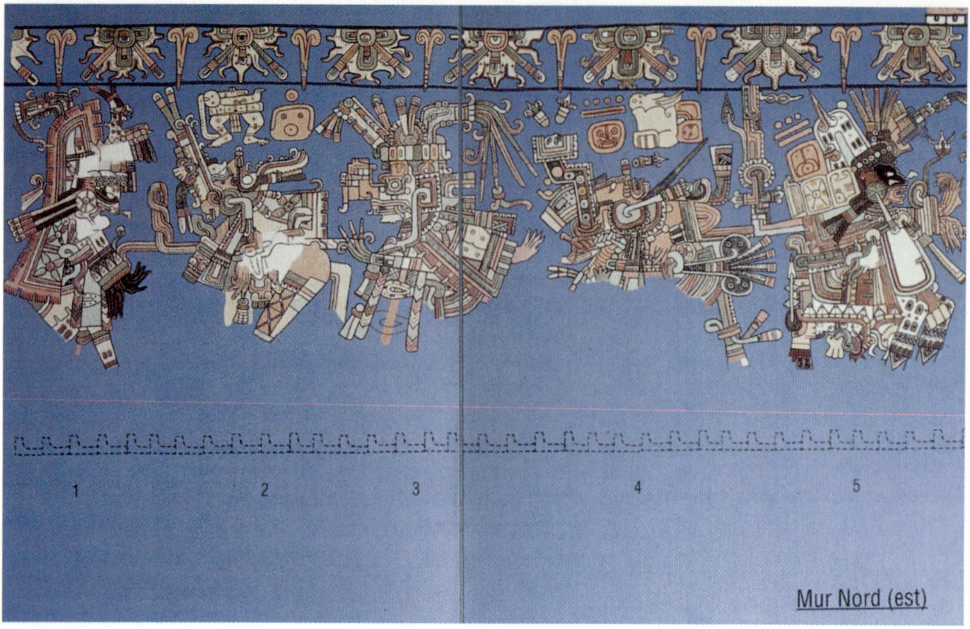

28. Santa Rita, peintures de l'édifice 1, mur nord-est (figures 1 à 5) (C. Jourdan, 1999, d'après Gann, 1900).

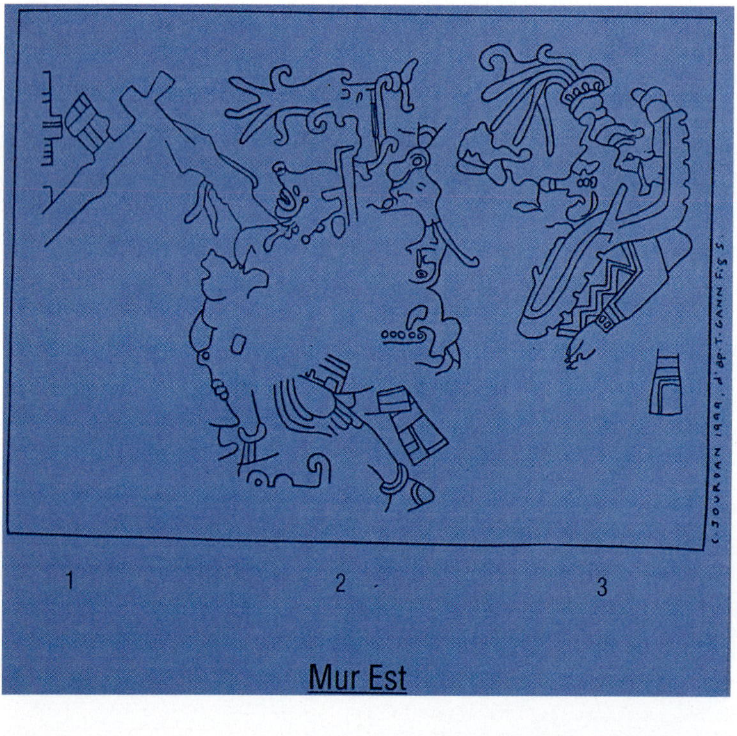

29. Santa Rita, peintures de l'édifice 1, mur est (C. Jourdan, 1999, d'après Gann, 1900).

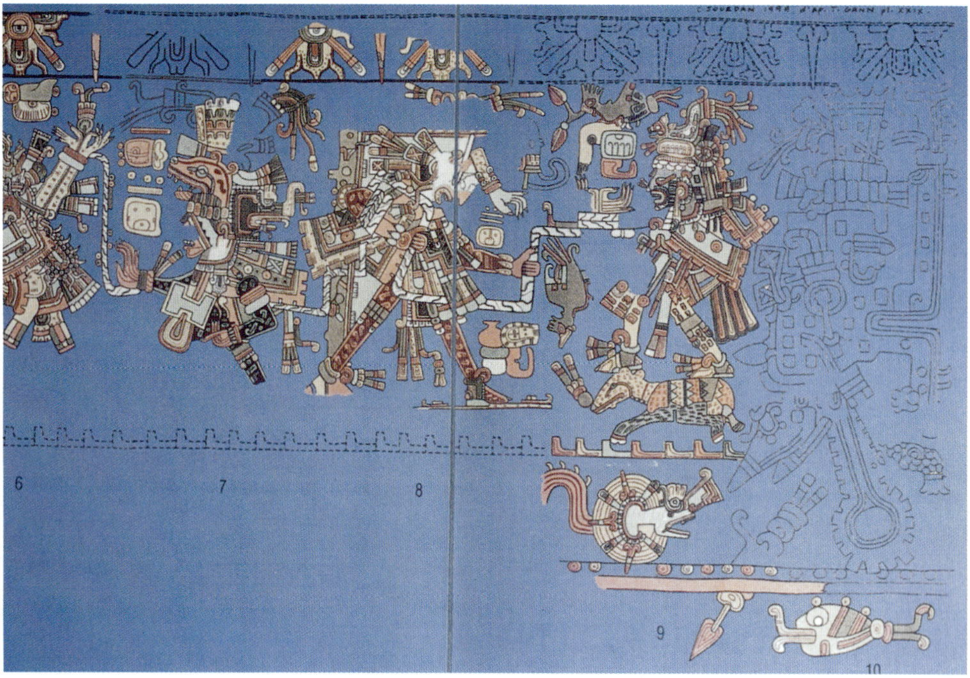

28. Santa Rita, peintures de l'édifice 1, mur nord-est (figures 6 à 10).

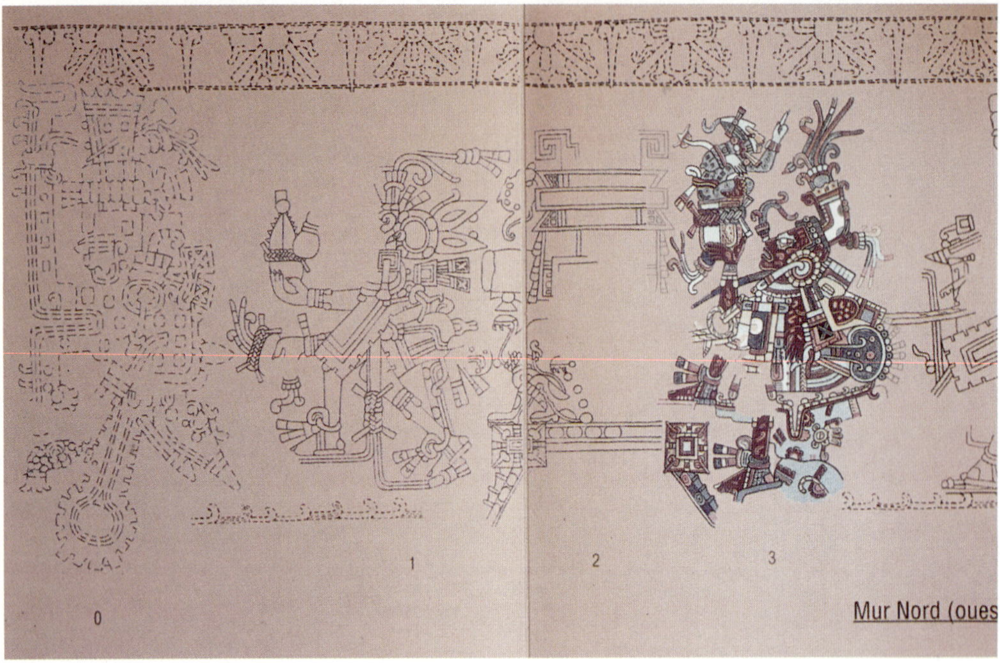

30. Santa Rita, peintures de l'édifice 1, mur nord-ouest (figures 0 à 3) (C. Jourdan, 1999, d'après Gann, 1900).

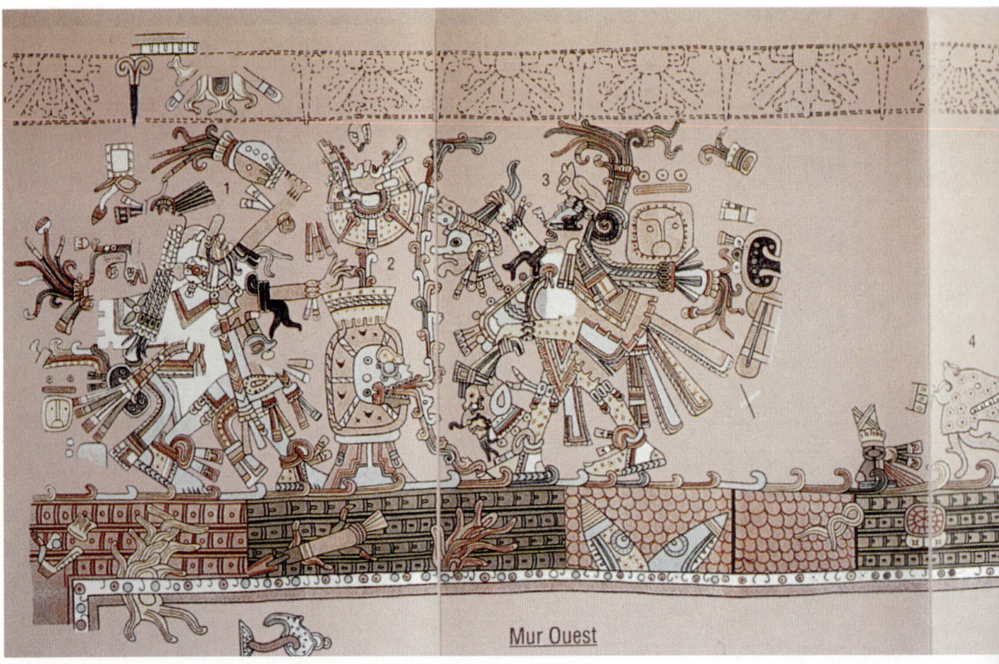

31. Santa Rita, peintures de l'édifice 1, mur ouest (C. Jourdan, 1999, d'après Gann, 1900).

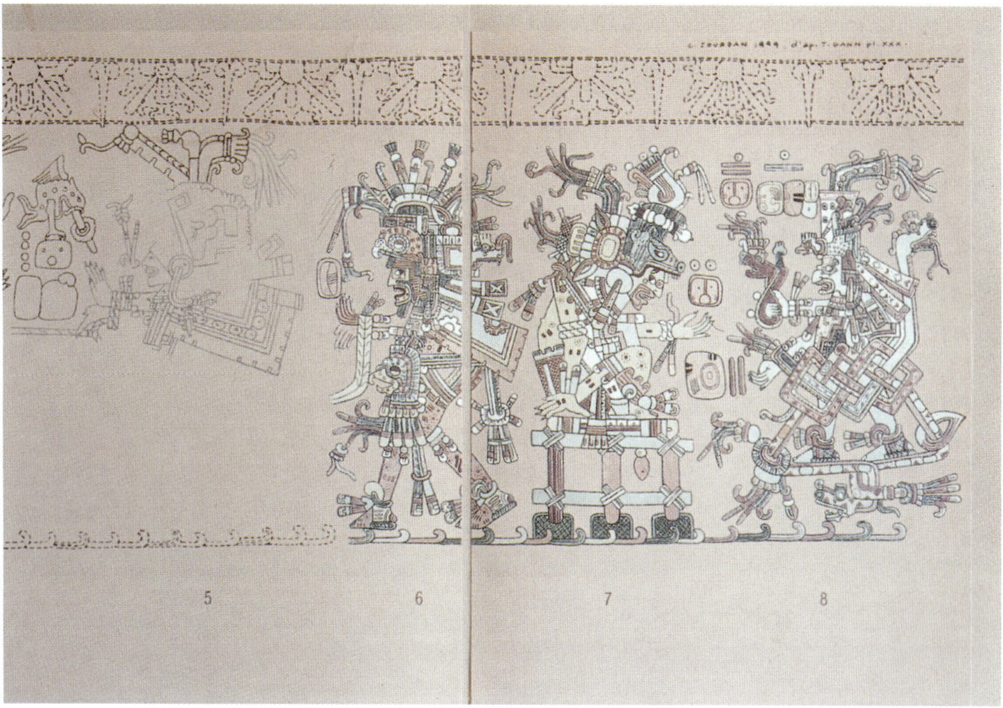

30. Santa Rita, peintures de l'édifice 1, mur nord-ouest (figures 0 à 3).

32. Tancah, peinture murale 1 de la structure 12, restitution de F. Dávalos, D. R. (in Miller, 1982).

33. *Tulum, structure 16, peintures, restitution F. Dávalos, D. R. (in Miller, 1982).*

LE MONDE SURNATUREL ET LE CULTE DANS LES DERNIERS SIÈCLES PRÉCÉDANT LA CONQUÊTE ESPAGNOLE *(1250-1525)*

1.

Les représentations

Temps et espace

La marche du temps

À la période classique, les Mayas, en utilisant le Compte long pouvaient situer tout événement, réel ou mythique, dans un cycle de treize *baktuns* (correspondant sans doute à l'une des créations du monde), à savoir 1 872 000 jours ou environ 5 128 années. Le cycle dans lequel s'est déroulée toute leur histoire, et qui avait commencé en 3114 avant notre ère, s'achèvera en 2012 de la même ère. Autant que l'on sache, la civilisation maya a alors été la seule du continent, sinon de la planète, à inscrire l'Histoire dans un cadre aussi vaste. Bien plus que la prouesse arithmétique qui consiste à jongler avec de grands nombres, cette préoccupation avec un « temps long » traduit leur souci de la permanence, leur vision d'un monde stable où les continuités cosmologiques et dynastiques trouvent leur place. Le grand cycle apparaît comme une sorte de compromis entre temps linéaire (parce que suffisamment long) et temps cyclique (parce que de durée finie).

L'inconvénient du système est la longueur de la notation qui réclame dix glyphes. Dès le VIIIe siècle, pour les anniversaires de fin de *katun*, on utilise, de préférence au Compte long, le système dit de « fin de période ». Ainsi, au lieu d'écrire 9.15.0.0.0 4 *ahau* 13 *yax*, on se contente d'écrire *katun* 15 4 *ahau* 13 *yax*.

Après l'an 1000 [1], il n'y a plus de dates de Compte long et ce système est remplacé par le Compte court, dit aussi Ronde ou Compte des *katuns (u kahlay katunob)*. Pour exprimer par exemple la fin de période 10.4.0.0.0 12 *ahau* 3 *uo*, on écrit simplement *katun* 12 *ahau*. Puisqu'il y a seulement treize *katuns* différents dans cette méthode (car il n'y a que treize chiffres qui peuvent accompagner le nom de jour *ahau*), un *katun* déterminé comme 12 *ahau* ne se répétera que tous les treize *katuns*. Dans la mesure où chaque *katun* vaut 20 *tuns* ou 19,71 de nos années, le cycle se répétera au bout de 13 x 19,71 années, soit 260 *tuns* ou 256,23 années. Chaque *katun* dans ce système est nommé par son dernier jour, mais les contraintes arithmétiques [2] font que le chiffre accompagnant un jour *ahau* est celui du précédent *katun* diminué de deux unités ; on a ainsi la séquence suivante : 11 *ahau*, 9 *ahau*, 7 *ahau*, 5 *ahau*, 3 *ahau*, 1 *ahau*, 12 *ahau*, etc. La ronde des *katuns* dessinée par Landa *(figure 3.1)* est une roue dont la circonférence est divisée en treize parties et qui tourne dans le sens des aiguilles d'une montre par rapport à un repère fixe. Chacun de ces treize *katuns* avait son patron (*u uich*, son aspect), ses prophéties et ses cérémonies. Dans le codex de Paris est présentée une séquence de onze *katuns*, partie d'un Compte court ; elle commence par un *katun* 4 *ahau* et se termine par un *katun* 10 *ahau*. Le même codex offre également une séquence de *tuns*, nommés par le *n ahau* sur lequel chacun d'eux s'achève [3] ; le chiffre accompagnant un jour *ahau* est celui du précédent *tun* diminué de quatre unités ; ainsi : 13, 9, 5, 1, 10, 6, etc.

D'après Landa, le patron de chaque *katun* est l'objet d'un culte pendant trente *tuns* : au cours de la dernière décade du précédent *katun*, il est « invité » dans le temple aux côtés de son prédécesseur ; pendant les dix *tuns* suivants (c'est-à-dire pendant la première partie du *katun* dont il est le patron), il siège seul ; pendant la seconde

1. La date la plus tardive des Basses Terres centrales, 10.4. 0.0.0 12 *ahau* 3 *uo* (909), a été lue sur le monument 101 de Toniná ; à Chichén Itzá, une date du temple du High Priest's Grave ou d'El Osario est lue par certains 10.8.10.11.0 (998).

2. 7200 jours /13 = 553 avec un reste de 11.

3. On verra plus loin que les peintures murales de la structure 1 de Santa Rita Corozal présentent aussi une séquence de *tuns*.

3.1. *Ronde des* katuns, *d'après Landa.*

partie, il partage le pouvoir avec son successeur [1]. Ainsi le patron (B) du *katun* 11 *ahau* se tient dans le temple aux côtés du patron (A) du *katun* 13 *ahau*, pendant les dix derniers *tuns* de cette période. B est alors l'invité de A et acquiert son pouvoir de son prédécesseur qui joue encore un rôle mais doit se retirer à la fin de ces dix *tuns*, qui apparaissent comme une sorte de « régence ». Arrive alors le *katun* 11 *ahau* et, pendant sa première moitié, B règne seul et reçoit « hommages et sacrifices » ; dans la seconde partie du *katun*, il doit partager le pouvoir avec C, le patron de 9 *ahau*, le *katun* suivant, et n'a droit qu'au respect de ses fidèles et à leur encens. C sera alors l'invité de B, de qui il acquiert son pouvoir.

Cette procédure montre à quel point les Mayas redoutaient les passages d'un cycle à l'autre et s'appliquaient à ménager les transitions au moyen de ces « régences » où le patron d'un *katun* doit être préparé à assumer ses fonctions avant de régner seul, puis doit à son tour préparer son successeur à prendre ses responsabilités.

Les cérémonies du Nouvel An, décrites à la fois par Landa *(figure 3.2)* et dans les codex de Dresde et de Madrid [2], confirment ce souci d'éviter les ruptures, sources de tous les dangers. Elles commencent toutes avec Uayeb, le dernier mois de cinq jours, néfastes précisé-

---

1. Tozzer, 1941, pp. 168-169 et note 885 qui prend en compte l'interprétation de Roys.

2. Landa, 1985, pp. 105-111. Tozzer, 1941, pp. 139-148. Voir codex de Dresde, pp. 25-28 ; codex de Madrid, pp. 34-37.

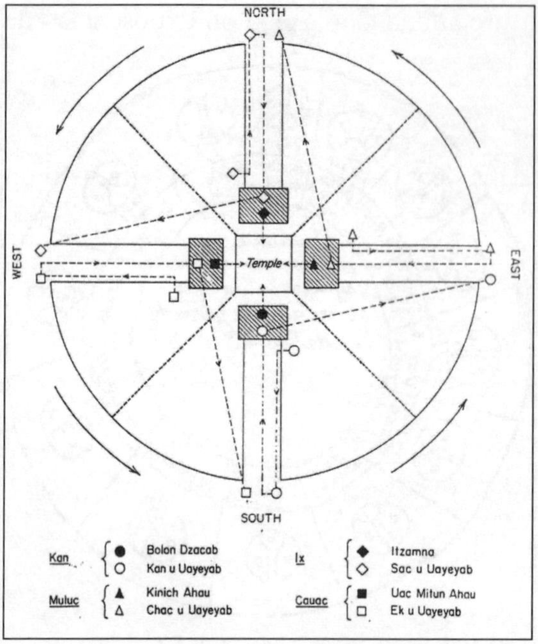

3.2. Rites de fin d'année et mouvement des idoles, d'après Landa (schéma M. Coe).

ment à cause de leur position charnière entre deux *tuns*. Au temps de la Conquête, les porteurs d'année, c'est-à-dire les jours qui pouvaient commencer l'année étaient Kan, Muluc, Ix et Cauac[3] associés respectivement à l'est (rouge), au nord (blanc), à l'ouest (noir) et au sud (jaune). Aux quatre portes, correspondant aux directions cardinales, des villes yucatèques, deux « tas de pierres[1] » étaient dressés, l'un en face de l'autre.

Les cérémonies d'installation d'une année Kan, qui avait pour augure (faste) le *bacab* Hobnil, commencent donc pendant les cinq derniers jours de l'année précédente, Cauac. On installe l'idole de l'année Kan[2], appelée Kan u Uayeb (le Uayeb jaune) sur l'un des « tas de pierres » à l'entrée sud (la direction de Cauac) de la ville aux côtés de son idole Ek u Uayeb. Dans la ville, les rites n'ont pas lieu dans le temple mais dans la maison d'un *principal*, spécialement désigné pour cette occasion. On y porte la statue du dieu Bolon

1. La série des porteurs de l'époque classique Akbal, Lamat, Ben et Etz'nab a été, pour des raisons inconnues, avancée d'un rang au postclassique, devenant Kan, Muluc, Ix et Cauac.

2. « *Uso era en todos los pueblos de Yucatán tener hechos dos montones de piedras, uno frente a otro, a la entrada del pueblo y por las cuatro partes del mismo, a saber, oriente, poniente, septentrión y mediodía...* », Landa, 1985, p. 105. J'ai du mal à croire que les Mayas, fins bâtisseurs même au XVIe siècle, aient édifié, pour des rites de première importance, non des pyramides ou des plates-formes, mais des « tas de pierres ». Je traduis ce scepticisme par les guillemets qui accompagnent ces « tas »...

3. Ne pas confondre le jour et porteur d'année Kan avec le mot *kan* désignant la couleur jaune.

Ts'akab [1], le patron de la future année Kan, que l'on expose à la vue de tous. Puis, le prêtre, les seigneurs et les hommes de la ville s'assemblent pour se rendre « avec grande dévotion » à l'entrée sud de la ville où se tient la statue de Kan u Uayeb sur son « tas de pierres ». Le prêtre fait alors brûler dans l'encensoir de l'idole 49 grains d'un mélange de maïs moulu et de copal, et lui sacrifie une dinde. On porte ensuite, dans l'allégresse et en dansant, l'idole dans la maison du seigneur pour l'installer face à Bolon Ts'akab. De nombreuses offrandes de boisson et de nourriture sont présentées aux deux images, puis distribuées aux participants ; le prêtre, quant à lui, reçoit un cuissot de cerf. On se sacrifie les oreilles et l'on barbouille du sang obtenu une pierre dressée du nom de Kanal Acantun. Pendant les cinq jours Uayeb, on encense Kan u Uayeb et Bolon Ts'akab avec des grains de copal seul ou mélangé de maïs. « Ils croyaient que s'ils ne faisaient pas ces cérémonies ils attraperaient certaines maladies propres à cette année. » Une fois écoulé Uayeb c'est-à-dire au premier de l'an, on porte Bolon Ts'akab au temple, et Kan u Uayeb à l'entrée est de la ville (le côté des années Kan) où on le retrouvera un an plus tard.

Pendant les jours *uayeb* de l'année Kan, on prépare la venue de l'année suivante Muluc (année faste placée sous l'augure de Canzienal, « le meilleur et le plus grand de ces dieux *bacabs* »), en suivant les mêmes étapes. Choix d'un *principal*, responsable de la fête, installation de l'idole Chac u Uayeb (le Uayeb rouge) à la porte est de la ville (où se trouve encore Kan u Uayeb), installation de la statue du dieu K'inich' Ahau (le soleil) dans la maison du *principal*. Les hommes se rendent alors à l'est auprès des « tas de pierres », le prêtre fait brûler 53 grains de copal mélangé de maïs et sacrifie une dinde. Chac u Uayeb est ramené à la maison du *principal* où il est placé face à la statue de K'inich' Ahau, et les deux idoles sont honorées. Le sang de l'autosacrifice est répandu sur l'idole de pierre associée au mois Muluc et appelée Chac Acantun. À la fin de Uayeb, on porte Chac u Uayeb à l'entrée nord de la ville, la direction de Muluc,

1. Traduit par « Neuf Générations » ou « Éternel », ce dieu correspond au dieu K des codex.

où il restera pendant les dix-huit mois de l'année, jusqu'au prochain Uayeb ; et K'inich' Ahau est conservé dans le temple.

Pour préparer l'année Ix (néfaste sous l'augure Zac Cimi), on dépose l'idole Sac u Uayeb (le Uayeb blanc) au nord et Itzamna dans la maison du *principal*. Les mêmes rites sont effectués et au début de l'année, Sac u Uayeb se retrouve à l'ouest et Itzamna au temple. De même pour l'année Cauac (la plus dangereuse de toutes), c'est Ek u Uayeb (le Uayeb noir) que l'on installe à l'ouest et son patron Uac Mitun Ahau réside chez le chef choisi pour la fête. En début d'année, Ek u Uayeb se retrouvera au sud en attendant que le rejoigne Kan u Uayeb à la fin de l'année, et la boucle est bouclée…

À chaque fin d'année, qu'elle soit Kan, Muluc, Ix ou Cauac, on accomplit dans le même ordre des déplacements analogues de la périphérie vers le centre et de nouveau vers la périphérie. La structure est toujours la même, seule change avec le temps la situation dans l'espace des idoles et des officiants. Il y a plusieurs sortes de créatures surnaturelles, généralement représentées par une image, qui jouent un rôle dans cette sorte de course de relais qui tourne dans le sens inverse des aiguilles d'une montre :

1. Les augures ou *bacabs* (par exemple Hobnil pour les années Kan), qui déterminent la fortune de l'année concernée.

2. Les « messagers »[1] qui sont désignés par la couleur du Uayeb (ainsi Kan u Uayeb : littéralement : « jaune, son Uayeb »). Leur rôle fondamental est d'assurer la liaison entre les directions cardinales, de l'une à l'autre, et entre elles et le centre.

3. Les *acantuns*, qui sont des pierres dressées, nommées d'une couleur comme les « messagers » et qui reçoivent le produit des autosacrifices. Au nombre de quatre, ils sont associés aux quatre directions et jouent sans doute le rôle de piliers cosmiques. Pour la cérémonie préparant l'année Kan, c'est le Kanal Acantun, pour préparer l'année Muluc, on offre son sang au Chac Acantun, etc.

4. Les divinités tutélaires Bolon Ts'akab (Kan), K'inich' Ahau (Muluc), Itzamna (Ix) et Uac Mitun Ahau (Cauac). L'idole correspondante est installée dans la maison du *principal* pendant le Uayeb de l'année précédente avant de regagner le temple en début d'année.

1. C'est moi qui les nomme ainsi.

Ces dieux restent toujours en ville et leurs déplacements se limitent au trajet maison du *principal*-temple.

Reprenons les déambulations dans l'ordre donné par Landa, en commençant par les cérémonies préparant une année Kan. Pendant les cinq derniers jours de Cauac, on installe le Kan u Uayeb (le Uayeb jaune, la couleur du sud et de Cauac) au sud où il se trouve aux côtés de Ek u Uayeb (le Uayeb noir qui a pour origine l'ouest, la direction des années Ix) qui a régné au sud pendant toute l'année. Les idoles sont mises en présence pour qu'elles communiquent, pour que le Uayeb jaune acquière du pouvoir de son prédécesseur noir, en fin de règne. Il est ensuite amené auprès de Bolon Ts'akab, la divinité tutélaire des années Kan, qui lui donne de son pouvoir. Au début de l'année, le Uayeb jaune est installé à l'est, de couleur rouge et, à la fin de celle-ci, il est rejoint par le Uayeb rouge qui peu après va en ville (au centre) auprès de K'inich' Ahau. Il prend alors sa place au nord, le pays blanc des années Muluc. Il est rejoint par le Uayeb blanc qui acquiert sa force d'Itzamna avant de monter sa garde à l'ouest, la contrée noire. Puis arrive le Uayeb noir qui visite Uac Mitun Ahau, avant de prendre sa place au sud.

Ici encore, la complexité des déambulations s'explique par le désir d'éviter les ruptures en ménageant les transitions. Cela est réalisé, pour une direction donnée, par le règne du messager du Uayeb terminant l'année précédente. Un même messager va donc occuper successivement deux directions et va en même temps établir des relations entre ces directions et le centre où règne la divinité tutélaire. Les cérémonies du Nouvel An et leurs déambulations font en sorte que le cycle de quatre ans qui fait le tour de la terre puisse s'accomplir sans heurts d'une année et d'une direction à l'autre, en combinant deux mouvements : circulaire dans le sens inverse des aiguilles d'une montre et centripète/centrifuge.

On retrouve une conception du temps analogue avec le *tzolkin* représenté dans les pages 75-76 du codex de Madrid *(voir planche 13)*. Le calendrier divinatoire est un cosmogramme horizontal qui affecte la forme d'une croix de Malte, dans laquelle chacune des branches, limitées par une rangée de points, représente une des directions cardinales. Le centre carré de la croix est également le centre du monde, à l'horizontale comme en profondeur, ce qu'indique la reproduction de la fente frontale du monstre terrestre, qui se trouve en haut du carré[1]. Les quatre directions sont indiquées par leur glyphe respectif qui figure au centre de chacune des branches de la croix ; ici l'ouest est en haut de la page et le nord est donc à droite. Dans chaque direction, y compris le centre, se trouvent deux divinités : au nord elles encadrent un sacrifice humain par cardiectomie et, au sud, par décapitation. Les points solsticiels entre deux branches de la croix sont marqués par une double boucle faite d'une succession de points auxquels on a ajouté des empreintes de pas pour montrer qu'il s'agit d'un cheminement que l'on exécute dans le sens inverse des aiguilles d'une montre. Chacun des 260 points représente un jour du calendrier divinatoire, divisé en quatre groupes, associés chacun à l'une des directions cardinales et commençant par un des porteurs d'année. Ainsi l'espace horizontal maya apparaît comme un quinconce, c'est-à-dire comme un carré avec un point au centre, dont chaque côté représente une direction cardinale et dont les angles sont les points solsticiels d'hiver et d'été, du coucher et du lever du soleil.

Il ne fait pas de doute que non seulement les Mayas représentent le temps au moyen d'un parcours dans l'espace, mais qu'en outre des déambulations ont lieu à l'achèvement des cycles. Le rite a pour objet de maîtriser le temps et surtout d'en assurer la continuité, en évitant les ruptures.

Le passé, le futur et la prédestination

On s'attendait à la répétition des mêmes événements dans les *katuns* qui portaient le même nom. En d'autres termes, les événements qui avaient eu lieu dans un *katun* 8 *ahau* étaient censés se répéter au prochain *katun* 8 *ahau*, un peu plus de 256 ans plus tard. Cette croyance était si forte qu'elle a pu influencer le cours de

1. Comme nous l'avons signalé ailleurs (Baudez, 1991), les pages 29a-30a du codex de Dresde confirment que le centre de l'univers est aussi un centre en profondeur, car il présente la séquence des cinq aspects du dieu B associés aux cinq directions. Les quatre premiers Chac sont chacun perchés sur un arbre cosmique associé à une direction cardinale ; le cinquième Chac apparaît assis dans les profondeurs de la terre indiquée comme un creux entouré d'une bande où le signe *caban* est répété plusieurs fois.

l'Histoire et ce n'est pas une coïncidence si les soulèvements importants des Mayas ont pris place dans des *katuns* 4 *ahau* et 8 *ahau*[1]. Il y avait également des prophéties, généralement très pessimistes, pour les vingt *tuns* de chacun de ces *katuns*[2]. Le sort d'un *tun* 8 *ahau* devait se répéter au prochain tun 8 *ahau*, au bout de 13 *tuns*.

Le destin des années était également déterminé par leur porteur. Ainsi les années Kan et Muluc étaient fastes, les Ix et les Cauac, néfastes. Même dans les années favorables, des calamités pouvaient cependant survenir et provoquaient de nouvelles activités religieuses ; si ces malheurs assombrissaient une année Kan, on fabriquait une idole du nom d'Itzamna Kauil que l'on plaçait dans le temple et devant laquelle on brûlait trois boules de latex et à qui l'on sacrifiait un chien ou un homme. La victime était précipitée d'une hauteur sur un « tas de pierres », et son cœur arraché présenté à l'idole entre deux plats. La cérémonie se terminait par une danse exécutée par des vieilles femmes. Si des calamités survenaient pendant une année Muluc, l'idole vénérée était Yax Cocay Mut ; des vieilles femmes exécutaient une danse sur des échasses et offraient des chiens en céramique portant des offrandes de nourriture sur leur dos.

Il était également possible de contrarier le destin des années néfastes, comme celui des années Ix par exemple. On craignait alors en effet des évanouissements[3] et des maux d'yeux ; il était prévu que le pain viendrait à manquer (alors que le coton devait bien pousser) à cause du manque de pluie et de la sécheresse persistante ; la famine qui devait s'ensuivre entraînerait son cortège de malheurs : vols, réduction des voleurs en esclavage, rixes, guerres, changements de règnes ; les vols de sauterelles étaient également prévus qui, joints à la sécheresse, devaient provoquer l'abandon des villes et des villages. Comme remède, il fallait installer dans le temple une statue de K'inich' Ahau, l'encenser souvent, lui présenter des offrandes, y compris de son propre sang avec lequel on barbouillait la pierre

1. Roys, 1967, p. 184.

2. Comme le montrent celles décrites pour un certain *katun* 5 *ahau* dans les *Livres de Chilam Balam* de Tizimin et de Mani. Voir Roys, 1967, p. 182.

3. Tozzer (1941, note 711) a fait remarquer que le mot maya pour « évanouissement » est *zac cimil* (littéralement « mort blanche ») et que l'augure ou *bacab* de l'année Ix s'appelle Zac Cimi.

dressée Sac Acantun. On exécutait de nombreuses danses dont une à laquelle participaient encore les femmes, et l'on finissait par des beuveries. Les années Cauac étaient les plus dangereuses ; on s'attendait à de nouvelles sécheresses et à des invasions d'oiseaux et de fourmis qui dévoraient les semences. Il fallait alors fabriquer les idoles de quatre dieux différents et leur rendre un culte dans le temple. L'un des rites consistait, après avoir dansé autour d'un immense bûcher, d'y mettre le feu pour ensuite marcher sur ses braises.

Tous les ans, au mois d'*uo*, les prêtres célébrent leur fête appelée Pocam (purification). Ils s'assemblent dans la maison du seigneur et, après avoir chassé les mauvais esprits *(echar al demonio)* déposent leurs livres sur des feuillages disposés à cet effet, invoquent leur idole et patron K'inich' Ahau Itzamna, à qui ils offrent des présents et de l'encens. Les prêtres mélangent ensuite dans un vase du vert-de-gris et de l'eau vierge, « obtenue en brousse là où les femmes ne vont pas[1] » ou recueillie dans les creux des arbres ou des rochers. Avec ce liquide ils frottent les couvertures des livres pour les purifier et « le plus savant des prêtres ouvre alors un livre, étudie les prédictions pour cette année et les fait connaître aux assistants ; il leur fait ensuite un petit sermon et leur recommande les remèdes[2] » (à utiliser pour contrarier le mauvais sort).

Chacun des 260 jours du *tzolkin* avait aussi sa coloration propre en termes de faste ou néfaste, indiquée dans les almanachs des codex ; on signalait parfois si le jour était ou non favorable à certaines entreprises, à certaines professions ou à certaines activités. C'était aux prêtres qu'incombaient à la fois le pronostic des jours et les solutions pour éviter les mauvais sorts. La prédestination était en effet toute relative : même pendant les années déclarées fastes, on pouvait s'attendre à des malheurs et à des catastrophes ; pour pallier ces entorses au destin, il fallait s'adresser à un dieu spécifique et accomplir des cérémonies propres à ces années. De même, le cours des années néfastes pouvait être infléchi par des rituels appropriés.

1. *« ... traída del monte donde no llegase mujer »*, Landa, 1985, p. 134.

2. *« ... y hecho esto, abría el más docto de los sacerdotes un libro y miraba los pronósticos de aquel año y los declaraba a los presentes, y predicábales un poco encomendándoles los remedios » (ibid.).*

D'une façon générale, on sollicitait fréquemment l'avis des prêtres sur l'opportunité d'une entreprise ou les remèdes à appliquer contre un sort défavorable. À ces questions répondaient parfois des oracles, comme celui de Cozumel, avec Chichén Itzá, le plus célèbre lieu de pèlerinage du pays maya. Ix Chel, sous la forme d'une idole creuse en céramique scellée dans le mur derrière lequel se trouvait un compère, répondait par l'intermédiaire d'un prêtre *(ah kin)*, aux questions posées par les pèlerins. Les présents – provenant aussi de ceux qui ne pouvaient faire le pèlerinage – affluaient dans l'île. On y accourait du Tabasco, de Xicalango, de Champotón comme de Campeche, et des routes menaient jusqu'à la côte en face de l'île[1].

Cosmogonie et cosmologie

Comme beaucoup de peuples méso-américains, les Mayas des derniers siècles avant la Conquête croyaient que le monde actuel avait été précédé par d'autres, et que chaque création avait été suivie d'une destruction. Landa nous dit que les *bacabs* étaient quatre frères que Dieu avait placés, au moment de la création, aux quatre coins du monde pour soutenir le ciel afin de l'empêcher de tomber. Or ces *bacabs*, disait-on, avaient survécu au Déluge. Dans le *Livre de Chilam Balam* de Chumayel, les *bacabs* sont ceux qui provoquèrent le Déluge et détruisirent le monde[2]. Pour commémorer cette destruction, ces dieux dressèrent des arbres d'abondance aux quatre coins et au centre de l'univers. Au sommet de chacun de ces arbres se tenait un oiseau d'espèce différente. D'après cette même source, la destruction du monde avait eu lieu parce que les hommes étaient dépourvus de cœur et de jugement[3].

C'est dans le *Popol Vuh*, cependant, que l'histoire de la formation de l'univers est traitée en détail. Au commencement sont le ciel et la mer « seulement des murmures, des rides, dans l'obscurité, dans la

1. Tozzer, 1941, pp. 109-110 et note 500. *Relación de Nabalam*, in *Relaciones...*, 1983, vol. II, p. 187. Cogolludo (4, VII ; 4, IX).

2. Roys, 1967, p. 100.

3. *Ibid.*, p. 99 : « *After that the fatherless ones, the miserable ones, and those without husbands were all pierces through ; they were alive though they had no hearts. Then they were buried in the sands, in the sea.* »

nuit ». Les dieux créateurs font alors émerger la terre, par leur verbe, comme dans la Genèse : « Pour la formation de la terre, ils dirent : "Terre"[1]. » Surgirent alors les montagnes, et la terre sous ses deux aspects, montagne/plaine. Puis furent créés la végétation, les plantes, les arbres et les animaux ; parmi ceux-ci une importance particulière est accordée aux cerfs et aux oiseaux, à qui sont attribués un territoire et des moyens de subsistance. En échange, les dieux leur demandent de parler, de prier, de nommer leurs créateurs ; mais comme les animaux crient et ne parlent pas, ils sont condamnés à servir, à être tués et mangés.

Les dieux confectionnent alors un premier homme de terre et de boue, une créature contrefaite qui fond dans l'eau, et ne peut ni marcher ni se multiplier. Il parle mais ses paroles n'ont aucun sens. La création suivante constitue un progrès : les hommes de bois, les femmes de roseaux se répandent sur toute la surface de la terre. Leur aspect est humain, ils parlent et se multiplient, « mais il n'y avait rien dans leurs cœurs et rien dans leurs esprits, sans souvenir de leur créateur[2] ». C'est ainsi que les dieux, les animaux et les ustensiles domestiques s'acharnent avec haine et vengeance sur ces simulacres sans âme pour les détruire : un déluge s'abat sur eux, puis une pluie de résine ; ils sont ensuite énucléés, décapités, dévorés, déchirés, leurs visages effacés…

La dernière création ne pourra avoir lieu qu'après que les deux héros, Hunahpu et Xbalanque, auront supprimé Sept Perroquet, un faux soleil arrogant, père de deux frères, l'un créateur, l'autre destructeur de la terre ; puis après avoir définitivement triomphé, suite à de multiples aventures, des seigneurs des Enfers. C'est alors que les dieux apprennent l'existence d'une montagne remplie de maïs jaune et de maïs blanc. La grand-mère des héros moud le maïs obtenu de cette montagne, et la farine mouillée d'eau fournit la chair de la nouvelle humanité. Quatre hommes sont façonnés de pâte de maïs. Les dieux, afin d'éviter que les hommes n'aient les mêmes

1. « *Only murmurs, only ripples, in the dark, in the night…for the forming of the earth, they said "Earth"* », Tedlock, 1985, pp. 72-73.

2. « *But there was nothing in their hearts and nothing in their minds, no memory of their mason and builder* », Tedlock, 1985, p. 83.

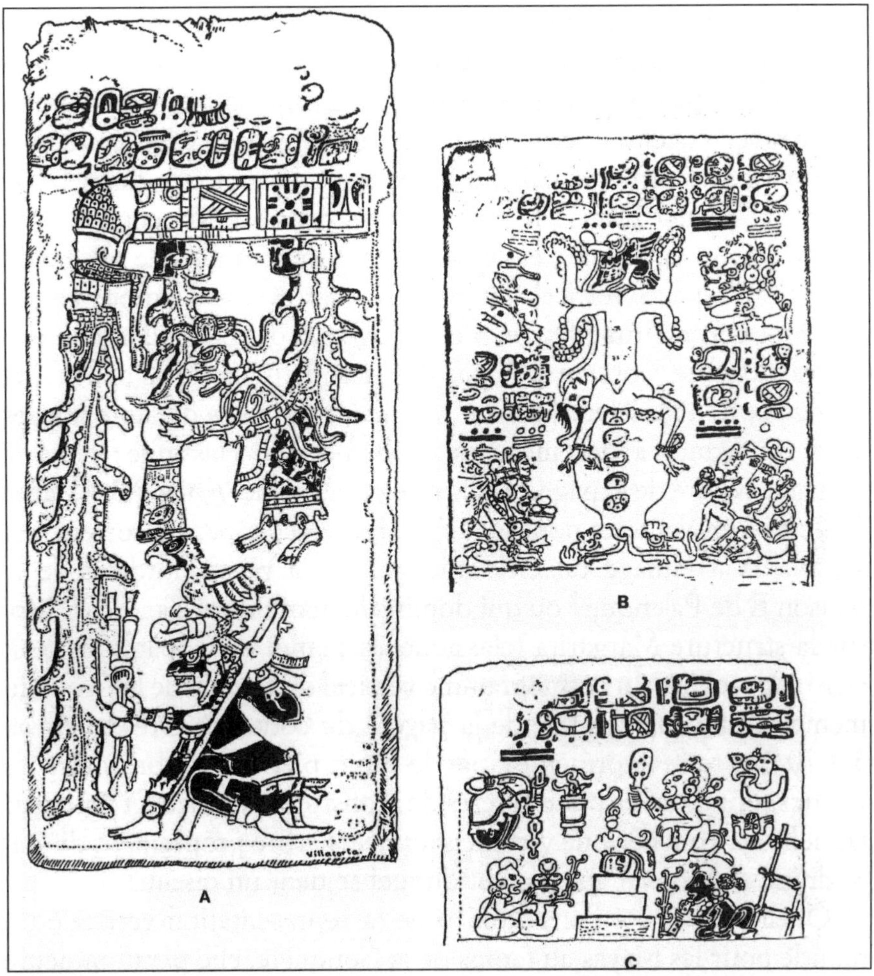

3.3 Images du codex de Dresde. A : monstre céleste (p. 74) ; B : cosmogramme (p. 3) ; C : offrandes et musique autour du maïs décapité (p. 34a). (D'après Villacorta et Villacorta, 1971.)

pouvoirs qu'eux, embrument leur regard. Peu après, quatre femmes leur sont données ; de ces couples proviennent les principaux lignages quichés.

Les *Livres de Chilam Balam* montrent que les Mayas, comme les Aztèques, divisaient le ciel en treize niveaux et l'inframonde en neuf[1]. Le livre de Chumayel raconte la lutte entre Bolon-ti-ku et

---

1. Il est fait référence (Roys, 1967, pp. 99, 101) tantôt au treizième niveau du ciel, tantôt au septième niveau de la terre. Ici, le mot niveau traduit le maya *taz* ou *tas*. Le modèle cosmique de niveaux en escalier proposé par divers auteurs tels que Thompson, Holland et Villa Rojas n'est pas valable (Becquelin, 1995).

Oxlahun-ti-ku et la défaite de ce dernier. Comme Bolon-ti-ku et Oxlahun-ti-ku sont traduits respectivement par « Neuf Dieux » et « Treize Dieux », on pense généralement qu'ils représentent les treize niveaux célestes et les neuf couches terrestres. Mais cette relation n'est pas certaine, car ces noms, qui peuvent être lus « Treize Dieu » et « Neuf Dieu », sont considérés dans le texte comme désignant chacun une seule personne[1]. Il est fort possible que cette division de l'espace vertical ait été très tardivement importée du Mexique central. En effet, on n'en trouve pas de traces dans d'autres textes indigènes comme le *Popol Vuh*, Landa n'y fait pas allusion et les codex ne l'illustrent pas. En revanche, certaines de leurs images sont conformes à des modèles de la période classique : ainsi le monstre céleste de la page 74 du codex de Dresde *(figure 3.3 A)*, avec son corps en voûte et dont la gueule laisse échapper un torrent, est semblable à l'image du ciel qui encadre la porte nord-est de la maison E de Palenque [2] ou qui domine le nom du roi Yax K'uk' Mo' sur la structure Margarita (classique ancienne) de Copán. On peut aussi rapprocher du cosmogramme vertical du temple de la Croix du même site l'icone centrale de la page 3 du codex de Dresde *(figure 3.3 B)* : la terre représentée par le large pied de l'arbre dont les racines sont figurées par des têtes de monstre, la surface terrestre sur laquelle est couchée une victime sacrifiée, l'arbre proprement dit qui se divise en croix et au sommet duquel se tient un oiseau.

Quelle qu'ait été l'importance de la représentation verticale du monde pour les Mayas au temps de la Conquête, elle paraît mineure à côté du rôle considérable, dans les représentations comme dans le rituel, de la quadripartition horizontale de l'univers. Les quatre parties sont caractérisées chacune par une couleur, un arbre, un oiseau, un porteur d'année et des divinités ; le temps parcourt cet espace et acquiert des qualités qui changent avec sa position. Le rituel, en parcourant l'espace quadripartite, assure le maintien de

1. En effet, pronoms et verbes s'y rapportant, sont au singulier.

2. On interprète généralement l'image du codex de Dresde comme représentant la destruction du monde par le Déluge auquel Landa fait allusion. Ne serait-ce pas simplement une image du ciel qui donne la pluie ? Si l'on tient à l'interprétation catastrophique, il faut l'appliquer également à l'encadrement de la porte de Palenque, ce qui est moins vraisemblable encore.

l'ordre cosmique. Les Mayas ont parfois cherché à se représenter et à utiliser un espace en trois dimensions en combinant la vision verticale et l'horizontale. Ainsi, dans les groupes à pyramides jumelles de Tikal, les officiants allaient d'une direction à une autre tout en montant et en descendant les pyramides. Dans la même perspective, le nord et le sud pouvaient aussi indiquer le haut et le bas, ou la droite et la gauche[1].

IDOLES ET DIVINITÉS

Encensoirs, vases et stèles

« Ils adoraient des idoles d'argile semblables à des petites jarres ou à des pots de basilic sur lesquels se trouvaient des figures différentes. À l'intérieur ils faisaient brûler une résine appelée copal, d'odeur forte. Cela ils l'offraient à ces idoles...[2] » Des encensoirs correspondant à cette description empruntée à la *Relación de Valladolid y Tiquinbalon* (1579) ont été trouvés en grande quantité dans les sites du postclassique récent et notamment à Mayapán[3] *(figures 3.4 et 3.5)*. Il s'agit le plus souvent de la statuette d'un personnage debout adossée au récipient cylindrique qui constitue l'encensoir proprement dit. Ici le même objet combine le réceptacle pour brûler l'encens et l'idole auquel il est destiné. Ces encensoirs étaient fabriqués en série par assemblage de leurs diverses parties préalablement moulées ; ensuite on ajoutait par modelage les détails qui permettaient de personnaliser les divinités, puis on peignait ces « idoles » de diverses couleurs sur un badigeon blanc. En majorité,

1. Becquelin, 1991.

2. *« Adoraban unos ídolos hechos de barro a manera de jarrillos y de macetas de albahaca, hechos en ellos de la parte de fuera rostros desemejados ; quemaban dentro de éstos una resina llamada copal, de gran olor. Esto les ofrecían a estos ídolos... », Relación de Valladolid y Tiquinbalon* in *Relaciones...*, 1983, vol. 2, p. 39.

3. En dehors de Mayapán (R. E. Smith, 1971), on a trouvé ces encensoirs de type Chen Mul en surface à Chichén Itzá, ainsi que tout le long de la côte orientale du Yucatán (Gann, 1918 ; Chase et Chase, 1988) et au Campeche, à Balamku (D. Michelet, communication personnelle, 1998).

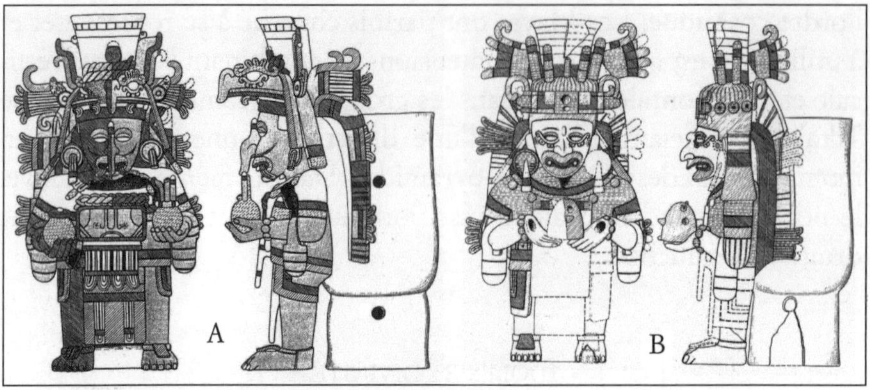

3.4. Encensoirs Chen Mul : A *dieu B ;* B *dieu D.*

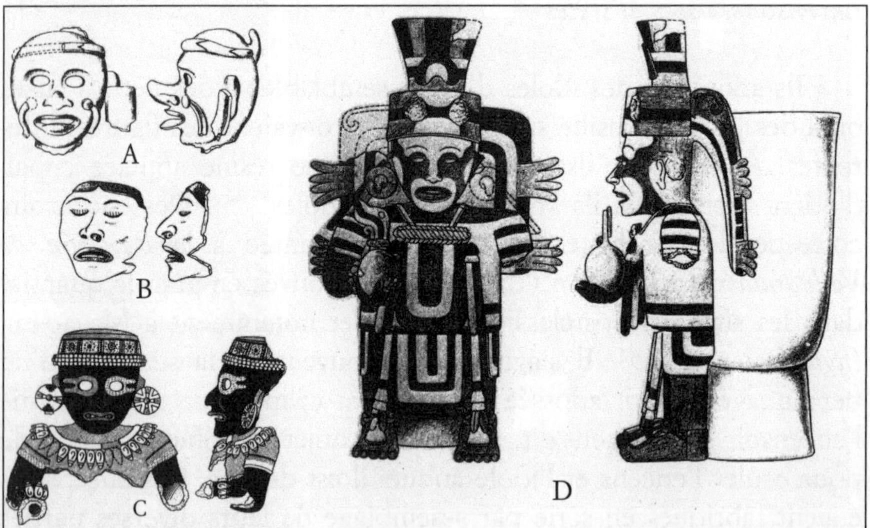

3.5. Encensoirs Chen Mul : A et C : dieu M ; B : Xipe Totec ; D : dieu du maïs E (d'après R. E. Smith, 1971, fig. 32).

ils mesurent près de 60 cm de hauteur, mais on en connaît quelques exemplaires hauts de 40 cm, et d'autres encore plus petits (13 cm).

À Mayapán, ils apparaissent vers 1200 de notre ère, et atteignent leurs fréquences maximales un siècle plus tard. On les a trouvés dans et autour des sanctuaires, brisés accidentellement, ou intentionnellement et en masse ; dans ce cas il s'agit d'un rite de fin de période, au cours duquel on renouvelait les idoles et les encensoirs [1]. La fouille d'une salle hypostyle a produit plus de 38 000 tessons de

1. Cette coutume s'est conservée chez les Lacandons. Voir Tozzer, 1907, p. 105-147.

ces objets ; celle d'un temple en a livré 8 067 soit 88 % du total des tessons recueillis. On les trouve aussi à profusion dans les maisons privées, spécialement dans la pièce qui servait d'oratoire. Par comparaison, les fouilles très étendues du site classique de Uaxactún n'ont livré qu'une demi-douzaine d'encensoirs [1].

Les visages déformés des créatures figurées sur les encensoirs sont ceux de créatures surnaturelles que l'on peut sans hésitation qualifier de divines, dans la mesure où l'on retrouve la plupart d'entre elles dans les codex mayas et parfois dans le panthéon du Mexique central. À Mayapán, les dieux D et B des codex *(figure 3.7, page 358)* sont le plus fréquemment représentés, ainsi que plusieurs dieux des marchands, dont le dieu M, caractérisé par un long nez « à la Pinocchio » (comme disait Thompson) et une lèvre inférieure fortement pendante. Le culte au dieu mexicain Xipe Totec est bien attesté. Plus rares sont les représentations d'un dieu de la mort, du dieu du maïs et de la déesse aztèque Tlazolteotl. Certains personnages sont plus difficiles à identifier : un individu portant favoris, un vieillard au menton fendu, ainsi que de possibles images de Quetzalcóatl-Kukulcán ou d'un dieu de la planète Vénus. Ainsi, les encensoirs fabriqués et utilisés pendant les derniers siècles précédant la Conquête témoignent à la fois de la naissance dans la religion maya d'un véritable panthéon, mais aussi de l'importance de l'encensement dans le culte, autant public que domestique, qui était rendu à ces dieux. Il semble que, dans tous les cas connus, l'iconographie associée au récipient dans lequel on brûlait l'encens désignait le bénéficiaire du rite.

On retrouve les mêmes divinités sur des vases-effigies trouvés généralement dans les dépôts et qui souvent contenaient des offrandes [2] ; à côté de ces quelques membres du panthéon, on note le plus souvent des animaux, tels que singes, jaguars, crapauds, chiens, oiseaux, lapins et tortues [3]. Il est probable que, comme les figurines

1. Thompson, 1970, p. 187.
2. R. E. Smith, 1971, p. 216 ; fig. 63-64.
3. Sur un total de 496, les animaux terrestres et marins constituent 63 %, les autels ou plates-formes 14,9 %, les oiseaux 12 % ; les dieux plongeant sur des récipients soutenus par une base en forme de chien ou d'oiseau font 4,8 % du total, les guerriers 3,4 % et les autres êtres humains 1,6 %.

utilisées dans les dépôts de fondation[1], les vases-effigies zoomorphes aient symbolisé certaines parties de l'univers à qui l'on présentait une offrande ; si cette hypothèse est exacte, la naissance d'un panthéon n'aurait pas pour autant supprimé le culte adressé aux grandes forces de l'univers.

3.6. *Mayapán : stèle 1.*

Les stèles, disparues au postclassique ancien, reviennent en force dès les débuts de la période suivante[2]. À Mayapán, les vingt-cinq monuments lisses et les treize sculptés sont concentrés dans le groupe cérémoniel principal, et sont associés tout particulièrement aux édifices circulaires. Il y a aussi des autels cylindriques mais qui ne semblent pas constituer une paire avec les stèles, comme à l'époque classique. Morley a comparé la stèle la mieux conservée[3] à la page 11 du codex de Paris, qui montre deux divinités face à face *(figure 3.6)*. Les traits et l'attitude des personnages de la stèle de Mayapán suggèrent qu'ici aussi on a affaire non à des personnalités politiques, mais à des divinités.

1. Voir p. 232.

2. « ... *y que se hallan en la plaza de aquella ciudad [Mayapán] siete u ocho piedras de a diez pies de largo cada una, redondas por una parte, bien labradas, y que tienen algunos caracteres que ellos usan y que, desgastados por el agua, no se pueden leer ; mas piensan que es memoria de la fundación y destrucción de aquella ciudad* » (Landa, 1985, pp. 54-55).

3. D'abord appelée stèle 9 par Morley (1920), la stèle 1 a pour date de *tzolkin* 10 *ahau*, qui correspond vraisemblablement dans le Compte long à 10.18.0.0.0, soit 1185 de notre ère.

Les peintures murales

Tulum et les sites environnants

Les encensoirs, les vases-effigies et parfois les figurines témoignent de l'existence en pays maya, dans les derniers siècles avant la Conquête, d'un véritable panthéon de divinités bien individualisées auxquelles on rendait un culte. Les témoignages ont cependant le défaut d'être isolés et l'on connaît rarement les associations de ces divinités entre elles ou avec des rites et des lieux de culte. Les rares peintures murales découvertes dans divers sites de la côte orientale du Yucatán présentent l'intérêt exceptionnel de nous montrer, en situation dans une structure architecturale, un ensemble de personnages que nous reconnaissons comme des divinités (ou comme des officiants revêtus des attributs de personnages divins), pour les avoir déjà vus ailleurs sur des encensoirs ou dans les codex. Outre les traits caractéristiques qui permettent d'en identifier certains, ces personnages des deux sexes occupent un espace donné dans la composition, ont une taille relative, entretiennent des relations avec d'autres individus de la même scène, sont définis par des postures et des gestes, et sont accompagnés d'objets et de symboles. Si l'échantillon était plus important, on serait en droit d'espérer progresser dans l'interprétation de ces scènes et de leurs acteurs, en comparant des structures analogues, des motifs semblables ou de même position à la recherche d'oppositions, d'équivalences ou de substitutions. Malheureusement les seuls ensembles structurés correctement publiés sont ceux des édifices 12 de Tancah, 5 et 16 de Tulum, et 1 de Santa Rita Corozal. Des fragments isolés de peintures ont été relevés ailleurs dans Tulum, ainsi qu'à Coba, Tancah (édifice 44), Xelha, etc.[1].

La peinture murale 1 de l'édifice 12 de Tancah serait, au Yucatán, une des premières compositions de caractère nettement religieux *(voir planche 32)*. Miller la date en effet du XIe siècle en considéra-

1. Gann, 1900 ; Miller, 1982 ; Fettweis, 1988.

tion des caractéristiques architecturales de l'édifice qui l'abrite[1] ; celui-ci, cependant, peut avoir été construit bien avant la peinture et l'on peut réserver son jugement sur cette datation en attendant confirmation par d'autres exemples bien datés du même style. Quoi qu'il en soit, la peinture, longue de plus de trois mètres, occupe le haut du mur du fond d'un édifice à une seule pièce rectangulaire. La figure centrale, vers laquelle convergent deux séries de personnages, est le dieu E (du maïs), assis, présentant une offrande de la même céréale ; sur les six individus qui l'entourent, cinq sont des dieux B (Chac), identifiés par leur long museau tombant au bout retroussé, et par la hache qu'ils brandissent. Le sixième personnage est un homme âgé (un dieu ?) qui tient des deux mains un serpent disposé verticalement, qui évoque le rite de la pluie illustré sur les piliers de la maison D de Palenque. Entre les individus sont posées sur le sol des boules de latex[2] reliées par une tresse, et des encensoirs[3]. Les deux Chac qui encadrent le dieu du maïs portent à leur bras un sac à encens. Les divinités ici représentées sont liées à un culte de fertilité (danse des Chacs avec leur hache-emblème, danse du serpent) au cours duquel sont présentées des offrandes de maïs et où l'on brûle du copal et du latex.

Les restes de peintures de l'édifice 44 du même site sont datés par Miller du XIVe siècle[4]. On y a reconnu notamment le dieu du maïs (E avec un glyphe *kan* dans son crâne fendu) et le dieu C, devant une offrande comprenant *kan* et quartier de cerf, dans un style très proche de celui du codex de Madrid.

Si quelques peintures de l'édifice 1-Sub de Tulum peuvent être datées du postclassique ancien ou moyen, les grandes compositions des édifices 5 et 16 du même site sont postérieures à 1400. Le décor extérieur du haut de la façade – seul bien préservé – de la première représente le ciel *(voir planche 27 a)* ; deux récipients à offrandes

1. Miller, 1982, p. 58.

2. Ici le caoutchouc à brûler n'est pas montré sous la forme d'une spirale comme dans les codex mayas, mais sous la forme mexicaine de l'*oltelolotli*, une boule prolongée d'une bande ondulée qui indique la fumée (voir p. 15 du codex Borgia).

3. Miller (1982, p. 58 ; fig. 96) compare leur forme à celle d'encensoirs de Mayapán, de type Cehac-Hunacti de phase Hocaba (R. E. Smith, 1971, p. 24 ; fig. 62 c) ce qui semble contredire la datation postclassique ancienne de la peinture.

4. Miller, 1982, p. 54 ; pl. 8-12.

d'où débordent deux glyphes *kan* surmontés d'une tresse et de deux épis de maïs stylisés se trouvent au centre. Ces vases, d'où pendent des rubans, signalent que la construction est un lieu de culte. Le décor principal est conservé, à l'intérieur, au fond de l'unique pièce *(voir planche 27 b).* Les personnages se trouvent sous le ciel, et sur un sol qui est lui-même au-dessus des eaux. Le ciel comprend une bande horizontale où alternent un motif rayonnant à plusieurs éléments et le rayon solaire en V, ainsi qu'une voûte rectangulaire dont les extrémités sont occupées par la même créature en buste qui semble tenir une lancette à la pointe dirigée vers sa gueule. L'inframonde aquatique est signalé par deux poissons, dont un anthropomorphe, et un serpent. La superficie terrestre est marquée par une bande tachetée complétée de fins crochets. Juste au-dessus, les pieds des personnages reposent sur des bandes serpentiformes, parfois interrompues de tresses, qui se rejoignent pour former des torsades verticales qui divisent la frise, longue de 361 cm, en quatre espaces. Ces bandes, qui se terminent par des têtes de serpent ornées d'un épi ou directement par des épis, donnent naissance à de multiples éléments végétaux (tiges, fleurs, feuilles, de nénuphars en particulier, haricots [1]) qui installent les personnages dans un environnement de fertilité. Les deux scènes centrales sont symétriques : dans chaque cas une femme assise sur un banc tend une offrande à (à moins qu'elle ne reçoive de...) un individu masculin debout dont les mains sont présentées en avant et de direction opposée.

L'édifice 16 est rectangulaire et comprend une pièce centrale adossée à un mur, et entourée sur trois côtés d'un vestibule [2]. Le décor à l'extérieur se réduit aujourd'hui à un grand visage humain modelé sur le coin sud-ouest du bâtiment au niveau de la moulure. Cette tête semble celle d'un homme âgé, au nez camus et dont l'oreille est traversée d'une hache. Sur le mur, sous le menton, on a peint un vase à offandes (maïs) ainsi que l'extrémité à double épi d'une bande serpentiforme.

Le décor extérieur de la pièce centrale est surtout conservé au nord et à l'ouest *(voir planche 33).* Au-dessus du niveau de la porte

1. Des haricots semblables sont illustrés sur les pages 24a et 25b du codex de Madrid.

2. Miller, 1982, fig. 91 ; pl. 30-40.

se trouve une large frise limitée en haut et en bas par deux bandes de chevrons rappelant l'image d'un toit, comme dans le glyphe T614, lu *otoch,* « maison ». Sur ces bandes alternent un élément trifide et l'œil de la nuit ou étoile, confirmant ainsi que l'on a affaire à l'espace céleste. Les extrémités de bandes serpentiformes, constituées d'épis ou de gueules de serpent ouvertes sur des offrandes de maïs, divisent cet espace. Ici cependant, les pieds des personnages ne reposent pas sur ces bandes, ce qui signale sans doute une différence d'environnement. De gauche à droite, le premier personnage est le dieu K, assis et tenant dans la main droite une offrande de maïs ; une autre offrande dans une jarre est posée devant lui [1]. On trouve ensuite, agenouillée, une jeune femme (déesse J ?) en train de moudre sur une meule ou *metate*[2] et faisant face à un dieu B debout. La frise peinte est alors interrompue au-dessus de la porte par la sculpture de stuc en haut relief d'un « dieu descendant », dont les mains viennent effleurer la frise inférieure de chevrons ; d'après son allure jeune et les deux épis qu'il porte dans sa coiffure, il s'agirait du dieu E (maïs). La peinture reprend avec un dieu K assis qui tient à bout de bras une figurine représentant sans doute le dieu du maïs ; sa coiffure est faite d'un épi et l'une de ses jambes est remplacée par une tige et son épi. On ne peut s'empêcher de comparer ce groupe avec celui formé, sur les piliers du temple des Inscriptions de Palenque, de Chan Bahlum et du dieu K ou la foudre personnifiée. Ici la figurine est présentée à une déesse dont les mains sont tendues en direction opposée.

Le décor principal, sous la frise supérieure, est divisé en scènes par des bandes serpentiformes ornées de végétaux ; elles forment parfois des torsades et sont souvent interrompues par des tresses. Ici cependant, les personnages se tiennent sur ces bandes qui auraient, entre autres fonctions, celle d'indiquer un environnement terrestre et fertile. La peinture du mur nord montre deux personnages l'un

1. Cette jarre à deux anses qui repose sur un serpent et contient deux à trois glyphes, hybrides de *imix* et *kan*, prolongés d'épis, figure sur les pages 34a, b, 35a, b et 36a du codex de Madrid.

2. Sa coiffure est identique à celle de la femme assise qui, sur la peinture du mur est de la structure 5, présentait une offrande au dieu B. Il s'agit sans doute de la même déesse.

au-dessus de l'autre : dans le cadre supérieur se trouve un dieu jeune présentant une offrande ; à cause de sa coiffure de maïs, il pourrait être le dieu E. Sous lui, un dieu au visage partiellement effacé mais dont le heaume est celui du dieu K ; cette fois encore il présente une offrande de maïs. Le mur ouest est divisé en trois registres ; les deux registres inférieurs et une frise aquatique, plus bas encore, sont compris à l'intérieur d'un cadre en U qui délimite un espace à part. Trois dieux occupent le registre supérieur : un personnage âgé (D ?) qui tient une offrande d'une main et de l'autre un plantoir ; le dieu E qui lui fait face présente aussi une offrande ; il est suivi du dieu B portant le dieu K en heaume et tenant une sorte de sceptre. Le registre intermédiaire comporte d'abord un dieu E-figurine ou miniaturisé, puis un personnage non identifié, assis sur le dos d'un quadrupède et présentant une offrande face à une jarre semblable à celle que l'on a vue au-dessus dans la frise supérieure. Une torsade les sépare de la scène suivante occupée par une déesse (apparemment jeune) qui présente dans ses mains la figurine du dieu B, que l'on retrouve portée dans son dos. Le registre inférieur présente K tenant une offrande et un serpent horizontal ; puis une jarre à offrandes alignée sous la précédente et la vieille déesse (probablement O), à la coiffure nouée au sommet du crâne et couronnée de maïs, qui brandit un serpent-bâton.

Sur trois des côtés de la colonne qui soutient le linteau de la porte, on retrouve des divinités encadrées de bandes serpentiformes. L'une d'elles est un vieux dieu qui porte des crânes dans sa coiffure et présente une offrande ; l'autre individu est effacé, à l'exception de son heaume de dieu K ; sous lui on distingue à peine un personnage tombant sur le dos. Le troisième personnage, assis et offrant son maïs, a la bouche ouverte et les yeux cerclés.

Dans la partie sud du vestibule, on peut voir enfin un dieu armé d'un sceptre et portant en sautoir une section de coquillage, ainsi qu'un dieu B chevauchant une bande serpentiforme[1] ; il brandit une hache, porte un sac à copal, et sa coiffure est formée de deux épis.

1. Voir le dieu B et la déesse O debout sur le même serpent céleste et vidant l'eau de leur jarre sur la p. 30 du codex de Madrid ; voir aussi la p. 31b où Chac est assis sur un serpent semblable.

Les peintures des édifices 5 et 16 de Tulum sont un hymne à la fertilité. Les personnages sont entourés de bandes serpentiformes qui créent un environnement de richesse végétale. Les offrandes débordent d'un récipient (bol à pied évasé, gobelet, jarre) posé sur le sol, « flottant » dans la composition ou tenu en main ; le gobelet, simple ou en plusieurs parties rigides, est généralement prolongé de tissus. Ce sont deux ou trois glyphes hybrides, mélangeant les éléments des glyphes *imix* et *kan*, qui dépassent du bord des bols ou des jarres [1], et qui sont prolongés d'un ou de deux épis. L'offrande est parfois complétée d'une tresse, d'un nœud ou de bâtonnets qui pourraient figurer des lancettes dépassant du vase, qui seraient les seules et discrètes allusions au sacrifice dans ces compositions. Quoi qu'il en soit, le maïs est la partie la plus manifeste de l'offrande. On a identifié les trois dieux qui, dans les codex, sont désignés par les lettres K, B et E, et deux déesses, l'une jeune, l'autre vieille, qui pourraient correspondre à celles qui figurent dans les manuscrits et que l'on désigne par les lettres I et O. Toutes ces divinités, ainsi que celles qui n'ont pas été reconnues, sont proches les unes des autres, ne serait-ce parce que, dans presque tous les cas, des épis de maïs occupent une place privilégiée sur leur tête. En outre, B et K peuvent partager la même coiffure en sablier composée de tresses horizontales surmontées de plumes verticales terminées à leur tour par un épi horizontal. La tête de K constitue le heaume d'autres personnages. K manipule E en figurine, comme la jeune déesse qui porte dans la main et sur le dos des images de B. Quand elles ne présentent pas une offrande ou n'en reçoivent pas [2], quand elles ne manipulent pas une image divine, elles font une action directement liée au maïs : ainsi un vieux dieu (D ?) sème, et une jeune déesse moud sur son *metate*. Pour couronner le tout, le personnage le plus important de la structure 16, et à qui elle pourrait être dédiée, est un « dieu descendant », sans doute lui-même le dieu du maïs, E.

1. Voir dans le codex de Madrid (p. 51b) l'exemple d'une offrande consistant dans la paire *imix*/*kan*.

2. Le geste des deux mains tendues de direction opposée, qui ici paraît exprimer l'acceptation d'une offrande, est une convention que l'on retrouve dans les manuscrits mixtèques (voir par exemple l'attitude de Xochiquetzal et de Quetzalcóatl sur la p. 62 du codex Borgia).

Santa Rita Corozal

Cet important site que le pillage et surtout l'urbanisation de la ville moderne de Corozal ont réduit à peu de chose nous a laissé entrevoir fugitivement une partie du panthéon maya du XVe siècle, peint sur les murs d'un temple (édifice I), détruit peu après sa découverte par Thomas Gann il y a cent ans[1]. Il avait été recouvert d'une construction postérieure qui l'avait en partie préservé : en façade, le mur nord, percé d'une porte centrale de 0,91 m de large, était conservé sur toute sa longueur (10,86 m) ; les peintures qui s'élevaient jusqu'à la corniche du bâtiment, étaient encore bien visibles, sauf dans le bas. Celles qui décoraient le mur est avaient été vandalisées par les gens de la ville avant que Gann ait eu le temps de les relever. À l'ouest, le mur était conservé sur une longueur de 2,74 m et ses peintures en bon état. Le mur sud n'existait plus. L'intérieur de l'édifice était stuqué mais non décoré. À l'extérieur, les murs avaient été stuqués et peints au moins trois fois, mais des précédents décors, ne subsistaient que de faibles traces. Les peintures furent relevées par Gann à l'échelle de 1/6, et reproduites en couleur sauf quand les destructions étaient trop sévères *(voir planches 28 à 31)*.

La porte, au centre du mur nord, était encadrée par deux têtes d'un monstre reptilien de profil à la gueule béante, mais seule celle de gauche a été reproduite par Gann[2]. L'ouverture était probablement surmontée d'une tête reptilienne présentée de face, faisant ainsi de la construction un édifice tératomorphe comparable aux temples Chenes et Rio Bec. La porte divisait l'édifice en deux moitiés distinctes : les peintures de la moitié est du mur nord et celles du mur est se détachaient sur un fond bleu foncé, alors qu'à l'ouest les figures apparaissaient sur un fond rose. Bien que les deux couleurs expriment certainement une opposition fondamentale

1. Gann, 1900, pp. 665-677. Les Chase (1988, pp. 80-83) datent les peintures entre 1350 et 1500 et estiment qu'elles sont sans doute postérieures à celles de Tulum. Sidrys a obtenu une date de 14C de 1425±40 pour les restes de la structure I (1976, pp. 332-344).

2. Quirarte, 1982, p. 43.

comme nuit/jour ou monde souterrain/monde de surface, elles n'ont malheureusement pas permis d'opposer les personnages d'un côté à ceux de l'autre, en créatures de l'inframonde et créatures terrestres, ou en dieux nocturnes et dieux diurnes.

Les personnages sont montrés dans un cadre cosmique, c'est-à-dire sous le ciel et sur la terre. Le ciel comprend une bande céleste où alternent éléments trilobés (avec un « œil de nuit » au centre) et rayons solaires, au-dessous d'une mince bande divisée en panneaux qui pourrait représenter le corps du monstre céleste. Le sol est indiqué par un rang de crochets emboîtés qui représentent soit les écailles d'un reptile, soit les plumes du serpent à plumes. Il semble qu'à l'opposition bleu foncé/rose ait correspondu l'opposition crochets angulaires/crochets courbes. Le mur ouest a conservé, sous la série de crochets, une large bande où alternent deux champs différents *(voir planche 31)* : l'un d'eux consiste en cercles ou ovales emboîtés dont l'ensemble, comme à Balamku près d'un millénaire plus tôt, rappelle les écailles du crapaud ; l'autre est fait de quatre bandes superposées divisées en carrés avec un point au centre ou de côté, qui évoquent une peau de crocodile ou de serpent. Divers motifs ont été ajoutés au corps du monstre terrestre : au nord-est, un serpent à plumes avec un disque solaire comme collerette ; à l'ouest, un javelot, une plante, deux couteaux de sacrifice personnifiés, une bande torsadée (ver ?), une toile d'araignée au-dessus de deux signes *po* (T687). Au-dessous, une bande étroite occupée par de petits cercles auxquels, à l'ouest, des crochets se mêlent ; il s'agit de la surface des eaux souterraines semblable à celle de l'iconographie classique, ce que confirment un poisson (au nord-est) et un nénuphar (à l'ouest). On remarquera que le monstre terrestre n'est pas isolé du monde aquatique : la pointe d'un javelot dont la hampe recouvre le corps du premier baigne dans l'eau. L'ensemble illustre le thème de la terre vue comme un monstre reptilien flottant sur l'eau.

On ne peut dire grand-chose des figurations du mur est à partir du croquis que Gann nous a laissé après leur destruction volontaire [1]

1. « *The first wall to be exposed, the east, bore figures and a hieroglyphic inscription. Unfortunately, by the next day, the local inhabitants had removed the stucco, powdered it and taken it as medicine* » (Hammond, *in* Quirarte, 1982, p. 58). Voir Gann, 1897, p. 313.

(voir planche 29). On y voit deux personnages de profil gauche : le premier semble être un vieillard ; le second, au nez allongé, a une pose dynamique avec le bras droit levé, brandissant un objet, une hache selon Gann.

Sur la moitié est du mur nord sont peints neuf personnages, de profil droit ou de profil gauche, tantôt assis, tantôt debout *(voir planche 28).* Ils ont souvent les mains attachées et sont presque tous reliés entre eux par une corde, ou par des bandes qui émanent de leur corps et forment une torsade qui aboutit à la bande céleste. Le personnage 8 (le second depuis la porte), à l'intérieur d'un cadre rectangulaire, tient dans les mains la corde qui le relie à ses voisins 9 et 7 ; il ne s'agit cependant en aucun cas du rapport entre vainqueur et vaincu. Ces liens évoquent plutôt une pénitence ou un sacrifice collectif. Le plus souvent chacun de ces individus est accompagné d'une expression glyphique[1], et d'un signe *ahau* accompagné d'un chiffre. On trouve 12 *ahau* avec le personnage 8, 8 *ahau* avec le 7, puis 4 *ahau* avec le 6, 13 *ahau* avec le 5, 9 *ahau* avec le 4, rien avec le 3, 1 *ahau* avec le 2, rien avec le 1. La différence de quatre unités d'un *n ahau* à l'autre est la caractéristique d'une séquence de *tuns* (de 360 jours), nommés par le jour (*n ahau*) par lequel chacun d'eux s'achève[2]. Elle s'explique par l'arithmétique : 360 : 13 (chiffres) = 27 avec un reste de 9, d'où 13 – 9 = 4. La figure 3 devrait être accompagnée de 5 *ahau*, entre le 9 *ahau* de 4 et le 1 *ahau* de 2. Dans ces conditions, il est possible que les *n ahau* des figures 9 et 1 soient implicites. La séquence des *tuns* serait alors depuis la porte jusqu'au coin nord-est de la structure : (3 *ahau*), 12 *ahau*, 8 *ahau*, 4 *ahau*, 13 *ahau*, 9 *ahau* (5 *ahau*), 1 *ahau* (10 *ahau*).

Sur la moitié ouest du mur nord *(voir planche 30)*, on compte huit figures, mais seules les deux dernières sont accompagnées de notations *n ahau* ; la figure 7 avec 2 *ahau* est suivie (correctement dans l'ordre des *tuns*) de 11 *ahau.* Il est possible que la figure 6 ait perdu le 6 *ahau*, *tun* auquel elle aurait pu être associée ; quant aux autres

1. Il s'agirait de toponymes pour Stuart et Houston (1994, p. 80), qui identifient *uuk-ha-nal,* le composé « 6-*yax*-main » et le glyphe « jambes ». Ils interprètent les signes *ahau* et coefficient comme des dates de fin de *katun* et pensent que les toponymes se réfèrent aux lieux où les *katuns* ont été « établis ».

2. Thompson, 1971, pp. 198, 247.

personnages (1-5), on ne sait, à cause du mauvais état des peintures, s'ils étaient accompagnés d'un compte de *tuns*. La figure 4 est accompagnée d'un chiffre 4 qui précède le signe *ahau* surmonté d'un échassier, ce qui constitue un composé glyphique d'une autre nature ; en outre si l'on reconstitue la séquence à partir des *tuns* des figures 7 et 8, ce serait 1 *ahau* (et non pas 4) qui devrait correspondre au personnage 4.

Le décor conservé du mur ouest consiste en deux personnages qui se font face, de part et d'autre d'un tambour *(voir planche 31)*. Celui qui se trouve auprès de l'angle nord-ouest de l'édifice, est accompagné de 7 *ahau*, qui est correctement en séquence après le 11 *ahau* associé à la figure 8 du mur nord-ouest. En revanche, si à l'ouest on avait respecté cette même séquence, le 7 *ahau* serait suivi d'un 3 *ahau* ; or le personnage qui l'affronte de l'autre côté du tambour, est suivi d'un 8 *ahau*.

En résumé, la moitié est du mur nord nous offre des personnages associés à une séquence de *tuns* orientée de la porte vers l'est. On ignore si les figures de l'autre moitié du même mur étaient associées à un compte de *tuns*, ce qui ne peut être démontré que dans deux cas (figures 7 et 8) ; quant aux deux figures du mur ouest, elles sont accompagnées de notations *n ahau* qui ne sont pas dans l'ordre attendu.

On rappellera que le compte des *katuns*, individualisés par le jour *n ahau* sur lequel ils terminent, est au postclassique récent le mode usuel de situer dans le temps les événements. On trouve couramment dans les *Livres de Chilam Balam* des expressions comme « dans le premier *tun* de 1 *ahau*, celui du *katun* » ou « dans le premier *tun* dans le *katun* de 1 *ahau*[1] ». Les comptes de *tuns* en *n ahau*, bien que plus rares, ne sont pas exceptionnels. Dans le codex de Paris, le haut des pages 2-12 est occupé par trois personnages assis sur un glyphe *tun* ; entre les deux premières figures, on trouve deux dates *ahau*. En lisant celles du bas et en commençant par la page 2, on a l'ordre suivant qui est le même que celui des *n ahau* du mur nord-est de Santa Rita : 3-12-8-4-13-9-5-1-10-6-2 ; la lecture des dates du haut donne, toujours en partant de la page 2 : 9-5-1-10-6-2-11-7-3-12-8.

1. *Ibid.*, 1971, p. 197.

À cause du mauvais état du manuscrit, on ignore le nombre total et la disposition des personnages assis sur un *tun* [1]. On ignore également leur rapport aux dates *ahau* ; s'ils en sont les régents, pourquoi sont-ils le plus souvent trois pour deux dates ? Sur le haut de la page 5, une des mieux conservées du codex, le premier personnage, d'allure jeune (dieu du maïs ?) et qui présente un glyphe *kan*, est assis sur un *tun* à l'intérieur d'une construction ; à sa droite, on peut lire 4 *ahau* en bas et 10 *ahau* en haut ; la seconde figure assise sur un *tun* est un cerf ; la troisième, effacée, se tenait dans une pirogue. La relation du cerf est-elle avec la date du bas, avec celle du haut ou avec les deux ? Sur le mur nord-est de Santa Rita, ni la figure 6 associée à un 4 *ahau*, ni la 1 (le dieu L auquel correspondrait un 10 *ahau*) n'ont à voir avec un cerf ou un jeune dieu. Dans l'inscription au-dessus de ce dernier, on trouve en B2 un rare bloc glyphique dont le signe principal est le bas d'un corps humain vu de face ; à Santa Rita ce même glyphe se rapporte à la figure 2 à laquelle est associée la date 1 *ahau* ! Les *Livres de Chilam Balam* de Tizimin et de Mani produisent une série de *tuns* pour le *katun* 5 *ahau* ; sont rattachés à ces calendriers des événements historiques mais surtout des augures et des prophéties [2]. De même que chaque *katun* possède une divinité qui le patronne et que l'on appelle sa figure (*u uich* [3]), les *tuns* devaient posséder leurs propres régents. On sait peu de chose sur les patrons des *katuns* et, dans les rares cas où une divinité nous est connue, on ne comprend pas le rapport qu'elle entretient avec le *n ahau* qu'elle patronne ; ainsi, contrairement à toute attente, K'inich' K'ak Mo', le soleil diurne, n'est associé ni au quatrième *katun*, ni au *katun* 4 *ahau*.

Une difficulté survient quand un même *tun* 8 *ahau* est cité deux fois : il accompagne en effet le personnage 7 au nord-est et le 3 à l'ouest. Ces deux figures, très dissemblables, sont-elles deux aspects d'une même divinité ou deux dieux différents, tous deux régents du même *tun* ?

---

1. Love, 1994.
2. Roys, 1949. On trouve des comptes de *tuns* dans d'autres manuscrits : la *Chronique de Oxkutzcab*, le *Codex Pérez* (de 1758 à 1774), le *Chilam Balam* de Kaua (1797-1824), etc.
3. *U uich* est traduit « *his face* » par Roys (1967, p. 185) et « *his countenance* » par Thompson (1971, p. 204 et table 14).

En sortant du temple et en prenant à droite dans la partie est – à fond bleu foncé – *(voir planche 28)*, on trouvait d'abord un personnage debout aux poignets liés accompagné d'un quadrupède (tapir ou agouti). Son emblème est un oiseau à crête d'abord posé sur un bloc glyphique puis tombant à la verticale. La figure 8 qui lui fait face est accompagné de 12 *ahau* et d'un emblème à quatre éléments dans lesquels on reconnaît T589 et une jarre. Il porte sur la tête un autre emblème consistant en un avant-bras humain [1]. Ce personnage, à l'intérieur d'un cadre qui suggère une construction en bois, tient des deux mains la corde qui relie les figures qui l'entourent. Celle que Gann désigne par le numéro 7 est debout, de profil gauche, avec une bande peinte qui lui barre obliquement le visage. Il porte en sautoir le dessin d'un terrain de jeu de balle et il est coiffé d'une tête de chien ou de coyote [2]. Supposé patron du tun 8 *ahau*, il est désigné par les glyphes ciel et *yax*, précédés du chiffre 5. La corde qui attache son poignet droit lie les deux mains de la figure 6, patronne du *tun* 4 *ahau*. Son emblème ou son nom comprend les glyphes *akbal* et *imix*, précédés du chiffre 7. La figure 5 qui le suit mais auquel il n'est pas lié est assise dans les mâchoires d'un monstre cosmique et a les poignets liés. L'ensemble glyphique qui désigne l'ouest est placé derrière sa tête, au-dessus de laquelle on trouve un motif en boucle avec des rayons solaires. Patronne du *tun* 13 *ahau*, elle représente sans doute une divinité associée au soleil couchant, s'enfonçant dans les mâchoires du monstre terrestre. Une bande qui sort de son dos rejoint celle issue du corps du personnage 4 pour former une torsade. Ce dernier, patron du *tun* 9 *ahau* a dans sa coiffure l'image partielle d'une voûte céleste avec un masque solaire au centre [3]. À la hauteur de la ceinture se trouve un motif qui rappelle celui du rayon solaire, sans l'être [4]. Dans la figure 3 (à laquelle il n'est

1. Pour Quirarte (1982, p. 52) cet emblème identifierait le dieu aztèque Huehuecoyotl ; en effet, Seler, sur le codex Telleriano-Remensis, identifie cette divinité qui tient à la main un avant-bras humain (Seler, 1963, vol. 2, pp. 183-184, fig. 216).

2. Quirarte (1982, fig. 28c, d) compare cette tête à celle du cerf qui coiffe un personnage du codex de Madrid 39c. La comparaison est illusoire et l'animal de la figure 7 n'est certainement pas un cerf.

3. Ce motif est bien connu au classique récent ; voir par exemple la coiffure du roi sur le pilier D de la maison A de Palenque (Greene Robertson, 1985b, fig. 76-77).

4. Ce motif figure dans le dos des sarigues-*bacabs* porteurs de divinités des rites de Nouvel An, illustrés dans le codex de Dresde, pp. 25-28a. Thompson (1972) puis

pas lié) tout le monde s'accorde à reconnaître le dieu K des codex par l'importance et la forme de son museau. Il n'est accompagné ni d'un nom, ni d'un *n ahau*. On notera qu'il porte en sautoir une section de coquille ovale, le *oyohualli*, motif non maya très courant dans les codex mixtèques. Le dieu K est apparemment lié par une corde à la figure 2, assise (dans des mâchoires effacées ?) et dont la tête est comprise dans une gueule serpentiforme, comme celle du soleil qui figure au-dessus du tambour sur le mur ouest de la structure. Elle patronne le *tun* 1 *ahau* et le bloc glyphique qui la désigne a pour signe principal le bas d'un corps humain. Une torsade relie cette figure (solaire ?) et la suivante, la dernière avant le coin nord-est du bâtiment. C'est un vieillard debout, aux deux poignets liés. On peut l'identifier comme le dieu L par sa bouche édentée, ses peintures faciales et l'oiseau qui constitue sa coiffure [1]. Comme la figure 3, il porte en sautoir le *oyohualli* et n'est accompagné ni d'un *tun* ni d'un nom, titre ou emblème.

La première figure du côté ouest, peint en rose, du mur nord *(voir planche 30)*, se tient debout sur les deux brins d'une bande en partie tressée qui pend de sa ceinture (?). Son visage est effacé. Elle se dirige vers la porte, chargée d'offrandes ; le bol qu'elle tient de la main droite contient un cône hérissé de pointes (un pain de copal muni de pointes pour rappeler les pointes des encensoirs ?). Derrière elle se trouve le haut d'une plate-forme surmontée d'un temple vu de profil : on identifie un des ornements de son toit en forme de volute, et la moulure en trois parties, auprès de laquelle se trouve une conque. On voit le départ du talus du dernier corps de la plate-forme dont le sommet s'orne à ses extrémités de deux blocs carrés en forme de cosmogramme ; un félin (dont seuls les membres sont conservés) se tient sur le seuil du temple. Lui-même ou une autre créature effacée était relié par une corde à une divinité assise dans les mâchoires d'un monstre cosmique. Elle élève vers le ciel un petit personnage qui semble divin (comme les autres), et porte au

---

Quirarte (1982, p. 51, fig. 28i-j 1) identifient cet objet comme une armature de porteur. Cette interprétation déjà contestable dans les pages du codex n'a pas de sens avec les personnages de Santa Rita.

1. Quirarte (*ibid.*) voit dans cet oiseau non un *muan*, mais un dindon qu'il compare avec celui illustré dans le codex de Madrid, p. 91a.

niveau de la ceinture le motif qui rappelle la base d'un rayon solaire, mais qui est généralement interprété (à cause des contextes où il se manifeste, plus qu'en raison de sa forme) comme une armature dorsale de porteur. À cause de sa coiffure, ce personnage pourrait être le dieu du maïs ; dans ce cas, le petit anthropomorphe qu'il brandit représenterait l'épi[1]. L'individu suivant (4), très effacé, lève une main tout près du visage. Il est accompagné d'un ensemble glyphique comprenant quatre éléments, dont un 4 *ahau* surmonté d'un cormoran. Mis à part le haut de sa coiffure, il ne reste plus rien de la figure 5 qui était sans doute reliée par une corde aux poignets liés de la figure 6, un homme debout portant un heaume et un pectoral de hibou. De son nom ne subsiste qu'un seul glyphe et il n'y a pas trace d'un éventuel *n ahau*. La figure 7 est assise sur un échafaud rectangulaire ; aucun lien ne la relie aux figures précédentes ou suivantes, ses mains ne sont pas attachées, mais elle porte des brassards et bracelets de corde qui indiquent sa condition de victime. Sa tête est coiffée d'un heaume animal, sans doute de pécari ; derrière le heaume se trouve une sorte d'écu d'où rayonnent des ovales pointus (*oyohuallis* ?). Le même motif orne le dos de la coiffure de la figure précédente. L'homme sur l'échafaud est accompagné d'un glyphe suivi du chiffre 10, et de 2 *ahau* qui se réfère au *tun* qu'il patronne. Les pieds de la dernière figure avant l'angle nord-ouest, reposent sur les corps de deux serpents (l'un d'eux s'est glissé dans un *oyohualli*) qui s'étaient auparavant entrecroisés pour former une sorte de natte cachant le bas du corps de la divinité. Ainsi la figure 8, comme la 1, est volontairement placée au-dessus du sol. C'est un homme âgé, dont le visage ressemble au dieu D des codex, et qui brandit de la main droite un serpent formant une boucle ; un oiseau à crête forme sa coiffure. Il est patron du *tun* 11 *ahau* et son emblème comprend les glyphes *ah po* (c'est-à-dire *ahau*), *yax* et *manik*, ensemble accompagné du chiffre 6. Ce nom ou ce titre désigne une divinité de l'ouest dans les tables de Vénus du codex de Dresde[2].

---

1. Jourdan, 1999.
2. Thompson, 1971, p. 224 ; fig. 42 : 8.

Le mur ouest montrait au moins trois individus, mais seuls deux sont bien conservés *(voir planche 31)*. Le premier, la tête rejetée en arrière et le pied droit levé, semble danser. D'une main il brandit un hochet vers le ciel, alors que de l'autre il frappe un tambour vertical. Il a le long nez droit « à la Pinocchio » des dieux du commerce, dans son dos pend l'armature de porteur, et dans ses jambes se balance l'*oyohualli*. L'emblème qui le désignait a presque entièrement disparu, mais un 7 *ahau* est bien visible[1]. Le tambour, tendu de peau de jaguar (?), et marqué de signes *cauac* est entouré de cordes. Le son, sous la forme de volutes doubles, monte en direction du soleil au visage humain pris dans de grandes mâchoires et entouré d'un disque rayonnant. Devant le tambour, un crâne humain laisse échapper de ses mâchoires deux flots de volutes doubles : l'un d'eux monte au ciel, l'autre descend vers la terre, évoquant la double destination des sacrifices qu'exhibe le personnage qui marche vers lui. Ce dieu tient par leur chevelure les têtes décapitées de deux divinités : au soleil est présentée la tête du dieu M, un des dieux du commerce, facilement reconnaissable à son nez « à la Pinocchio » et à sa lippe ; vers la terre pend la tête d'un vieux dieu qui est peut-être le soleil, G des codex[2] ; on notera qu'un *oyohualli* orne son oreille. Le porteur des restes macabres, sur la tête duquel est accroupi un petit quadrupède, est accompagné d'un 8 *ahau* de grande taille mais ne possède pas d'emblème glyphique. Nous savons peu de chose du quatrième personnage, très effacé, sinon qu'il était debout, de profil droit, porteur de la pseudo-armature, et qu'à ses pieds se trouvait la tête décapitée d'un jaguar.

Jusqu'à présent les peintures murales de Santa Rita Corozal ont retenu l'attention plus pour les problèmes de forme qu'elles présentent que pour leur contenu. On s'est étonné, à juste titre, de leur apparence exotique au cœur du pays maya, de leur style angulaire, et l'on s'est demandé à quelle culture on pouvait attribuer leur pater-

---

1. Quirarte (1982, p. 52) rapproche ce personnage du danseur au long nez qui accompagne Huehuecoyotl à la page 64 du codex Borgia ou du joueur de tambour (cette fois-ci au nez court) du Borbonicus (Seler, 1963, vol. 2, fig. 215-217). Cette comparaison tout en étant acceptable ne suffit pas à entraîner notre adhésion ; en effet, le personnage qui fait face au danseur n'est pas Huehuecoyotl.

2. Beyer, 1919, p. 118.

nité. Les spécialistes ont considéré le style de ces peintures comme un mélange maya et non maya, qu'ils ont appelé toltèque, mixtèque, mixteca-puebla et/ou mexicain [1]. On a créé pour Santa Rita, Tulum, Mitla et autres, le concept de style postclassique récent international [2]. Le plus souvent on interprète ces peintures comme le récit imagé d'une guerre (mur est), la capture des prisonniers (mur nord), suivie de leur mise à mort (mur ouest) [3].

Ce ne sont pas des personnages historiques qui sont peints sur les trois côtés connus de l'édifice, mais des dieux. Certains ont été identifiés, notamment dans les codex ; l'aspect « grotesque » du visage des autres trahit des êtres surnaturels. Deux d'entre eux (1 et 8 du mur nord-ouest) ne reposent pas sur le sol, mais apparaissent dans une sorte de lévitation avec les pieds sur un support qu'ils secrètent eux-mêmes. Il est vrai que le style raide et angulaire des peintures doit beaucoup à des influences extérieures, mais les personnages sont grands par rapport à ceux des peintures mixtèques ou aztèques, et leur accoutrement est beaucoup plus complexe, et apparemment plus riche symboliquement que sur le haut plateau. En dépit de quelques emprunts à l'iconographie mixtèque (comme la bande céleste ou le *oyohualli*), les personnages sont tous, jusqu'à preuve du contraire, des dieux mayas. On a reconnu les dieux L, K, M, G et peut-être E ; on a identifié un autre dieu du commerce et un dieu solaire, mais l'identité de la majorité nous demeure inconnue et l'on peut s'étonner de l'absence de dieux qui ailleurs (que ce soit à Tulum ou dans les codex) sont si importants, comme les dieux B (Chac), N ou les *bacabs*, ou A (dieu de la mort). Il est encore moins question ici de Tezcatlipoca, Tlaloc ou Xipe Totec ! Il semble que nous ayons à Santa Rita quantité de dieux locaux que nous ne retrouvons ni à

1. Voir la bibliographie des études stylistiques sur Santa Rita dans Quirarte (1982).

2. Robertson, 1970. Quirarte (1982) s'est attaché à les comparer aux peintures des codex mixtèques tout en négligeant le style des autres productions, céramiques par exemple, du site. Il pense que des artistes locaux ont reproduit des motifs et des thèmes mixtèques (comme le dieu Huehuecoyotl), qui était alors la culture dominante.

3. Gann, 1900, pp. 676-677 ; Spinden, 1913, pp. 213-214 ; Beyer, 1921, pp. 520-524 ; Quirarte, 1982, pp. 54 *(« The murals probably commemorate a battle and its outcome between Maya and non-maya groups. These events are presented figuratively and symbolically »).*

Mayapán ni à Tulum. Cela donne une idée de l'importance à cette époque de la régionalisation religieuse.

Sur le mur nord, les dieux sont tous présentés comme des victimes de sacrifice, et ceux qui n'ont pas les poignets liés portent des liens symboliques sous forme de brassards et de bracelets de corde ; l'un d'eux est même assis sur un échafaud, attendant son supplice. Où sont les bourreaux de toutes ces victimes, où sont les vainqueurs de tous ces vaincus ? Leur absence confirme que l'on a affaire non à un épisode historique mais à un mythe où les acteurs sont des dieux qui se sacrifient eux-mêmes. Le personnage imprécis qui sur le mur est brandissait, aux dires de Gann, une hache n'était pas le héros d'une bataille, mais un dieu qui sacrifiait ses compagnons. Sur le mur ouest, le sacrifice est consommé et un des dieux des marchands danse et joue de la musique pour le soleil. Celui qui lui fait face présente les têtes décapitées de deux compagnons, l'une au soleil, l'autre à la terre, reprenant la double destination du sacrifice que le crâne – symbole de mort – illustre par son chant.

C'est la première fois que les Mayas nous racontent aussi clairement le sacrifice collectif des dieux, thème courant dans le rituel et la mythologie aztèques, et il peut s'agir ici de l'illustration d'un mythe d'origine mexicaine. À l'époque classique, certains vases, comme celui conservé au Metropolitan Museum, nous présentent des scènes de sacrifice, mais individuel, d'un être surnaturel où dominent les traits du jaguar. À Santa Rita également, le sacrifice du jaguar est attesté ; sur le mur ouest (4), on peut voir la tête décapitée du félin qui est peut-être celle du même animal assis dans le temple du mur nord-ouest.

N'oublions pas cependant que beaucoup de ces dieux, sinon tous, sont patrons ou régents de *tuns*, et que ces *tuns* sont présentés dans leur séquence chronologique. L'édifice 1, en partie tout au moins, peut donc avoir été conçu comme la matérialisation d'une « ronde des *tuns* », à la façon de la *rueda de los katunes* illustrée par Landa. Le mur nord-est (pour ne prendre que cette partie, la seule certaine) montre l'image spatiale d'une durée de 7 à 9 *tuns* (2520 à 3240 jours). Il ne serait pas étonnant, dans ces conditions, que l'édifice ait été le cadre de déambulations, comparables à celles décrites par Landa pour le Nouvel An.

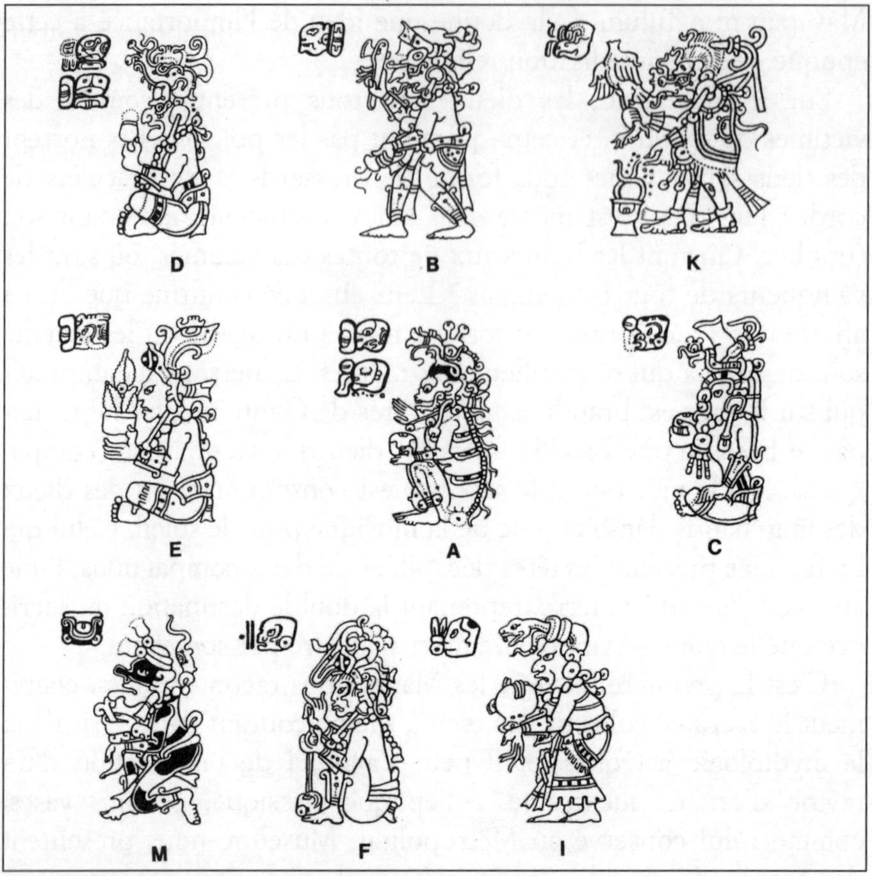

3.7. Les divinités des codex dans la classification de Schellhas, avec les lettres qui les désignent.

Les dieux des codex

Les personnages dessinés dans les codex de Dresde, de Madrid et de Paris peuvent être considérés comme des dieux en raison de leurs caractéristiques suivantes *(figure 3.7)* :

1. Sur un corps anthropomorphe, leur tête n'est pas humaine, mais intentionnellement « monstrueuse » ou « grotesque », c'est-à-dire composée de traits symboliques empruntés aux règnes animal et végétal.

2. Dans le même codex et d'un codex à l'autre, on identifie un nombre limité de ces personnages aux manifestations récurrentes, par des traits physiques, des éléments du costume ou des attributs spécifiques.

3. Ils sont non seulement individualisés par leur apparence mais aussi par leur nom hiéroglyphique ; même si le plus souvent on ne peut ni le prononcer ni trouver son sens, un même composé glyphique est systématiquement associé au personnage qu'il nomme.

4. Ils sont montrés accomplissant une action souvent rituelle ; ainsi, ils présentent ou reçoivent des offrandes d'encens ou de nourriture, pratiquent l'autosacrifice et le sacrifice, etc.

5. Ils ont une place définie dans le calendrier, donc cycliquement récurrente.

6. Ils influent sur le cours des choses pendant la période à laquelle ils sont associés, ce qui permet des prédictions sous forme d'augures favorables ou défavorables.

7. Comme certains dieux méso-américains, ils ont parfois quatre aspects qui correspondent chacun à un orient.

Dès 1897, Paul Schellhas avait fait une typologie de ces personnages et avait désigné arbitrairement et prudemment chacun de ces dieux par une lettre *(figure 3.7)*. L'usage s'est maintenu parmi les mayanistes de mentionner le dieu B ou le dieu D, même si l'on a cru leur trouver une équivalence avec une divinité mentionnée dans un texte maya ou espagnol d'après la Conquête (ici Chac et Itzamna), et si l'on croit connaître leurs attributions (respectivement dieu de la pluie, et dieu du ciel, créateur, grand devin, etc.). Ce n'est pas tout de croire à l'existence des dieux dans la deuxième moitié du postclassique, encore faut-il connaître leur nom et leur nature.

Très tôt, la liste alphabétique de Schellhas a été complétée par une liste de noms propres reprenant ceux cités par Landa ou les *Livres de Chilam Balam*. Les équivalences ont été faites souvent sur des bases fragiles mais, curieusement, ne sont jamais mises en doute. L'existence des dieux et leur personnalité n'est contestée par personne surtout parce que la majorité de nos collègues supposent (bien légèrement) que les mêmes dieux ont existé chez les Mayas de tout temps (pour certains d'entre eux dès le préclassique)[1].

1. Taube (1992) voit déjà le dieu Chac dans le personnage au long nez de la stèle 1 de Izapa.

Les principales figures du panthéon maya

J. E. S. Thompson et l'« invention » d'Itzamna

Pour certains auteurs, Itzamna était alors la divinité la plus importante du panthéon maya[1]. La *Relación de Valladolid y Tiquinbalon*[2] nous rapporte qu'avant l'introduction de l'idolâtrie les Indiens adoraient un seul dieu appelé Hunab (« unique ») Izamana (Itzamna). Pour Las Casas, Izona (Itzamna) était Dieu le Père, créateur de toutes choses. Dans le dictionnaire de Vienne, il apparaît comme le dieu principal, incorporel et créateur de toutes choses. On le connaît sous des noms divers qui expriment autant d'aspects, les uns célestes et les autres terrestres, d'une personnalité riche et complexe : Itzamna Kauil (« Récolte Abondante »), Itzamna T'ul (« Lapin », un aspect malveillant du ciel qui retient les pluies), Itzamna K'inich' Ahau (« Seigneur à visage de ciel » = soleil), Itzamna Kabul (« Créateur »), Itzamna Cab ou Cab Ain (« Terre » ou « Terre Crocodile »).

En 1939, Thompson identifie Itzamna avec le monstre céleste à partir d'interprétations étymologiques que d'aucuns pourraient juger fantaisistes[3]. Il interprète tous les monstres cosmiques représentés à l'époque classique comme des images d'Itzamna et donc de nature céleste ; les symboles aquatiques, comme le nénuphar, associés aux monstres cosmiques se réfèrent pour lui à l'eau du ciel et non à celle de la terre. Il pense que les masques qui décorent les façades du Yucatán représentent des monstres célestes plutôt que Quetzalcóatl, théorie courante à l'époque. Il est cependant conscient qu'il est « difficile de décider si les monstres terrestres étaient distincts des monstres célestes dans les croyances mayas »[4] et pense que, comme dans la « tradition mexicaine », il y avait chez les Mayas quatre Itzamnas ou monstres célestes, associés aux quatre directions. Il identifiait alors Itzamna au dieu K des codex.

1. Thompson, 1970, pp. 209-233.
2. In *Relaciones...* 1983, vol. 2, p. 161.
3. Thompson, 1939, pp. 152-153.
4. *Ibid.*, p. 156.

Dès 1950 et surtout en 1970, dans *Maya History and Religion*, Thompson traduit Itzam Na par « maison de l'Iguane », à partir de la définition du mot *itzam*, donnée par le dictionnaire de Vienne : « *lagartos como iguanas de tierra y agua* ». Le mot espagnol *lagarto* peut se référer à divers reptiles (crocodile, iguane ou lézard) mais Thompson préfère la traduction « iguane » pour des raisons, à mon avis, peu convaincantes [1]. Quoi qu'il en soit, cet auteur identifie le monstre céleste de l'époque classique, aux caractères reptiliens indiscutables, comme Itzam, confirmant ainsi du même coup son aspect céleste et son aspect « iguane ». Quant à Na, il le traduit par « maison », l'un des sens de ce mot. Utilisant à la fois son interprétation du nom Itzam Na et les images cosmiques du classique récent, Thompson propose que « les Mayas concevaient le monde comme l'intérieur d'une maison dont le toit et les murs étaient formés par quatre iguanes géants dressés avec la tête en bas, chacun caractérisé par une direction et une couleur » comme les quatre Itzam Na dont parle le *Rituel des Bacabs* [2]. Si dans les images classiques, ces iguanes sont souvent bicéphales, c'est parce que – selon Thompson – la « maison » nous est montrée en coupe et « les queues [des reptiles] qui se joignent au zénith sont éliminées afin de produire une créature à deux têtes [...] les *Itzam* qui forment le *Na* du monde se prolongent vers le bas pour former le sol de la maison qui est normalement la surface terrestre, et sont alors appelés Itzam Cab ou Itzam Cab Ain [3] ». Ceci nous permet de comprendre pourquoi « dans l'art monumental de la période classique, les aspects célestes et terrestres d'*Itzam Na* sont constamment mélangés... [4] ».

Cette construction à la fois compliquée et ingénieuse présente le défaut majeur de faire fi de la chronologie, en supposant sans discussion que les monstres cosmiques du classique étaient appelés d'une expression attestée seulement au XVIe siècle. En outre, l'interprétation linguistique qu'en fait Thompson est très probablement erronée, comme le signale le dictionnaire Cordemex [5]. Son auteur

1. *Ibid.*, p. 212.
2. *Ibid.*, p. 214.
3. *Ibid.*, p. 215.
4. *Ibid.*, p. 218.
5. Barrera Vasquez, 1980, p. 272.

fait en effet remarquer que le mot *itsam* n'est pas utilisé en maya pour désigner la moindre espèce de reptile, et ne se trouve que dans le nom propre se référant à la « divinité ». Son étymologie serait plutôt *its-a'-am* que l'on pourrait traduire approximativement par « mage des eaux ».

Malgré ces réserves, il est fort probable que Thompson ait eu raison de penser que Itzam Na/Itzam Cab ait formé une paire correspondant à la représentation Ciel/Terre de l'époque classique. Si Itzam Na désignait au début du XVIe siècle le dieu du ciel ou le ciel, on peut s'attendre qu'il ait pu acquérir un statut exceptionnel avec les missionnaires ; si ceux-ci cherchaient à faire dire aux Indiens le nom d'un dieu unique, créateur, qui correspondrait à « notre Père qui êtes aux cieux », le nom d'Itzam Na leur a été donné tout naturellement en réponse à leurs interrogations.

Thompson ne s'est pas assez méfié de ce probable détournement de la pensée indigène au profit de la cosmologie occidentale et a fait d'Itzam Na (et de son aspect terrestre Itzam Cab Ain) une divinité suprême, tendant à englober les autres entités du panthéon et en passe de devenir le dieu unique. Ainsi, la créature qui dans l'iconographie classique représente la foudre et que l'on appelle souvent dieu K est pour lui, « une manifestation d'Itzam Na, particulièrement sous son aspect végétal". Cela parce que la hache fumante plantée dans le front, caractéristique de cette créature, est interprétée par Thompson comme une pousse végétale, image de croissance *(bil)* et de fécondité. Il désigne cet aspect d'Itzam Na par les noms de Itzam Na Kauil (« Récolte Abondante ») ou Bolon Ts'akab (« Neuf » ou « Nombreuses Générations »)[1].

1. En revanche, les noms de Bolon Ts'akab et de Uuc ti Cab (« Sept Terre ») conviendraient assez bien à la paire classique, que j'appelle « 9 tête » et « 7 tête », et qui sont des formes symboliques représentant des aspects de la terre nourricière (voir p. 173). Dans sa figure 7 Thompson (1970, p. 225) a tort, à mon avis, de donner la même valeur au glyphe classique du dieu K précédé du chiffre 9 (tous exemples provenant de Copán) et à « 9 tête ».

Itzamna et le dieu D

Dans les codex, le dieu D, à la bouche édentée, est, avec G, N et L, un des dieux âgés du panthéon maya. Un filet pourvu de protubérances souligne toujours son œil. Il porte devant le front un signe *akbal* d'où pend une guirlande. Le glyphe de son nom reproduit sa tête (T1009) précédée du même signe et guirlande (T152 ou Z13) et suivie du postfixe *na*.

Il est possible mais, à mon avis, loin d'être certain que Itzam Na ait figuré dans les codex sous les traits du dieu D. Les arguments de Thompson pour établir cette équivalence n'entraînent pas tous l'adhésion :

1. Le premier, le moins discutable, est emprunté directement à Eduard Seler[1]. Landa, dans sa description des fêtes de fin d'année, donne les noms des patrons des quatre groupes d'années (Kan, Muluc, Ix et Cauac) dans l'ordre suivant : Bolon Ts'akab, Ki'nich' Ahau, Itzam Na et Uac Mitun Ahau (un dieu de la mort) ; dans le codex de Dresde, dans les pages 25-28 consacrées aux mêmes cérémonies on trouve successivement comme patrons pour les mêmes années : les dieux K, G, D et A', un dieu de la mort. L'équivalence Itzam Na et Dieu D serait établie par la troisième place que ces deux entités occupent. Selon Thompson, Bolon Ts'akab, le dieu K est un aspect d'Itzam Na, identifié comme dieu D.

2. Itzam Na étant le dieu principal au Yucatán, il doit trouver sa place dans les codex ; d'après Thompson, seuls C et D n'ont pas été identifiés avec certitude. Comme C ne semble pas un bon candidat, il reste D. On pourrait cependant s'étonner, eu égard à l'importance prêtée à Itzam Na, de la fréquence relativement faible de D dans les codex : il n'y apparaît que 103 fois alors que le dieu B s'y manifeste 218[2] !

3. Dans le codex de Dresde (pp. 4b-5b) une tête de vieillard comparable à celle du dieu D sort de la gueule d'un monstre repti-

1. « Names of the Maya Gods Pictured in the Dresden Manuscript », in *Collected Works in Mesoamerican Linguistics and Archaeology*, vol. I, pp. 90-103. Laberynthos, 1990 (traduction d'un article paru en 1887).

2. Schellhas, 1904, p. 46.

lien bicéphale, sans doute terrestre et non céleste ; une telle association indiquerait pour Thompson que « le dieu en question est un aspect d'Itzam Na[1] ». Dans l'iconographie classique, un *bacab* aux traits de vieillard sort parfois de la gueule du monstre terrestre : cela ne nous permet pas pour autant de déclarer l'identité du *bacab* et d'Itzam Na.

La principale raison qui me fait douter du dieu D comme Itzam Na est l'absence dans ses traits comme dans son glyphe de quoique ce soit qui évoquerait sa nature cosmique, céleste ou terrestre. Je partage l'opinion de Seler qui, après avoir rencontré au cours de son article diverses difficultés au sujet de l'identité d'Itzam Na, finit par écrire : « Il est probable que le nom Itzamna avait un sens plus général et que, avec quelques adjectifs *(adjuncts)* complémentaires, il était utilisé pour différents dieux. Landa lui-même nomme, outre un Itzamna proprement dit, un Itzamna Kauil et un Kinch Ahau Itzamna. Ce dernier, nous l'avons vu, n'est qu'une forme du dieu solaire. Le second, Itzamna Kauil paraît, si l'on en croit le dessin du codex Tro [Madrid], être identique au dieu avec le signe *kan* [le dieu du maïs]. »

Comme Thompson, Karl Taube (1992) identifie Itzam Na au dieu D et en fait un des plus importants du panthéon maya. Un des attributs de D, on l'a vu, est un ornement comprenant un cartouche où s'inscrit le signe *akbal*, « noir », obscurité. Le nom d'*Itzam Na* serait composé à partir d'*itz*, un emprunt bien hypothétique au nahuatl *iztli*, « obsidienne ». Cette interprétation permet à Taube de voir dans le cartouche avec *akbal* un miroir d'obsidienne utilisé dans la divination. *Akbal* est en fait très largement utilisé dans l'iconographie pour indiquer ce qui est associé à la mort et à l'inframonde, mais n'est pas suffisant pour identifier des formes classiques de dieu D.

Le dieu B et Chac

Le dieu B à l'aspect caractéristique (tête reptilienne, long nez pendant au bout retroussé, crocs en crochets dépassant de la

1. Thompson, 1970, p. 229.

mâchoire supérieure) est la divinité la plus souvent représentée dans les codex (141 fois dans celui de Dresde), et généralement sous quatre (et parfois cinq) aspects correspondant aux directions cardinales. Ces représentations du dieu B sont souvent perchées dans les arbres de ces cinq directions. Le glyphe du dieu B est un visage de profil à l'œil en forme de T (*ik*) dessiné sur le dos d'une main (T668), suivi de l'affixe T102 (*figure 3.7*). Le dieu B brandissant un serpent ou une hache, symbole de foudre, apparaît fréquemment associé à la pluie que souvent il provoque, notamment en versant sur le maïs ou sur le monde le contenu d'une jarre pleine d'eau[1]. Sur la page 31 du codex de Madrid, un flot de pluie s'échappe de son corps ; il est entouré de quatre crapauds crachant de l'eau et placés aux quatre directions cardinales. Ces exemples montrent que B est très probablement le dieu de la pluie, Chac. Ses caractéristiques physiques combinent des attributs de deux créatures de la période classique : le monstre terrestre dont le museau pendant au bout retroussé est devenu un nez de même forme, et la foudre personnifiée aux traits ophidiens.

On a prétendu que Chac existait déjà au classique, tantôt parce qu'on a cru lire l'expression *chac xib chac* (« le *chac* rouge, de l'est ») sur une poterie[2], mais sans mention des autres *chacs* (blanc, noir, jaune) ; tantôt parce que le personnage principal de la stèle 14 d'Uxmal est désigné par le glyphe *chac*[3]. Il ne s'agit pas ici nécessairement d'une référence au dieu postclassique, car *chac* signifie également « grand », « rouge » ou « sévère », qualificatifs qui peuvent fort bien s'appliquer à un souverain[4].

Le dieu B est une divinité majeure sur les peintures de Tancah et de Tulum, alors qu'il est absent de celles de Santa Rita. À Mayapán, B est représenté par un seul encensoir entier (*figure 3.4 A, page 338*)

1. Codex de Madrid, 26d, 30a. Thompson (1970, p. 257) a noté les nombreux points communs de Chac et de Tlaloc, le dieu mexicain de la pluie : quatre ou cinq aspects associés aux directions cardinales et aux couleurs, relation étroite avec les serpents, port de haches et de foudres, usage de jarres renversées pour faire pleuvoir, production d'éclairs et de tonnerre, goût pour les victimes enfantines.

2. David Stuart cité par Schele et Miller, 1986, p. 49, note 55.

3. Kowalski, 1985a.

4. À l'époque de la Conquête, le mot *chac* désignait aussi certains membres du clergé qui assistaient les prêtres. Tozzer, 1941, p. 112, note 514.

et par six têtes[1] provenant du même type d'objets. Comme le dieu D, son œil est souvent souligné d'un filet pourvu de protubérances, des crocs dépassent de sa bouche et encadrent quatre dents. Les zones ovales peintes autour de ses yeux produisent des sortes de lunettes, rappelant celles du dieu mexicain Tlaloc. Les peintures dominantes sont le bleu et le vert, couleurs de la pluie ; parfois, le visage est divisé en deux moitiés peintes de couleurs différentes. Le personnage sur l'exemplaire entier de Mayapán est coiffé d'un heaume d'oiseau, et tient en mains une petite jarre (pour arroser le monde[2] ?) et une boule d'encens en train de brûler. B peut figurer aussi sur des vases, et notamment en dieu descendant[3].

Selon Landa[4], chaque direction cardinale avait pour augure, en plus d'un *bacab* et d'un Pauah Tun[5], un Xib[6] Chac désigné par la couleur de son orient : Kan Xib Chac, Chac Xib Chac, Sac Xib Chac, Ek Xib Chac. Si le même auteur les cite explicitement comme dieux des champs de maïs[7], ils interviennent dans des cérémonies destinées à apporter la pluie et sont donc aussi et surtout des dieux de la pluie et du tonnerre. Il n'y a pas ici de contradiction : si Chac est à la fois dieu de la pluie et des milpas, c'est parce que les récoltes sont étroitement liées aux précipitations. Rien d'étonnant à ce que B joue un aussi grand rôle dans le codex de Dresde, dans lequel sont réunis tant d'almanachs à l'usage des agriculteurs.

Déesses

La déesse O, une vieille femme, qui dans le codex de Dresde a le corps parfois peint en rouge et dont le nom est préfixé par T109

1. Thompson, 1957, pp. 606-608 ; fig. 1a-d, 3f.
2. Voir p. 37c du codex de Dresde, B sous la pluie avec une petite jarre dans le dos.
3. Winters 1955, fig. 3o-p.
4. Tozzer, 1941, p. 137 et suiv. ; note 639.
5. Quatre divinités de la pluie ou du vent, difficiles à distinguer des *chacs* et des *bacabs*. Voir Tozzer, 1941, p. 135, note 632 ; p. 137, note 638.
6. Le mot *xib* signifie « homme », « mâle ». Voir Barrera Vasquez, 1980, p. 941.
7. Au cours de la fête Oc Na célébrée dans les mois Chen ou Yax, où l'on rénovait le temple des *chacs*. Voir Tozzer, 1941, p. 161. Dans le codex de Madrid (p. 24b), la tête de B joue le rôle de la terre nourricière en donnant naissance à des plants de haricots qui s'enroulent autour d'un tuteur ; sur l'image suivante (p. 25b) c'est du glyphe *caban* que poussent les mêmes haricots.

désignant précisément cette couleur, est étroitement associée à Chac dont elle pourrait être la compagne[1]. Elle fait comme lui pleuvoir en renversant sa cruche[2] ; d'autres images des codex montrent des flots qui s'échappent de ses aisselles et de son entrejambe[3]. Ses mains sont armées de griffes et elle porte généralement sur la tête un serpent noué. On la distingue de la déesse I, dont le glyphe principal possède un des éléments de *caban* auquel on donne la valeur phonétique *u*, « lune » ; le signe principal a souvent pour préfixe *zac*, « blanc », sans doute pour la distinguer de la vieille déesse rouge. I comme O sont associées au tissage[4].

On a beaucoup discuté sur la question de savoir si l'une des déesses des codex correspondait à Ix Chel, une des plus importantes divinités du Yucatán du XVIe siècle, qui attirait les pèlerins dans son sanctuaire de Cozumel. Si la question n'est pas résolue, c'est à cause à la fois de la prolifération des divinités locales et de la multiplicité de leurs aspects. Selon Landa, Ix Chel est déesse de la fécondité, de la médecine et de la divination. Thompson identifie Ix Chel à la déesse de la lune et en fait la femme de K'inich' Ahau Itzamna[5], l'aspect solaire d'Itzamna. Le même auteur ainsi que d'autres reconnaissent Ix Chel dans la déesse I des codex ; d'autres préfèrent la voir dans la déesse O[6].

Parmi les divinités peintes sur les murs des sanctuaires de Tulum, on reconnaît deux femmes, l'une jeune, l'autre vieille *(voir planches 33 et 27 b).* Cette dernière qui brandit un bâton-serpent pourrait être O en raison de sa coiffure nouée sur le sommet de la tête. La jeune femme qui moud le maïs sur son *metate* dans la structure 16 a la même coiffure que celle qui présente une offrande à Chac dans la

1. B et O sont assis face à face, très près l'un de l'autre, comme accouplés. Voir code de Dresde, p. 42b.

2. Dans cette opération, B et O sont ensemble sur le codex de Madrid, p. 30a. La vieille déesse est seule à faire pleuvoir dans le codex de Dresde, pp. 39b, 43b, 67a, 74, et dans celui de Madrid, p. 10b. Rappelons la présence de cette vieille femme munie d'une cruche dans le temple des Guerriers de Chichén Itzá.

3. Codex de Madrid, pp. 30b, 32b.

4. Dans le codex de Madrid, la déesse I tisse p. 102b et file p. 102c. On peut voir O tisser p. 102d.

5. Thompson, 1939, et Tozzer, 1941, p. 10, note 45.

6. Schellhas, 1903 ; Thompson, 1970, p. 248 ; Taube, 1992, pp. 64-68.

structure 5. Une autre déesse, ou la même, tient en main et porte dans le dos le dieu B sous forme de figurine. Ces déesses, manifestement liées au cycle agricole, peuvent fort bien représenter des créatures distinctes de celles des codex. À celles-ci il faut ajouter des déesses d'origine étrangère, comme Tlazolteotl, que Thompson a reconnue sur des fragments d'encensoir de Mayapán[1].

Le dieu K

Un long et large museau retroussé à la verticale[2] est la caractéristique essentielle du dieu K identifié par Seler[3] à Bolon Ts'akab (« Neuf Générations »), dans la mesure où il occupe, dans la liste des divinités tutélaires des années donnée par Landa, la place qui correspond au dieu K sur la page 25 du codex de Dresde. Seler pense que ce dieu est très proche du dieu de la pluie, sans doute un dieu de l'eau. Dans le manuscrit de Dresde, il n'apparaît que cinq fois[4], et ne figure dans le codex de Madrid que sous forme glyphique[5], mais non figurative. On ne l'a pas identifié non plus sur les encensoirs et les vases-effigie de Mayapán. K joue cependant un rôle à Tulum où il apparaît trois fois sur les murs de la structure 16 : debout, présentant une offrande ; assis, présentant la figurine de E, le dieu du maïs ; debout, présentant une offrande et tenant horizontalement un

1. Divinité probablement originaire de la côte du Golfe, elle a pour signes caractéristiques une bouche entourée de noir et des symboles du coton en forme de U sur sa coiffure. Chez les Aztèques, c'est une déesse de la fertilité, du tissage, de la médecine, de la procréation et de la naissance. Elle est en outre la déesse de la purification (« mangeuse d'ordures ») par la confession. Voir Thompson, 1957, pp. 613-615 ; fig. 2c, 4j.

2. Son nom est une tête « grotesque » de profil avec Z38, une forme de T122, pour affixe. Ces deux volutes accolées ont peut-être pour origine la fumée attachée à la hache plantée dans le front de la foudre personnifiée de la période classique, que des auteurs, comme M. Coe et K. Taube, appellent *god K*. Même si le dieu K postclassique a pour origine la (le) foudre classique, les deux êtres doivent être distingués, car trop de caractéristiques de la foudre personnifiée manquent au dieu K : hache fumante, jambe-serpent, simple nez reptilien légèrement retroussé, etc. Les formes transitoires proposées par Taube (1992) ne sont pas convaincantes.

3. « Names of the Maya Gods Pictured in the Dresden Manuscript », art. cité, vol. I, pp. 90-103.

4. Codex de Dresde, pp. 3a, 7a, 12a, 25b, 26c.

5. Codex de Madrid, p. 88.

serpent (foudre ?). Ses liens avec B (Chac) sont étroits, si l'on en juge par la coiffure en forme de sablier qu'ils peuvent se partager. Bien plus, dans un cas, B a pour heaume la tête de K, comme d'ailleurs deux autres divinités non identifiées, au visage effacé. D'après ces associations iconographiques et le contexte général de la structure 16, K apparaît comme étroitement lié à la pluie, aux récoltes et au maïs. Il est également présent à Santa Rita sur la moitié est du mur nord de la structure 1.

Le dieu E

Le dieu E du postclassique récent ressemble comme un frère au maïs personnifié de période classique. C'est un homme jeune et beau, au visage non déformé, et dont la chevelure est remplacée par le feuillage de la plante et son épi stylisé en forme de L. Pour dissiper toute ambiguïté, le glyphe *kan* s'ajoute parfois à la coiffure ; dans le codex de Madrid, le visage est divisé par une ligne verticale passant par l'œil. Comme l'a remarqué Thompson, ce codex, dans lequel il est le personnage principal de plusieurs almanachs, nous le montre comme un être passif, attaqué par les oiseaux, les ratons laveurs, les vers [1]. Il est la figure principale, entouré de *chacs*, de la peinture qui décore la structure 12 de Tancah. On le retrouve sur la structure 44 du même site, dans une situation comparable au monstre terrestre classique, avec le crâne fendu laissant voir le glyphe *kan* [2]. C'est le principal acteur de la structure 16 de Tulum, où il apparaît d'abord comme dieu descendant au-dessus de la porte. On le trouve ensuite, soit de taille normale et présentant une offrande, soit miniaturisé, sous la forme d'un enfant ou d'une poupée ; c'est ainsi qu'il est montré dans les bras du dieu K.

Les dieux de la mort

Alors qu'il semble qu'au classique la mort n'était qu'une figure allégorique, dans les derniers siècles avant la Conquête, elle accède

1. Par exemple, le codex de Madrid, pp. 24-27d, 28c.
2. Miller, 1982, pl. 11.

au panthéon maya sous deux formes principales : A et A', avec leurs expressions glyphiques respectives. A est un squelette orné de taches cadavériques et d'« yeux arrachés ». A' porte des os croisés et des yeux sur son vêtement ainsi que le signe *cimi* sur la joue ; *akbal* marque son front, une tache noire entoure son œil, un os et des yeux arrachés se trouvent dans sa coiffure. Le glyphe principal désignant cette créature reproduit le visage du dieu, ou une tête privée de mâchoire.

Les dieux des marchands

Les dieux des marchands et des voyageurs, comme on peut s'y attendre, sont largement distribués dans l'aire maya au postclassique récent. On en a identifié plusieurs formes, mais la plus célèbre est celle du dieu M, identifié comme Ek (« noir ») Chuah. Ce patron des marchands était aussi, d'après Landa, celui des cultivateurs de cacao, la principale denrée d'échange à l'époque de la Conquête. Dans les codex, il a le long nez au bout arrondi « à la Pinocchio [1] », une lèvre inférieure pendante peinte en rouge [2], et le haut de sa figure et une partie de son corps peints en noir. Sa tête est coiffée d'une ou de deux courroies de portage, tressées. S'il n'apparaît qu'une fois dans le codex de Dresde, il est fréquent dans le manuscrit de Madrid, notamment en voyageur armé d'une lance et portant une charge. Le musicien (personnage 1) du mur ouest de la structure 1 de Santa Rita est un dieu marchand si l'on en juge par son long nez et les bandeaux de portage qui ceignent son front *(voir planche 31)* ; cependant sa lèvre inférieure n'est pas pendante et les peintures faciales ne correspondent pas à celles du dieu M dans le codex. En revanche, la tête coupée que celui qui lui fait face exhibe au bout de

1. Seler (1963, vol. I, pp. 241-243 ; vol. II, p. 132) a bien montré que le « dieu noir au long nez » correspondait au dieu aztèque Yacatecuhtli, le « Seigneur du Nez ». Voir notamment l'image de ce dieu sur la page 36 du codex Fejervary-Mayer, reproduite in Seler, 1963, fig. 577. L'un des dieux aztèques des marchands avait pour nom Yacapitzauac, « celui au nez pointu » (Sahagun, 1950-1981, 1, p. 43).

2. Les encensoirs des Lacandons ou *braseros* consistent en un bol pour y brûler de l'encens, sur le côté duquel se trouve un masque représentant la divinité. Le masque a une lèvre saillante sur laquelle on dépose des offrandes de nourriture. La large lèvre du dieu M avait peut-être la même fonction. Tozzer, 1907, pp. 84-85 ; pl. XV, fig. 2.

son bras droit a les caractéristiques du dieu M, y compris la lèvre pendante. Trois têtes provenant d'encensoirs de Mayapán illustrent certainement le dieu M, pour avoir le nez « à la Pinocchio » et la longue lèvre pendante ; cependant le visage est rouge et les orbites sont respectivement peintes en bleu et doré[1] *(figure 3.5 A, page 338).*

Autres divinités

Un autre dieu noir est le dieu L, un vieillard reconnaissable à son chapeau sur lequel trône un oiseau *muan*. Il peut avoir été à la période classique un patron des marchands, car il est souvent représenté porteur d'une charge, et cela jusqu'au site de Cacaxtla (Tlaxcala)[2]. On a reconnu le dieu L sur la moitié est du mur nord de la structure 1 de Santa Rita et dans les deux codex de Dresde et de Madrid. Le dieu N (et ses variantes N' et N") ne sont autres que les formes postclassiques des vieux *bacabs* mythiques du classique ; ce sont des vieillards qui portent dans le dos une écaille de tortue ou qui émergent d'un gastéropode ; leur glyphe a pour signe principal *cauac*, *tun*, ou une coquille, surmonté de T63 ou T64 ; ces personnages portent souvent un nœud dans leur coiffure. Le glyphe est parfois précédé du chiffre 4 ou 5 qui fait allusion à leur nature quadruple ou quintuple, notamment comme porteurs du ciel et de la terre.

Le dieu C a une bouche petite et ronde, un nez camus, et une sorte de crête sur le crâne, traits distinctifs peut-être à l'origine copiés sur ceux du singe. Au classique, cette tête est un glyphe (T1016) qui intervient notamment dans le « groupe de l'eau » qui préfixe le glyphe emblème, et à qui l'on donne aujourd'hui la valeur phonétique *ku*. On pense qu'alors T1016 qualifie le sacré, le précieux, de façon plutôt abstraite. Au postclassique récent, T1016 est devenu la tête d'un dieu qui joue un rôle important non seulement dans les trois codex, mais également sur les peintures de la structure 44 de Tancah. Le dieu C, qui n'est pas une incarnation de l'étoile polaire comme on l'a parfois supposé, reste une des divinités les moins comprises du panthéon maya.

1. Thompson, 1957, pp. 608-610, fig. 4h, i.
2. G. Stuart, 1992, p. 135.

Sur les codex, le dieu Q, associé à la mort et au sacrifice[1], a peut-être eu dans ses origines Xipe Totec, le dieu mexicain de l'écorchement. Tous deux, en effet, ont le visage traversé par une bande noire, du front jusque sous l'oreille, en passant par l'œil. Il est orné d'yeux arrachés et son glyphe est souvent préfixé par le chiffre 10, symbole de mort. On ne doit pas le confondre avec R dont l'élément caractéristique est la boucle du signe *caban*, dessinée derrière l'œil, et qui semble avoir un patronage plutôt favorable. Le vieux dieu G est le soleil, comme le montre son glyphe qui est lu *ahau kin* ou peut-être *k'inich' ahau*. En dehors des codex, on croit reconnaître sa tête décapitée tenue comme trophée sur le mur ouest de la structure 1 de Santa Rita. À Mayapán, plusieurs têtes provenant d'encensoirs portent un heaume d'oiseau, des favoris et une barbe. Thompson les rapproche du personnage 6 du mur nord-ouest des peintures de Santa Rita, qui possède les mêmes caractéristiques, sauf les couleurs qui sont très différentes[2]. Il est fort possible que ces personnages soient des aspects du dieu solaire, en raison du heaume d'oiseau et de l'ensemble favoris-barbe, qui peut dériver du *whistongue* classique.

L'inventaire des encensoirs et autres vases-effigies, exhumés à Mayapán montre qu'à côté de divinités d'origine locale ou maya un culte était rendu à des dieux étrangers. Outre Tlazolteotl, Xipe Totec, dieu de la végétation et de l'écorchement, est représenté dans le site par sept têtes (autant que pour Chac !), sept bras et six jambes. Cette importance relative peut cependant être illusoire car la grande majorité des fragments de Xipe Totec comme de Tlazolteotl provient de deux résidences de l'élite, qui pourraient avoir été occupées par des « Mexicains ». Sur un encensoir entier, un personnage porte en sautoir le *ehecailacacózcatl* ou *joyel del viento*, une section de gastéropode, emblème de Quetzalcóatl-Kukulcán. La présence de ce bijou, parfois porté à Mayapán par d'autres dieux, n'implique pas cependant que son porteur, dépourvu de tout autre attribut de Quetzalcóatl, représente ce dieu[3]. On a vu plusieurs divinités des

1. Voir par exemple l'association de Q et de A (dieu de la mort) sur les pages 84c-88c du codex de Madrid. Voir aussi Taube, 1992, pp. 105-107.
2. Thompson, 1957, p. 611 ; fig. 1i, j, et Gann, 1900, pl. 30.
3. Thompson, 1957, p. 617.

peintures de Santa Rita porter l'*oyohualli* sans que cet emblème parvienne à déterminer leur identité. Les symboles ont pu voyager indépendamment des dieux auxquels ils étaient originellement associés… À Mayapán, Thompson a dénombré en outre une déesse inconnue, un possible dieu de Vénus (à cause de ses mandibules décharnées), trois têtes de vieillard au menton fendu, et sept personnages non identifiés. Les divinités peintes à Tulum, et plus encore à Santa Rita, comprennent aussi de nombreuses créatures inconnues dans les codex ; de même, les dieux des manuscrits n'ont pas tous été retrouvés en archéologie. Diverses chroniques postérieures à la Conquête, dont la *Relación de las Cosas de Yucatán* de Landa[1], citent Kukulcán-Quetzalcóatl non seulement comme le grand capitaine mexicain responsable de l'introduction au Yucatán de l'idolâtrie et des sacrifices humains, mais aussi comme un dieu à qui des temples étaient consacrés à Chichén Itzá et à Mani. Or aucune représentation, en archéologie comme dans les codex, n'a pu être attribuée avec certitude à ce dieu.

Nos données, si disparates et fragmentaires qu'elles soient, font état d'un grand nombre de dieux auxquels on rendait un culte et qui intervenaient dans le destin des hommes. Et encore n'avons-nous évoqué que les créatures les plus fréquentes des codex, laissant dans l'ombre des dieux plus discrets comme CH, P, Y, Z, H, U, X et W. S'il y a beaucoup de dieux, ils sont inégalement représentés d'une région à l'autre ; ici très populaires, ils sont là rares ou inconnus. Aux dieux locaux qui prolifèrent (certaines idoles font l'objet de cultes dans des lieux particuliers et portent le nom de ces lieux ou, inversement, des lieux sont désignés par le nom de leur idole[2]) s'ajoutent des dévotions particulières pour certains aspects de divinités jouissant généralement d'une plus large audience, comme B, D, E et M. Il y a également des patrons de lignages, comme Sacal Puc, « le plus grand des dieux lignagers[3] ». Bref, il est plus juste de parler d'un ensemble de panthéons plutôt que d'un seul. On peut imaginer un

1. Tozzer, 1941, p. 23 ; note 124. Tozzer cite notamment Francisco Hernandez qui, en 1545, écrivait que Cocolcan était le « dieu de toutes sortes de fièvres » (?)

2. « … *los nombres de los dichos pueblos unos eran de los ídolos a quienes tenían por abogados* », *Relación de Chubulna*, in *Relaciones…*,1983, vol. I, p. 402.

3. Tozzer, 1941, p. 9, note 44.

univers de croyances et de représentations bien plus complexe encore que celui des Aztèques, de la plus forte segmentation politique des Mayas et par conséquent d'une hégémonie religieuse plus faible.

Les origines des représentations sont multiples. Certains personnages qui au postclassique récent ont le statut de divinités ont sensiblement la même apparence et le même sens que des créatures qui figurent sur des monuments et des vases classiques. Ainsi des figures allégoriques comme la Mort et le Maïs sont devenues les dieux A, A', A'' et E ; ainsi des héros de mythes sont devenus les dieux N ou L. D'autres dieux ont une apparence nouvelle, mais semblent s'être développés localement ; B et K paraissent avoir emprunté leurs attributs et leurs fonctions à la fois à des images de la terre et à la foudre personnifiée d'époque classique. L'origine de D n'est pas claire, mais son aspect ne révèle pas d'influences extérieures. Celles-ci, en revanche, sont évidentes dans le cas du dieu M qui a tant en commun avec le Yacatecuhtli des Mexicas, et hypothétiques dans le cas du dieu Q qui serait un émule de Xipe Totec. Font enfin partie de l'univers mythique et rituel des Mayas, ou du moins de certains d'entre eux, des divinités d'origine tout à fait étrangère, comme Tlazolteotl et Xipe Totec.

Ces dieux étaient représentés en images peintes sur les murs des édifices ou sur les pages des manuscrits, ou en trois dimensions, sous forme d'« idoles », surtout en céramique (encensoirs et statuettes) et en bois, mais aussi en pierre. Il y avait également à Mayapán des statues en stuc, dressées sur des plates-formes spécialement construites pour cet usage. Toutes les sources insistent sur le très grand nombre de ces idoles de tout genre, que l'on trouvait dans les temples publics mais aussi dans les oratoires des maisons privées. La littérature coloniale (divers chroniqueurs dont Landa, et les *Relaciones*) utilise le mot « idolâtrie » pour désigner l'emploi d'icônes dans le culte. Cette pratique aurait été introduite, selon de multiples sources concordantes, par les Mexicains et leur capitaine Kukulcán-Quetzalcóatl, en même temps que les sacrifices sanglants,

1. « ... *este capitán* [Quetzalcóatl] *susodicho introdujo en esta tierra la idolatría y uso de ídolos por dioses, los cuales hacía hacer de palo y de barro y de piedra, y los hacía*

humains en particulier[1]. Gardons-nous de prendre ce mot d'« idolâtrie » au pied de la lettre ; les Mayas n'adoraient pas les idoles mais les dieux qu'elles représentaient. Landa est clair à ce propos : « Ils savaient bien que les idoles étaient leurs œuvres, choses mortes et sans dieu, mais ils les révéraient pour ce qu'elles représentaient et parce qu'ils les avaient fabriquées avec de nombreux rites, surtout celles en bois[1]. » Les « nombreux rites » auxquels le chroniqueur fait allusion sont ceux qui accompagnent la fabrication des idoles qui a lieu pendant le mois *mol*. Il s'agit d'une opération dangereuse que les sculpteurs, sollicités par les prêtres, hésitent parfois à entreprendre. Elle est précédée d'un jeûne, et le bois choisi doit être de *cedro*. Le prêtre et le sculpteur s'enferment dans une cabane construite à cette intention, et le travail est fréquemment interrompu par des offrandes de sang et d'encens aux *acantuns* placés aux quatre directions. Les participants doivent faire abstinence et ne pas s'approcher des femmes pendant la durée de l'opération[2].

Ce ne sont pas les idoles que les Mexicains et Quetzalcóatl ont apportées, mais les dieux eux-mêmes ; sans représentations, sans supports tangibles, ceux-ci ne pouvaient ni exister ni être l'objet d'un culte. Bien entendu, le passage d'un monde sans dieux à un univers peuplé de divinités que les Mexicains auraient transportées dans leurs bagages ne s'est pas fait en un jour. Dès le classique, certains êtres surnaturels, comme la triade de Palenque, prétendent au statut divin ; au postclassique ancien, les êtres surnaturels acquièrent plus de personnalité et un rôle plus important. Mais il faut attendre la période suivante pour constater une véritable explosion, à laquelle les Mexicains ne sont certainement pas étrangers, ne

---

adorar y les ofrecían muchas cosas de caza y de mercadurías y, sobre todo, la sangre de sus narices y orejas, y corazones de algunos que sacrificaban en su servicio, y los incensaban con sahumerios de copal, que es el incienso de esta tierra, y esta costumbre quedó hasta que los conquistadores los conquistaron y los religiosos se las fueron quitando poco a poco » (*Relación de Muxuppipp*, in *Relaciones...*, 1983, vol. I, p. 377).

1. « *Bien sabían ellos que los ídolos eran obras suyas y muertas y sin deidad, mas los tenían en reverencia por lo que representaban y porque los habían hecho con muchas ceremonias, especialmente los de palo* » (Landa, 1985, p. 89). La *Relación de Tabi* nous dit la même chose : « *Todos eran idólatras y adoraban ídolos de madera, barro y piedras, o la significación de ellos...* », in *Relaciones...*, 1983, vol. I, p. 164.

2. Celle-ci est illustrée dans le codex de Madrid, pp. 95-98b.

serait-ce que dans leur rôle de catalyseurs. Répondant aux interrogations des bons pères, les Mayas avaient tendance à rendre responsables les Mexicains des aspects les plus « démoniaques » de leur paganisme : l'« idolâtrie », bien sûr, mais aussi l'autosacrifice et le sacrifice humain qui, comme chacun sait, ont joué un rôle essentiel dans le rituel méso-américain bien avant la naissance de la civilisation maya. On a remarqué que les Chols, moins exposés aux influences mexicaines, n'avaient pas d'idoles et se contentaient de rendre un culte aux accidents et aux forces de la nature[1].

1. Thompson, 1938 : 593-594, cité par Tozzer, 1941, note 124 : « *Instead these Chols sacrificed to woods, very high and rough mountains, dangerous passes, cross roads, and great whirlpools in rivers, believing that from these came everything needed in life.* »

2.
Le culte

Les lieux

À cette prolifération de dieux et d'idoles répond un accroissement spectaculaire des lieux de culte. Même si l'on doute encore de la destination des édifices, la plupart d'entre eux – même les plus modestes – possèdent un endroit réservé à l'accomplissement d'activités cultuelles. Presque toute notre information dans ce domaine provient des fouilles très exhaustives exécutées par l'Institution Carnegie à Mayapán. Dans cette cité à l'habitat concentré sur 4,2 km^2 et au périmètre souligné par un mur, on a dénombré près de 4000 édifices, dont plus de la moitié étaient résidentiels. Proskouriakoff distingue deux types d'ensembles architecturaux de caractère civique et religieux [1] : le temple et ses annexes *(temple assemblage)* et le groupe cérémoniel *(basic ceremonial group).*

Dans le centre de la ville, on a reconnu environ dix temples-pyramides accompagnés de leurs annexes. Le plus fameux de la cité n'est autre que le Castillo, une copie – moins réussie – de celui de Chichén Itzá [2]. Les temples les plus importants et dont le caractère religieux

1. Proskouriakoff, « Civic and Religious structures at Mayapán », in Pollock *et al.*, 1962.

2. « ... *y que el mayor [templo], que es como el de Chichénizá, llamaron Cuculcán* » (« et ils appelèrent Cuculcán leur plus grand temple, qui est comme celui de Chichén Itzá ») (Landa, 1985, p. 50). Comparer les plans de ces édifices dans Andrews E. W., 1965, p. 320, fig. 28. Proskouriakoff (*ibid.*) a fait observer qu'à Mayapán l'héritage de l'architecture de Chichén concerne essentiellement le temple, comme si on avait recherché la continuité de sens en établissant la continuité de formes.

est confirmé par l'abondance de la poterie cérémonielle (jusqu'à 78% d'encensoirs, de vases-effigies, etc.) ont leur porte flanquée de colonnes-serpents dont la queue supporte le linteau. La moulure au pied du mur du temple est en pente. Les rampes des escaliers sont souvent, comme à Chichén, en forme de serpent, mais ici la tête du reptile est entouré de deux pattes, tel le monstre cosmique classique. Comme à Chichén, on trouve au sommet des pyramides des porteurs de bannières en forme d'animaux ou de personnages « grotesques ». Mayapán possède deux temples ronds, comme le Caracol de Chichén, et qui étaient peut-être consacrés à Quetzalcóatl[1]. De petits autels pyramidaux, dits « de sacrifice » sont généralement associés aux temples.

Une salle hypostyle *(colonnaded hall)* est placée à angle droit de la pyramide *(figure 3.8 A)*. Elle repose sur une grande plate-forme basse que l'on franchit par un large escalier de cinq à six marches qui possède en son centre un piédestal ou un sanctuaire pour une statue de stuc. La salle comprend deux rangs de colonnes qui soutiennent un toit plat ; parfois sur les colonnes en façade s'appuient des personnages grandeur nature, modelés en haut relief en stuc ; la banquette qui court le long du mur du fond (et parfois sur les côtés) est interrompue en son milieu par un petit sanctuaire couvert. Contrairement à celles de Chichén Itzá, les salles de Mayapán sont des édifices indépendants et non les vestibules d'édifices fermés. Selon Proskouriakoff la salle hypostyle aurait abrité une maison des jeunes gens, comparable à celle « ouverte sur tous côtés » mentionnée par Landa[2]. Quoi qu'il en soit, des activités religieuses y prenaient place comme l'indiquent les sanctuaires à l'extérieur et à l'intérieur de l'établissement où 84 % de la céramique récoltée a été jugée « cérémonielle » par les fouilleurs.

1. « ... *y que hicieron otro [templo] redondo y con cuatro puertas, diferente a cuantos hay en aquella tierra...* » (« et ils en contruisirent un autre [temple] rond et à quatre portes, différent de tous ceux de ce pays ») (Landa, 1985, p. 50).

2. « ...*usaban tener en cada pueblo una casa grande y encalada, abierta por todas partes, en la cual se juntaban los mozos para sus pasatiempos* » (« ...ils avaient dans chaque village une grande maison blanchie à la chaux, ouverte sur tous côtés, dans laquelle les jeunes gens se réunissaient pour leurs divertissements ») (Landa, 1985, p. 96).

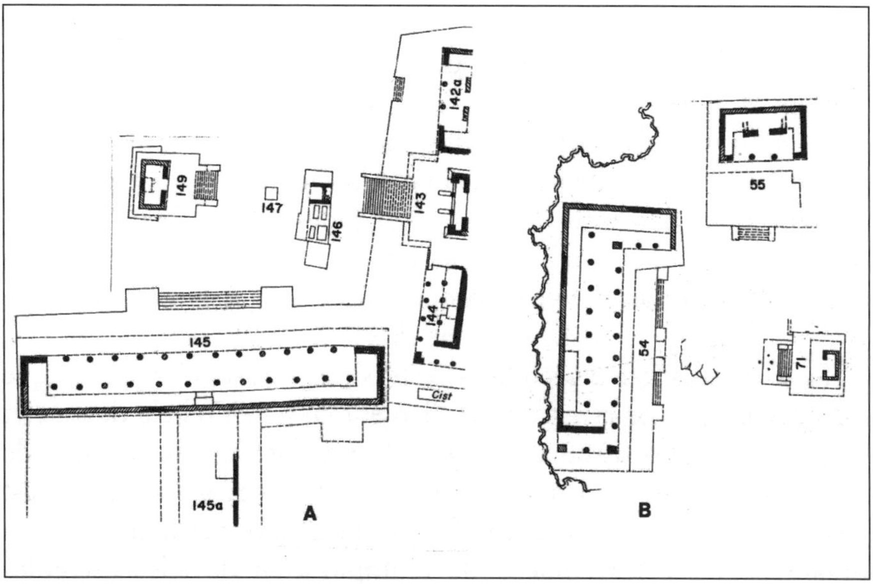

3.8 Mayapán. A : le temple et ses annexes (temple assemblage) *; B : groupe cérémoniel* (basic ceremonial group). *D'après Proskouriakoff, 1962.*

Un sanctuaire *(shrine)*, fait d'une seule pièce, s'élève à la hauteur de la salle hypostyle, face au temple. Il se tient parfois au-dessus d'un caveau rempli d'ossements non accompagnés d'offrandes, des restes probables de victimes de sacrifice. On y trouve aussi des tortues et d'autres animaux en céramique, utilisés dans des rituels propitiatoires.

Une plate-forme où sont érigées des statues de stuc se trouve entre le sanctuaire et le temple, à son pied.

L'oratoire *(oratory)*, à la droite du temple, est plus grand que le sanctuaire ; sa large porte est soutenue par deux colonnes, et deux piliers à l'intérieur supportent le toit. Il est pourvu, comme la salle hypostyle, d'une banquette interrompue par un autel au centre du mur du fond.

Dans cet ensemble, on peut distinguer des édifices à destination purement religieuse, comme la paire constituée par le temple et le sanctuaire qui lui fait face, la plate-forme à statues qui les sépare, et les autels sacrificiels associés au temple. La salle hypostyle et l'oratoire peuvent avoir eu d'autres fonctions, mais le culte n'y était pas absent comme le montrent les sanctuaires ou les autels qui leur sont associés. Il n'y a pas de raison de penser que le Castillo de Mayapán[1] ait eu une fonction différente du Castillo de Chichén Itzá, les deux portant en outre le même nom de Kukulcán. Les salles hypostyles, ou tout au moins certaines d'entre elles, peuvent avoir eu la même destination dans les deux sites, si l'on considère qu'à Mayapán elles ne seraient rien d'autre que les colonnades de Chichén devenues indépendantes du temple. Les cariatides modelées en stuc sur les colonnes de certaines salles évoquent les personnages du vestibule hypostyle du temple des Guerriers de Chichén.

Si la destination des édifices reste si imprécise, c'est parce que leur décor, qui consistait essentiellement en hauts reliefs de stuc et en peintures, s'est très mal conservé. Cependant le plan constant de la disposition des constructions montre que leur association n'est pas fortuite. La récurrence du plan prouve l'existence d'une relation organique entre les édifices ; la multiplication de tels ensembles correspond soit à un découpage du temps rituel, soit à la segmentation sociale. Dans le premier cas, on aurait un ensemble comparable aux groupes à pyramides-jumelles de Tikal, un microcosme édifié pour la réalisation d'un parcours rituel à chaque fin de période. Dans la seconde, chaque ensemble serait l'expression et la propriété d'un groupe social dominant (puisque l'on ne compte que dix exemples de *temple assemblages*), probablement l'un des principaux lignages. Dans cette dernière hypothèse, l'ensemble du Castillo correspondrait, par sa suprématie architecturale – illustrée non seulement par le volume du temple-pyramide mais aussi par la grande taille de la plate-forme à statues – au lignage dominant (Cocom) de Mayapán ; ses références formelles au Castillo de Chichén Itzá, ainsi que l'utilisation du même nom de Kukulcán, plaideraient pour sa légitimité[2].

Pour la fête donnée à Kukulcán, qui originellement avait lieu à Mayapán jusqu'à la destruction de cette cité, les provinces

1. De même celui de Mani ; voir p. 373.

2. Torquemada (cité par Tozzer, 1941, note 126) nous dit que « les rois de Yucatán, qui sont appelés Cocomes [...] descendaient de lui [Kukulcán] ». Dans cet ensemble, il n'y a pas que le Castillo de Chichén qui ait servi de modèle ; les piliers et les angles de la salle hypostyle (Q151) sont en effet décorés de masques de monstre terrestre de style Puuc.

envoyaient à tour de rôle tous les deux ans, ou toutes en même temps, cinq magnifiques bannières de plumes à Mani. Le 16 du mois Xul, s'y réunissaient les seigneurs et les prêtres, accompagnés d'une foule considérable venue des villages, et qui avait préalablement jeûné et fait abstinence. Vers le soir on se rendait en procession, à laquelle participaient des bouffons, au temple de Kukulcán ; on dressait les bannières au sommet du temple, et dans la cour, au pied de la pyramide, les gens disposaient leurs propres idoles sur un lit de feuilles. On allumait le feu nouveau, on brûlait de l'encens, et l'on offrait des nourritures. Les seigneurs restaient là cinq jours et cinq nuits en dévotions, et pendant ce temps les bouffons allaient de maison en maison recueillir les dons qu'on leur offrait. Ces offrandes étaient ensuite distribuées aux seigneurs, prêtres et danseurs, qui retournaient chez eux avec leurs bannières et leurs idoles [1].

Cette fête, décrite comme religieuse, a certainement un aspect politique. La réunion à Mani de seigneurs de plusieurs provinces avec leurs bannières et leurs idoles semble avoir eu pour origine l'hommage annuel ou biannuel de vassaux à leur seigneur. On peut penser que, primitivement, les seigneurs des provinces se rendaient à Mayapán faire allégeance aux Cocoms et à Kukulcán, le fondateur de leur dynastie, et peut-être étaient-ils tenus d'apporter en otages leurs dieux, comme les vassaux des Aztèques le faisaient à Tenochtitlán. Après la chute de Mayapán, et l'émiettement politique du Yucatán, le culte au grand ancêtre divinisé aurait supplanté la manifestation politique.

La fête des Guerriers, décrite par Landa, qui avait lieu pendant le mois Pax, présente avec la fête de Kukulcán des parallèles troublants et semble avoir eu également, tout au moins à l'origine, une tonalité politique. Ici ce ne sont pas les provinces qui envoient leurs délégués à la capitale, mais les villages qui envoient les leurs dans les villes les plus importantes ; le temple n'est pas celui de Kukulcán, mais celui de Cit Chac Coh, « Père Grand (ou rouge) Puma », nom approprié pour un grand ancêtre chef de guerre ; les seigneurs et les prêtres passent cinq jours en dévotions, comme pendant la fête de

1. Landa, 1985, pp. 140-141.

Kukulcán ; le *nacom*, ou chef de guerre élu, est porté en triomphe et traité comme un dieu : on lui présente des offrandes et on l'encense. Le point culminant de la fête semble avoir été le sacrifice d'animaux et d'oiseaux – substituts des victimes humaines très certainement sacrifiées avant la Conquête – dont on jetait les cœurs dans un grand brasier [1]. Il semblerait que nous ayons là aussi une manifestation périodique d'allégeance mais au niveau régional, et non « national ».

Le centre cérémoniel de Mayapán est peut-être la généralisation d'une situation en germe à Chichén, où nous avions observé au moins deux ensembles de constructions analogues ; au groupe formé par le Castillo, le temple des Guerriers et la plate-forme de Vénus, répondait celui constitué par l'Ossuaire, le temple des Panneaux muraux et une plate-forme à quatre escaliers identique à celle de Vénus. On avait alors supposé deux ou plusieurs lignages rivaux utilisant des ensembles architecturaux de même type pour leurs activités rituelles respectives.

Les *basic ceremonial groups* sont deux fois plus nombreux que les *temple assemblages*, et comprennent salle hypostyle, oratoire et sanctuaire *(figure 3.8 B)*. Les premiers diffèrent des seconds par l'absence de temple et par le fait que le sanctuaire, toujours défini par une petite pièce contenant un autel ou une statue, est ici surélevé *(raised shrine)* sur un soubassement indépendant. L'absence de temple serait compensée par la plus grande importance donnée au sanctuaire, qui « ressemble à un petit temple », de l'aveu même de Proskouriakoff. La différence entre les deux ensembles paraît donc plus de degré que de nature, comme si seuls une dizaine de lignages avaient droit au « vrai temple », auquel s'ajoutait un petit sanctuaire, les autres devant se contenter d'un sanctuaire surélevé.

Sur les deux mille cent résidences identifiées à Mayapán, une cinquantaine seulement ont été attribuées à l'élite pour posséder plus de deux pièces [2]. Ces résidences font presque toujours partie d'un groupe d'édifices, et les groupes les plus importants sont à proximité du centre cérémoniel. Les bâtiments consacrés au culte et associés

1. Tozzer, 1941, pp. 164-165.

2. A. L. Smith : « Residential and associated structures at Mayapán », in Pollock *et al.*, 1962.

aux résidences sont l'oratoire familial et le sanctuaire de groupe [1], dont on connaît respectivement cinquante et quarante exemples.

Le premier est une pièce possédant au fond un autel ou une niche creusée dans la banquette qui court sur trois des côtés ; devant l'autel, on a parfois élevé une plate-forme ou enterré des morts. Sur les 539 tessons récoltés dans la fouille de la structure R-91, 403 provenaient d'encensoirs. On a trouvé dans le même oratoire les traces de deux statues assises sur l'autel. A. L. Smith pense qu'elles représentent des ancêtres de la famille et que l'oratoire était consacré à leur culte.

Dans les maisons, le culte familial était rendu soit dans un sanctuaire avec murs et toit construits à l'intérieur d'une grande pièce (dix cas) ; soit dans une pièce à part qui possédait presque toujours un autel (trente cas). Même dans les plus humbles chaumières qu'une cloison divise en deux pièces, on peut trouver un petit autel adossé au mur du fond et au centre [2].

Le sanctuaire de groupe consiste en une petite pièce aux murs bas et toit de chaume, élevée sur une plate-forme face aux structures les plus importantes du groupe ; on pense qu'elle était destinée à abriter une idole [3].

Smith identifie encore des autels de groupe (environ quatre-vingts), qui consistent en des plates-formes de 1 à 4 m de long sur 1 à 2,5 m de large, qui font face aux autres édifices du groupe. Elles supportaient sans doute une cabane.

En résumé, le culte à Mayapán revêt deux aspects principaux : dans le centre cérémoniel de la cité, il semble que les plus importants lignages aient possédé chacun un ensemble d'édifices à destination entièrement ou partiellement religieuse, comprenant temple, salle hypostyle, oratoire et sanctuaire. Pour les lignages moins importants,

1. Landa (1985, p. 88) nous confirme l'importance du culte privé relativement au culte public *(« ... y aun sin los templos comunes tenían los señores sacerdotes y gente principal oratorios e ídolos en casa para sus oraciones y ofrendas particulares »)*, qui en son temps était pratiquement abandonné. Voir Tozzer, 1941, note 497.

2. Lizana (1893, Pt. 1, II) confirme que chaque famille avait son propre temple ou sanctuaire.

3. « ... *tenían sus adoratorios en un terraplén que hacían, y allí le hacían una casa de piedra pequeña a donde lo tenían y allí iban todos a quemar copal, que es a manera de incienso* » (*Relación de Cacalchen*, in *Relaciones*..., 1983, vol. I, p 339.

le temple était remplacé par un sanctuaire surélevé. Les résidences et leurs dépendances constituaient des groupes disposés autour du centre cérémoniel, et les plus importants en étaient le plus près. Certains lieux de culte étaient réservés à la famille, d'autres étaient communs à l'ensemble du groupe. Le culte était rendu aux ancêtres, comme aux dieux patrons de telle famille ou de tel groupe. Le culte domestique concernait aussi les familles les plus modestes, comme en témoigne l'autel érigé dans leur cabane.

Le long de la rue principale de Tulum, on a fouillé des maisons semblables à celles de Mayapán, qui possédaient un petit sanctuaire au milieu du mur du fond [1]. Le concept du sanctuaire intérieur est d'ailleurs bien illustré dans les édifices cérémoniels de ce site, comme la structure 16, véritable temple de l'agriculture. La structure A de Xelha est un autre cas de sanctuaire intérieur [2]. Tulum partage aussi avec Mayapán l'usage des petits, parfois très petits, sanctuaires. On y trouve également des salles hypostyles de taille réduite, mais les ensembles d'édifices cérémoniels typiques de Mayapán n'apparaissent pas dans les sites de la côte orientale du Yucatán. À Santa Rita, des résidences sont également pourvues de sanctuaires intérieurs ; dans un cas, un passage secret aurait permis d'y cacher un oracle [3].

Parallèlement à la multiplication des dieux et de leurs images, on constate au postclassique récent à la fois le développement et la diversification des lieux de culte. Si l'on en croit l'exemple de Mayapán (qui sans doute prolonge celui de Chichén Itzá), le culte officiel n'est plus concentré dans les seules mains d'un roi par prêtres interposés, mais divisé entre les lignages nobles qui disposent chacun d'un ensemble civico-cérémoniel obéissant à un plan préétabli. Le Castillo et ses annexes constitue le *temple assemblage* du lignage dominant Cocom, qui marque sa suprématie par le volume et les dimensions exceptionnelles des édifices, et revendique sa légitimité en manifestant sa filiation avec Chichén Itzá qui s'exprime de multiples manières : copie du Castillo ; réutilisation sur la

1. Lothrop, 1924, p. 67.

2. Miller, 1982, fig. 85. Au postclassique récent, on s'est sans doute inspiré d'exemples classiques aussi dispersés que Dzibilchaltun, Palenque et Toniná.

3. Chase et Chase, 1988, 18, fig. 6, 7 ; p. 25.

façade de la salle hypostyle de masques Puuc analogues à ceux qui décorent le temple des Guerriers de Chichén ; attribution du même nom de Kukulcán à ce temple, qui apparaît comme un monument dynastique [1]. À côté du Castillo, on compte près d'une dizaine d'autres ensembles, qui possèdent à la fois temple, plate-forme à statues, salle hypostyle, oratoire et sanctuaire. Les autres ensembles, privés d'un grand temple et d'une plate-forme à statues, appartiennent à des lignages nobles de second rang.

Le temple et le sanctuaire surélevé pourraient être des temples consacrés au fondateur de la dynastie, et la salle hypostyle une sorte de maison des hommes ; les sanctuaires abritaient apparemment les idoles des divinités du lignage à qui étaient offerts, entre autres, des sacrifices humains ; les oratoires étaient dédiés aux ancêtres [2]. Dans ces conditions, rien d'étonnant à ce que certains cultes aient été réservés aux grands lignages ou même à l'ensemble de la classe noble ; en effet, « on n'admettait pas que les gens du commun adorent ces dieux ; s'ils voulaient quand même faire des offrandes et des sacrifices, ils les présentaient au seigneur pour que celui-ci les offre [à leur place] en temps voulu [3] ».

À côté d'un culte officiel, public, rassemblé au centre de la cité où chaque lignage noble, selon son rang, accomplit ses devoirs rituels, prospère un culte domestique, associé aux résidences. Les lieux de culte peuvent faire partie de la maison, ou être indépendants en desservant une famille ou un groupe de familles. Le culte domestique s'adresse autant aux ancêtres qu'aux dieux, mais les sacrifices humains semblent en avoir été exclus, ou en tout cas n'ont pas laissé de traces.

---

1. À Izamal, le temple apparaît également consacré à la dynastie et à son fondateur, mythique ou non. On retrouve en effet le nom du plus grand temple, K'inich' Kak' Mo', dans la liste des premiers habitants de la cité. « … *llamábanse los primeros pobladores de él Kinichhaba* [K'inich' Kaba], *Kinichkakmo* [K'inich' Kak' Mo'], *Quitahcutz* [Cit Ah Cutz= père du lignage Cutz], *Quitahcoy* [Cit Ah Coy = père du lignage Coyi], *de donde descienden los joles [xoles], y moes y coyes, indios llamados en esta provincia por estas alcuñas y sobrenombres* » (*Relación de Izamal y Santa María*, in *Relaciones…*, 1983, vol. I, p. 305).

2. A. L. Smith, in Pollock *et al.*, 1962, p. 267. Pollock, 1965, p. 411.

3. « … *no consentían que la gente baja adorase los dichos dioses sino que lo que querían ofrecer o sacrificar lo daban al señor para que a su tiempo lo ofreciese* », *Relación de Mama y Kantemo*, in *Relaciones…*, 1983, vol. I, p. 110.

Il resterait à expliquer pourquoi des traits florissants à Chichén Itzá et promis à un grand avenir dans le Mexique central, comme le jeu de balle, le *tzonpantli*, le *chac mool* et les ordres guerriers des Aigles et des Jaguars, ont disparu des Basses Terres au postclassique récent. Ces traits étaient-ils incompatibles avec les nouvelles formes d'organisation sociale et religieuse du XIIIe siècle ?

Les rites

Les rites de fin de période

Pour mieux comprendre les conceptions du temps et de l'espace prévalant à cette période, nous avons étudié en début de chapitre les déambulations et autres rites exécutés en fin de période et en particulier en fin d'année. À ces occasions, on procédait à des rituels de renouvellement et de rénovation. Pour le début de l'année qui commence avec le premier jour du mois Pop, la participation de tous est requise et tous les dieux sont fêtés. Pour célébrer la fin du cycle annuel et le début d'un nouveau, on renouvelle tous les objets domestiques, comme la vaisselle et le mobilier, les vêtements, ainsi que les pièces de tissu qui enveloppent les idoles. On balaye les maisons, et les balayures ainsi que les objets périmés sont entassés hors de la ville, et nul n'a le droit d'y toucher même en cas de besoin. Les hommes qui ont jeûné, certains depuis longtemps, se purifient en lavant la suie qui recouvre leur corps, en signe de pénitence. Le jour de l'An commence à l'aube dans l'angoisse, feinte ou réelle, de ne pas voir le soleil se lever, angoisse qui traduit le danger que présentent les changements de cycle[1]. L'attente du lever du jour, le renouvellement des objets domestiques, le balayage des maisons sont des rites que les Aztèques exécutaient à la fin d'un « siècle » de cinquante-deux ans, à la fête du Feu nouveau[2].

1. « *...el primer día del año antes que amaneciese, todos y el Alquin* [Ah kin= prêtre] *aguardaban y esperaban el sol, haciendo gran fiesta aquel día* », *Relación de Valladolid* in *Relaciones...*, 1983, vol. II, p. 37.
2. Sahagún, 1950-1982, vol. 4, pp. 143-144 ; vol. 7, pp. 25-32 et fig. 16-19.

C'est pendant le mois *yax* que l'on renouvelait les idoles et encensoirs de céramique, et que l'on célébrait la fête Oc Na où l'on rénovait le temple des Chacs et, si nécessaire, les maisons et sanctuaires.

Les fêtes mensuelles

Comme chez les Aztèques, le calendrier cérémoniel était très chargé et le tableau que nous en donnent les sources ethnohistoriques n'en est qu'un pâle reflet. Après quarante ans de colonisation espagnole, non seulement les coutumes indiennes elles-mêmes avaient considérablement changé, mais les informateurs des chroniqueurs édulcoraient leurs récits pour ne pas choquer les sensibilités chrétiennes. S'il leur est difficile par exemple de nier l'existence du sacrifice humain, ils le remplacent, dans leurs descriptions de cérémonies, par des sacrifices d'animaux. Les fêtes elles-mêmes apparaissent le plus souvent comme celles de catégories professionnelles à l'image des fêtes des corporations espagnoles célébrant leur patron respectif. On pense aux cordonniers fêtant la Saint-Crispin ou aux menuisiers fêtant la Saint-Joseph. Landa nous décrit sommairement la fête des prêtres en Uo, celle des chasseurs et pêcheurs en Zip, celle des apiculteurs en Tzec, des producteurs de cacao en Muan, des guerriers en Pax et des artisans en Mol. Les divinités ne sont pas décrites et les rites à peine esquissés ; les cérémonies de certains mois manquent entièrement. Malgré toutes ces limitations, les descriptions des fêtes mensuelles par Landa, complétées par les notes érudites et judicieuses de Tozzer, sont une mine d'informations sur la vie rituelle de cette période.

Rites préparatoires et finaux

Comme pour cette période nos sources principales sont ethnohistoriques, on a pour la première fois des détails sur le jeûne et l'abstinence, rituellement observés avant et pendant une activité rituelle, et fréquemment mentionnés par Landa. Cela n'implique évidemment pas l'absence de ces pratiques, qui ne laissent pas de traces en archéologie, aux périodes précédentes. Les jeûnes et les privations alimentaires à l'occasion de cérémonies et de rituels étaient plus ou moins sévères suivant l'importance de la fête ou du rite, et le rang de l'individu dans la hiérarchie sacerdotale et politique. Il pouvait s'agir simplement de « faire maigre » ou de se priver de sel ou de piment ; certains jeûnes duraient quelques jours et d'autres jusqu'à trois ans [1], comme celui auquel devait se soumettre le *nacom*, le capitaine de guerre, pendant la durée de son mandat. Il ne pouvait ni manger de viande, ni avoir des relations avec aucune femme (« pas même la sienne », ajoute plaisamment Landa), et vivait dans une semi-retraite. Avant le premier jour du mois *pop*, il était obligatoire de pratiquer jeûne et abstinence pendant au moins treize jours, mais certains par dévotion pouvaient « faire pénitence » beaucoup plus longtemps : deux, trois mois ou plus. Pendant ce temps, les hommes étaient noircis à la suie ; ils ne se nettoyaient, on l'a vu, qu'une fois arrivé le Nouvel An. Ainsi, comme avec l'autosacrifice, ces pratiques dépendaient en partie de la piété individuelle [2]. Pendant les festivités du mois *mac*, consacré aux Chacs et à Itzamna, personne ne jeûnait, sauf le responsable de la fête.

Les autres rites, qui ne laissent pas de traces mais que les chroniqueurs mentionnent souvent, sont la purification et l'intoxication rituelle. La première, qui semble avoir précédé la plupart des rituels, est décrite par Landa avec l'expression *echar al demonio* que Tozzer traduit par *drive out* [ou *expel*] *the evil spirit* qui correspond à notre « chasser les mauvais esprits ou les forces mauvaises ». Pour consacrer un temple, le prêtre, vêtu de ses atours et coiffé de sa « mitre », asperge les lieux de son goupillon trempé dans l'« eau vierge », c'est-à-dire l'eau de pluie ou la rosée recueillie sur les feuilles des arbres [3]. Au début du mois *pop*, c'est-à-dire de l'année, le rituel de purification est plus compliqué. Le prêtre, assis au milieu de la cour, a près

1. Landa, 1985, p. 87.

2. De même, la fête des Apiculteurs au mois Tzec était précédée par un jeûne qui n'était obligatoire que pour le prêtre et ses assistants, et facultatif pour les autres (Landa, 1985, p. 137).

3. « *Tenían por costumbre, para bendecir un cu [k'u] donde ponían los ídolos, tomar del agua y rocío que había en las hojas de los árboles y con ésta, en el lugar donde habían de ser puestos, con un hisopo el Alquin [Ahk'in] revestido con su manera de alba y casulla y una manera de mitra y su monacillo, bendecir y hacer muchas ceremonias, y con gran reverencia ponían aquellos ídolos y echaban agua en todo aquel lugar* » (*Relación de Valladolid*, in *Relaciones*..., 1983, vol. II, pp. 37-38.

de lui un *brasero* et des planchettes à encens. Les *chacs* s'asseyent aux quatre coins, et forment un carré à l'aide d'une corde tendue de l'un à l'autre. On y fait entrer les hommes purifiés et l'on éloigne les forces mauvaises. Les *chacs* produisent alors le feu nouveau, qui sert à allumer le brasero dans lequel on va brûler l'encens « frais [1] ». Le prêtre commence l'encensement, puis distribue cérémonieusement aux participants, en commençant par les seigneurs, des boulettes d'encens prises sur les tablettes. Chacun jette à son tour son encens dans le brasero en attendant qu'il ait fini de fumer[2].

Landa ne manque pas une occasion de condamner l'intoxication au *balché* des participants aux fêtes religieuses. Ce breuvage était le résultat de la fermentation de miel, d'eau et de l'écorce de l'arbre *balché* qu'ils cultivaient pour cet usage[3]. L'ivresse permettait une meilleure communication avec le monde surnaturel, éventuellement en favorisant les états de transe. En outre, le fait de vomir était considéré comme une purge, c'est-à-dire une purification tant physique que morale[4]. L'importance considérable du miel et des abeilles dans la mythologie et le rituel provenait en grande partie de ce qu'il était à l'origine de la boisson alcoolisée qui était de toutes les fêtes. Pendant le mois *zotz*, on se préparait par le jeûne à la fête des apiculteurs qui avait lieu pendant le mois suivant, *tzec*. Landa nous raconte

1. Dans les codex, la production du feu nouveau est souvent illustrée ; voir celui de Madrid, p. 38b, c, et celui de Dresde, p. 5b, c.

2. La cérémonie d'initiation des jeunes gens ou « baptême » est précédée d'un rituel presque identique. Ici, cependant, les enfants se trouvent à l'intérieur de l'espace à purifier délimité par la corde tenue par les *chacs*, et seuls leurs parents purifiés par le jeûne y sont admis. Les enfants des deux sexes, futurs initiés, ainsi que leurs parents recevaient du prêtre un peu d'encens et de maïs moulu, qu'ils jetaient dans l'encensoir. Une fois terminé l'encensement, on se débarrassait cérémoniellement des accessoires du rituel (l'encensoir, la corde, un peu de *balché* versé dans un vase) en les confiant à un Indien qui devait les emporter hors de la ville, et à qui il était interdit de boire (le vin) et de se retourner. Voir Landa, 1985, pp. 84-85, et Tozzer, 1941, pp. 102-106.

3. Le pitarilla (*Lonchocarpus longistylus*).

4. Les *Relaciones* insistent à l'envi sur le rôle purgatif du *balché* ; certaines prétendent même que si les Indiens sont aujourd'hui en mauvaise santé, c'est parce qu'ils sont privés de ce breuvage *muy purgativo* (*Relación de Motul*, in *Relaciones…*, 1983, vol. I, p. 272). D'après la *Relación de Dzonot*, « *…despues de borrachos les daba vómito por la boca y por abajo en tal manera que no había purga en el mundo que más les aprovechase* » (*Relaciones…*, 1983, vol. II, p. 85).

que les patrons qu'ils célébraient étaient les *bacabs* et spécialement Hobnil [1]. Le *Chilam Balam* de Chumayel fait souvent référence à des dieux des abeilles, les *muzencabs*, qui, comme les *bacabs*, sont au nombre de quatre et associés chacun à une couleur et à une direction cardinale. Les dernières pages du codex de Madrid leur sont en grande partie consacrées (*figure 3.9*)[2]. Pendant la fête de Tzec, les apiculteurs, entre autres offrandes, présentaient aux quatre *chacs* quatre plats comportant en leur centre des boulettes d'encens entourées de figures dessinées avec du miel. La fête se terminait comme d'habitude avec le *vino*, qui coulait à profusion grâce aux apiculteurs qui n'avaient pas été chiches de leur miel. Dans le mois *mol*, les apiculteurs faisaient une fête pour demander aux dieux de pourvoir les abeilles en fleurs.

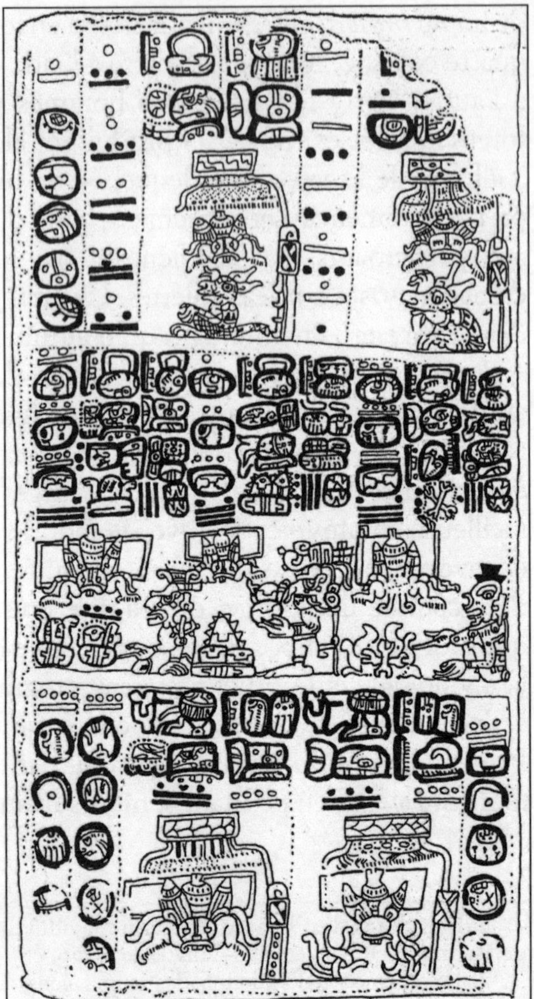

3.9. Les abeilles sur la page 103 du codex de Madrid.

1. Hobnil est l'un des *bacabs* qui préside les rites préparant les nouvelles années Kan. D'après Roys (1933, p. 171, cité par Tozzer, 1941, note 796) « *hobnil*, qui signifie à l'origine quelque chose de creux, est un terme qui s'applique à une ruche, sans doute parce qu'elle est faite dans un tronc creux ».

2. Codex de Madrid, pp. 80b ; 103a, b, c ; 104a, b ; 105b, c ; 106.

Encensement, autosacrifice et sacrifice

Plus encore que le sacrifice, l'encensement était le rite le plus important par sa fréquence comme par son association aux divinités représentées par les idoles. Les encensoirs de type Chen Mul, bien connus à Mayapán et distribués aussi sur la côte Est et dans le nord du Yucatán, associent dans le même objet le récipient dans lequel on brûle l'encens et l'image à qui il est destiné. Landa raconte que, dans le mois *chen* ou *yax*, on faisait une fête en l'honneur des *chacs* au cours de laquelle on « renouvelait les idoles d'argile et leurs *braseros* ». Il ajoute : « c'était la coutume que chaque idole ait son petit *brasero,* dans lequel on lui brûlait de l'encens… » ; ici le couple *brasero/*idole semble correspondre à l'encensoir Chen Mul[1]. À cette époque, le terme générique d'encens recouvre plusieurs substances aux propriétés spécifiques, lesquelles, dans certains cas, déterminaient leur usage. Le copal (ou *pom*, en yucatèque) est le plus souvent utilisé. Certains lieux sont renommés pour la culture des arbres qui produisent la fameuse résine qui possède en outre des vertus médicinales, et l'on vient de très loin pour l'obtenir[2]. On brûle aussi, dans certaines occasions, le latex, *kik* (mot qui signifie également « sang »). Pour éviter les calamités qui peuvent se produire dans une année Kan, les prêtres recommandent que l'on brûle trois boulettes de *kik* à l'idole d'Itzamna Kauil ; pour éviter celles prévues pour une année Cauac, il faut brûler deux boulettes

1. « *y ello* [le mélange maïs/encens] *lo arrojaban al brasero del demonio y le sahumaban…renovaban los ídolos de barro y sus braseros, que era costumbre tener cada ídolo un braserito en que le quemasen su incienso…* » (Landa, 1985, pp. 106, 115). Tozzer (1941, notes 659, 840), écrivant bien avant que les fouilles de Mayapán nous aient fait connaître les encensoirs Chen Mul, interprète la phrase de Landa comme signifiant que, dans certains cas au moins, le brasero et l'idole ne faisaient qu'un. La *Relación de Popola* (*Relaciones*…, 1983, vol. II, p. 217) confirme l'association de l'idole et du brasero : *« Usaban de adorar unos jarrillos hechos en ellos rostros desemejados, teniéndolos por sus ídolos, quemaban dentro y ofrecían una resina llamada copal… »* Dans les codex cependant, les encensoirs ne sont pas « figuratifs » mais sont des vases parfois hérissés de piquants, à l'ouverture évasée, et qui reposent sur une base en piédestal.

2. La *Relación de Mama* nous dit que la région était célèbre pour son copal et que l'on venait de vingt lieues à la ronde pour s'en procurer. Voir *Relaciones*…, 1983, vol. I, p. 114.

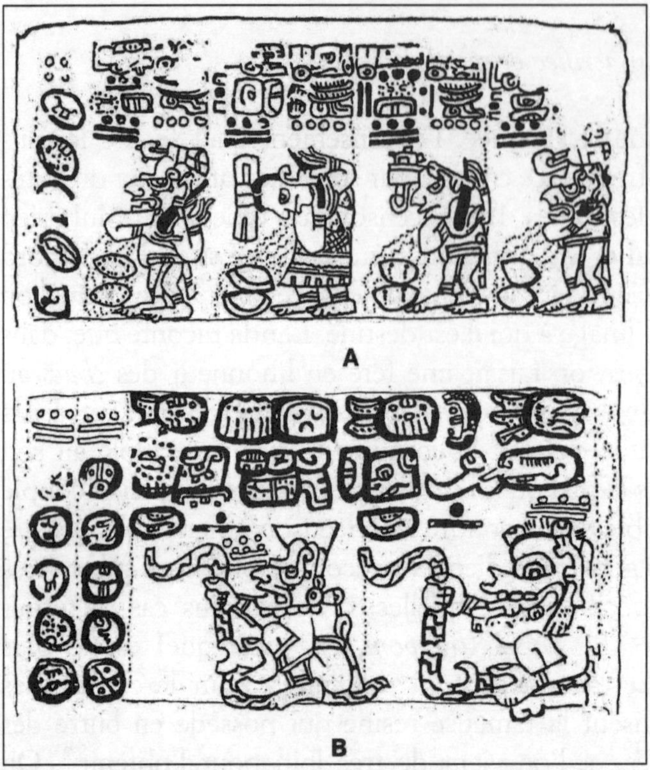

3.10 *Codex de Madrid. A (p. 95a) : autosacrifice des oreilles ; B (p. 82b) : autosacrifice du pénis. (D'après Villacorta et Villacorta, 1977).*

de *kik* aux quatre idoles Chi Chac Chob, Ek Balam Chac, Ah Canuol Cab et Ah Buluc Balam, et leur offrir en outre des iguanes, du pain de maïs, une coiffure, un bouquet de fleurs et une pierre précieuse[1]. Est-ce à son aspect, ou à la fumée noire et opaque de sa combustion que l'on doit le choix du latex à cette occasion ? Préférer dans certaines occasions la résine *puk ak*, extraite d'une liane, ou le *chicle*, est sans doute dû aux vertus respectives de ces substances, brûlées seules ou mélangées[2]. Dans les codex, où l'encensement joue un grand rôle, on utilise les glyphes qui désignent le copal et le latex, non seulement dans les textes, mais aussi dans les images. Ces substances sont montrées entourées de flammes au sommet d'encensoirs (*figure 3.11*)[3], ou offertes dans les mains des divinités (*figure*

1. Tozzer, 1941, p. 148.
2. Tozzer, 1941, note 667.
3. Codex de Dresde, pp. 25-28 (copal) ; codex de Madrid, pp. 24-25c, 60a, 107-108b, 111c (latex).

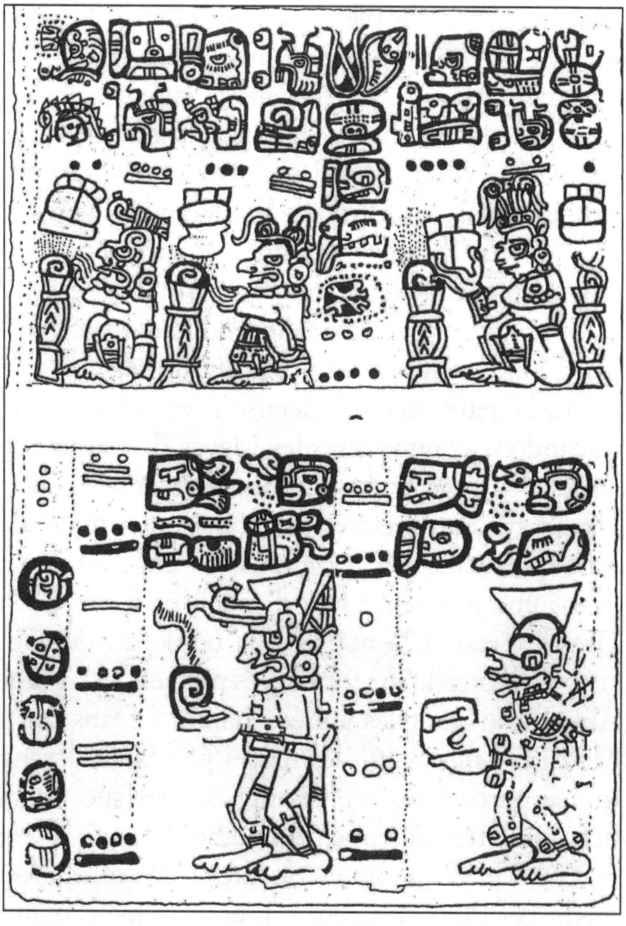

3.11 Codex de Madrid. A (p. 107b) : encensement ; B (p. 82c) : offrande de latex et de copal. (D'après Villacorta et Villacorta, 1977).

3.11)[1]. Le copal est exprimé par le composé phonétique *pom* et le latex est un logographe en forme de spirale[2]. Landa nous dit qu'avant le début de l'année on préparait sur des tablettes de bois des boulettes de copal prêtes à l'emploi pour les fêtes à venir ; de grandes quantités de boulettes de cette même résine, peintes en bleu et datant de la même période, remplissent des bols jetés en offrande[3] dans le *cenote* de Chichén Itzá. Les Lacandons également disposent

1. Lounsbury, 1973, fig. 11-12, et codex de Madrid, pp. 82-83c (offrande de latex et copal), pp. 99-100a (de copal).
2. *Pom* est traduit par le signe *ich* dont la valeur phonétique est *po* à l'intérieur d'un cercle en pointillé qui a la valeur *mo*. Voir Lounsbury, 1973, pp. 99-116.
3. Cela démontre la valeur du copal, même non consumé.

des rangées de boulettes de copal sur des tablettes : elle ont deux formes qui correspondent aux deux sexes [1]. Il leur arrive aussi de jeter cinq grains de maïs dans le copal en train de brûler, pour que les dieux leur évite les effets néfastes du *balche* [2]. La combustion simultanée de maïs et d'encens a cours au XVIe siècle dans certains rituels, mais sous forme de boulettes d'une pâte composée des deux ingrédients. Il s'agit ici d'une offrande double de maïs et de copal, dans laquelle la résine joue en outre le rôle de véhicule [3].

Si la nature des substances utilisées, auxquelles peut s'ajouter le maïs, joue un rôle dans la signification du rite, le nombre des grains de maïs jetés dans l'encensoir est également signifiant chez les Lacandons comme chez les Mayas du temps de la Conquête où, au cours des rites pour une nouvelle année Kan, on encense Kan u Uayeb avec un mélange de copal et de maïs, dans lequel la céréale est représentée par 49 grains ; le chiffre est de 53 quand il s'agit, avant une année Muluc, d'encenser Chac u Uayeb [4]. Le codex de Dresde prescrit le nombre de boulettes de copal à brûler pour les rites de Nouvel An : 9 pour les années Ben, 7 pour Ed'znab, 11 pour Akbal et 6 pour les années Lamat [5]. Dans un *tzolkin* du codex de Madrid *(figure 3.10)*, les textes placés au-dessus de quatre divinités qui se percent les oreilles prescrivent successivement l'offrande de huit boulettes de copal, d'une boulette de latex, de treize boulettes de copal et d'une boule de latex ; des offrandes de cacao accompagnent ces dons d'encens [6]. L'encensement était un rite privé autant que public : les femmes qui n'avaient pas accès aux temples, avaient leurs propres idoles (domestiques) qu'elles encensaient et à qui elles offraient de la nourriture, des boissons et des tissus [7]. De leur côté,

1. Tozzer, 1941, note 752 ; Tozzer, 1907, pp. 125-128 ; Lounsbury, 1973.
2. Tozzer, 1941, note 658 ; Tozzer, 1907, pp. 125, 178.
3. De même, il arrivait que l'on brûle avec l'encens le cœur d'une victime humaine. Tozzer, 1941, p. 119, note 541.
4. Tozzer, 1941, note 667 ; pp.140, 144.
5. Rappelons que le codex de Dresde utilise la série des porteurs de l'époque classique Akbal, Lamat, Ben et Etz'nab (pp. 25-28, et Lounsbury, 1973, fig. 7). Dans le registre b des mêmes pages de ce manuscrit on peut voir le signe *pom* brûler dans les encensoirs.
6. Lounsbury, 1973, pp. 114-115, fig. 13.
7. Tozzer, 1941, p. 128.

les voyageurs (c'est-à-dire les négociants) avaient dans leurs bagages de l'encens, « et ainsi le soir, quel que soit l'endroit où ils se trouvaient, ils dressaient trois petites pierres et mettaient dessus un peu d'encens ; ils plaçaient devant trois autres pierres plates sur lesquelles ils mettaient de l'encens, priant le dieu Ek Chuah de les ramener sains et saufs chez eux[1] ».

S'il n'y a guère de fête ou de cérémonie qui ne comporte une combustion d'encens, l'offrande de sang est également presque toujours au programme des rituels. Aussi, l'absence d'autosacrifice pendant le mois Tzec est expressément signalée par Landa[2]. Dans sa description – la seule détaillée – des cérémonies de Nouvel An, le chroniqueur nous indique que l'autosacrifice a lieu pendant le temps où les deux idoles (celle de la divinité patronne et celle du « messager ») se trouvent en présence dans la maison du chef responsable des cérémonies. Pour celles qui préparent une nouvelle année Kan, on se saigne les oreilles et l'on barbouille du sang obtenu la pierre-idole Kanal Acantun ; de même pour les nouvelles années Muluc, Ix et Cauac où l'on ensanglante respectivement Chac Acantun, Sac Acantun et Ekel Acantun. En outre, pour éviter les calamités qui peuvent se produire pendant les années Muluc et Ix, on présente des offrandes aux idoles Yax Cocah Mut et K'inich' Ahau Itzamna, et l'on rougit de son sang les pierres Chac Acantun et Sac Acantun[3].

L'autosacrifice est en principe une affaire d'hommes, et les femmes ne donnent pas leur sang, si l'on en croit Landa[4]. Il est possible cependant que, dans certaines occasions, des catégories de personnes habituellement non concernées par ce rite aient dû

1. « ... *y así, por la noche, do quiera que llegaban, erigían tres piedras pequeñas y ponían en ellas sendos pocos del incienso y ponínles delante otras tres piedras llanas en las cuales echaban el incienso, rogando al dios que llamaban Ekchuah los volviese con bien a sus casas...* », Landa, 1985, p. 88. Les deux tas de trois pierres (image et symbole du foyer) représenteraient respectivement leur campement sur la route et leur maison.

2. Tozzer, 1941, p. 157.

3. *Ibid.*, pp., 141, 144-147.

4. Tozzer (*ibid.* p. 114), a fait remarquer (note 517) que, à la page 95a du codex de Madrid, une femme est en train de se faire saigner l'oreille ; mais comme il s'agit d'une divinité elle peut, par son statut, échapper à la règle humaine.

donner leur sang[1]. Ainsi, pendant les cérémonies pour une nouvelle année Muluc, « beaucoup répandaient leur sang en se coupant les oreilles », mais en outre : « Cette fois, on prenait des garçons et on leur tirait de force du sang des oreilles que l'on coupait avec des couteaux[2]. » Parmi les hommes, les prêtres et peut-être également les nobles sont astreints à plus de piété dans les pratiques sacrificielles que les autres mortels, et se font saigner plus souvent et de façon plus douloureuse. Au cours de la fête des Chasseurs, pendant le mois Zip, « les uns se perçaient les oreilles, les autres la langue, et ils faisaient passer par les trous sept brins, assez larges, d'une herbe appelée *ac*[3] ». La langue étant beaucoup plus sensible que l'oreille, les deux formes de sacrifice n'avaient donc pas la même valeur, et le supplice infligé à la langue devait être préféré des prêtres et des dévôts. Le nombre de brins passés avait certainement une valeur symbolique, comme le nombre de grains de maïs ou d'encens jetés dans l'encensoir ou utilisés pour fabriquer une boisson.

À côté des lancettes de silex et d'obsidienne *(figure 3.10)*[4], les aiguillons de raie sont toujours les instruments favoris. On en trouve dans les dépôts de Mayapán et de Santa Rita, et Landa nous décrit combien cette arme est redoutable avec ses barbelures qui, au moment où on l'extrait, élargissent la blessure[5]. L'autosacrifice concerne le plus souvent les oreilles[6], que des blessures répétées mutilent ; les hommes tirent orgueil de ces échancrures et de ces cicatrices, qui témoignent de leur piété. La façon de les mutiler pouvait être signifiante comme le montrent les fêtes des Chasseurs et

1. À côté des saignées autosacrificielles, les Mayas pratiquaient des saignées dans un but médical. *« … usan de sangrías en todos tiempos… »* (*Relación de Hocaba*, in *Relaciones…*, 1983, vol. I, p. 134).

2. *« Había muchos que derramaban sangre cortándose las orejas… Aquí tomaban muchachos y por fuerza les sacaban sangre de las orejas, dándoles cuchilladas en ellas »* (Landa, 1985, p. 108). Cela évoque la fête du Feu nouveau des Mexicas où tout le monde sans exception, y compris les bébés à qui leurs mères incisaient l'oreille, devaient donner une goutte de sang.

3. Landa, 1985, p. 136.

4. Les lancettes illustrées dans le codex de Madrid, p. 93b, ont le manche décoré de trois bandes nouées comme à l'époque classique, sur le vase de Huehuetenango et ailleurs.

5. Landa avait joint un dessin, aujourd'hui perdu, à sa description. Voir Tozzer, 1941, p. 191, note 1008.

6. Codex de Madrid, p. 95a.

des Pêcheurs qui se succédaient pendant le mois Zip. Les chasseurs se perçaient les oreilles alors que les pêcheurs en découpaient les bords[1].

Toutes les parties du corps sont susceptibles d'être saignées, mais l'autosacrifice de la langue et du pénis ont un intérêt particulier dû autant à la valeur symbolique de ces organes qu'à leur sensibilité à la douleur. On fait passer *con grandísimo dolor* par le trou percé dans la langue non pas une cordelette munie ou non d'épines comme au classique, mais des pailles ou des brins d'herbe[2]. D'après les descriptions de Landa, l'autosacrifice des parties sexuelles semble concerner seulement le prépuce[3], ce qui avait amené Oviedo à interpréter à tort ce rite comme une circoncision. Cependant les incisions sur le phallus en céramique de Santa Rita *(voir figure 3.14, p. 410)*, et l'image du codex de Madrid sur laquelle des dieux passent une cordelette à travers leur sexe[4] *(figure 3.10)* montrent que l'on s'attaquait aussi au pénis même.

Même quand plusieurs personnes l'exécutent en même temps, l'autosacrifice apparaît plutôt comme un rite individuel. Le rite devient collectif dans une danse à la fois décrite par Landa et illustrée dans le codex de Madrid[5] *(figure 3.12 A)*. Dans le temple, les hommes en rang font passer par leur sexe troué la plus grande quantité possible de fil, et restent ainsi attachés les uns aux autres. Puis on barbouille l'idole du sang répandu. Cette cérémonie, où l'on rivalisait de courage et de résistance à la souffrance, était très appréciée des Mayas, nous dit un Landa horrifié[6]. Une sorte d'échafaudage au sommet duquel on a dessiné une tortue occupe le centre de l'image du codex de Madrid ; en partant du coin supérieur gauche et dans le

1. Tozzer, 1941, p. 155.

2. Landa, 1985, p. 89. Tozzer (1941, note 521) compare ce passage à la scène d'autosacrifice mexica du mois de Toxcatl où un grand personnage faisait passer à travers sa langue 405 ou 450 brindilles, selon les versions. Dans le codex de Madrid, p. 96b, le dieu D se perce la langue avec un poinçon.

3. « ... *se harpaban lo superfluo del miembro vergonzoso dejándolo como las orejas, con lo cual se engaño el historiador general de las Indias cuando dijo que se circuncidaban* » (Landa, 1985, p. 89).

4. Codex de Madrid, p. 82b.

5. Tozzer, 1941, p. 114, et codex de Madrid, p. 19b.

6. Tozzer (1941, note 525) rapporte un rite très semblable pratiqué par les Guaymi de Panama, et décrit dans la *Relación* de Requejo Salcedo, datée de 1640.

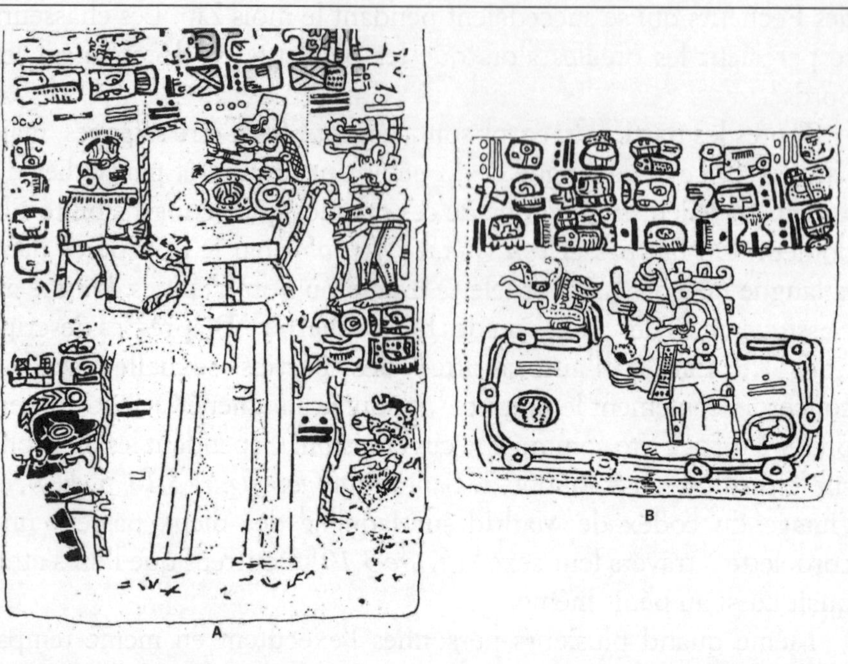

3.12. Codex de Madrid. A *(p. 19) : autosacrifice collectif.* B *(p. 73) : le dieu B écrit le destin des hommes.*

sens des aiguilles d'une montre, on reconnaît successivement les dieux A', D, B, A et M reliés entre eux par une corde qui traverse leur pénis.

Ce rite apparaît comme l'équivalent du sacrifice des dieux dépeint sur le temple de Santa Rita ; au nord, des divinités entravées et parfois enchaînées les unes aux autres attendent le sacrifice, dont le résultat nous est montré sur le mur ouest. On a interprété les restes humains, non accompagnés d'offrandes, et entassés dans les nombreux sanctuaires de Mayapán, comme ceux de victimes de sacrifice. De même, les petites structures accompagnant les temples ont été baptisés « autels de sacrifice ». Même si les preuves manquent, il ne fait pas de doute que le sacrifice humain était largement pratiqué au postclassique récent comme à toutes les périodes de l'histoire méso-américaine. En 1511, les premiers Espagnols à mettre le pied en terre maya en ont fait d'ailleurs la triste expérience. Après avoir dérivé pendant treize jours, les rescapés d'un naufrage survenu au large de la Jamaïque débarquent sur une plage du Yucatán ; leur joie de toucher terre est de courte durée : les plus faibles sont immédiatement sacrifiés et les autres mis en cage afin de devenir, quelques semaines plus tard, des victimes sacrificielles plus présentables. Ces étrangers inattendus constituent une aubaine que les Indiens mettent à profit.

En temps normal, le calendrier des fêtes réglait le rythme des sacrifices ; en cas de malheur ou de pénurie cependant, les prêtres prescrivaient comme remède le sacrifice de victimes humaines. À défaut de petits enfants (neveux ou fils) offerts par les citoyens les plus pieux, on sacrifiait des esclaves, nous dit Landa, qui précise que c'est Cocom, le fondateur de la dynastie régnante à Mayapán, qui institua l'esclavage en pays maya[1]. Tozzer s'est inscrit en faux contre cette déclaration, convaincu par les nombreuses images de personnes chargées de liens ou faisant un geste de soumission sur les sculptures classiques que l'esclavage existait chez les Mayas bien avant l'époque de Mayapán. On a fait remarquer depuis que si l'iconographie classique traite généreusement de capture et de soumission, et que si le roi est le plus souvent accompagné de captifs promis à l'autel sacrificiel, nous ne possédons aucune représentation de personnes privées de liberté et astreintes au travail, qui correspondraient à notre définition du mot « esclave ». En bref, il n'y a aucune raison de penser que les « captifs » de la sculpture classique aient été autre chose que des ennemis capturés au combat ou ayant fait leur soumission, et destinés généralement à être immolés. La situation peut avoir été différente pendant les derniers siècles précédant la Conquête, si l'on en croit les nombreuses allusions de Landa à l'esclavage.

On ne naissait pas esclave, semble-t-il[2], mais on le devenait de trois manières : en étant capturé à la guerre, en étant convaincu de vol (ce qui explique pourquoi les esclaves étaient beaucoup plus nombreux en temps de disette), et en étant enfant, orphelin et abandonné[3]. À l'issue d'une bataille, les vainqueurs sacrifiaient imédiatement les personnages de haut rang, et « les autres demeuraient

1. Tozzer, 1941, p. 35 et note 175 p. 116.
2. Tozzer, 1941, p. 63 et note 292, et Roys, 1940.
3. Tozzer, 1941, pp. 123-124.

prisonniers aux mains de ceux qui les avaient capturés »[1]. Il semble bien que la capture d'esclaves ait été un facteur déterminant dans les guerres continuelles que se faisaient les Mayas[2]. Les esclaves étaient objet du commerce local[3] et « international » ; en effet, on allait les vendre jusqu'en Ulúa et au Tabasco[4].

D'après les témoignages ethnohistoriques, les esclaves des Mayas sont donc des personnes privées de liberté, que l'on peut acheter ou vendre, et qui sont « sacrifiables ». On ne trouve pas mention de travaux, collectifs ou domestiques, qu'ils auraient dû accomplir. Cependant, bien que leur destin ait été de mourir sur l'autel, il est fort probable que, dans l'attente du jour du sacrifice, leur maître les ait mis au travail, sans que pour autant les esclaves aient constitué une véritable force économique, utilisée notamment dans des travaux publics. Les relations sexuelles avec une esclave n'ont pas à être confessées car, disait-on, il est permis de se servir de ses biens à son gré[5]. Cependant, le maître ne devait pas maltraiter son esclave, sous peine de voir intervenir la communauté[6]. L'esclavage maya est une institution tardive, sans doute due à des influences mexicaines, car très proche de l'esclavage aztèque ; sa fonction essentielle a été de fournir une réserve de victimes sacrificielles.

Celles-ci n'étaient plus décapitées si l'on en juge par le silence de Landa sur ce mode d'exécution qui semble avoir été abandonné en même temps que le jeu de balle auquel, à Chichén, il était associé[7]. L'exhibition massive de têtes trophées a elle aussi disparu, car il n'a pas été trouvé de *tzonpantli* à Mayapán et les chroniques ne mentionnent pas cette coutume chez les Mayas. La cardiectomie était de loin leur mode d'exécution préféré. D'après la longue

---

1. « *La demás gente era cautiva en poder del que la prendía* » (Landa, 1985, p. 93).

2. « *... guerra tenía continuamente esta provincia* [Hocaba] *con otras comarcas, y se cautivaba y vendía por esclavos a los que cogían...* » (in *Relaciones...*, 1983, vol. I, p. 133).

3. Tozzer, 1941, pp. 73, 94, 116.

4. Tozzer, 1941, p. 94.

5. Tozzer, 1941, p. 107.

6. « *...y el amo que así lo compraba, si era hombre de mala decisión y trataba mal el esclavo, se lo rescataba el pueblo* » (*Relación de Popola*, in *Relaciones...*, 1983, vol. II, p. 216).

7. Tozzer cependant cite quelques cas de décapitation parmi les sacrifices clandestins des Mayas de la deuxième moitié du XVIe siècle (1941, note 533).

description qu'en donne Landa[1], le sacrifice avait lieu dans la cour au pied de la pyramide, ou à son sommet, devant le temple. On amenait en grande pompe la victime, peinte en bleu et coiffée d'une *coroza*[2] auprès de l'autel rond que l'on peignait aussi en bleu[3]. Après purification du temple, sans doute par encensement, quatre *chacs* s'emparaient de la victime et la couchaient rapidement sur l'autel en lui maintenant bras et jambes. Le sacrificateur ou *nacom* la frappait de son couteau de pierre, entre les côtes, sous le mamelon gauche. Il plongeait ensuite la main dans la plaie béante, arrachait le cœur palpitant comme le ferait « un tigre enragé », et le plaçait sur un plat qu'il tendait au prêtre qui s'empressait d'aller barbouiller de sang frais le visage des idoles. Quand le sacrifice avait lieu au sommet de la pyramide, on faisait débouler l'escalier au cadavre que l'on écorchait une fois arrivé en bas. Le prêtre se revêtait alors de sa peau pour danser avec les autres, « et cela était pour eux d'une grande solennité[4] ». Le cadavre était enterré dans la cour du temple, ou réparti entre les officiants pour être mangé. La tête et les extrémités revenaient au prêtre et à ses assistants. Quand la victime était un prisonnier de guerre, son maître gardait ses os pour les exhiber comme trophées de guerre au cours de danses. Tous les rites qui composent ce cérémoniel sont communs aux Aztèques et aux Mayas : la technique de cardiectomie, le barbouillage des statues avec le sang des victimes, le cadavre précipité dans l'escalier de la pyramide, l'écorchement suivi de la danse avec la peau (qui confirme le culte à Xipe Totec, déjà mis en évidence sur les encensoirs de Mayapán), ainsi que l'anthropophagie rituelle et l'exhibition des os comme trophées. L'influence mexicaine s'est exercée autant dans les rites que dans les représentations.

---

1. Tozzer, 1941, pp. 118-120.
2. Tozzer propose comme traductions possibles : « coiffure », « bonnet pointu » ou « mitre » (1941, notes 478 et 538).
3. L'indigo était utilisé pour peindre en bleu, la couleur du sacrifice, de l'offrande et du sacré, nombre d'objets rituels : les victimes humaines par cardiectomie et par flèches ; l'autel sacrificiel, les idoles, les pierres de divination, les codex, la flèche et le crâne de cerf du rituel des chasseurs ; les iguanes et les boulettes de copal. Voir Tozzer, 1941, note 537.
4. Landa, 1985, p. 91.

Le sacrifice par flèches, également attesté dans le Mexique central, commence par un rassemblement dans la cour du temple ; on dénude la victime, on la peint en bleu et on la coiffe d'une *coroza*. Les officiants dansent avec la victime autour d'un poteau, puis l'y attachent. Le prêtre lui décoche alors une flèche dans les parties sexuelles, « qu'il s'agisse d'un homme ou d'une femme [1] », et barbouille les idoles du sang répandu. Il fait alors signe aux danseurs qui, tout en dansant rapidement et l'un après l'autre, lui visent le cœur signalé par une marque blanche, transformant sa poitrine en une pelote d'épingles [2].

Parmi les rites à effectuer pour éloigner les calamités pendant les années Kan, il faut sacrifier à Itzamna Kauil un chien ou un homme ; dans ce cas, on précipite la victime depuis une hauteur sur un « tas de pierres » ; on s'empare alors du corps meurtri auquel on arrache le cœur que l'on présente à l'idole entre deux plats. Tomas López Mendel décrit un sacrifice volontaire où la victime s'immole en se jetant d'un lieu élevé [3]. Reste à mentionner les rares sacrifices de victimes jetées dans des *cenotes*, notamment à Chichén Itzá [4].

Au XVIe siècle, les Mayas ont pratiqué clandestinement des sacrifices humains qui ont été dévoilés au cours de procès menés par l'Inquisition. Ces sacrifices ont pris parfois des formes originales : décapitations, fillette battue à mort avec une branche couverte d'épines de *pochote* ou *ceiba* (l'arbre cosmique, sacré), crucifixions. Pendant la même période, de nombreux enfants de cinq à six ans étaient volés ou achetés pour être sacrifiés [5].

Il y avait chez les Mayas, comme chez les Aztèques, deux formes de sacrifice humain correspondant à deux types de victimes. La première catégorie comprend les victimes offertes aux forces

1. Ce passage est surprenant car c'est la première et seule fois où Landa évoque la possibilité du choix d'une femme comme victime de sacrifice.

2. Landa, 1985, p. 90, et Tozzer, 1941, p. 118. Dans la *Relación de Popola,* la victime du fléchage n'est pas attachée au poteau, mais empalée : « *... y este tal esclavo, en los días señalados que éstos tenían para hacer sus borracheras y areitos le empalaban por el sieso y le flechaban, para celebrar sus fiestas* » (in *Relaciones...*, 1983, vol. II, p. 216).

3. Tozzer, 1941, p. 222.

4. Tozzer, 1941, pp. 120-121.

5. Voir le témoignage de Sotuta et Homun cité par Tozzer, 1941, note 533.

cosmiques et aux dieux par les hommes pour « payer leur dette » ou pour obtenir une faveur. Presque tous les sacrifices décrits par Landa rentrent dans cette catégorie. Dans la seconde, les victimes sont les incarnations de dieux que l'on sacrifie pour qu'ils renaissent regénérés. Quand le prêtre danse revêtu de la peau d'une victime, c'est sans doute celle d'une divinité, Xipe Totec ou une autre. Mais c'est surtout dans les peintures murales de Santa Rita que le sacrifice des dieux est mis en évidence : si sur le mur nord du temple beaucoup de dieux semblent promis au sacrifice, toute ambiguïté est dissipée sur le mur ouest, où l'un d'eux brandit les têtes décapitées des dieux M et G (?). On ne peut s'empêcher de rapprocher cette scène de celles dépeintes sur les pages 3 à 7 du codex de Paris ou diverses divinités présentent dans leurs mains la tête du dieu K. Sur le codex de Dresde 34a, c'est autour de la tête du dieu E, qui repose sur un glyphe *caban* au sommet d'une pyramide, que l'on a disposé des offrandes et que trois personnages font de la musique *(figure 3.3 C, page 335)*.

Comme à la période classique, autosacrifice et sacrifice avaient des significations voisines : dans les deux cas, on nourrissait les dieux, comme le montre le geste de barbouiller du sang versé la bouche des idoles. Ce don de sang, le sien comme celui des autres, était conçu à la fois comme le paiement d'une dette pour des bienfaits reçus et comme une avance pour des bienfaits à recevoir dans l'avenir[1].

Si l'on en croit les *Relaciones*, les sacrifices d'animaux étaient courants et les sacrifices humains, exceptionnels. Ce qui est certainement vrai pour l'époque coloniale, pendant laquelle on substitue souvent des chiens à des victimes humaines, ne l'est sans doute pas avant la Conquête. Il n'en reste pas moins qu'à côté des hommes et des enfants, on sacrifiait des animaux comme les dindes ou les iguanes[2].

1. Nos informations sur le sens et la fonction de l'autosacrifice et du sacrifice des Mayas de cette période sont très limitées, en comparaison de la richesse de la documentation que nous possédons sur ces rites chez les Mexicas. Comme les différences concernant ce sujet semblent mineures chez les deux peuples, notre connaissance plus approfondie de la religion mexica doit nous permettre de mieux comprendre cet aspect de la religion maya (cours de Michel Graulich à l'EPHE 1996).

2. Codex de Dresde, pp. 25-28c, 43c.

Rites d'initiation et confession

Ce que Landa et les autres pères appellent « baptême »[1] est un véritable rite de passage ou d'initiation, que les Mayas désignent par l'expression « renaître, ou naître de nouveau ». Les enfants des deux sexes sont initiés entre trois et douze ans, et nul ne peut se marier s'il n'est « baptisé ». Le prêtre, sollicité par un père qui désire que son enfant soit initié, communique la nouvelle à la communauté et choisit un jour faste pour la cérémonie. Pour l'aider, il nomme un notable *(principal)* et, avec l'assentiment des parents, quatre *chacs*. Parents et officiants jeûnent pendant les trois jours qui précèdent la fête que l'on appelle aussi *emku* ou *imku*, « descente du dieu ».

Ce jour-là, on réunit dans la cour de la maison les garçons d'un côté et les filles de l'autre, avec l'assistance d'un homme pour les garçons et d'une « marraine » pour les filles. On couvre de feuilles le sol de la cour, on procède à la purification de l'espace rituel[2], puis on balaye le sol pour le recouvrir d'un nouveau lit de feuilles et des nattes. Les *chacs* couvrent d'un linge blanc la tête des enfants, auxquels on demande s'ils ont péché ; ceux qui répondent par l'affirmative sont confessés et séparés des autres. Le prêtre, vêtu de ses habits sacerdotaux et muni d'un goupillon en queues de serpent[3], bénit et asperge les enfants. Le *principal* fait alors mine de frapper neuf fois le front des enfants avec un os ; il le trempe ensuite dans un mélange d'eau vierge, de cacao et de certaines fleurs, qu'il dépose sur le front, le visage et entre les doigts des mains et des pieds de chaque enfant. Après avoir retiré le linge qui leur couvre la tête, le prêtre détache la perle blanche fixée au sommet qui était la marque des garçons non initiés. Ses assistants menacent neuf fois de leur cigare chaque garçon, puis leur font respirer un bouquet de fleurs et

---

1. À ne pas confondre avec des rites qui suivaient de près la naissance et également désignés « baptême » par d'autres sources. « *... los señores tenían un cierto bautismo y a los ocho días bautizaban los niños los sacerdotes con ciertas ceremonias* » (*Relación de Dzindzantun*, in *Relaciones...*, 1983, vol. I, p. 413).

2. Selon les rites décrits p. 56.

3. Voir deux dieux tenant en main un objet semblable dans le codex de Madrid, pp. 60c, 100d.

le leur font fumer[1]. On donne à manger aux enfants une partie des présents apportés par les mères ; on remplit de « vin » un grand vase que l'on offre aux dieux de la part des enfants, et qu'un assistant nommé *cayom* doit boire d'un trait.

Les mères retirent à leurs filles leur emblème de non-initiées, une coquille attachée sur le bas-ventre par une cordelette qui leur ceint les reins. Elles sont renvoyées chez elles, puis c'est au tour des garçons. Leurs parents distribuent aux assistants et aux officiants des *mantillas* qu'ils avaient apporté. La fête, comme d'habitude, se termine par un banquet, *comer y beber largo*. Celui qui a organisé la fête doit jeûner les neuf jours suivants[2].

Le point crucial de la cérémonie est celui où, après avoir symboliquement « tué » chaque enfant en le frappant avec un os (symbole de mort), on le fait « renaître » avec l'onction de vie que représente le liquide de fleurs, de cacao et d'eau vierge.

Un rite rappelant cette initiation est préparé dès le mois de Yaxkin pour avoir lieu en Mol, au cours de la fête donnée en l'honneur de tous les dieux, et où l'on peint en bleu tous les outils et instruments : ceux des prêtres, comme les fusaïoles des femmes et les poteaux des maisons. On rassemble alors tous les garçons et les filles de la ville, et on leur donne neuf légers coups sur le dos de la main « afin qu'ils deviennent des professionnels habiles dans les métiers de leurs père et mère[3] ».

On a vu qu'avant de mettre symboliquement à mort les futurs initiés on demandait aux plus grands de faire savoir au prêtre s'ils avaient péché. On pouvait également se confesser quand on se croyait en danger de mort, ce qui laisse à supposer que l'on ne pouvait le faire qu'une seule fois. On se confessait publiquement au prêtre ou, à défaut, à ses propres parents, à sa femme ou à son mari. Les fautes les plus couramment admises étaient le vol, l'homicide, la luxure et le faux témoignage[4].

---

1. Comme dans beaucoup de cultures américaines, le tabac a joué un rôle non négligeable dans la religion et la médecine maya. Voir des dieux fumant le cigare dans le codex de Madrid, pp. 79b, 86-87b, et Robicsek, 1978.
2. Tozzer, 1941, pp. 102-106, et Landa, 1985, pp. 83-86.
3. Landa, 1985, p. 142.
4. Tozzer, 1941, pp. 106-107, et Landa, 1985, p. 87.

Les dépôts de fondation et les autres

La plupart des dépôts fouillés à Mayapán semblent avoir été de fondation c'est-à-dire enterrés à l'occasion d'une construction ; cependant, certains trouvés dans les autels peuvent avoir été des offrandes présentées à d'autres occasions. Le plus souvent les objets (outils de silex, d'obsidienne, dents de requin, jade, feuille d'or, copal, etc.) sont contenus dans une poterie qui est parfois une effigie anthropomorphe ou zoomorphe (tortue, lapin) ; dans ce cas, on suppose un lien entre l'image portée par le vase et les objets qui y sont déposés [1]. Autrement dit, l'offrande est directement destinée à l'effigie qui peut être un messager chargé de la transmettre à qui de droit [2], une divinité (dieu M, dieu D, dieu B, etc.) ou le symbole d'une partie du cosmos : ainsi, on peut supposer que les objets déposés dans une poterie en forme de tortue sont un présent à la terre alors que ceux contenus dans un « dieu descendant » sont offerts à une créature d'origine céleste. Les vases-effigies jouent le même rôle que les encensoirs-effigies, dans lesquels l'offrande et l'image divine ou cosmique sont associées dans le même objet. Cependant il est fréquent que la signification de l'image et la destination du dépôt nous échappent également : ainsi les vases représentant des singes, des jaguars, des crapauds, des oiseaux, un guerrier ou une tête grotesque, ou ceux qui représentent un « dieu descendant » supporté par un chien ou un oiseau.

À Santa Rita, on trouve des dépôts semblables à ceux de Mayapán, comme celui dégagé devant l'autel d'un oratoire : dans une poterie couverte par une autre, un vase-effigie de monstre (terrestre ?), tenant une tête humaine dans sa gueule, contenait des perles de coquille, un morceau de mosaïque de jade, une perle de

1. R. E. Smith, 1971, pp. 120-124 ; fig. 64a-b, i-k, n-o et 65h-j.

2. Parmi les rites destinés à éviter les calamités qui pourraient se produire pendant une année Muluc, on offre à l'idole Yax Cocah Mut des chiens en céramique portant du pain (de maïs) sur leur dos ; les vieilles femmes dansent en portant ces effigies, puis un chien est sacrifié à l'idole. Ici les chiens jouent clairement le rôle de messager. Voir Tozzer, 1941, p. 145.

même matériau et un morceau de feuille d'or[1]. Le dépôt de fondation d'un édifice consistait en un petit vase renfermant une épine de raie et orné d'un dieu descendant en relief ; celle-ci représenterait l'offrande sanglante présentée à l'être surnaturel venu du ciel pour la recevoir[2].

Beaucoup plus intéressants sont les dépôts de figurines qui jusqu'à présent n'ont été attestés que dans la zone de Chetumal[3]. Le dépôt du monticule 2 de Santa Rita consistait en une jarre contenant deux pointes de silex[4] et autour de laquelle on avait placé, en direction des points cardinaux, quatre paires de figurines composées chacune d'une tortue et d'un jaguar. Une autre tortue et un saurien bicéphale se tenaient au sommet de la jarre. Le couple tortue/jaguar rappelle le couple terre *(cauac)*/soleil nocturne, opposition fondamentale de la pensée cosmologique maya bien illustrée à la période classique[5]. La disposition rayonnante des quatre paires décrit la totalité de la terre dans un plan horizontal. Les deux créatures du centre représentent sans doute les étages céleste et terrestre de l'univers. Les deux pointes de silex qui, elles aussi, occupent une position centrale, font allusion au rite du sacrifice.

Le dépôt au cœur de la structure 213, juste au-dessus du niveau stérile, est comparable au précédent bien que plus complexe *(figure 3.13 A)*[6]. Seize figurines avaient été placées autour d'une jarre qui en contenait neuf, à savoir quatre singes, quatre créatures femelles non identifiées et l'image d'un homme assis s'apprêtant à souffler dans une conque ; un morceau de jadéite et quatre petits coquillages se trouvaient sous son siège. Au sud de la jarre étaient groupés quatre cerfs, quatre chiens, quatre coatis ; dans les directions cardinales se tenaient quatre hommes debout chacun sur une tortue, et s'autosacrifiant le sexe à l'aide d'une lancette pointue. Ici encore, le nombre

1. Chase et Chase, 1988, p. 19.
2. *Ibid.*, p. 40, fig. 16-17. D'après Landa, à la suite d'un sacrifice exécuté pour Itzámna Kauil, *« decían que descendía un angel y recibía este sacrificio »* (Landa, 1985, p. 106. Tozzer, 1941, note 686).
3. Tozzer, 1941, pp. 72-73 ; Gann, 1900 ; Gann, 1918.
4. Gann, 1900, pp. 680-681 ; Thompson, 1970, p. 215.
5. Voir p. 172.
6. Chase et Chase, 1988, pp. 48-51.

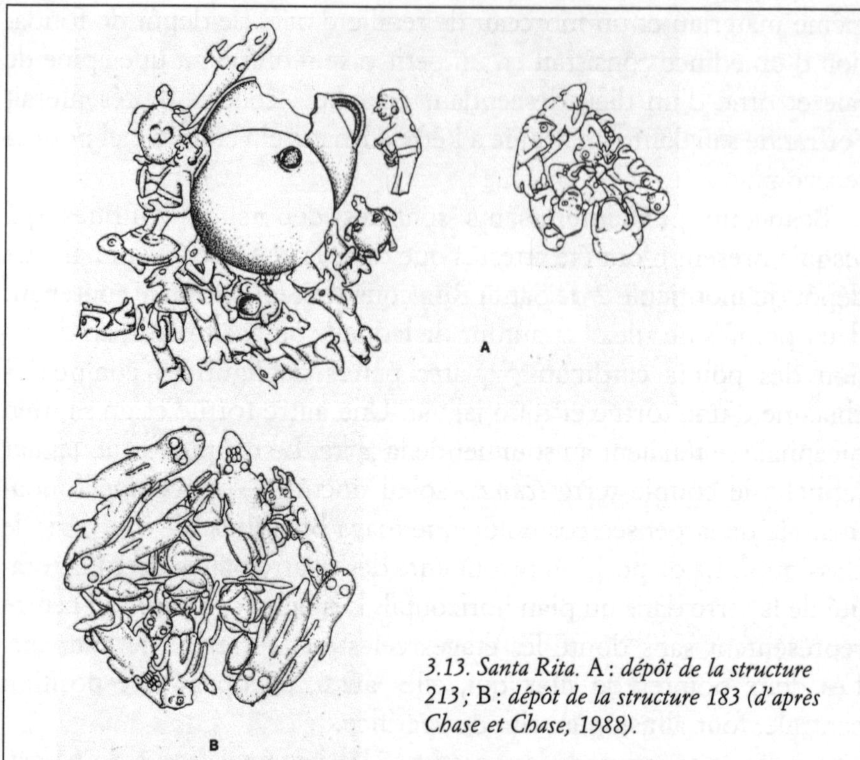

3.13. Santa Rita. A : *dépôt de la structure 213 ;* B : *dépôt de la structure 183 (d'après Chase et Chase, 1988).*

quatre de chaque catégorie d'animaux fait allusion aux quatre directions et les créatures semblent concerner essentiellement l'étage terrestre. L'autosacrifice est, lui, illustré sans ambiguïté[1].

Le dépôt du monticule 6 consistait en une jarre placée dans une cachette en maçonnerie et qui contenait dix-huit objets : quatre jaguars, neuf animaux aquatiques dont un crocodile et cinq poissons[2], un vase orné d'un dieu descendant et quatre hommes

1. Diane Chase (1991) a proposé que les quatre autosacrificateurs étaient les quatre *bacabs*, en raison de leur nombre et de leur association avec une tortue. Cela est possible mais non certain ; en effet, leurs traits ne sont pas spécialement ceux de vieillards et aucun ornement ne les désigne comme *bacabs*. Le même auteur associe le dépôt aux rites de fin d'année Muluc parce que l'autosacrifice est attesté à cette fête tant par Landa que par le codex de Madrid (p. 36). En réalité, il est difficile de trouver une cérémonie maya, si discrète soit-elle, qui ne comporte pas d'autosacrifice.

2. On peut distinguer deux requins anthropomorphes avec des membres humains (Gann, 1900, pl. 34 : 3, 4), deux requins sans caractères anthropomorphes (*ibid.*, pl. 34, p. 7, 35, p. 2) et un autre poisson (*ibid.*, pl. 34, p. 1).

accroupis se cachant le visage derrière un voile. Ici l'accent est mis sur l'inframonde tant humide (crocodile et poissons) que sec (jaguars). Les quatre personnages qui cachent leur visage pourraient peut-être représenter la fin d'une période, *tun* ou *katun*[1]. La jarre munie d'un couvercle et enterrée devant l'autel de la pièce du fond de la structure 183 *(figure 3.13 B)* contenait vingt-huit figurines, dont cette fois encore quatre personnages (féminins selon leurs découvreurs) qui se cachaient le visage derrière un voile et alternaient avec quatre guerriers armés d'une lance et d'un bouclier, orientés vers les points cardinaux. Ces figures humaines étaient entourées de quatre requins, quatre crocodiles, quatre jaguars, quatre serpents et quatre oiseaux[2]. Ces animaux appartiennent à tous les étages de l'univers : l'inframonde humide, l'inframonde aride, la surface terrestre et le ciel. Quant aux guerriers, ils expriment la promesse de sacrifices.

Sous le monticule 26, le dépôt de fondation consistait en vingt-quatre figurines reposant directement dans la terre. On a dénombré quatre jaguars, quatre requins, quatre alligators, deux serpents et six coatis ; à ces animaux on doit ajouter trois guerriers et un homme assis sur un tabouret se mutilant le sexe[3]. Le dépôt du monticule 24 avait un contenu symbolique comparable *(figure 3.14)*. Une jarre de 40 cm de diamètre avait été déposée dans un puits en cloche de 1,50 m de profondeur et 90 cm de diamètre, dont l'ouverture était scellée par un disque de pierre. Le récipient contenait quarante-neuf figurines d'argile cuite au soleil et peintes, dont quatre jaguars, quatre requins, quatre crocodiles, quatre lézards, quatre serpents, quatorze coatis, et quatre oiseaux aux ailes déployées ; les humains étaient représentés d'abord par quatre guerriers, le genou à terre et armés d'une lance et d'un bouclier. Sur deux d'entre eux de longs

1. Gann, 1900, pl. 33, pp. 2 et 37. D'après Thompson (1971, pp. 201-202), l'expression rituelle pour la fin d'une période est l'aveuglement du patron de celle-ci, aveuglement qui peut s'exprimer en image par l'œil percé ou arraché, le bandeau autour des yeux, l'absence d'yeux (comme sur l'ouvrage de Lopez de Cogolludo où toutes les têtes des *katuns* terminés sont privés d'yeux) ou le visage noirci (comme sur le *Chilam Balam* de Chumayel, p. 84). À l'inverse les *katuns* commençant ont les yeux grands ouverts. « *This rather suggests the concept of the uncovering of the face at the start of the period ; the covering of it or the extinction of its power of seeing at the close.* »

2. Chase et Chase, 1988, p. 57, fig. 32.

3. Gann, 1918, p. 66.

3.14. Santa Rita : objets en argile provenant du dépôt du monticule 24.

crocs dépassaient des coins de la bouche[1]. Il y avait aussi quatre hommes debout, vêtus d'un pagne étroit ; l'un d'eux avec les mains ouvertes ; un autre tenant un éventail circulaire de la main gauche et la droite tendue en avant. Se trouvaient enfin trois hommes coiffés d'une sorte de mitre, assis sur un tabouret à quatre pieds et pratiquant l'autosacrifice du pénis. Pour insister encore sur ce rite, on avait déposé avec les figurines un phallus grandeur nature en céramique (c'est-à-dire en argile cuite et non pas crue comme celle des figurines) dont le gland était mutilé par trois longues coupures[2].

Ces exemples montrent qu'une partie au moins des dépôts de fondation de Santa Rita sont les témoins d'un rituel de création

1. De semblables caractéristiques surnaturelles caractérisent les deux guerriers disposés au nord et au sud du dépôt de la structure 183. Voir Chase et Chase, 1988, p. 57.

2. Gann, 1918, pp. 59-63 ; fig. 15, 17 ; pl. 9.

cosmique suivi d'autosacrifice et peut-être de sacrifice (auquel les guerriers feraient allusion). Le contenu de ces dépôts consiste essentiellement en figurines grossières d'argile, confectionnées spécialement pour cette occasion. Le plus souvent, chacune des espèces animales ou chacune des catégories d'êtres humains sont au nombre de quatre, prenant ainsi en compte les quatre orients. Les animaux choisis sont symboliques ou représentatifs d'un étage de l'univers : ainsi le jaguar, image du soleil nocturne, représente l'inframonde en tant que demeure des morts et du soleil pendant la nuit ; le monde aquatique souterrain et marin est évoqué par le requin, divers poissons et le crocodile ; la terre par le lézard et le serpent ; le singe et le coati qui vivent sur terre et dans les arbres font la liaison entre la terre et le ciel, domaine des oiseaux.

Les dépôts de Tikal au classique ancien, on l'a vu (pp. 232 et suiv.), comme ceux de Tenochtitlán au protohistorique, reconstruisaient les différents étages de l'univers à l'aide de matériaux symboliques ou de restes d'animaux qui, à Santa Rita, sont remplacés par un bestiaire en céramique ou en argile crue, peinte après séchage au soleil ou après cuisson. La comparaison ne s'arrête pas là : la re-création de l'univers était, à Tikal, invariablement accompagnée d'outils réels ou symboliques de sacrifice et d'autosacrifice. Si ici les guerriers pourvoyeurs de victimes font indirectement allusion aux sacrifices humains, l'autosacrifice est directement illustré par des personnages en action et, dans un cas, par un pénis qui porte des mutilations. Il est probable que les objets étaient, comme à Tikal ou à Tenochtitlán, déposés dans l'ordre cosmique et souvent en distribution rayonnant – parfois depuis un centre marqué par une jarre qui contenait elle-même des images – dans les quatre directions. Les créatures des eaux et du monde souterrain humide étaient, avec celles de l'inframonde « sec », déposées d'abord ; le rituel se poursuivait par le dépôt des créatures terrestres, puis arboricoles, puis célestes. On procédait pour finir aux sacrifices et autosacrifices sanglants accompagnés, dans certains cas tout au moins, par le son d'un joueur de conque.

On a essayé de mettre en relation ces dépôts de Santa Rita avec les rituels Uayeb de fin d'année décrits par Landa et illustrés dans les codex de Dresde et de Madrid [1]. On a même cherché à faire correspondre certains dépôts à des rites d'une année déterminée comme Kan ou Muluc. Ces hypothèses se heurtent à certaines difficultés : les dépôts dans la plupart des cas sont clairement des dépôts de fondation de constructions spécifiques ; il n'y a pas assez de différences d'un dépôt à l'autre qui permettraient de les attribuer à la célébration de divers porteurs d'année ; les dépôts sont très courants, semble-t-il, et leurs emplacements respectifs ne correspondent pas aux lieux où les rites, d'après Landa, prenaient place. Il est cependant possible, si l'on en croit les curieuses figurines qui cachent leur visage derrière un voile, que certains dépôts célébraient l'achèvement d'un cycle, par une nouvelle construction qui donnait lieu à un rituel de création.

Coutumes funéraires et culte des ancêtres

À l'exception des nobles qui étaient incinérés, on enterrait les morts, enveloppés dans un linceul, dans ou derrière leur maison. On déposait dans leur bouche un peu de *pozole* et des perles de jade [2]. Landa donne peu de détails sur le mobilier funéraire ; on enterre avec le mort quelques-unes de ses idoles et ses livres, s'il est prêtre ; s'il s'agit d'un sorcier, on dépose à ses côtés les petites pierres qu'il utilisait pour la divination. Après l'enterrement, la maison était abandonnée par ses habitants, sauf si ceux-ci étaient très nombreux.

Les cendres des nobles incinérés étaient déposées dans des urnes que l'on enterrait, et au-dessus desquelles on construisait un temple [3]. Les personnes de très haut rang étaient statufiées, et leurs cendres placées dans une statue creuse en céramique ou dans la cavité

1. Chase et Chase, 1988, pp. 72-73, et D. Chase, 1991.

2. Le *pozole* est une pâte de maïs consommée délayée dans de l'eau. C'est la nourriture de base du Maya surtout quand il se trouve hors de chez lui, au travail dans les champs ou en voyage ; le *pozole* se garde plusieurs jours en boule enveloppée d'un linge, et se délaye dans une demi-calebasse. Le dépôt d'une ou plusieurs perles de jade dans la bouche du mort est une coutume très répandue en Méso-Amérique, où le jade est un symbole de vie et de renaissance.

3. À deux reprises, Landa raconte la découverte à Izamal d'une urne cinéraire à trois anses contenant des cendres et des os longs *muy gruesos a maravilla* et trois perles de jade. Voir Tozzer, 1941, pp. 19, 171-172.

creusée derrière la tête d'une statue de bois. Les crânes des Cocoms étaient modelés à leur ressemblance, et toutes ces images étaient conservées dans les oratoires des maisons où, avec les idoles, elles étaient objet de culte et recevaient des offrandes de nourriture[1].

À Mayapán, on enterrait les morts dans la pièce de façade des résidences ordinaires. Pour les familles les plus importantes, le culte des ancêtres prenait place dans les oratoires familiaux où l'on avait dégagé des tombes sous le sol et devant l'autel. Des statues d'ancêtres étaient placées sur l'autel ou sur une plate-forme supplémentaire, comme l'attestent les deux pieds de stuc trouvés devant l'autel d'un oratoire[2].

Musique et danse

Il ne semble pas que les instruments de musique aient beaucoup évolué depuis le classique récent. Outre les conques, les instruments à vent comprennent de longues et minces trompettes en bois avec des calebasses allongées au bout[3], des sifflets taillés dans des os de cerf, et des flûtes de roseau, mentionnées par Landa et illustrées dans le codex de Dresde[4]. Les grands tambours sont faits, nous dit Landa, d'un tronc creux ; frappés avec une mailloche au bout de caoutchouc, ils rendent un son « lourd » (grave ?) et triste. Il peut s'agir du *tunkul*, tambour horizontal à languettes, ou d'un tambour vertical, *pax*, analogue à celui peint à Santa Rita. On frappe avec la main une carapace de tortue, et l'on agite des hochets[5]. Sur les manuscrits, les tambours sont de petite taille et apparemment en céramique ; une première forme est illustrée par des instruments évasés à l'ouverture et au corps en tonneau supporté par trois pieds[6] ; les autres sont des poteries doubles[7].

Sauf les conques, dont on peut sonner pour appeler les dieux à participer au rite, les instruments de musique accompagnent les

1. *Ibid.*, pp. 129-131.
2. Voir p. 000.
3. Sans doute utilisées comme résonateurs.
4. Landa, 1985, p. 77, et le codex de Dresde, p. 34a.
5. Voir par exemple le codex de Madrid, p. 67a.
6. Codex de Madrid, pp. 21a, 22b, 37a.
7. Codex de Madrid, p. 37a, et de Dresde, p. 34a, c.

danses. Toute fête possède au moins une danse qui lui est propre et qui porte un nom, transcrit approximativement par Landa et que Roys a généralement de la difficulté à traduire [1]. La danse, comme l'autosacrifice, est, sauf exception, une affaire d'hommes : les femmes n'y ont pas droit, sauf les vieilles dans certaines circonstances. Cependant il arrive que les deux sexes soient réunis, comme dans la danse *naual*, que Landa ne trouve « pas très honnête [2] ». Une danse exécutée sur de hautes échasses dans les années Muluc, est à la fois mentionnée par Landa et illustrée dans le codex de Madrid [3]. La danse des guerriers (qui traduit exactement *batel okot* ou *holcan okot*) est exécutée au moins en deux occasions : lors des rites pour une nouvel année Muluc et pendant les fêtes du mois Pax. Elle rassemble jusqu'à huit cents guerriers (selon Landa) qui portent des petits drapeaux et dansent en mesure au son de la musique. Comme la danse dure toute la journée, on apporte à boire et à manger aux participants. *Colomche* est le nom d'une danse qui est aussi un jeu d'adresse. Deux hommes se trouvent au centre d'un cercle de danseurs. Le premier, debout, lance avec force un des bâtons dont il est chargé à un second accroupi, qui doit le recevoir avec un petit bâton. Quand le lanceur a épuisé sa provision, il rentre dans le rang avec le receveur, et deux autres hommes passent à l'intérieur du cercle pour les remplacer.

Le clergé

À sa tête se trouvait le grand prêtre, appelé Ak Kin (« celui du soleil ») Mai ou Ahau Can (« Seigneur Serpent ») Mai. Tous les prêtres des villes lui apportaient leurs contributions auxquelles s'ajoutaient de nombreux présents. Cette fonction était héréditaire.

1. Par exemple, ce que Landa écrit *chan tuniah* est interprété par Roys *chactun yah*, qui traduit par « grande blessure » cette danse exécutée lors de la fête des Sorciers et Guérisseurs. La danse nommée *xibalba okot* n'a rien à voir avec l'inframonde maya. *Xibalba* désigne pour les Mayas le monde souterrain, donc pour les chrétiens, l'enfer. Comme les danses religieuses des Mayas étaient, pour les chrétiens, inspirées par le démon, *xibalba okot* est simplement la traduction maya de « danse du diable ».

2. Tozzer, 1941, p. 128.

3. Codex de Madrid, p. 36a.

Le grand prêtre était l'autorité suprême en matière religieuse; il donnait son opinion aux seigneurs et répondait à leurs questions. C'était à lui qu'incombait la responsabilité de former et de nommer les autres prêtres (choisis de préférence parmi les fils de prêtres et les seconds fils de seigneurs), dont il vérifiait les capacités avant de leur attribuer une charge. On attendait des prêtres qu'ils soient versés dans le comput du temps, qu'ils connaissent les fêtes, les cérémonies et leurs rites, qu'ils sachent déterminer les jours fastes, qu'ils connaissent les techniques de divination et l'interprétation des codex, et qu'ils puissent lire et écrire les hiéroglyphes[1].

À côté des prêtres, on trouve les *chilans*, « interprètes » des dieux, sortes de médiums qui doivent « donner au peuple les réponses des dieux ». On les tient en telle estime qu'il arrive qu'on les porte en triomphe[2]. Les sorciers et médecins soignent par des saignées, et par des techniques de divination (à l'aide notamment de petites pierres), déterminent l'origine et l'évolution des maux qui affectent leurs patients. « Les *chacs* étaient quatre hommes âgés choisis de nouveau à chaque occasion pour aider le prêtre à célébrer correctement les fêtes[3]. » Ils jeûnent et font abstinence comme les prêtres, immobilisent la victime sur l'autel des sacrifices, et purifient les lieux de culte. Les *nacoms*, enfin, sont deux importants personnages : l'un est capitaine de guerre nommé pour trois ans, et qui a un prestige immense comme le montre la fête des Guerriers pendant laquelle il est traité comme un dieu. L'autre *nacom*, dont la charge est perpétuelle, est le sacrificateur. Landa nous dit que l'office de ce *nacom* était « peu

1. Sur la page 73b du codex de Madrid, on a représenté le dieu B en prêtre devin qui écrit et dit des prophéties : il tient en main un stylet et une coquille-encrier, et de sa bouche découle une bande de papier où sont écrits des chiffres, version maya de la bulle de nos bandes dessinées.

2. Landa, 1985, p. 89.

3. « *Los* chaces *eran cuatro hombres ancianos elegidos siempre de nuevo para ayudar al sacerdote a hacer bien y cumplidamente las fiestas* » (Landa, 1985, p. 89). La nomination des *chacs* nous est décrite notamment à l'occasion des fêtes de Pop : « *En este tiempo elegían los oficiales chaces para ayudar al sacerdote* », incorrectement traduit par Tozzer (1941, p. 152) : « *It was at this time that they chose officials, the Chacs to assist the priest.* » La traduction correcte serait « *that the officials chose the Chacs...* » Dans sa description des cérémonies d'initiation, Landa nous informe que leur désignation devait être de l'agrément du prêtre et de tous les parents des enfants à « baptiser », initier (Landa, 1985, p. 84).

honorable puisque c'était lui qui ouvrait la poitrine des victimes [1] ». Ce commentaire de Landa doit être accepté avec scepticisme ; le sacrificateur chez les Mayas comme chez les Aztèques n'était pas l'équivalent de l'« exécuteur des hautes œuvres » européen, généralement méprisé. Le sacrifice humain était chez les Mayas le rite le plus important, le plus lourd de conséquences, et il est difficile d'imaginer que cette charge ait pu être « peu honorable ». Bien au contraire… Le lien entre guerre et sacrifice était une fois de plus manifeste par l'attribution du même titre, celui de *nacom*, au chef de guerre et au sacrificateur.

1. Landa, 1985, p. 89.

3.

Conclusion

Le postclassique récent maya est une période de décentralisation politique et religieuse, malgré les efforts de Mayapán pour reprendre les tentatives d'hégémonie de Chichén Itzá. Des phénomènes concomitants comme la disparition des monuments historiques, l'abandon du grand cycle calendaire et la prolifération des idoles et des dieux sont liés. Même si les Cocoms, *primi inter pares*, règnent à Mayapán, ils doivent composer, sinon partager le pouvoir avec les principaux lignages de la cité. Même si la famille régnante possède le plus imposant *temple assemblage*, une dizaine d'autres familles sont représentés par des groupements comparables. Il n'y a pas qu'aux ancêtres royaux qu'un culte officiel est rendu ; les grandes familles ont elles aussi leur temple-pyramide élevé à la mémoire de l'ancêtre-fondateur, leur maison des hommes, leur sanctuaire et leur oratoire. Leur clientèle urbaine et rurale participe à leurs rites.

Le pouvoir royal amoindri, sinon contesté, a perdu le droit d'écrire l'Histoire ; on reprend la coutume d'ériger des stèles, mais les dieux y ont remplacé les rois. L'affaiblissement de la puissance du souverain et de sa dynastie ne réclame plus l'inscription des événements historiques dans le temps presque linéaire qu'offrait le grand cycle. Les cycles ont raccourci et la plus grande durée utilisée est limitée à 260 *tuns* (ou 256,23 ans). Le temps constamment renouvelé est une aubaine pour les devins qui jonglent avec les *kins*, les *tzolkins*, les *tuns* et les *katuns* pour faire échapper leurs clients au mauvais sort. Mais les changements de cycle sont source de dangers, ce que montrent clairement les rites exécutés pendant les cinq derniers jours de l'année, les funestes *uayeb*, pour préparer l'arrivée de la suivante. Les hommes sont préoccupés de préserver l'ordre cosmique en ménageant la transition entre la fin d'un cycle et le début d'un autre ; cette transition est assurée de façon satisfaisante par des déambulations et des parcours d'officiants et d'idoles qui, comme dans une course de relais, se passent le flambeau. On fait peau neuve en renouvelant les ustensiles domestiques et les objets sacrés, et en abandonnant ceux devenus inutiles sur un tas d'ordures hors de la ville.

Le culte officiel est désormais divisé entre les principaux lignages et non plus concentré entre les mains et sous l'autorité du seul roi. À côté du culte public prospère un culte privé, domestique, auquel souscrit toute la population, même la plus modeste. Les villes, les quartiers, les professions, les lignages, les familles ont leurs divinités tutélaires et parfois leurs ancêtres. La décentralisation politique et régionale, les divisions sociales ont encouragé la prolifération des idoles et des dieux d'origines diverses. L'ensemble du monde surnaturel est personnalisé et le rite s'adresse au destinataire qui figure sur l'encensoir ou le vase-effigie. À côté d'un clergé professionnel et permanent, le culte utilise les services de temporaires, préfigurant le système des charges en honneur dans les communautés indiennes des époques coloniale et moderne. On désigne un *principal*, qui va organiser et être le responsable d'une fête, et qui parfois l'accueillera dans sa propre maison. On nomme quatre *chacs* pour assister le prêtre à l'occasion. Le chef de guerre lui-même, l'un des deux *nacoms*, un personnage certainement considérable, est renouvelé tous les trois ans.

On a vu ici et là à quel point les changements qu'a connus la religion maya au postclassique récent avaient le Mexique central pour origine. Si l'on compare la religion décrite par Landa et les codex mayas avec celle des Aztèques, les plus fortes analogies entre les deux concernent les rites. Le sacrifice humain, aux techniques semblables, revêt, dans les deux cas, les formes principales du sacrifice des dieux et du sacrifice-offrande aux dieux. L'encensement, l'autosacrifice, les coutumes funéraires, l'importance rituelle d'une boisson intoxicante sont semblables ici et là. Les dépôts de fondation, comme expression d'une création cosmique, sont comparables à Santa Rita et à Tenochtitlán. Les Aztèques comme les Mayas connaissent la confession.

En revanche, même s'il y a eu des emprunts, les deux panthéons sont différents, en raison des histoires respectives et de ces peuples et de leurs dieux. Les calendriers ont aussi leurs particularités ; ainsi on ne trouve pas trace chez les Mayas du cycle de cinquante-deux ans, qui joue un rôle fondamental dans la vie cérémonielle des Aztèques. L'organisation du culte est différente dans les deux cultures, et celle qui prévaut chez les Aztèques est plus centralisée, plus structurée, plus hiérarchisée que celle des Mayas.

CONCLUSION GÉNÉRALE

Non convaincu par les analyses traditionnelles qui, à l'affût des seules continuités, concluaient à l'absence de changement significatif de la religion des Mayas au cours de leur histoire, j'ai entrepris ce livre avec une autre approche. D'abord en m'astreignant, pour la description de la religion d'une époque déterminée, à n'utiliser que les données concernant cette période ; il n'était donc pas question de se servir de l'ethnohistoire ou de l'ethnographie pour décrire et analyser la religion des périodes classique et postclassique ancienne ; ce n'est qu'avec la période postclassique récente que l'on a pu utiliser conjointement les données de l'archéologie et de l'ethnohistoire. Ce travail s'est attaché à mettre en relief le changement, en comparant la religion du classique récent à celle des derniers siècles précédant la Conquête ; il a été en outre suggéré que la première moitié du postclassique était une époque de transition qui contenait en germe les innovations manifestes de la période protohistorique. On a donc voulu montrer que la religion maya a été affectée par l'effondrement de la civilisation classique en même temps que par l'infiltration de traits culturels originaires des Hautes Terres du Mexique. Les changements observés dans la religion maya sont étroitement liés aux bouleversements de l'organisation politique et sociale, postérieurs à la chute de la civilisation classique des Basses Terres centrales. Les recherches futures devront préciser par quels mécanismes on est passé d'une religion à une autre, et comment les changements politiques et sociaux ont entraîné l'abandon de croyances et de pratiques anciennes et l'adoption de nouvelles.

La religion des Mayas, comme leur civilisation, ne peut plus être conçue aujourd'hui comme un bloc monolithique ; elle possède son histoire et son évolution propres, avec des changements et des continuités, et c'est la tâche de l'historien des religions de prendre en compte et d'expliquer les uns et les autres.

Fondamentalement, la religion maya a toujours été méso-américaine et l'on ne voit pas ce qu'elle aurait pu emprunter à d'autres aires culturelles. Comme toutes les religions méso-américaines, elle a accordé une importance particulière aux grottes comme lieu de communication avec l'inframonde, comme lieu d'origine de l'espèce humaine et comme temple originel. Ceux qu'elle a construits ont été à l'image d'une caverne et la porte des temples tératomorphes du Yucatán a reproduit l'entrée de la grotte olmèque d'Oxtotitlán. Les religions méso-américaines ont dressé leurs édifices sur des plates-formes et des pyramides tronquées, et ont résolu des antagonismes mythiques en jouant à la balle. Dès leurs origines, les peuples méso-américains ont pratiqué couramment l'autosacrifice et le sacrifice humain, et l'encens a joué dans leurs religions un rôle fondamental. Leur conception du temps était cyclique et ils accordaient une grande attention aux augures et aux prédictions, encouragés par la croyance qu'une coloration faste ou néfaste était attachée à une période déterminée du calendrier. Les Méso-Américains concevaient l'univers verticalement comme composé de trois étages et, horizontalement, le voyaient divisé en quatre orients, auxquels s'ajoutait le centre qui constituait la cinquième direction ; à chacun étaient associés une couleur, un arbre, un oiseau, et des créatures surnaturelles. Celles-ci, qu'il s'agisse d'esprits, de héros mythiques ou de dieux, avaient souvent quatre aspects correspondant chacun à une direction cardinale, et étaient représentées comme des hybrides combinant des attributs empruntés à divers animaux.

La religion maya classique, méso-américaine à part entière, est aussi beaucoup plus que cela ; elle possède en effet des traits spécifiques qui apparaissent clairement dès qu'elle est confrontée à la religion des périodes postérieures. Le roi est l'émanation de sa communauté, que celle-ci soit un puissant État comme Calakmul ou Tikal, ou un centre de troisième importance. Il est à la fois le chef de guerre et le dirigeant politique, le grand prêtre, le roi-soleil et l'image du cosmos tout entier. Ses pouvoirs et ses rôles lui viennent de la chaîne dynastique, dont il n'est qu'un maillon ; ce sont donc ses ancêtres qui lui assurent sa légitimité et à qui un culte doit être rendu. L'existence d'une longue lignée ne peut être reconnue que dans le cadre du Compte long. L'Histoire n'a en effet de sens que si elle s'inscrit dans une durée longue, quasi infinie ; elle a besoin de repères chronologiques constitués par des événements réels ou mythiques, par rapport auxquels on situe d'autres événements avec la technique des « nombres de distance ». L'Histoire a besoin de l'écriture pour être consignée sur des monuments de pierre, qui révèlent ce « souci de permanence » dont parlait Proskouriakoff. L'écriture est ici d'abord au service du pouvoir et de l'Histoire, qui comprend aussi bien l'avenir et ses prédictions, que le passé. Il ne semble pas que l'écriture maya ait jamais été utilisée dans des domaines autres que la politique, l'astrologie et la religion. On n'a jamais trouvé de documents touchant à l'économie ou encore à la vie quotidienne ou affective. La royauté, l'écriture et le Compte long sont liés ; ils sont apparus et ont disparu ensemble.

Les Mayas ont affermi et généralisé l'institution, héritée des Olmèques, du roi-prêtre en élaborant le calendrier et l'écriture, qui ont trouvé leur meilleure expression sur les stèles, où des dates se référant à des événements du temps réel comme du temps mythique accompagnent l'image du roi. Le souverain est encore et surtout célébré dans l'architecture par la construction de temples-pyramides dynastiques et funéraires, qui font participer au culte royal la population tout entière en lui demandant des efforts considérables. L'importance donnée au culte dynastique limite le développement d'autres cultes et la naissance des dieux. La figuration du cosmos et du monde surnaturel n'est le plus souvent qu'un décor qui accompagne le roi et lui donne une « dimension cosmique ». Les temples consacrés à des divinités ne semblent pas exister. Les membres de la triade de Palenque, qui prétendent par leur histoire personnelle à un statut divin, sont les ancêtres de la dynastie. Les autres créatures surnaturelles sont des images emblématiques de forces cosmiques ou des personnages de mythes, abondamment illustrés sur les vases.

Outre le culte consacré à la dynastie, les cérémonies et les rites ont pour fonction essentielle la régulation du cosmos. Cela consiste à exercer une action au moyen de déambulations, de danses, de musique sur des architectures microcosmiques. La religion maya, peut-être plus que d'autres religions méso-américaines, accorde une importance considérable à la terre, et le ciel doit se contenter d'un rôle de second plan. La terre est représentée dans ses multiples fonctions et ses ambiguïtés ; elle apparaît aussi importante par ce qu'elle produit que par ce qu'elle cache. Elle est le grand creuset où s'opèrent les transformations fondamentales : les initiations, les passages et les renaissances. Elle est enfin l'un des membres de l'opposition binaire, terre/soleil nocturne, qui régit la pensée cosmologique des anciens Mayas.

Après l'effondrement de la civilisation classique des Basses Terres centrales, les structures politiques évoluent vers la division du pouvoir entre plusieurs lignages. L'écriture et le Compte long disparaissent des stèles ; l'Histoire est remplacée par des histoires que l'on ne confie plus à la postérité. Il n'y a plus de résistance alors à adopter des dieux, des rites et des croyances d'origine mexicaine, et à déifier, représenter et adorer d'anciens esprits ou des héros locaux.

Les Hautes Terres du Mexique central avaient connu une évolution différente de celle des Basses Terres du sud de la Méso-Amérique. Après l'hégémonie de Teotihuacán, les conditions géographiques et historiques auraient été responsables du fractionnement culturel en même temps que politique. Des chefs prestigieux, des créatures surnaturelles acquirent le statut de dieu tribal, émanation du groupe s'opposant aux autres dieux tribaux. Dans le même temps, les vainqueurs s'appropriaient les dieux des vaincus et voyaient ainsi croître leur panthéon. Chez les Aztèques, on peut noter l'importance de dieux tribaux comme Mixcoatl et Huitzilopochtli. Le Serpent à Plumes qui n'était à Teotihuacán qu'un symbole cosmique est devenu à Tula, puis à Tenochtitlán, Quetzalcóatl, héros culturel et divinité.

Après la chute de Chichén Itzá, les Basses Terres mayas auraient vécu une situation comparable à celle des Hautes Terres à la disparition de Teotihuacán de la scène culturelle et politique. Les rivalités et les conflits ont entraîné des divisions plus profondes qu'auparavant, parce que le tissu culturel, intellectuel et religieux qui maintenait une certaine cohésion dans l'ensemble de l'aire maya s'était relâché et déchiré. On va alors compenser l'absence d'hégémonie culturelle par le régionalisme et les particularismes, spécialement dans le domaine religieux. Non seulement d'une région ou d'une ville à l'autre, mais d'un lignage ou d'une maison à l'autre si l'on en croit la prolifération des lieux de culte et la diversité des images à Mayapán. Des esprits longtemps honorés, des héros de mythes vont changer de statut et devenir des divinités patronnes d'une ville, d'un lignage ou d'une maisonnée. On a en outre emprunté des dieux mexicains arrivés dans les bagages des marchands. Il n'y a donc pas lieu de s'étonner, dans ces conditions, de ne pas retrouver les mêmes dieux à Santa Rita, à Tulum ou à Mayapán. Cette mosaïque de panthéons et de cultes résistera fort mal à l'invasion espagnole et à la christianisation. On a vu déjà, à travers la *Relación* de Landa, la profondeur des changements survenus, moins de quarante ans après la Conquête.

Les progrès de l'archéologie de ces trente dernières années ont rendu possible cette histoire de la religion maya. Nous avons défriché une voie nouvelle, riche de promesses, mais encore bien étroite. Il appartiendra aux futurs archéologues (de toutes spécialités) et aux ethnohistoriens d'élargir cette brèche.

Références bibliographiques

ACOSTA Jorge R., « Interpretación de algunos de los datos obtenidos en Tula relativos a la época tolteca », *Revista Mexicana de Estudios Antropológicos*, 14, 1956-1957, pp. 75-110.

ADAMS Richard E. W., *The Ceramics of Altar de Sacrificios*, Papers of the Peabody Museum of Archaeology and Ethnology, vol. 63, n° 1, Cambridge, Harvard University, 1971.

ALVARADO TEZOZOMOC H., *Crónica Mexicayotl*, 2e éd., Mexico, Instituto de Investigaciones Históricas, UNAM, 1975.

ANDERS, Ferdinand, *Das Pantheon der Maya*, Graz, Akademische Druck, 1963.

ANDERSON Patricia K., « Interpretations of conflict at Chichén Itzá », in *Seventh Palenque Round Table, 1989*, M. Greene Robertson et Virginia M. Fields (éd.), San Francisco, The Pre-Columbian Art Research Institute, 1994.

ANDREWS IV E. Wyllys, « Archaeology and prehistory in the Northern Maya Lowlands : an introduction », *Handbook of Middle American Indians*, vol. 2, *Archaeology of Southern Mesoamerica, Part 1*, G. R. Willey (éd.), Austin, University of Texas Press, 1965.

–, *Balankanche, Throne of the Tiger Priest*, La Nouvelle-Orléans, Middle American Research Series, Tulane University, 1970, Publication 32.

–, « Explorations in the Gruta de Chac, Yucatán, Mexico », *Archaeological Investigations on the Yucatán Peninsula*, La Nouvelle-Orléans, Middle American Research Institute, Tulane University, 1975, Publication 31, pp. 1-22.

–, et ANDREWS V E. Wyllys, *Excavations at Dzibilchaltún, Yucatán, Mexico*, La Nouvelle-Orléans, Middle American Research Institute, 1980, Publication 48.

AVENI Anthony F., « Rejoinder to Baudez », *Indiana*, 12, Berlin, 1990.

–, et HARTUNG Horst, «Investigación preliminar de las orientaciones astronómicas de Copán », *Yaxkin*, 1, n° 3, Tegucigalpa, 1976, pp. 8-13.

BARDAWIL Lawrence W., « The Principal Bird Deity in Maya art – An iconographic study of form and meaning », *Segunda Mesa Redonda de Palenque*, M. Greene Robertson (éd.), Pebble Beach, Californie, 1976.

BARRERA VASQUEZ *et al.*, *Diccionario Maya-Cordemex*, Mérida, 1980.

BASSIE-SWEET Karen, *From the mouth of the dark cave*, Norman, University of Oklahoma Press, 1991.

BAUDEZ Claude-François, « Le roi, la balle et le maïs. Images du jeu de balle maya », *Journal de la Société des Américanistes*, 70, Paris, 1984, pp. 139-151.

–, « Archaeoastronomy at Copan. An Appraisal », *Indiana*, 11, Berlin, 1987, pp. 63-72.

–, « Solar cycle and dynastic succession in the Southeast Maya Zone », in *The Southeast Classic Maya Zone*, Elizabeth H. Boone et Gordon R. Willey (éd.), Dumbarton Oaks Trustees for Harvard University, Washington D.C., 1988, pp. 125-148.

–, « The House of the Bacabs : An Iconographic Analysis », in *The House of the Bacabs, Copan, Honduras*, David Webster (éd.), Dumbarton Oaks, Washington D.C., Studies of Pre-Columbian Art et Archaeology, 29, 1989a, pp. 73-81.

–, « Architecture et mise en scène à Copán », *Enquêtes sur l'Amérique moyenne. Mélanges offerts à Guy Stresser-Péan*, Mexico, CEMCA/INAH, 1989b.

–, « The cross pattern at Copan : Forms, rituals and meanings », in *Sexta Mesa Redonda de Palenque*, Merle Greene Robertson (éd.), Norman et Londres, University of Oklahoma Press, 1991, pp. 81-88.

–, « The Snake Dance : A Classic Maya Rain Ritual », *Res*, 21, Cambridge, 1992.

–, *Jean-Frédéric Waldeck, peintre : le premier explorateur des ruines mayas*, Paris, Hazan, 1993.

–, *Maya Sculpture of Copán : The Iconography*, Norman, University of Oklahoma Press, 1994a.

–, « Compte rendu de Taube, Karl Andreas : The Major Gods of Ancient Yucatán », *Journal de la Société des Américanistes*, 80, Paris, pp. 308-314.

–, « Déambulations rituelles et parcours cosmique : le groupe de la Croix à Palenque », *Mille Ans de civilisations méso-américaines. Des Mayas aux Aztèques*, Mélanges en l'honneur de Jacques Soustelle réunis par Jacqueline de Durand-Forest et Georges Baudot, Paris, L'Harmattan, 1995, pp. 55-79.

–, « La Casa de los Cuatro Reyes de Balamkú », *Arqueología Mexicana*, Mexico, 1996a, vol. III, p. 18.

–, « Arquitectura y Escenografía en Palenque : un Ritual de Entronización », *Res*, 29/30, Cambridge, 1996b, pp. 172-179.

– (éd.), *Introducción a la arqueología de Copán*, 3 vol., Tegucigalpa, 1983.

–, et BECQUELIN Pierre, *Les Mayas*, Paris, Gallimard, coll. « L'Univers des Formes », 1984.

–, et MATHEWS Peter, «Capture and sacrifice at Palenque », in *Tercera Mesa Redonda de Palenque,* vol. IV, Merle Greene Robertson et Donnan Call Jeffers (éd.), Monterey, Californie, Pre-Columbian Art Research Center, 1978.

–, RIESE Berthold, *The sculpture from Copán*, Microfilm Collection of Manuscripts on Cultural Anthropology, n° 381, série 73, Chicago, University of Chicago Library, 1990.

BECKER Marshall Joseph, *The Identification of a Second Plaza Plan at Tikal, Guatemala and its Implications for Ancient Social Complexity*, Ph.D. dissertation, Philadelphie, University of Pennsylvania, 1971.

BECQUELIN Pierre, « Les quatre directions du monde maya », in *Vingt Études sur le Mexique et le Guatemala*, A. Breton, J.-P. Berthe et S. Lecoin (éd.), Toulouse, Presses universitaires du Mirail, 1991, pp. 35-46.

– « L'axe vertical dans la cosmologie maya », *Trace*, 28, Mexico, CEMCA, 1995.

–, et BAUDEZ Claude-François, *Toniná, une cité maya du Chiapas*, 4 vol., Mission archéologique et ethnologique française au Mexique, Paris et Mexico, Éditions Recherche sur les civilisations, coll. « Études méso-américaines », 6 : 3, 1979-1982.

–, et TALADOIRE Éric, *Toniná, une cité maya du Chiapas*, Mission archéologique et ethnologique française au Mexique, Paris et Mexico, Éditions Recherche sur les civilisations, coll. « Études méso-américaines », 6 : 4, 1990, t. IV.

BEETZ Carl et SATTERTHWAITE JR. Linton, *The Monuments and Inscriptions of Caracol, Belize*, Philadelphie, The University Museum, 1981, University Museum Monographs, 45.

BERJONNEAU Gérald et SONNERY Jean-Louis, *Chefs-d'œuvre inédits de l'art précolombien*, Boulogne, Arts 135, 1985.

BERLIN Heinrich, « The Palenque Triad », *Journal de la Société des américanistes*, Paris, 1963, LII, pp. 91-99.

–, *Signos y Significados en las Inscripciones Mayas*, Instituto Nacional del Patrimonio Cultural de Guatemala, 1977.

BERLO Janet C., *Teotihuacán art abroad : A study of metropolitan style and provincial transformation in incensario workshops*, Oxford, 1984, BAR International Series, 199.

BEYER Hermann, « Apuntes críticos sobre el "Manual de Arqueología Mexicana de Beuchat" », *Boletín de la Sociedad Mexicana de Geografía y Estadística*, época 5, 1919, vol. 10, pp. 109-118.

– « La ligadura de los tunes : nota acerca de las pinturas de Santa Rita, Honduras Británica », *Memorias de la Sociedad Científica Antonio Alzate*, 39, Mexico, 1921, pp. 519-525.

BOLLES John S., *Las Monjas : A Major Pre-Mexican Architectural Complex at Chichén Itzá*, Norman, University of Oklahoma Press, 1977.

BRADY James E., « Settlement configuration and cosmology : The role of caves at Dos Pilas », *American Anthropologist*, 1997, vol. 99, n° 3, pp. 602-618.

–, et RODAS Irma, « Maya ritual cave deposits : recent insights from the Cueva de los Quetzales », *Institute of Maya Studies Journal*, 1(1), 1995, pp. 17-25.

–, VENI George, STONE Andrea et COBB Allan, « Explorations in the new branch of Naj Tunich : Implications for interpretation », *Mexicon*, XIV, 4, 1992.

–, SCOTT Ann, NEFF Hector et GLASCOCK Michael D., « Speleothem breakage, movement, removal, and caching : An aspect of ancient Maya cave modification », *GeoArchaeology*, vol. 12, n° 6, 1997.

BRAINERD George W., *The Archaeological Ceramics of Yucatán*, Berkeley et Los Angeles, University of California, 1958, Anthropological Records, n° 19.

CALLIGERIS Catherine, *Fonction et signification des dépôts de fondation mayas, dans les Basses Terres, à la période classique*, thèse de doctorat de l'université Paris I-Panthéon-Sorbonne, 1999 ms.

CARLSON John B., « A Geomantic model for the interpretation of mesoamerican sites : An essay in cross-cultural comparisons », in *Mesoamerican Sites and World-Views : A Conference at Dumbarton Oaks, October 16-17, 1976*, Elizabeth Benson (éd.), Dumbarton Oaks, Washington D.C., 1981.

CARRASCO V. Ramón, BOUCHER Sylviane, ALVAREZ G. Paula, TIESLER B. Vera, GARCÍA V. Valeria, GARCÍA M. Renata et VÁSQUEZ N. Javier, « A Dynastic Tomb from Campeche, Mexico : New Evidence on Jaguar Paw, A ruler of Calakmul », *Latin American Antiquity*, 10, 1, 1999, pp. 47-58.

CAVATRUNCI, Claudio, OREFICI Giuseppe et TERENZI Claudia, *Centro America. Tesori d'Arte delle Civiltá Precolombiane*, Milan, Fabbri Editori, 1992.

CHASE Diane Z., « Lifeline to the gods : Ritual bloodletting at Santa Rita Corozal », in *Sixth Palenque Round Table, 1986*, Virginia M. Fields (éd.), Norman et Londres, University of Oklahoma Press, 1991, pp. 89-96.

–, et CHASE Arlen F., *Investigations at the Classic Maya City of Caracol, Belize : 1985-1987*, San Francisco, Californie, Pre-Columbian Art Research Institute, 1987, Monograph, 3.

–, et CHASE Arlen F., *A Postclassic perspective : Excavations at the Maya site of Santa Rita Corozal, Belize*, San Francisco, Californie, Pre-Columbian Art Research Institute, 1988, Monograph, 4.

CLOSS Michael P., AVENI Anthony F. et CROWLEY Bruce, « The Planet Venus and Temple 22 at Copán », *Indiana*, 9, Berlin, 1984, pp. 221-247.

COE Michael D., *The Maya Scribe and his world*, New York, The Grolier Club, 1973.

– « Supernatural patrons of Maya scribes and artists », in *Social Processes in Maya Prehistory : Studies in Honour of Sir Eric Thompson*, Norman Hammond (éd.), Londres, Academic Press, 1977.

–, *Lords of the Underworld*, Princeton, N. J., Princeton University Press, 1978.

COE William R., *Piedras Negras Archaeology : Artifacts, Caches, and Burials*, Philadelphie, University Museum, Museum Monographs, 1959.

–, *Tikal : A Handbook of the Ancient Maya Ruins*, Philadelphie, The University Museum, University of Pennsylvania, 1967.

–, *Excavations in the Great Plaza, North Terrace and North Acropolis of Tikal*, Tikal Reports, n° 14, vol. I-VI, Philadelphie, University Museum, 1990.

COGGINS Clemency C., *Painting and drawing styles at Tikal : An Historical and Iconographic Reconstruction*, Ph.D. dissertation, Harvard University, University Microfilms, Ann Arbor, 1975.

–, « The shape of time. Some political implications of a four-part figure », *American Antiquity*, 45, Salt Lake City, 1980, pp. 727-739.

–, *The Stucco Decoration and Architectural Assemblage of Structure 1-sub, Dzibilchaltún, Yucatán, Mexico*, La Nouvelle-Orléans, Middle American Research Institute, 1983, Publication 49.

– (éd.), *Artifacts from the Cenote of Sacrifice, Chichén Itzá, Yucatán*, Memoirs of the Peabody Museum of Archaeology and Ethnology, Cambridge, Mass., Harvard University, 1992, vol. 10, n° 3.

COGOLLUDO Diego Lopez, *Historia de Yucatán*, Madrid, 1688.

DRUCKER Philip, HEIZER Robert F. et SQUIER Robert J., *Excavations at La Venta, Tabasco, 1955*, Washington D.C., Smithsonian Institution, Bureau of American Ethnology, 1959, Bulletin 170.

FASH William L., *Scribes, Warriors and Kings. The City of Copán and the Ancient Maya*, Londres, Thames and Hudson, 1991.

FETTWEIS Martine, *Coba et Xelha. Peintures murales mayas*, Mémoires de l'Institut d'Ethnologie, XXVII, Paris, 1988.

FOX John A., *Proto-Mayan accent, morpheme structure condition, and velar innovations*, Ph.D. dissertation, University of Chicago, 1978.

FREIDEL David, « Mystery of the Maya facade. Astute detective work gives new meaning to a looted artwork », *Archaeology*, 2000, vol. 53, n° 5, pp. 24-28.

GANN Thomas W. F., « On the contents of some ancient mounds in Central America », *Proceedings of the Society of Antiquaries*, Londres, 1897, 2e série, vol. 16, pp. 308-317.

–, « Mounds in northern Honduras », *United States Bureau of American Ethnology Annual Report*, 19, Washington D. C., 1900, pp. 655-692.

–, *The Maya Indians of Southern Yucatán and Northern British Honduras*, Washington D. C., Smithsonian Institution, Bureau of American Ethnology, 1918, Bulletin n° 64.

GARZA Mercedes de la (éd.), *Relaciones Histórico-Geográficas de la Gobernación de Yucatán (Mérida, Valladolid y Tabasco)*, 2 vol., Mexico, UNAM, 1983.

GENDROP Paul, *Los Estilos Rio Bec, Chenes y Puuc en la Arquitectura Maya*, Universidad Nacional Autónoma de México, Facultad Arquitectura, 1983.

GÓNGORA CÁMARA José et PREUSS Mary H., « A Yucatec-Mayan prayer for rain from the Ch'aa Chaac ritual », *Latin American Indian Literatures Journal*, 6, 1990, pp. 130-144.

GRAHAM Ian, *Archaeological Explorations in El Peten, Guatemala*, La Nouvelle-Orléans, Middle American Research Institute, Tulane University, 1967, Publication 33.

–, *Corpus of Maya Hieroglyphic Inscriptions*, Memoirs of the Peabody Museum of Archaeology and Ethnology, vol. 3, 2e partie, Cambridge, Harvard University, 1979.

–, et VON EUW Eric, *Corpus of Maya Hieroglyphic Inscriptions*, Memoirs of the Peabody Museum of Archaeology and Ethnology, vol. 3, 2e partie, Cambridge, Harvard University, 1977.

GRAULICH Michel, « Double Immolations in ancient mexican sacrificial ritual », *History of Religions*, vol. 27 : 4, The University of Chicago, 1988.

GREENE ROBERTSON Merle, *The Sculpture of Palenque,* vol. I, *The Temple of the Inscriptions*, Princeton, Princeton University Press, 1983.

–, *The Sculpture of Palenque*, vol. II, *The Early Buildings of the Palace and the Wall Paintings*, Princeton, Princeton University Press, 1985a.

–, *The Sculpture of Palenque*, vol. III, *The Late Buildings of the Palace*, Princeton, Princeton University Press, 1985b.

–, *The Sculpture of Palenque*, vol. IV, *The Cross Group, the North Group, the Olvidado, and Other Pieces*, Princeton, Princeton University Press, 1991.

–, « The iconography of "isolated art styles", that are "group supported" and "individual supported" occuring at Chichén Itzá and Uxmal », in *Hidden among the Hills : Maya Archaeology of the Northwest Yucatán Peninsula*, Hanns J. Prem (éd.), Möckmühl, Verlag von Flemming, Acta Mesoamericana, 7, 1994, pp. 197-211.

–, RANDS Robert L. et GRAHAM John A., *Maya Sculpture from the Southern Lowlands, The Highlands and Pacific Piedmont. Guatemala, Mexico, Honduras*, Berkeley, Californie, Lederer, Street and Zeus, 1972.

GROVE David C., « The Olmec paintings of Oxtotitlan Cave, Guerrero, Mexico », *Studies in Pre-Columbian Art and Archaeology*, n° 6, Dumbarton Oaks, Washington D.C., 1970.

–, *Chalcatzingo : Excavations on the Olmec Frontier*, Londres et New York, Thames and Hudson, 1984.

GRUBE Nikolai, « An investigation of the Primary Standard Sequence on Classic Maya Ceramics », in *Sixth Palenque Round Table, 1986*, Merle Greene Robertson et Virginia M. Fields (éd.), Norman et Londres, University of Oklahoma Press, 1991.

–, « Hieroglyphic sources for the history of Northwest Yucatán », in *Hidden among the Hills : Maya Archaeology of the Northwest Yucatán Peninsula*, Hanns J. Prem (éd.), Möckmühl, Verlag von Flemming, Acta Mesoamericana, 7, 1994, pp. 316-358.

GRUNING E. L., « Report on the British Museum Expedition to British Honduras, 1930 », *Journal of the Royal Anthropological Institute*, 60, 1930, pp. 477-483.

GUILLEMIN Jorge F., *Tikal, desarrollo y función del centro ceremonial*, Guatemala, 1967.

HELLMUTH Nicholas M., *Monster und Menschen in der Maya-Kunst. Eine ikonographie der alten Religionen Mexikos und Guatemalas*, Graz, 1987.

–, *Cauac Monsters in Maya Art, A.D. 400-1400*, Cocoa, Floride, Foundation for Latin American Anthropological Research, 1993.

HERS Marie Areti, *Los toltecas en tierras chichimecas*, Cuadernos de Historia del Arte, 35, Mexico, Universidad Autónoma de México, Instituto de Investigaciones Estéticas, 1989.

HEYDEN Doris, « An interpretation of the cave underneath the Pyramid of the Sun at Teotihuacán », *American Antiquity*, 40, Mexico, 1975, pp. 131-147.

– « From Teotihuacán to Tenochtitlán : City Planning, Caves and Streams of Red and Blue Waters », *Mesoamerica's Classic Heritage :*

From Teotihuacán to the Aztecs, D. Carrasco, L. Jones et S. Sessions (éd.), Boulder, University Press of Colorado, 2000.

HOHMANN Hasso et VOGRIN Annegret, *Die Architektur von Copan (Honduras)*, 2 vol., Graz, 1982.

ICHON Alain, *La Religion des Totonaques de la Sierra*, Paris, C.N.R.S., 1969.

–, et ARNAULD Marie-Charlotte, *Le Protoclassique à La Lagunita, El Quiché, Guatemala*, Paris, Institut d'Ethnologie, 1985.

JIMÉNEZ VILLALBA Félix et ANDREWS Margaret, « The bound figures depicted in the sculpture of Chichén Itzá», in *Seventh Palenque Round Table 1989*, Merle Greene Robertson et Virginia M. Fields (éd.), San Francisco, The Pre-Columbian Art Research Institute, 1994.

JONES, Christopher, *The Twin-Pyramid Group Pattern. A Classic Maya Architectural Assemblage at Tikal, Guatemala*, Ph.D. Dissertation, Philadelphie, University of Pennsylvania, 1969, MS. University Microfilms, n° 69-21, 375, Ann Arbor.

–, et SATTERTHWAITE JR. Linton, *The Monuments and Inscriptions of Tikal : The Carved monuments*, Tikal Reports, 33A, Philadelphie, 1982, University Museum Monographs, 44.

JORALEMON David, « Ritual Blood-Sacrifice among the Ancient Maya : Part I », *Mesa Redonda de Palenque*, 2, Merle Greene Robertson (éd.), Pebble Beach, 1974, pp. 59-75.

JOURDAN Corine, *Santa Rita. Les Peintures murales de la structure 1 : réajustement de leur appartenance culturelle et nouvelle approche iconographique*, mémoire de DEA, ms, 1999.

JOYCE T. A., « Report on the British Museum Expedition to British Honduras, 1929 », *Journal of the Royal Anthropological Institute*, 59, 1929, pp. 439-459.

–, GANN T., GRUNING E. L., et LONG R. C. E., « Report on the British Museum Expedition to British Honduras, 1928 », *Journal of the Royal Anthropological Institute*, 58, 1928, pp. 323-349.

KAMPEN Michael Edwin, *The Sculptures of El Tajín, Veracruz, Mexico*, Gainesville, University of Florida Press, 1972.

KELLEY David H., « The Birth of the Gods at Palenque », *Estudios de Cultura Maya*, 5, Mexico, 1965, pp. 93-134.

KIDDER Alfred V., *The Artifacts of Uaxactún, Guatemala*, Carnegie Institution of Washington, Washington D.C., 1946, Publication 576.

–, JENNINGS J. D. et SHOOK Edwin M., *Excavations at Kaminaljuyú, Guatemala*, Carnegie Institution of Washington, Washington D.C., 1946, Publication 561.

KLEIN Cecelia F., « The Ideology of Autosacrifice at the Templo Mayor », in *The Aztec Templo Mayor. A Symposium at Dumbarton Oaks, 1983*,

Dumbarton Oaks Research Library and Collection, Washington D.C., 1987, pp. 293-370.

KOWALSKI Jeff Karl, « A Historical Interpretation of the Inscriptions at Uxmal », in *Fourth Palenque Round Table, 1980*, Merle Greene Robertson (éd.), San Francisco, Pre-Columbian Art Research Institute, 1985a, pp. 235-247.

–, « Painted Architecture in the Northern Maya Area », in *Painted Architecture and Polychrome monumental Sculpture in Mesoamerica*, Dumbarton Oaks, Washington D.C., 1985b.

– « The Puuc as seen from Uxmal », in *Hidden among the Hills : Maya Archaeology of the Northwest Yucatán Peninsula*, Hanns J. Prem (éd.), Möckmühl, Verlag von Flemming, Acta Mesoamericana, 7, 1994, pp. 93-120.

KREMER Jürgen, « The Putun Hypothesis Reconsidered », *Hidden among the Hills : Maya Archaeology of the Northwest Yucatán Peninsula*, Hanns J. Prem (éd.), Möckmühl, Verlag von Flemming, Acta Mesoamericana, 7, 1994, pp. 289-307.

KUBLER Georg, « Chichén Itzá y Tula », in *Estudios de Cultura Maya*, 1, Mexico, UNAM, 1961, pp. 47-80.

–, *Studies in Classic Maya Iconography*, Memoirs of the Connecticut Academy of Arts and Sciences, 17, New Haven, 1969.

–, « Aspects of Classic Maya Rulership on Two Inscribed Vessels », *Studies in Pre-Columbian Art and Archaeology*, 18, Dumbarton Oaks, Washington D.C., 1977.

LANDA Diego de, *Relación de las Cosas de Yucatán*, Cronicas de America, 7, Historia 16, Miguel Rivera (éd.), Madrid, 1985.

LAPORTE Juan-Pedro, TORRES R., HERMES B., PINTO E., ACEVEDO R. et FLORES R. M., « Proyecto Sureste de Petén, Guatemala : Segunda Temporada », *Mexicon*, 9, 1988, pp. 49-56.

LAVALLÉE Danièle, *Promesse d'Amérique. La Préhistoire de l'Amérique du Sud*, Paris, Hachette, coll. « La Mémoire du Temps », 1995.

LINCOLN Charles E., *Ethnicity and Social Organization at Chichén Itzá, Yucatán, Mexico*, thèse, Cambridge, Mass., Harvard University, 1990.

–, « Structural and philological evidence for divine kingship at Chichén Itzá, Yucatán, Mexico », in *Hidden among the Hills : Maya Archaeology of the Northwestern Yucatán Peninsula*, Hanns J. Prem (éd.), Möckmühl, Verlag von Flemming, Acta Mesoamericana, 7, 1994, pp. 164-196.

LIZANA Bernardo, *Historia de Yucatán. Devocionario de Nuestra Señora de Izamal y conquista espiritual*, Mexico, 1893.

LONGYEAR III, John Munro, *Copan Ceramics. A study of Southeastern Maya*

Pottery, Carnegie Institution of Washington, Washington D.C., 1952, Publication 597.

LOOPER Mathew G., « The name of Copan and of a dance at Yaxchilán », *Copán Note 95*, Copán Mosaics Project, 1991.

LÓPEZ LUJÁN Leonardo, *Las Ofrendas del Templo Mayor de Tenochtitlán*, Mexico, Instituto Nacional de Antropología e Historia, 1993.

LOTHROP Samuel Kirkland, *Tulum : An Archaeological Study of the East Coast of Yucatán*, Washington, Carnegie Institution of Washington, 1924, Publication 335.

–, *Metals from the Cenote of Sacrifice, Chichén Itzá, Yucatán*, Memoirs of the Peabody Museum of Archaeology and Ethnology, vol. 10, n° 2, Cambridge, Harvard University, 1952.

LOUNSBURY Floyd G., « On the derivation and reading of the "Ben-Ich" prefix », *Mesoamerican Writing Systems*, Elizabeth P. Benson (éd.), Dumbarton Oaks Research Library and Collection, Washington D.C., 1973, pp. 99-143.

–, « Astronomical knowledge and its uses at Bonampak, Mexico », in *Archaeoastronomy in the New World*, Anthony Aveni (éd.), Cambridge, 1982, pp. 143-168.

–, « The Identities of the Mythological Figures in the Cross Group Inscriptions of Palenque », *Fourth Palenque Round Table, 1980*, E. Benson (éd.), San Francisco, Pre-Columbian Art Research Institute, 1985, vol. VI, pp. 45-58.

LOVE Bruce, *The Paris Codex. Handbook for a Maya Priest*, Austin, University of Texas Press, 1994.

MALER Teobert, *Researches in the Central Portion of the Usumatsintla Valley*, Memoirs of the Peabody Museum of American Archaeology and Ethnology, vol. 2, n°s 1 et 2, Cambridge, Mass., Harvard University, 1901-1903.

MARCUS Joyce, *Emblem and State in the Classic Maya Lowlands*, Dumbarton Oaks, Washington D.C., 1976.

–, « Archaeology and Religion : A Comparison of the Zapotec and Maya », *World Archaeology*, 10 (2), 1978, pp. 172-191.

–, et FLANNERY Kent V., *Zapotec Civilization. How Urban Society Evolved in Mexico's Oaxaca Valley*, Londres, Thames and Hudson, 1996.

MARQUINA Ignacio, *Arquitectura Prehispánica*, Memorias del INAH, I, 2e éd., Mexico, 1964.

MASTACHE Alba Guadalupe et COBEAN Robert H., « Ancient Tollan. The sacred precinct », *Res*, 100-133, Cambridge, 2000.

MATHEWS Peter, « Notes on the Dynastic Sequence of Bonampak, Part 1 », in *Third Palenque Round Table, 1978, Part 2*, vol. V, Merle Greene Robertson (éd.), Austin et Londres, University of Texas Press, 1980.

–, *Corpus of Maya Hieroglyphic Inscriptions*, vol. 6, 1re partie, *Toniná*, Cambridge, Peabody Museum of Archaeology and Ethnology, 1983.

– et PENDERGAST David, « The Altun Há Jade Plaque : Deciphering the Inscription », *Contributions of the University of California Archaeological Research Facility*, n° 41, Berkeley, Californie, 1979.

MAUDSLAY Alfred Percival, « Archaeology », in *Biologia Centrali-Americana*, 4 vol., Londres, 1889-1902.

MAYER Karl Herbert, *Maya monuments : Sculptures of Unknown Provenance, Supplement 3*, Berlin, Verlag von Flemming, 1991.

MERWIN Robert E. et VAILLANT George C., *The Ruins of Holmul, Guatemala*, Memoirs of the Peabody Museum of Archaeology and Ethnology, 3 (2), Cambridge, 1932.

MILLER Arthur G., « Captains of the Itza. Unpublished mural evidence from Chichén Itzá», in *Social process in Maya prehistory*, Norman Hammond (éd.), New York, 1977, pp. 197-225.

–, *On the edge of the sea. Mural painting at Tancah-Tulum, Quintana Roo, Mexico*, Dumbarton Oaks, Washington D.C., 1982.

MILLER Jeffrey, « Notes on a stela pair, probably from Calakmul, Campeche, Mexico », in *Mesa Redonda de Palenque, 1*, Merle Greene Robertson (éd.), Pebble Beach, 1974, pp. 149-161.

MILLER Mary Ellen, *The Murals of Bonampak*, Princeton, Princeton University Press, 1986.

–, « Maya Masterpiece Revealed at Bonampak », *National Geographic*, 187 : 2, Washington D.C., 1995.

MORLEY Sylvanus Griswold, *The Inscriptions at Copan*, Carnegie Institution of Washington, Washington D.C., 1920, Publication 219.

–, *Guide Book to the Ruins of Quiriguá*, Carnegie Institution of Washington, Washington D.C., 1935, Supplementary Publication 16.

– et BRAINERD George W., *The Ancient Maya*, 3e éd., Stanford, Californie, Stanford University Press, 1956.

MORRIS Earl H., CHARLOT Jean et MORRIS Ann A., *The Temple of the Warriors at Chichén Itzá, Yucatán*, 2 vol., Carnegie Institution of Washington, Washington D.C., 1931, Publication 406.

NAVARRETE Carlos, *Guia para el Estudio de los Monumentos Esculpidos de Chinkultic, Chiapas*, Mexico, UNAM, 1984.

NICHOLSON H. B., « Religion in Pre-Hispanic Central Mexico », in *Handbook of Middle American Indians*, vol. 10, Gordon F. Ekholm et Ignacio Bernal (éd.), Austin, 1971, pp. 395-446.

NORMAN Garth V., *Izapa Sculpture. Part 1, Album*, Papers of the New World Archaeological Foundation, n° 30, Provo, Utah, 1973.

OLIVIER Guilhem, *De la métamorphose des dieux dans l'ancien Mexique : Essai sur Tezcatlipoca, le « Seigneur au Miroir Fumant »*, thèse de doctorat, 2 vol., université de Toulouse-Le Mirail II, 1994.

PANOFSKY Erwin, *Renaissance and Renascences in Western Art*, Stockholm, 1960 ; *La Renaissance et ses avant-courriers dans l'art d'Occident*, traduit par Laure Verron, Paris, Flammarion, 1976.

PARSONS Lee Allen, « An Early Maya Stela on the Pacific Coast of Guatemala », *Estudios de Cultura Maya*, 6, Mexico, Seminario de Cultura Maya, Universidad Nacional Autónoma de México, 1967.

–, *Bilbao, Guatemala : An Archaeological Study of the Pacific Coast Cotzumalhuapa Region*, 2 vol., Milwaukee, Milwaukee Public Museum, 1967-1969, Publications in Anthropology 11-12.

–, *The Origins of Maya Art : monumental Stone Sculpture of Kaminaljuyú, Guatemala, and The Southern Pacific Coast*, Studies in Pre-Columbian Art and Archaeology, 28, Dumbarton Oaks, Washington D.C., 1986.

PENDERGAST David, *The Prehistory of Actun Balam, British Honduras*, Toronto, Royal Ontario Museum, 1969, Art and Archaeology Occasional Paper 16.

–, *Excavations at Altun Há, Belize, 1964-1970*, vol. II, Toronto, Royal Ontario Museum, 1982.

POLLOCK Harry E. D., « Architecture of the Maya Lowlands », *Handbook of Middle American Indians*, 2, Austin, 1965, pp. 378-440.

–, *The Puuc. An Architectural Survey of the Hill Country of Yucatán and Northern Campeche, Mexico*, Memoirs of the Peabody Museum, vol. 19, Cambridge, Mass., Harvard University, 1980.

POLLOCK Harry E. D., ROYS R. L., PROSKOURIAKOFF T. et SMITH A. L., *Mayapán, Yucatán, Mexico*, Washington, Carnegie Institution of Washington, 1962, Publication 619.

POTTER David F., *Maya Architecture of the Central Yucatán Peninsula, Mexico*, La Nouvelle-Orléans, Tulane University, Middle American Research Institute, 1977, Publication 44.

PROSKOURIAKOFF Tatiana, *An Album of Maya Architecture*, Carnegie Institution of Washington, Washington D.C., 1946, Publication 558.

–, « Some non-classic traits in the sculpture of Yucatán », *The Civilizations of Ancient America. Selected Papers of the 29th International Congress of Americanists*, Sol Tax (éd.), Chicago, 1951, pp. 108-118.

–, « Civic and religious structures of Mayapán », in Harry E. D. Pollock, Ralph L. Roys, Tatiana Proskouriakoff *et al.* (éd.), *Mayapán, Yucatán, Mexico*, Carnegie Institution of Washington, Washington D.C., 1962, Publication 619.

–, « Historical Data in the inscriptions of Yaxchilán », 1re partie, *Estudios de Cultura Maya 3*, Mexico ; 2e partie, *Estudios de Cultura Maya 4,* Mexico, 1963-1964.

–, « Sculpture and Major Arts of the Maya Lowlands », *Handbook of Middle American Indians,* 2, Austin, 1965, pp. 469-497.

–, *Jades from the Cenote of Sacrifice, Chichén Itzá, Yucatán*, Memoirs of the Peabody Museum, vol. 10, n°1, Cambridge, Harvard University, 1974.

QUIRARTE Jacinto, *Izapan-Style Art : A Study of its Form and Meaning*, Studies of Pre-Columbian Art and Archaeology, 10, Dumbarton Oaks, Washington D.C., 1973.

–, « The Santa Rita Murals : A Review », in *Aspects of the Mixteca-Puebla Style and Mixtec and Central Mexican Culture in Southern Mesoamerica*, Papers from a symposium organized by Doris Stone, La Nouvelle-Orléans, Tulane University, MARI, Occasional Paper, 4, 1982.

RANDS Robert et RANDS Barbara, « The Incensario Complex of Palenque, Chiapas », *American Antiquity,* vol. 25, n° 2, 1959, pp. 226-236.

REDFIELD Robert, *The Folk Culture of Yucatán*, Chicago, University of Chicago Press, 1941.

REDFIELD Robert et VILLA ROJAS Alfonso, *Chan Kom : A Maya Village*, Chicago, University of Chicago Press, 1962.

REENTS-BUDET Dorie, *Painting the Maya Universe : Royal Ceramics of the Classic Period*, avec les contributions de Joseph W. Ball, Ronald L. Bishop, Virginia M. Fields et Barbara MacLeod, photographies de Justin Kerr, Durham et Londres, Duke University Press, 1994.

RICKETSON Olivier G. et RICKETSON Edith B., *Uaxactún, Guatemala, Group E, 1926-1937*, Carnegie Institution of Washington, Washington D.C., 1937, Publication 477.

RIVERA DORADO Miguel, « El Satunsat o Laberinto », *Oxkintok*, 1, Madrid, Proyecto Oxkintok, Misión Arqueológica de España en México, 1988, pp. 19-29.

– et FERRÁNDIZ MARTÍN Francisco, « Excavaciones en el Satunsat », *Oxkintok*, 2, Madrid, Proyecto Oxkintok, Misión Arqueológica de España en México, 1989, pp. 63-75.

ROBERTSON Donald, « The Tulum Murals : The International Style of the Late Postclassic », *Proceedings 38th International Congress of Americanists, Stuttgart, 1968*, vol. 2, Stuttgart, 1970, pp. 77-88.

ROBICSEK Francis, *The Smoking Gods : Tobacco in Maya Art, History, and Religion*, Norman, University of Oklahoma Press, 1978.

– et HALES Donald M., *The Maya Book of the Dead. The Ceramic Codex*, Charlottesville, The University of Virginia Art Museum, 1981.

ROYS Ralph L., « The Prophecies for the Maya Tuns or Years in the Books of Chilam Balam of Tizimin and Mani », *Contributions to American Anthropology and History*, n° 51, Carnegie Institution of Washington, Washington D.C., 1949, Publication 585.

–, « Lowland Maya Native Society at Spanish Contact », *Handbook of Middle American Indians*, vol. III, Gordon R. Willey (éd.), Austin, University of Texas Press, 1965.

–, *The Book of Chilam Balam de Chumayel*, nouvelle éd., Norman, University of Oklahoma Press, 1967.

RUPPERT Karl, *Temple of the Wall Panels, Chichén Itzá*, Carnegie Institution of Washington, Washington D.C., 1931, Publication 403, Contribution 3.

–, *The Mercado, Chichén Itzá, Yucatán*, Contributions to American Anthropology and History, 43, Carnegie Institution of Washington, Washington D.C., 1943, Publication 546.

–, *Chichén Itzá : Architectural notes and plans*, Carnegie Institution of Washington, Washington D.C., 1952, Publication 595.

RUZ LHUILLIER Alberto, *Costumbres funerarias de los antiguos Mayas*, Mexico, UNAM, 1968.

–, *El Templo de las Inscripciones, Palenque*, Mexico, Instituto Nacional de Antropología e Historia, Colección Científica Arqueología, 7, 1973.

SABLOFF Jeremy A., « Ceramics », in *Excavations at Seibal, Department of Peten, Guatemala*, 2, Memoirs of the Peabody Museum of Archaeology and Ethnology, Cambridge, Harvard University, 1975.

– et ANDREWS V E. Wyllys (éd.), *Late Lowland Maya Civilization. Classic to Postclassic*, Albuquerque, The School of American Research, University of New Mexico Press, 1986.

SAHAGÚN Fray Bernardino de, *Florentine Codex, General History of the Things of New Spain,* texte établi et traduit du nahuatl par Arthur J. O. Anderson et Charles E. Dibble, Santa Fe, Nouveau Mexique, The School of American Research and the University of Utah, 1950-1982, 13 vol.

SCHELE Linda, « Observations on the Cross Motif at Palenque », *Mesa Redonda de Palenque*, 1, Pebble Beach, 1974, pp. 41-61.

–, « Genealogical Documentation on the Tri-Figure Panels at Palenque », *Mesa Redonda de Palenque*, 4, Merle Greene Robertson (éd.), Monterey, 1978, pp. 41-70.

–, « Human Sacrifice Among the Classic Maya », in *Ritual Human Sacrifice in Mesoamerica, A Conference at Dumbarton Oaks*, Elizabeth Benson (éd.), Washington D.C., 1984.

–, « The Hauberg Stela : Bloodletting and the Mythos of Maya Rulership », *Fifth Palenque Round Table, 1983*, vol. VII, Merle Greene

Robertson et Virginia Fields (éd.), San Francisco, Pre-Columbian Art Research Institute, 1985.

–, « Architectural Development and Political History at Palenque », *City-States of the Maya. Art and Architecture*, Denver, Rocky Mountain Institute for Pre-Columbian Studies, 1986.

–, « The Xibalba Shuffle : Dance after Death », in *Maya Iconography*, Elizabeth Benson et Gillett Griffin (éd.), Princeton, Princeton University Press, 1988, pp. 294-317.

– et FREIDEL David, *A Forest of Kings : The Untold Story of the Ancient Maya*, New York, William Morrow, 1990.

– et MATHEWS Peter, *The Bodega of Palenque, Chiapas, Mexico*, Dumbarton Oaks, Washington D.C., 1979.

– et MILLER Mary Ellen, *The Blood of Kings. Dynasty and Ritual in Maya Art*, New York et Fort Worth, 1986.

SCHELLHAS Paul, *Die Göttergestalten der Mayahandschriften. Ein mythologisches Kulturbild aus dem alten Amerika*, Dresde, 1897, 34 p.

–, *Representation of deities of the Maya manuscripts*, Harvard University, Papers of the Peabody Museum, Cambridge, 1904, vol. 4, n° 1, pp. 1-47.

SELER Eduard, *Gesammelte Abhandlungen zur amerikanischen Sprach- und Alterthumskunde*, 6 vol., Berlin, 1902-1923 ; traduction anglaise : *Collected works in Mesoamerican Linguistics and Archaeology*, 6 vol., Lancaster, Californie, Labyrinthos, 1990-1996.

–, *Codex Borgia, eine altmexikanische Bilderschrift der Bibliothek der Congregatio de Propaganda Fide*, 3 vol., Berlin, 1904-1909 ; traduction espagnole par Mariana Frenk, 3 vol., Mexico et Buenos Aires, Fondo de Cultura Economíca, 1963.

–, *Beobachtungen und Studien in den Ruinen von Palenque*, 1915 ; traduction anglaise par Gisela Morgner, *Observations and Studies in the Ruins of Palenque*, Pebble Beach, Californie, 1976.

–, « Die Ruinen von Uxmal », *Abhandlungen der Königlich Preussischen Akademie der Wissenschaften, Philosophisch-Historische Klasse*, 3, 1917.

SHARER Robert J., *The Ancient Maya*, 5e éd., Stanford, Californie, Stanford University Press, 1994.

–, et SEDAT David W., *Archaeological Investigations in the Northern Maya Highlands, Guatemala : Interaction and the Development of Maya Civilization*, Philadelphie, University of Pennsylvania, 1987, University Museum Monograph, 59.

SIDRYS Raymond, *Mesoamerica : An Archaeological Analysis of Low-Energy Civilization*, Ph.D. Dissertation, Los Angeles, University of California, Department of Anthropology, 1976.

SMITH Ledyard A., *Uaxactún, Guatemala : Excavations of 1931-1937*, Carnegie Institution of Washington, Washington D.C., 1950, Publication 588.

–, *Excavations at Altar de Sacrificios : Architecture, Settlement, Burials, and Caches*, Papers of the Peabody Museum of Archaeology and Ethnology, vol. 62, n° 2, Cambridge, 1972.

SMITH Robert E., *The Pottery of Mayapán, Including Studies of Ceramic Material from Uxmal, Kabah, and Chichén Itzá*, Papers of the Peabody Museum, vol. 66, Cambridge, Harvard University, 1971.

SPINDEN Herbert Joseph, *A Study of Maya Art. Its Subject Matter and Historical Development*, Memoirs of the Peabody Museum of American Archaeology and Ethnology, 6, Cambridge, Mass., 1913.

STEPHENS John Lloyd, *Incidents of Travel in Yucatán*, 2 vol., New York, 1843.

STIRLING Mathew W., *Stone monuments of Southern Mexico*, Bureau of American Ethnology, Smithsonian Institution, Washington D.C., 1943, Bulletin 138.

– et STIRLING Marion, « Finding jewels of jade in a Mexican swamp », *National Geographic Magazine*, vol. 82, Washington D.C., 1942, pp. 635-661.

STONE Andrea J., *Images from the Underworld : Naj Tunich and the tradition of Maya cave painting*, University of Texas Press, Austin, 1995.

STRÖMSVIK Gustav, *Substela Caches and Stela Foundations at Copan and Quiriguá*, Carnegie Institution of Washington, Washington D.C., Contribution to American Anthropology and History 37, 1941, Publication 528.

STUART David, « Ten Phonetic Syllables », *Research Reports on Ancient Maya Writing* 14, Center for Maya Research, Washington D.C., 1987.

–, « Blood Symbolism in Maya Iconography », in *Maya Iconography*, Elizabeth Benson et Gillett Griffin (éd.), Princeton University Press, 1988.

–, « Comments on the Temple 22 Inscription », *Copán Note 63*, Copán, Honduras, Copán Mosaics Project and the Instituto Hondureño de Antropología e Historia, 1989.

– et HOUSTON Stephen, « Classic Maya place names », *Studies in Pre-Columbian Art et Archaeology*, n° 33, Dumbarton Oaks Research Library and Collection, Washington D.C., 1994.

STUART George E., « Maya art treasures discovered in cave », *National Geographic,* 160 (2), 1981, pp. 220-235.

–, « Mural Masterpieces of Ancient Cacaxtla », *National Geographic*, 182 : 3, Washington D.C., 1992.

–, « The Royal Crypts of Copán », *National Geographic*, 192 :6, Washington D.C., 1997.

TALADOIRE Éric, *Les Terrains de jeu de balle (Méso-Amérique et sud-ouest des États-Unis)*, Études méso-américaines, Série II, n° 4, Mexico, MAEFM, 1981.

–, *Recherches sur les jeux de balle en Méso-Amérique et dans le sud-ouest des États-Unis : Implications pour la compréhension du classique récent et de l'épiclassique*, thèse de doctorat d'État sur travaux présentée à l'université de Paris I, 1995-1996.

TASCHEK Jennifer T. et BALL Joseph W., « Las Ruinas de Arenal : Preliminary report on a subregional major center in the western Belize Valley (1991-1992 excavations) », *Ancient Mesoamerica*, 10, Cambridge, 1999, pp. 215-235.

TAUBE Karl Andreas, « The maize tamale in Classic Maya diet, epigraphy, and art », *American Antiquity*, 54 (1), 1989, pp. 31-51.

–, *The Major Gods of Ancient Yucatán*, Studies in Pre-Columbian Art et Archaeology, n° 32, Dumbarton Oaks Research Library and Collection, Washington D.C., 1992.

–, « The Iconography of Toltec Period Chichén Itzá», *Hidden among the Hills : Maya Archaeology of the Northwest Yucatán Peninsula*, Hanns J. Prem (éd.), Möckmühl, Verlag von Flemming, Acta Mesoamericana, 7, 1994, pp. 212-246.

TEDLOCK Dennis, Popol Vuh. *The Mayan Book of the Dawn of Life*, New York, 1985.

TERMER Franz, « Los bailes de culebra entre los Indios Quiches en Guatemala », in *Proceedings of the 23rd International Congress of Americanists*, New York, 1928.

THOMPSON John Eric Sidney, « Sixteenth and seventeenth century reports on the Chol Mayas », *American Anthropologist* (n.s.), 40, 1938, pp. 584-604.

–, *The Moon Goddess in Middle America with Notes on Related Deities*, Carnegie Institution of Washington, Washington D.C., 1939a, Publication 509.

–, *Excavations at San José, British Honduras*, Carnegie Institution of Washington, Washington D.C., 1939b, Publication 506.

–, « Representation of Tezcatlipoca at Chichén Itzá », *Notes on Middle American Archaeology*, Carnegie Institution of Washington, n° 12, Washington D.C., 1942, pp. 48-50.

–, « Deities Portrayed on Censers at Mayapán », *Current Reports n° 40-41*, Carnegie Institution of Washington, Washington D.C., 1957.

–, « A Blood-Drawing Ceremony Painted on a Maya Vase », *Estudios de Cultura Maya*, 1, Mexico, 1961, pp. 13-20.

–, *A Catalog of Maya Hieroglyphs*, Norman, University of Oklahoma Press, 1962.

–, *Maya History and Religion*, Norman, University of Oklahoma Press, 1970.

–, *Maya Hieroglyphic Writing : An Introduction*, nouvelle édition de la Publication 589 de la Carnegie Institution of Washington de 1950, Norman, University of Oklahoma Press, 1971.

–, *A Commentary on the Dresden Codex*, Memoirs of the American Philosophical Society, n° 93, Philadelphie, American Philosophical, 1972.

TOZZER Alfred M., *A Comparative Study of the Mayas and the Lacandones*, Report of the Fellow in American Archaeology 1902-1905, New York, Archaeological Institute of America, 1907.

–, *Landa's Relación de las Cosas de Yucatán : A Translation*, Papers of the Peabody Museum of American Archaeology and Ethnology, Cambridge, Harvard University, 1941, vol. XVIII.

–, *Chichén Itzá and its Cenote of Sacrifice : A Comparative Study of Contemporaneous Maya and Toltec*, Memoirs of the Peabody Museum of Archaeology and Ethnology, n°s 11, 12, Cambridge, Harvard University, 1957.

VILLACORTA J. Antonio C. et VILLACORTA Carlos A., *Codices Mayas*, 2e éd., Guatemala, 1977.

WELSH W. B. M., *An Analysis of Classic Lowland Maya Burials*, Oxford, BAR International, Série 409, 1988.

WILLEY Gordon R., *The Artifacts of Altar de Sacrificios*, Papers of the Peabody Museum of Archaeology and Ethnology, vol. 64, n° 1, Cambridge, 1972.

–, « Artifacts », in *Excavations at Seibal*, Memoirs of the Peabody Museum of Archaeology and Ethnology, vol. 14, n° 1, Cambridge, 1978, pp. 1-189.

– et BULLARD JR. William R., GLASS John B. et GIFFORD James C., *Prehistoric Maya Settlements in the Belize Valley*, Papers of the Peabody Museum, vol. 54, Cambridge, Mass., Harvard University, 1965.

WINTERS H. D., « Excavation of a colonnaded hall at Mayapán », *Carnegie Institution of Washington, Department of Archaeology, Current Report 31*, Cambridge, 1955.

WREN Linnea, « Ceremonialism in the Reliefs of the North Temple, Chichén Itzá », *Seventh Palenque Round Table 1989*, M. Greene Robertson et Virginia M. Fields (éd.), San Francisco, The Pre-Columbian Art Research Institute, 1994.

– et SCHMIDT Peter, « Elite Interaction during the terminal Classic Period : New Evidence from Chichén Itzá », in *Classic Maya Political History : Hieroglyphic and Archaeological Evidence*, Patrick Culbert (éd.), Cambridge, Cambridge University Press, 1991.

YADEUN Juan, *Toniná*, Mexico, El Equilibrista, 1993.

Glossaire

acantun : au XVIᵉ siècle, lors des cérémonies du Nouvel An, pierre dressée que l'on barbouillait du sang produit par l'autosacrifice. À chaque direction correspondait un *acantun* que l'on désignait par la couleur correspondante : *kanal* (jaune) *acantun* au sud, *chacal* (rouge) *acantun* à l'est, *sacal* (blanc) *acantun* au nord, et *ekel* (noir) *acantun* à l'ouest.

alfarda (mot espagnol) : bande lisse placée sur les côtés d'un escalier ; elle peut être au même niveau que les marches ou se trouver légèrement plus haut, formant alors une sorte de parapet en pente.

ahau : ce mot a deux sens. Il peut signifier « seigneur » ou désigner le vingtième nom de jour du *tzolkin*. C'est toujours sur un jour *ahau* que tombe une fin de période ; aussi, dans le « Compte court », désigne-t-on un *katun* par le jour *n ahau* sur lequel il se termine.

akbal (T504) : « obscurité », troisième nom de jour du *tzolkin*.

almena : élément architectural (tel que grecque ou coquillage), en silhouette, répété indéfiniment pour former le décor du bord du toit. Des *almenas* sont visibles sur les peintures de Santa Rita Corozal.

anthropomorphes : soit « grotesques », c'est-à-dire dont le visage déformé indique que l'on a affaire à des êtres surnaturels ; soit avec un visage ni déformé ni monstrueux, par conséquent sans caractère surnaturel apparent ; ces derniers ont cependant des attributs distinctifs ou sont placés dans des contextes qui indiquent qu'ils ne font pas ou plus partie du monde des hommes.

autosacrifice : effusion de sang plus ou moins douloureuse, volontairement provoquée sur soi et présentée en offrande. L'instrument le plus souvent utilisé par les Mayas était l'aiguillon de raie. Les blessures étaient infligées aux oreilles, mais aussi au pénis et à la langue.

bacabs : vieillards mythiques associés à la terre et à sa fertilité, et à l'inframonde dans son aspect humide. Au nombre de quatre, ils soutiennent la voûte céleste et parfois même la surface terrestre. À la période classique, ils portent comme emblème une coquille marine ou une carapace de tortue. Au postclassique ancien, leur sont également associées la toile d'araignée et l'abeille. Le dieu N a les mêmes caractéristiques que les *bacabs* et n'en peut être séparé. Créature associée à la terre fertile, elle émerge souvent d'une coquille univalve.

baktun : période de 20 *katuns* ou 144 000 jours, soit environ 394 de nos années.

balché : boisson fermentée obtenue à partir de miel, d'eau et d'écorce de l'arbre *balché (Lonchocarpus longistylus)*.

bande céleste : bande étroite divisée en panneaux contenant des signes ou des glyphes de corps célestes (soleil, lune, étoile, Vénus), des attributs du firmament (*akbal* = obscurité) et des parties du corps du monstre céleste. Disposée sur le corps d'un monstre cosmique bicéphale, la bande céleste précise que l'on a affaire à une image du ciel.

bande terrestre : bien que moins fréquente que la bande céleste, la bande terrestre joue le même rôle, celui de préciser un environnement. Elle peut comprendre des glyphes *cauac* et *caban*, une tête solaire et *caban* ou des éléments *cauac*.

barre cérémonielle : sceptre consistant en une longue barre décorée, généralement pourvue d'une tête de serpent à chaque extrémité et portée horizontalement ou obliquement par le souverain. Appelée parfois barre-serpent, elle a remplacé le serpent bicéphale originel. Comme les barres cérémonielles sont souvent décorées d'une bande céleste, on en déduit qu'elles représentent le monstre céleste bicéphale.

Basses Terres mayas : aire géographique de plus de 350 000 km^2 qui couvre le sud-est du Mexique (États de Yucatán, Quintana Roo, Campeche, Chiapas et Tabasco), le Belize, une grande partie du Guatemala et une frange étroite du Honduras. Elle est limitée au sud par les montagnes du Mexique et du Guatemala (au-dessus de 1000 m), à l'ouest par l'isthme de Tehuantepec et à l'est par les montagnes du Honduras et la plaine de l'Ulúa. C'est aussi et surtout une aire archéologique définie par des traits de civilisation, comme la voûte en architecture, l'écriture hiéroglyphique, des monuments de pierre sculptés et datés, et certains types de poterie polychrome.

bleu maya : pigment constitué d'un mélange d'indigo et d'atapulgite (une argile), utilisé après cuisson pour décorer les figurines et parfois les vases.

Bolon-ti-ku : « Neuf Dieu », divinité maya du XVIe siècle, opposée à Oxlahun Ti Ku (« Treize Dieu ») dans le *Livre de Chilam Balam* de Chumayel.

caban (T526) : « terre », dix-septième nom de jour du *tzolkin.*

cache : voir dépôt de fondation.

calendar round : période d'une durée de 18 980 jours, équivalant à 52 *haab* ou années vagues de 365 jours et à 73 *tzolkins* ou cycles cérémoniels de 260 jours. Ce n'est qu'au bout de ce laps de temps que la désignation d'un jour dans les deux cycles se répète.

cardiectomie : néologisme pour désigner l'arrachement du cœur, un des procédés majeurs de sacrifice humain en Méso-Amérique.

Canzienal : « Le meilleur et le plus grand de ces dieux *bacabs* », patron de l'année faste Muluc.

cauac (T528) : le dix-neuvième nom de jour du *tzolkin*. Son glyphe a pour éléments distinctifs des cercles agencés verticalement en nombre décroissant ou trois ronds en triangle, et des demi-cercles concentriques bordés de points.

Le monstre *cauac* est un être composite où dominent les traits sauriens, et qui est identifié par des éléments du glyphe *cauac* dispersés sur son corps et sa gueule. Son front est souvent entamé par une fente en entonnoir et à degrés, prolongée en haut et sur les côtés par deux grandes volutes. Le monstre *cauac* est une image de la terre dans son aspect humide et fertile, et T528 est utilisé – conjointement avec *caban* – pour faire référence à la terre. Cependant, T528 peut avoir le sens de *tun*, « année », « pierre », et des éléments de ce glyphe sont parfois utilisés pour indiquer que certains objets, par exemple des couteaux, sont de pierre.

Le masque du monstre *cauac* est parfois utilisé comme une marque pour caractériser comme terrestres diverses créatures. Il est notamment employé à profusion dans les zones Rio Bec, Chenes et Puuc, pour décorer les façades et les angles de certains édifices. Leur(s) porte(s) est (sont) parfois en forme de gueule de monstre terrestre. Ces temples tératomorphes sont des représentations de la terre.

cayom : un assistant du prêtre dans les cérémonies d'initiation.

ceiba : fromager au tronc large et droit, parfois pourvu de piquants, qui a servi de modèle d'arbre cosmique aux Mayas.

cenote (du maya yucatèque *dz'onot*) : grand puits naturel (jusqu'à 100 m de diamètre parfois) formé par l'effondrement de la couche karstique de surface qui rend directement accessible la nappe d'eau phréatique. Les *cenotes* sont relativement fréquents au Yucatán, et particulièrement dans le nord de la péninsule, où ils constituent la principale source d'approvisionnement en eau.

Chac : 1. Dieu maya de la pluie et du tonnerre du postclassique récent, identique au dieu B des codex. Il est caractérisé par une tête « reptilienne », un long nez pendant au bout retroussé, des crocs en crochet dépassant de la mâchoire supérieure. C'est la

divinité la plus souvent représentée dans les codex (141 fois dans celui de Dresde) et généralement sous quatre (et parfois cinq) aspects correspondant aux directions cardinales. Les masques encadrant les portes ou répétés à satiété sur les façades du Yucatán au classique récent et terminal sont souvent interprétés – à tort – comme des images du dieu postclassique Chac ; il s'agit en fait de masques du monstre terrestre.
2. Prêtre : les *chacs* étaient quatre hommes âgés choisis pour aider les prêtres. Ils jeûnent et font abstinence comme les prêtres, immobilisent la victime sur l'autel des sacrifices, et purifient les lieux de culte.
3. Roi : Chac est le nom d'un roi d'Uxmal.

Chac ek : *chac* signifie aussi en maya yucatèque « rouge », « grand » et « sévère ». Chac ek, la grande étoile, est l'un des noms de la planète Vénus.

Chac xib Chac : on a prétendu que Chac existait déjà au classique, tantôt parce qu'on a cru lire l'expression *chac xib chac* (« le *chac* rouge, de l'est ») sur une poterie, mais sans mention des autres *chacs* (blanc, noir, jaune) ; tantôt parce que le personnage principal de la stèle 14 d'Uxmal est désigné par le glyphe *chac*.

chac mool (mot inventé par Augustus Le Plongeon qui a cru découvrir, dans l'une des statues qu'il a exhumées en 1875 à Chichén Itzá, le portrait d'un prince qu'il s'est plu à nommer Chac Mool, le Jaguar rouge).
Statue de pierre représentant un homme de taille naturelle, à demi-couché sur le dos, les jambes pliées, la tête tournée de côté, et tenant entre ses mains et sur son ventre un plateau rond ou carré, que l'on suppose avoir servi de présentoir à offrandes. À Chichén Itzá et à Tula, le personnage est un guerrier, alors qu'à Tenochtitlán il apparaît comme un avatar du dieu Tlaloc.

chalchihuites (de *chalchihuitl*, mot nahuatl) : perles et petits objets de pierre verte. Le mot *chalchihuitl* désigne le jade mais est aussi employé dans le sens de précieux.

Chen : le neuvième mois du *haab*.

chevaliers-aigles et chevaliers-jaguars : chez les Aztèques, les combattants d'élite appelés chevaliers du soleil comprenaient les chevaliers-aigles et les chevaliers-jaguars, les deux aspects – diurne et nocturne – du soleil.

chicle ou chiclé : latex provenant du sapotillier et parfois utilisé comme encens par les Mayas.

Chilam Balam (Livres de) : au cours du XVIe siècle, les Mayas ont écrit des textes dans leur langue mais en utilisant l'alphabet latin. Les plus importants de ces écrits sont les *Livres de Chilam Balam* (du mot *chilam* = devin et *balam* = jaguar, un nom personnel et un titre) dont on connaît plusieurs exemplaires qui sont distingués l'un de l'autre par le nom de la ville où ils ont été écrits (*Livres de Chilam Balam* de Mani, de Tizimin, de Chumayel, etc.).

cimi (T509) : « mort », le sixième nom de jour du *tzolkin*.

cipactli (mot nahuatl) : le premier des noms de jour du calendrier rituel aztèque. Dans le Mexique central, le monstre terrestre revêt deux aspects représentés par le crocodile (d'eau douce) et l'espadon (*acipaquitli*) marin. Le monde reposait sur le dos du *cipactli* qui flottait sur la gigantesque mare des océans.

Coatlicue et Yollotlicue : noms nahuatl, respectivement « celle à la jupe de serpents » et « celle à la jupe de cœurs ». Ces deux statues aztèques provenant du Grand Temple de Tenochtitlán, et formant une paire, sont des femmes décapitées ; le sang, sous la forme de deux serpents, jaillit de leur cou. Ces sculptures illustrent deux aspects de la déesse, terre-mère, qui préside à la fertilité.

Cocom : au XVIe siècle, lignage dominant à Mayapán, rival de Xiu.

codex : on désigne sous ce nom les manuscrits pictographiques méso-américains, pré-hispaniques ou coloniaux, mayas, mixtèques ou aztèques.

Compte long : ce comput donne le nombre de jours écoulés depuis le point de départ du dernier grand cycle jusqu'à un jour défini dans les termes du *tzolkin* et du *haab*. La date de départ, qui s'écrit 13.0.0.0.0 4 *ahau* 8 *cumku*, correspond dans notre calendrier au 13 août de l'année 3114 avant le Christ. Une date comme 9.17.0.0.0 13 *ahau* 18 *cumku* indique que se sont écoulés depuis le point zéro 9 périodes de 144 000 jours (9 *baktuns*), 17 périodes de 7 200 jours (17 *katuns*), 0 période de 360 jours (0 *tun*), 0 période de 20 jours (0 *uinal*) et 0 périodes de 1 jour (0 *kin*) pour atteindre le jour noté 13 *ahau* (date de *tzolkin*) 18 *cumku* (date de *haab*).

Compte court, dit aussi Ronde ou Compte des *katuns (u kahlay katunob)*. Pour exprimer par exemple la fin de période 10.4.0.0.0 12 *ahau* 3 *uo*, on écrit simplement *katun* 12 *ahau*. Puisqu'il y a seulement 13 *katuns* différents dans cette méthode (car il n'y a que 13 chiffres qui peuvent accompagner le nom de jour *ahau*), un *katun* déterminé comme 12 *ahau*, ne se répétera que tous les 13 *katuns*. Dans la mesure où chaque *katun* vaut 20 *tuns* ou 19,71 de nos années, le cycle se répétera au bout de 13 x 19,71 années, soit 260 *tuns* ou 256,23 années.

copal (du nahuatl *copalli*) : résine (*pom* en maya yucatèque) provenant de divers conifères, utilisée comme encens sous forme de boulettes par les Mayas et autres Méso-Américains ; parfois présentée comme offrande non consumée dans des sépultures et dépôts rituels.

coroza : mot espagnol désignant la coiffe des condamnés. Au postclassique récent, coiffure (mitre, bonnet pointu ?) des victimes humaines du sacrifice.

cosmogramme : dessin schématique reproduisant une figuration symbolique de l'univers, vu soit en élévation, soit sur un plan horizontal. Dans le premier cas, on montre les différents étages de l'univers ; dans l'autre, on décrit, les quatre directions et le centre.

crête faîtière *(cresteria, roofcomb)* : construction en maçonnerie édifiée sur le toit de nombreux temples mayas. Elle consiste en un mur vertical ou en deux murs accolés formant un V inversé. Souvent ajourée pour ne pas donner prise au vent, elle avait pour fonction de prolonger la silhouette du temple, ainsi que de supporter un décor modelé en stuc.

cuauhcalli (mot nahuatl signifiant maison des Aigles) : chez les Aztèques, maison de réunion des grands guerriers qui avaient à leur charge les affaires de la guerre.

cuauhxicalli (mot nahuatl) : le « vase de l'aigle » est un récipient de pierre ou de bois utilisé pour recevoir les cœurs ou le sang des victimes humaines sacrifiées.

curandero (mot d'origine espagnole) : guérisseur ou sorcier.

dépôts de fondation : dépôts intentionnels de matériaux, d'organismes, d'objets et de fragments d'objets, associés à l'érection de nouveaux monuments ou de nouveaux édifices.

« dieu bouffon » ou *jester god* : créature anthropomorphe au visage « grotesque » dont le crâne se termine en pointe ondulée qui rappelle le capuchon des marottes et des bouffons. Cet élément, qui semble végétal, ferait allusion à la pousse des plantes et à la fertilité. Le « dieu-bouffon », pour certains, serait un attribut de la royauté de période classique.

« dieu descendant » : image d'un personnage plongeant vers la terre, les mains jointes, la tête relevée, et les jambes pliées en l'air. On reconnaît souvent le dieu du maïs, mais d'autres divinités semblent avoir été représentées plongeantes au classique terminal (Sayil) et au postclassique. Cette position figurerait la divinité venant sur terre pour y recevoir des offrandes, comme le montrent certains vases-effigies.

double immolation : arrachement du cœur et décapitation de la même victime.

emblème tripartite : le masque ou la tête arrière du monstre cosmique, souvent orientée « dans le mauvais sens », est squelettique et porte sur le front le signe *kin*, avec l'emblème tripartite qui comprend, au classique récent, une coquille, une épine (aiguillon de raie) pour l'autosacrifice et des bandes croisées. La coquille est à la fois signe de mort et promesse de renaissance ; les bandes croisées ont la même valeur dans la mesure où elles sont parfois remplacées par le glyphe *cimi* (T509), « mort ». Associé au glyphe *kin* (« soleil »), l'emblème tripartite indique que le soleil appartient au royaume de la mort et du sacrifice, et qu'il s'agit alors du soleil nocturne. Dans d'autres contextes, l'emblème tripartite est un emblème de l'inframonde sec, comme demeure du soleil nocturne.

Emku ou Imku : « Descente du dieu », fête religieuse au Yucatán des derniers siècles précédant la Conquête.

encens : les Mayas, tout au long de leur histoire, ont utilisé comme encens le copal *(pom)* provenant de résineux, et le latex (*kik*, signifiant également sang). Au postclassique récent, on brûlait souvent des boulettes d'un mélange maïs-encens ; leur nombre était déterminé par le contexte rituel de l'encensement.

excentriques : objets plats, taillés dans du silex ou de l'obsidienne, aux formes parfois très complexes, et qui jouaient un rôle dans les rituels du sacrifice.

frise aquatique : frise décrivant un milieu aquatique qui peut aussi bien se référer aux eaux terrestres qu'aux eaux souterraines. La surface des eaux, droite ou ondulée, est accompagnée de coquilles, de nénuphars, de poissons, d'animaux amphibies et d'oiseaux aquatiques, tels que cormorans ou échassiers. Le maître de ce milieu est une variante du monstre *cauac* possédant un museau allongé. La frise aquatique est employée pour désigner ce type d'environnement, ou comme une image de fertilité.

galerie-patio : à Chichén Itzá, Tula et dans la culture *Chalchihuites*, ensemble architectural composé d'un patio ou *impluvium* entouré d'un péristyle, et précédée d'une galerie, portique ou salle hypostyle. À Chichén Itzá, le Mercado est le prototype de la galerie-patio.

galerie-temple : à Chichén Itzá, ensemble architectural comprenant un temple-pyramide précédé d'une galerie, portique ou salle hypostyle ; l'accès au temple se fait par un escalier dont le point de départ se trouve au fond de la salle hypostyle.

glyphe (désignation) : les glyphes mayas ont fait l'objet de plusieurs tentatives de classification et de désignation. Le système le plus utilisé par les chercheurs est le catalogue de Thompson qui distingue les affixes (numérotés à partir du chiffre 1) des signes principaux (à partir de 500). Dans ce système, tout signe est désigné par un chiffre précédé de la lettre T (pour Thompson) ; ainsi le glyphe *imix* est désigné par T501.

glyphe-emblème : titre royal se référant à un royaume déterminé. On le traduit aujourd'hui par « le divin seigneur de X ».

glyphe introducteur : glyphe précédant une Série initiale ou date en Compte long.

grand cycle : de 13 *baktuns*, il correspondait sans doute à l'une des créations du monde et comptait 1 872 000 jours, soit environ 5 128 années solaires. Le point de départ ou point 0 du dernier grand cycle (qui est encore le nôtre jusqu'au 21 décembre 2012) s'écrit 13.0.0.0.0 4 *ahau* 8 *cumku*, et correspond dans notre calendrier au 13 août de l'année 3114 avant le Christ.

haab : ou année « vague » (c'est-à-dire approximative) de 365 jours (l'année solaire est en réalité longue de 365,2422 jours), comprend 19 mois (18 *uinals* de 20 jours chacun et un mois terminal, *uayeb*, de 5 jours).

hacha : objet plat en pierre découpée et sculptée des deux côtés, que l'on a comparé à une hache. Sa base est marquée d'une encoche profonde qui permettait de la faire reposer sur un rebord. Avec le joug et la *palma*, la *hacha* serait associée au jeu de balle du Veracruz et de l'aire maya.

homme-serpent : dans l'iconographie de Chichén Itzá, guerrier accompagné d'un serpent plus ou moins emplumé, qui se dresse derrière en ondulant, formant un S inversé. La présence du reptile identifie le personnage qu'il accompagne – parfois appelé capitaine-serpent dans la littérature – comme un membre de la classe supérieure.

homme-soleil : dans l'iconographie de Chichén Itzá, guerrier qui se détache sur un disque solaire à rayons. Parfois appelé dans la littérature capitaine-disque solaire, ce personnage représente à la fois l'astre solaire et le roi (soleil).

inframonde humide : l'aspect ophidien, terrestre, vivant, fertile de l'inframonde.

inframonde sec : l'aspect félin, solaire, mort, aride de l'inframonde.

Itzamna : divinité attestée au XVIe siècle et que l'on identifie dans les codex au dieu B. Il apparaît sous les traits d'un vieillard édenté aux joues creuses. Il était considéré comme le dieu du ciel, du jour et de la nuit, et comme l'inventeur de l'écriture.

Izcalli (mot nahuatl signifiant croissance ou renaissance) : dix-huitième mois ou vingtaine de l'année aztèque consacrée aux divinités du feu.

jaguar Pax : le patron du mois *pax* est caractérisé par l'absence de mandibule, des traits félins (oreille ou patte de jaguar au-dessus des ornements d'oreilles), des yeux souvent cerclés, des volutes en dents de scie aux coins de la gueule qui encadrent une langue-couteau. Il peut être affublé d'un nénuphar qui rappelle son séjour dans l'inframonde. Cette figure solaire est spécialement associée au sacrifice.

jaguar Uo : appelé aussi dieu jaguar ou jaguar de l'inframonde, il est l'un des aspects du soleil nocturne. Les deux cordons qui soulignent ses yeux se rejoignent en torsade au-dessus du nez ; des oreilles de jaguar sont visibles au-dessus des ornements de jade. Les yeux sont grands et carrés, mais la pupille est en crochet. Parfois de grandes moustaches en parenthèses encadrent la gueule. Cette tête a la valeur du chiffre 7. Elle est aussi le patron du mois *uo* et du jour *akbal*.

jaguar-serpent-oiseau : créature hybride de l'iconographie de Chichén Itzá consistant en une gueule béante de jaguar ou de serpent, vue de face ; laissant pendre une langue bifide, elle contient une tête humaine portant ornements d'oreilles et parfois de nez. La gueule du monstre est encadrée par deux pattes d'oiseau ou de félin, et surmontée d'une profusion de plumes. Par son contexte, cette créature semble se référer à la Terre.

jester god : voir « dieu bouffon ».

joug *(yugo, yoke)* : objet en pierre dure affectant une forme de joug ou de fer à cheval d'au moins 40 cm de longueur. Comme l'iconographie méso-américaine nous montre des joueurs de balle porteurs de ceintures ovales ouvertes sur un côté comme les jougs, on a supposé que ces objets étaient des accessoires du jeu de balle. Cependant leur poids considérable aurait considérablement entravé la mobilité des joueurs ; aussi suppose-t-on que les jougs portés pendant le jeu étaient des protections légères de bois et de cuir et que les jougs en pierre étaient réservés à la parade des joueurs, avant et/ou après la partie.

jeu de balle : les Mayas – comme d'autres peuples méso-américains – jouaient à la balle dans des terrains spécialement construits pour cet usage. Deux équipes de joueurs s'affrontaient en se renvoyant un gros ballon en caoutchouc plein, à l'aide uniquement des hanches et des coudes. Jeu, sport, mais aussi et surtout rite, comme l'indiquent les sacrifices humains pratiqués à cette occasion.

katun : période de 720 jours ou de 20 *tuns* de 360 jours.

kin : glyphe, période d'un jour qui constitue l'unité de temps de base dans le Compte long.

Kukulcán : signifiant « Serpent à Plumes », c'est l'équivalent maya du Quetzalcóatl aztèque. À Chichén Itzá comme à Mayapán, le Castillo était appelé temple de Kukulcán.

« main qui sème » *(scattering hand)* : action traduite dans l'iconographie comme dans l'épigraphie (T710) par une main à demi ouverte et dirigée vers le bas qui laisse échapper tout un ensemble de petits cercles, interprétés selon les auteurs comme du sang, des grains d'encens ou des graines. Dans la mesure où cette action est liée aux cérémonies de fin de période, il est probable qu'elle représente un rituel de divination dans lequel on interprète les configurations formées par des graines jetées sur le sol.

marqueurs du jeu de balle : dalles carrées ou rondes, généralement sculptées, placées dans le sol au centre et aux deux extrémités de l'allée de certains terrains de jeu de balle. On suppose que ces trois marqueurs délimitaient des aires de jeu. Des marqueurs latéraux fichés dans le mur des plates-formes délimitant l'allée leur faisaient parfois face.

masque triple : masque constitué d'une face et de deux profils.

médaillon quadrilobé ou cruciforme : chez les Olmèques, ce médaillon constitue parfois la gueule ouverte d'un monstre terrestre. Chez les Mayas classiques, il représente la terre, et les scènes auxquelles il sert de cadre ont lieu dans la terre ou l'inframonde.

Méso-Amérique : aire de civilisation qui s'étendait du centre du Mexique jusqu'au nord du Costa Rica. Elle tire son unité de traits culturels (économiques, religieux, intellectuels ou artistiques) possédés en commun par la plupart des civilisations qui s'y sont développées.

metate (du nahuatl *metatl*) : meule apode ou tripode employée pour broyer le maïs ou d'autres substances avec une molette ou *mano*.

microcosmes (architecturaux) : édifices ou ensembles d'édifices qui représentent l'univers, en totalité ou en partie, en deux ou en trois dimensions, et que les officiants parcouraient rituellement.

milpa (du nahuatl) : dans un système de culture sur brûlis, désigne le champ cultivé pendant quelques années consécutives puis laissé en jachère le temps nécessaire à sa reconstitution.

Mitla : résidence du grand prêtre et ville sainte des Zapotèques à la période postclassique récente dans la vallée de Oaxaca. Célèbre pour ses murs décorés d'une mosaïque de blocs de tuf volcanique, dessinant en relief des grecques et d'autres motifs géométriques.

mixteca-puebla : tradition stylistique et iconographique postclassique, localisée dans le sud de l'État de Puebla, la région ouest de Oaxaca et la côte du Golfe ; a été très proche de la tradition artistique aztèque du Mexique central.

mixtèque : civilisation développée dans les régions de Puebla et d'Oaxaca à partir du classique récent.

monstre *cauac* : voir *cauac.*

monstre céleste : monstre cosmique qui représente le ciel soit parce qu'il forme une voûte au-dessus de la scène centrale, soit parce que le corps du monstre est frappé d'une bande céleste.

monstre cosmique : monstre reptilien, souvent bicéphale et aux têtes contrastées qui est utilisé pour représenter tantôt la terre, tantôt le ciel. Parfois la position du monstre suffit à déterminer ce qu'il représente ; parfois, pour dissiper toute ambiguïté, le monstre cosmique est qualifié de céleste par une bande céleste, de terrestre par des éléments *cauac*.

monstre terrestre : monstre cosmique qui représente la terre par sa position ou par la présence d'éléments *cauac* ou végétaux.

muan : oiseau rapace nocturne, habitant des enfers et de mauvais augure. Il orne la coiffure du dieu L. Le quinzième mois du *haab* ou année vague.

nacom : au postclassique récent, le mot *nacom* désigne deux importants personnages. L'un est capitaine de guerre nommé pour trois ans, et qui avait un prestige immense comme le montre la fête des guerriers pendant laquelle il est traité comme un dieu. L'autre *nacom*, dont la charge est perpétuelle, est le sacrificateur.

nahuatl : langue de la famille uto-aztèque, parlée par les habitants indigènes du Mexique central.

nombre de distance : nombre de jours à ajouter ou à retrancher à une date initiale pour arriver à une nouvelle position de *calendar round*. Le nombre de distance établit souvent des liens signifiants, intellectuels ou magiques, entre la date de référence et les dates dérivées.

obsidienne : verre volcanique abondamment utilisé par les Mayas sous forme de lames prismatiques, d'éclats et de bifaces. On en faisait des couteaux, des pointes de lances et de javelots, des miroirs, des incrustations, etc. Le plus souvent de couleur noire, ce matériau était symboliquement associé à l'inframonde et opposé au silex de teintes claires, associé plutôt au ciel et au soleil diurne.

Ochpaniztli (mot nahuatl signifiant « balayage ») : onzième mois ou vingtaine de l'année aztèque.

Oxlahun-ti-ku : « Treize Dieu », divinité maya du XVIe siècle, opposée à Bolon-ti-ku (« Neuf Dieu ») dans le *Livre de Chilam Balam* de Chumayel.

oyohualli (mot nahuatl) : section de coquille ovale portée en sautoir. Ce motif non maya, très courant dans les codex mixtèques, apparaît associé à certains personnages des peintures murales de Santa Rita Corozal.

pagayeurs *(paddlers)* : paire de créatures mythiques sous forme de deux vieillards édentés ; l'un d'eux louche, a les yeux cerclés et le septum traversé d'une lancette ; l'autre porte un heaume de jaguar et parfois une torsade recouvre l'arête de son nez. Leurs portraits, ou les glyphes *kin* et *akbal* (jour et nuit) constituent les expressions glyphiques de ces deux personnages. Sans savoir exactement quel type d'opposition ils expriment, leur nature solaire est évidente.

palma : objet sculpté en forme de palme, au bout évasé et aplati ; l'autre extrémité creusée en angle droit lui aurait permis de reposer sur la partie antérieure du joug, la ceinture de parade des joueurs de balle.

patolli (mot nahuatl) : jeu de hasard dans lequel des haricots identifiés par des marques étaient utilisés comme des dés pour déterminer les mouvements de petites pierres sur un tableau. Ce jeu était aussi un procédé de divination.

pax : tambour vertical ; également nom d'un mois dont le glyphe représente cet instrument.

Popol Vuh : manuscrit écrit, en langue quiché mais en caractères latins, au milieu du XVIe siècle. Découvert à Chichicastenango, il fut copié et traduit au début du XVIIIe siècle ; cette copie, oubliée à son tour, fut retrouvée et publiée en 1857 et 1861. La majeure partie du texte, cosmologique et mythologique, est suivie de l'histoire traditionnelle des Quichés.

porteurs d'année : les quatre (sur treize) noms de jours du *tzolkin* qui seuls pouvaient occuper la première position du *haab* de 365 jours. Ces « porteurs d'année » étaient, à la période classique, Akbal, Lamat, Ben et Edz'nab. Au temps de la Conquête, les porteurs d'année c'est-à-dire les jours qui pouvaient commencer l'année étaient Kan, Muluc, Ix et Cauac associés respectivement à l'est (rouge), au nord (blanc), à l'ouest (noir) et au sud (jaune). L'année était grandement influencée par la personnalité de son porteur, auquel correspondaient une direction cardinale et une couleur.

pozole : pâte de maïs consommée délayée dans de l'eau.

propulseur (ou *atlatl*, mot nahuatl) : baguette ou planchette rainurée destinée à lancer des traits, dards ou javelots. À un bout, le propulseur est muni d'une poignée comprenant deux trous pour y insérer l'index et le médius ; à l'autre bout se trouve un crochet qui sert de butée au javelot.

pseudo-Tlaloc : créature ressemblant au dieu de l'orage de Teotihuacan et au dieu de la pluie aztèque, mais qui chez les Mayas est un « patron » de la guerre et du sacrifice. Son absence de mâchoire inférieure et sa langue-couteau flanquée de grandes volutes le rapprochent du jaguar patron du mois *pax* ; il possède en outre des anneaux autour des yeux et sa coiffure comprend des bandes nouées (symbole de capture et de sacrifice) et le signe dit « de l'année », qui consiste en deux triangles superposés formant une demi-étoile de David.

Puuc : région située au sud et à l'ouest de la chaîne de collines *(puuc)* qui traverse l'ouest du Yucatán ; elle est définie par un style d'architecture et un type de maçonnerie.

Quecholli (mot nahuatl désignant la spatule rose) : quatorzième mois ou vingtaine de l'année aztèque.

sacbe (mot maya yucatèque ; pluriel : *sacbeob*) : chaussée surélevée reliant un site à un autre, ou dans le même site, un groupe architectural à un autre.

Sépulture : contexte de l'enterrement, à savoir en fosse, en ciste, en tombe à toit plat ou voûté, etc.

Série initiale : partie du texte d'une inscription placée à son début, qui donne une date en Compte long.

Série lunaire : suivant une date de Compte long, ensemble de six glyphes donnant des informations sur la situation de la lune à cette date.

signe de l'année : voir pseudo-Tlaloc.

spondyle : coquillage bivalve portant de longs piquants sur ses coquilles, utilisé souvent dans les dépôts de fondation pour contenir des petits objets ou des substances. En outre, les coquilles du spondyle étaient souvent utilisées pour leur couleur d'un beau rose, comme matériau pour fabriquer des perles, des pendentifs, des figurines, etc.

stèle : monolithe dressé verticalement et sculpté généralement à la fois de textes et d'images ; presque toujours couplée avec un autel en pierre, sculpté ou non, le plus souvent en forme de cylindre bas, qui servait à présenter des offrandes et exécuter des sacrifices.

temple tératomorphe : édifice qui représente le monstre terrestre. Sa ou ses portes en reproduisent la gueule avec un seul masque frontal (portail partiel) ou deux masques de profil et un masque frontal (portail intégral). Les autres masques de la même créature, répétés aux angles et sur les murs du bâtiment, se réfèrent au corps du monstre.

telpochcalli (mot nahuatl) : chez les Aztèques, collège où étaient formés les guerriers.

telpochtlato (mot nahuatl) : chez les Aztèques, maître du *telpochcalli*.

Tezcatlipoca : divinité du Mexique central dont le nom nahuatl signifie « miroir fumant ». L'objet, sous la forme d'un cercle prolongé de volutes, qui donne son nom au dieu, est aussi son emblème : au XVIe siècle le miroir remplace son pied coupé, et se trouve aussi parfois dans sa coiffure. À Chichén Itzá, on identifie comme des images de Tezcatlipoca, des unijambistes amputés au-dessus du genou, qui portent le miroir fumant au-dessus de leur tête.

Tlaloc : chez les Aztèques, dieu de la pluie et de l'orage.

Tlaltecuhtli : déesse aztèque de la Terre.

Tlazolteotl : une autre déesse terrestre chez les Aztèques.

Tonatiuh : nom du soleil chez les Aztèques.

tun (deux sens) : 1) période de 360 jours divisée en 18 *uinals* de 20 jours ; 2) pierre.

tunkul : tambour horizontal à languettes.

tzolkin : calendrier divinatoire et cérémoniel de 260 jours, dont chacun est défini par la combinaison d'un chiffre de 1 à 13 précédant un des vingt noms de jours.

Tzonpantli : mot d'origine aztèque qui désigne une construction en bois destinée à exhiber les têtes des victimes humaines sacrifiées. Les crânes sont enfilés sur des perches disposées horizontalement ou verticalement. Le même mot est employé pour désigner une plate-forme aux côtés couverts de rangées de crânes sculptés en bas-relief.

uayeb : le dernier mois de cinq jours du *haab* considérés comme dangereux sinon néfastes à cause de leur position charnière entre deux *tuns*.

uinal : période de 20 *kins* ou jours, parfois appelée mois maya.

voûte maya : dans sa forme la plus simple, elle repose sur deux murs qui croissent en épaisseur au fur et à mesure qu'ils s'élèvent, jusqu'à se toucher pour enclore l'espace. Elle ne « tient » que par l'usage de mortier et de blocage. Ce n'est donc ni une véritable voûte, définie par un système de poussées, ni une fausse voûte ou voûte en encorbellement, dont les pierres en porte à faux tiennent par le seul empilement des matériaux.

whistongue : néologisme qui désigne un ornement porté sur le bas du visage d'êtres surnaturels ou du souverain, et qui combine les moustaches du jaguar et sa langue.

Xibalba : dans le *Popol Vuh*, nom désignant l'inframonde situé sous la face de la terre ; il est en outre accessible par une route qui descend à travers falaises et canyons.

Xiu : nom du lignage qui régnait à Mani au XVIe siècle, rival des Cocom.

xiuhmolpilli : mot aztèque signifiant « ligature des années » c'est-à-dire l'achèvement d'un cycle de 52 ans.

Yacatecuhtli : dieu des marchands, chez les Aztèques.

zacatapayolli (mot nahuatl) : ce mot désigne, chez les Aztèques, la boule d'herbe tressée dans laquelle étaient plantées les épines sanglantes de maguey utilisées dans l'autosacrifice.

Table

I. La religion classique

II. CHICHÉN ITZÁ : LA TRANSITION

III. LE MONDE SURNATUREL ET LE CULTE DANS LES DERNIERS SIÈCLES PRÉCÉDANT LA CONQUÊTE ESPAGNOLE (1250-1525)

Achever d'imprimer par Pollina s.a., 85400 Luçon

N° d' édition : 19844
Dépôt légal : Mai 2002
N° d'impression : L 86360